普通高等教育金融学类专业系列教材

碳金融

主　编　彭红军　顾光同　石宝峰
副主编　俞小平　何青华　杨爱军
参　编　张益丰　姚　萍　张胜良　郑　彬

U0331613

机械工业出版社

本书系统讲授碳金融相关内容，包含3篇：碳金融概述、碳金融工具与碳金融市场。碳金融概述包含碳金融的起源、碳金融的概念及理论基础、发展碳金融的意义3章内容；碳金融工具包含碳金融工具概述、碳市场交易工具、碳市场融资工具与碳市场支持工具4章内容；碳金融市场包含碳金融市场体系、运行机制与效应，国际碳金融市场发展与我国碳金融市场发展3章内容。本书从宏观、微观角度对碳金融进行刻画，较为全面、系统地介绍了国内外碳金融发展的脉络、碳金融工具的应用及创新与碳金融市场的运行及发展。

本书设置知识拓展、思政专栏、双碳专栏、碳汇金融专栏、探究与思考等模块，根据碳金融领域最新理论和实践成果，借鉴相关碳金融和碳交易经典教材，优化碳金融知识体系，将思政教育贯穿全书。

本书适用于高校经济金融类专业绿色金融方向、碳金融专业、碳中和经济学微专业以及相关硕博点特色方向相关课程的教学，同时对生态环境修复与治理、绿色金融与碳金融领域的从业者也具有参考价值。

图书在版编目（CIP）数据

碳金融／彭红军，顾光同，石宝峰主编. -- 北京：机械工业出版社，2024. 9. -- ISBN 978-7-111-76912-5

Ⅰ. F832. 2；X511

中国国家版本馆 CIP 数据核字第 20245LW513 号

机械工业出版社（北京市百万庄大街 22 号　邮政编码 100037）

策划编辑：裴　泱　　　　　　责任编辑：裴　泱　赵晓峰
责任校对：肖　琳　李小宝　　封面设计：马精明
责任印制：邓　博
北京盛通数码印刷有限公司印刷
2025 年 1 月第 1 版第 1 次印刷
184mm×260mm · 18. 25 印张 · 451 千字
标准书号：ISBN 978-7-111-76912-5
定价：59. 80 元

电话服务　　　　　　　　　　网络服务
客服电话：010- 88361066　　机　工　官　网：www. cmpbook. com
　　　　　010- 88379833　　机　工　官　博：weibo. com/cmp1952
　　　　　010- 68326294　　金　　书　　网：www. golden- book. com
封底无防伪标均为盗版　　机工教育服务网：www. cmpedu. com

前 言

　　2020 年 9 月 22 日，习近平主席在第七十五届联合国大会一般性辩论上发表重要讲话时提出，中国将提高国家自主贡献力度，采取更加有力的政策和措施，二氧化碳排放力争于 2030 年前达到峰值，努力争取 2060 年前实现碳中和。碳达峰、碳中和关乎经济社会发展方式的转变，在实现经济社会发展全面绿色转型，走生态优先、绿色低碳的高质量发展道路方面，金融将发挥重要的助推作用。2022 年 10 月 16 日，习近平总书记在中国共产党第二十次全国代表大会上的报告中指出，完善支持绿色发展的财税、金融、投资、价格政策和标准体系，发展绿色低碳产业，健全资源环境要素市场化配置体系。

　　碳金融作为绿色金融的重要组成部分，是推动我国经济由高碳发展向低碳经济转型的重要制度保证，也是实现碳达峰、碳中和目标的核心政策工具。党的十八大以来，我国碳金融的发展经历了从制度体系不完善到碳金融市场稳步运行、从设立碳市场交易试点到设立全国性碳市场、从封闭到开放，并积极参与国际碳金融市场的过程，取得了不少成就，但仍然表现出国际竞争力不强、金融化程度低、市场主体参与积极性不高、区域发展不平衡等问题。在发达国家开始争夺并试图主导碳金融发展主导权的背景下，我国需要着力构建基于我国国情的、具有国际竞争力的一系列碳金融发展体系，以实现经济高质量发展。

　　2022 年，教育部印发《加强碳达峰碳中和高等教育人才培养体系建设工作方案》的通知强调，"加快碳金融和碳交易教学资源建设"。人才培养是我国发展碳金融的重要基础条件，碳金融教材建设则是培养高素质、专业化"双碳"战略人才的基础。本书以金融学理论为支撑，涉及能源管理、环境科学、证券发行、保险会计、工商管理等多学科内容，旨在为各高校财经类专业学生以及银行、证券、保险、能源等行业的人员提供碳金融、碳交易方面的基础知识。书中设置了知识拓展、思政专栏、双碳专栏、碳汇金融专栏、探究与思考等模块，根据碳金融领域最新理论和实践成果，借鉴相关碳金融和碳交易经典教材，优化碳金融知识体系，将思政教育贯穿全书。

　　本书的编写遵循以下 3 个层次的人才培养目标：

知识目标：①全面理解和深刻认识碳金融的基本概念、基本原理、基本知识；②系统掌握碳市场交易工具、碳市场融资工具、碳市场支持工具的基本范畴、内在关系及其实践运用；③掌握国内、国际碳金融市场的运行、调控、监督等相关知识与理论；④掌握林业碳汇金融等相关专题知识，为培养绿色低碳产业人才奠定基础。

能力目标：①掌握观察和分析解决当前碳金融问题的正确方法，培养学生辨析碳金融理论和解决碳金融问题的能力，培养具有实践能力、分析综合能力、组织能力、表达能力的复合型碳金融人才；②提高学生在社会科学方面的素质，为后续学习其他专业课程奠定基础。

素质目标：培养新时代遵纪守法、守正创新、具有绿色金融理念和金融报国情怀的碳金融高素质人才。

本书包含3篇：碳金融概述、碳金融工具与碳金融市场。碳金融概述包含碳金融的起源、碳金融的概念及理论基础、发展碳金融的意义3章内容；碳金融工具包含碳金融工具概述、碳市场交易工具、碳市场融资工具与碳市场支持工具4章内容；碳金融市场包含碳金融市场体系、运行机制与效应，国际碳金融市场发展与我国碳金融市场发展3章内容。

本书的主要特色和创新总结如下：

一是在结构体系安排上，本书结合碳金融知识体系，将教学内容划分为3篇10章，整体架构由浅入深，从微观到宏观，与国际、国内发展相结合，形成了相对完备的碳金融教学体系，易于师生双方开展授课与学习。

二是在内容安排上，本书充分体现了碳金融交叉学科的特性，不仅从金融的角度着力阐述碳金融工具、碳市场以及碳资产管理等内容，而且从环境经济学的角度阐述碳市场环境效应、碳市场构建要素中的总量控制目标设计原则等，可以使学生全面、系统地学习碳金融相关知识，为提高碳金融理论分析和实践操作能力奠定良好的知识基础。

三是融入课程思政元素。本书充分挖掘课程的思政元素，运用案例教学、新闻事件等多种方法，以润物细无声的方式，将教学内容和课程思政内容有机结合；着重培养学生碳金融风险意识，同时帮助学生把握"双碳"战略、乡村振兴战略等党中央做出的重大决策部署，使学生意识到碳金融对国家发展的重要作用，激发学生的家国情怀与使命担当。

四是突出碳汇金融内容。本书增设碳汇金融专栏，重点敦促林业院校学生了解林业碳汇等生态碳汇在"双碳"战略中能够发挥的作用，培育更多"双碳"人才。

五是加大知识拓展和案例教学力度。本书设置各类知识拓展模块，融入碳金融领域最新理论和实践成果，部分章节内容引用相关案例，运用大量的案例辅助教学，丰富碳金融理论研究与实践成果。

　　六是加大开放式讨论探究问题的比例。在课后习题部分，本书加大了开放式讨论探究问题的比例，其中包含的碳汇金融、课程思政等方面的问题富有启发性和思辨性，有助于锻炼学生的思维。

编　者

目　录

前言

第1篇　碳金融概述

第 2 篇 碳金融工具

第1篇　碳金融概述

第 1 章
碳金融的起源

工业革命之后，在高碳经济发展模式驱动下全球工业飞速发展，产品生产率大大提高，各国经济实力、综合实力大幅跃升，人类在近几十年创造的财富超过了过去几千年积累的财富。然而，在工业文明创造出的辉煌成果背后还有随之而来的众多环境问题，如环境污染严重、全球温度上升导致的海平面上升、极端恶劣天气频发等。由于工业文明这种高碳模式在大量消耗资源的同时忽视了保护环境和维持生态平衡，属于不可持续的发展模式，因此推动经济社会低碳转型迫在眉睫。碳金融作为一种金融活动，通过市场机制减少碳排放，从而实现温室气体减排增汇的目标。本章介绍了碳金融的起源与发展、国际政府制度安排与解决方案以及中国政府解决方案。

1.1 起源与发展

1.1.1 气候风险

气候变暖是人类最早关注的气候变化风险，是 21 世纪人类面临的最复杂的挑战之一。进入工业化社会以来，经济的迅速发展和人口的快速增长导致温室气体大量排放，进而对全球气候产生了显著影响。1992 年，联合国环境与发展大会为应对气候变化通过了《联合国气候变化框架公约》(United Nations Framework Convention on Climate Change，UNFCCC/FCCC)；2020 年 9 月 22 日，在第七十五届联合国大会上我国做出了"二氧化碳排放力争于 2030 年前达到峰值，努力争取 2060 年前实现碳中和"的庄严承诺。这意味着一场广泛而深刻的经济社会变革的到来。

由于气候变化导致全球极端天气事件和气象灾害数量成倍增加，因此早期预警对于挽救生命和减少财产损失意义重大。气候变化与环境污染以及生物多样性减少之间有着不可剥离的关系，对人类社会和经济发展系统构成了巨大威胁（见图 1-1）。有研究表明，气候变化主要从两个方面对人类社会产生影响：一是气候变化造成的自然灾害与极端天气事件会对人类健康状况造成不利影响。比如全球变暖致使热浪天气频发，极端高温天气会增加人类弱势群体相关疾病的发病率与死亡率；二是气候变化会导致自然生态系统遭到破坏，随之而来的资源供应与分配困境可能会引发国家安全与领土争端问题。比如气候变暖会引起海平面上升，对沿海国家的农业、渔业、旅游业等产业造成严重威胁；海平面上升还会导致沿海国家国土面积减少，造成大量国民流离失所；极端天气同样也会对水、粮食等重要资源造成严重威胁，降低国家经济发展水平，更甚者会带来地缘政治冲突。

我国是典型的季风气候国家，由于气候复杂、时空变化大，如季节性暴雨等气象灾害尤为突出，因此我国是世界上自然灾害最严重的国家之一。根据 2003—2020 年的气象灾害对我国造成的损失数据，暴雨、洪涝灾害造成的经济损失占比为44.8%，干旱造成的经济损失占比为19.4%，台风造成的经济损失占比为17.8%；因暴雨、洪涝致死人数占比为63.4%，强对流天气致死人数占比为24.7%，台风和低温冷害致死人数占比分别为10%和1.8%。

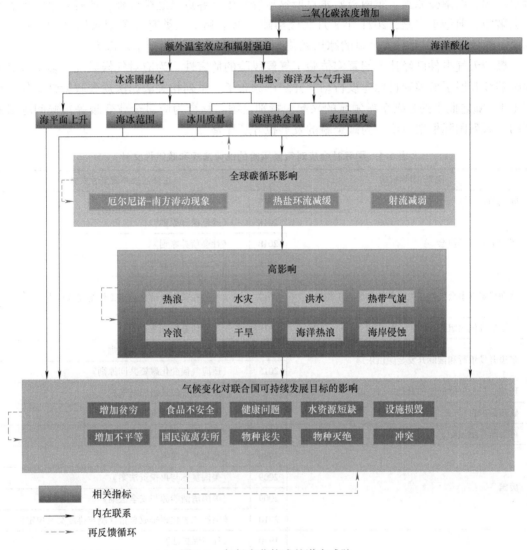

图1-1 气候变化构成的潜在威胁

2023年3月20日，联合国政府间气候变化专门委员会（Intergovernmental Panel on Climate Change，IPCC）在发布的第六次评估报告《综合报告》中明确指出，若要将全球气温上升幅度控制在工业化前水平的1.5℃内，所有部门都要在从现在开始的十年内全力、快速且持续地减少温室气体排放；如果要在2030年前将排放量减少近一半，那么从现在开始就要立即开始减少温室气体排放。另外，根据世界经济论坛和政府间气候变化专门委员会（IPCC）第五次评估报告提供的数据，若全球平均气温上升从1.5℃增加到2℃，会造成诸多气候灾难：全球每年出现超过35℃高温日的地区将从现在的14%增加到37%；北极夏天无冰的次数将从至少每100年出现一次变成至少每10年出现一次；脊椎动物的物种损失将从 4% 升至 8%；植物的物种损失将从 8% 升至 16%；昆虫的物种损失将从 6% 升至 18%。其实在 2019 年年底，澳大利亚气候学家斯特芬及其研究团队就在国际顶级期刊《自然》上指出，北极海冰、格陵兰冰盖、北方针叶林、多年冻土、大西洋经向翻转环流、亚马孙雨林、暖水珊瑚、西南极冰盖、东南极威尔克斯盆地等 9 个临界点已经被突破，还有 6 个临界点正在突破中。典型事实是，2021 年 8 月北极格陵兰岛下起了人类有气象记录以来的第一场大暴雨，导致了 87.2 万平方公里的冰川融化，70 亿吨以上的水伴随暴雨流失。

极端天气事件已经让人们真实体验了气候风险的危害性。为应对气候风险，多个国家和地区陆续开展了低零碳目标建设行动，并陆续颁布了一系列相关法律法规和政策性文件，见表 1-1。随之而来的是碳金融领域的兴起，特别是国际社会为应对全球变暖等气候问题所签署的一系列国际框架协议，为碳金融的发展拉开了序幕。

表 1-1　国际社会应对气候风险的法律法规和政策性文件

国家/国际机构	年份	法律法规和政策性文件
联合国环境署	2019	《可持续银行原则》
国际资本市场协会	2018	《绿色债券原则》
	2018	《社会债券原则》
	2018	《可持续发展债券指引》
金融稳定理事会气候相关财务信息披露工作组	2017	《气候相关财务信息披露工作组建议报告》
气候债券倡议组织	2019	《气候债券标准 3.0》
多边开发银行和国际开发金融俱乐部	2015	《气候减缓融资的共同原则》
	2015	《适应气候变化融资共同原则》
环境责任经济体同盟和泰勒斯研究院	1997	《全球报告倡议组织框架》
碳披露项目	2000	《碳信息披露原则》
可持续金融国际平台	2021	《可持续金融共同分类目录报告》
美国	1980	《超级基金法案》
	2009	《美国复苏与再投资法案》
	2009	《美国清洁能源与安全法案》
	2010	《限制二氧化碳排放总量管制与排放交易规定》
英国	1990	《环境保护法》
	2001	《污染预防法》
	2003	《我们的能源未来：创建低碳经济》
	2008	《气候变化法案》
	2009	《贷款担保计划》
欧盟	2018	《可持续发展融资行动计划》
	2019	《欧盟绿色债券标准》
	2019	《自愿性低碳基准》
	2019	《欧盟可持续金融分类方案》
	2020	《欧盟可持续金融分类法》

1.1.2　《联合国气候变化框架公约》

1896 年，瑞典科学家斯万特·阿伦纽斯（Svante Ahrrenius）警告，二氧化碳排放可能会导致全球变暖。然而，直到 20 世纪 70 年代科学家们深入了解了地球大气系统，气候变暖才引起了大众的广泛关注。20 世纪 80 年代末 90 年代初，世界各国举行了一系列以气候变化为重点的政府间会议。1988 年，为了让决策者和一般公众更好地理解这些科研成果，联合国环境规划署（United Nations Environment Programme，UNEP）和世界气象组织（World Meteorological Organization，WMO）成立了政府间气候变化专门委员会（IPCC）。1990 年 IPCC 发布第一份评估报告，并于同年 11 月召开了第二次世界气候大会，气候变化问题正式从学术界走向国际政治舞台。同年 12 月，联合国大会批准了气候变化公约的谈判。气候变化框架公约政府间谈判委员会（The Intergovernmental Negotiating Committee for a Framework Convention on Climate Change，INC/FCCC）在 1991 年 2 月至 1992 年 5 月期间举行了 5 次会议，参加谈判的 150 个国家的代表最终在 1992 年 6 月巴西里约热内卢举行的联合国环境与发展大会上签署了《联合国气候变化框架公约》（简称《公约》）。《公约》由序言及 26 条正文组成，具有法律约束力，终极目标是将大气温室气体浓度维持在一个稳定的水平，保证在该水平上人类活动对气候系统的危险干扰不会发生。截至 2016 年 6 月，加入《公约》的缔约国共有 197 个。

《公约》是世界上第一个为全面控制温室气体排放所设立的国际公约，其为应对未来数十年的气候变化设定了减排进程。《公约》通过建立一个长效机制，使各国政府报告各自的温室气体排放和气候变化情况。此信息将定期检讨以追踪《公约》的执行进度。此外，发达国家同意通过资金和技术转让来帮助发展中国家应对气候变化，他们还承诺采取措施，争取到 2000 年将温室气体排放量维持在 1990 年的水平。1994 年 3 月 21 日，《公约》生效。《公约》成为国际社会在应对全球气候变化问题上进行国际合作的一个基本框架。

《公约》的核心内容主要有 4 条：

1）确立应对气候变化的最终目标。《公约》第 2 条规定："本公约以及缔约方会议可能通过的任何法律文书的最终目标是将大气温室气体的浓度稳定在防止气候系统受到危险的人为干扰的水平上。这一水平应当在足以使生态系统能够可持续进行的时间范围内实现"。

2）确立国际合作应对气候变化的基本原则，主要包括"共同但有区别的责任"原则、公平原则、各自能力原则和可持续发展原则等。

3）明确发达国家应承担率先减排和向发展中国家提供资金技术支持的义务。《公约》附件一规定发达国家缔约方（发达国家和经济转型国家）应率先减排。附件二规定国家（发达国家）应向发展中国家提供资金和技术，帮助发展中国家应对气候变化。

4）承认发展中国家有消除贫困、发展经济的优先需要。《公约》承认发展中国家的人均排放仍相对较低，因此在全球排放中所占的份额将增加，经济和社会发展以及消除贫困是发展中国家首要和压倒一切的优先任务。

《公约》第二条规定，该公约以及缔约方会议可能通过的任何相关法律文书的最终目标是减少温室气体排放，减少人为活动对气候系统的危害，减缓气候变化，增强生态系统对气候变化的适应性，确保粮食生产和经济可持续发展。《公约》没有对个别缔约方规定具体需承担的义务，也未规定实施机制。从这个意义上说，《公约》缺少法律上的约束力。但是，

《公约》规定可在后续从属的议定书中设定强制排放限制。

《公约》确立了五个基本原则：①遵守"共同但有区别的责任"（Common but Differentiated Responsibilities，CBDR）原则；②要考虑发展中国家的具体需要和国情；③各缔约方应当采取必要措施，预测、防止和减少引起气候变化的因素；④尊重各缔约方的可持续发展权；⑤加强国际合作，应对气候变化的措施不能成为国际贸易的壁垒。

《公约》在内容上开创性地确立了 CBDR 原则，意图要求发达国家率先采取措施有步骤地减少温室气体排放来应对气候变化，并通过向发展中国家提供技术与资金支持以提高全球减排能力，具体如下：

1）共同但有区别原则。它的内涵包括两个方面："共同"是指全人类，即无论是发达国家还是发展中国家，对气候变化负有共同责任。"区别"又可以分为两个角度看，从历史角度看，发达国家原先的工业变革是碳排放增多的主要原因，而其工业转移使发展中国家当前碳排放居高不下，因此发达国家应当对碳减排承担主要责任；从现实角度看，发达国家与发展中国家的实力与能力各不相同，因而减排责任要视各自的减排能力而定。

2）公平原则。此原则是指由于部分缔约方国家（特别是海拔较低、面积较小的国家）极易处于气候变化的威胁当中，因此各国在国际气候治理合作中应当对这些国家的现实情况与需要进行特别考虑。

3）风险预防原则。此原则是国际环境法的一般原则之一。由于环境问题事后处理的复杂性与损害扩大性，各国应当预先对可能引起气候变化的各种原因进行预测与防范，避免不利情形的发生。

4）可持续发展原则。应对气候变化不仅关系到人类的代内利益，还关系到人类的代际利益——为人类子孙后代永续生存提供条件保障，因而必须转变发展方式，采取行动，形成长久而稳定的气候环境。

《公约》对发达国家和发展中国家规定的义务以及履行义务的程序有所区别，要求发达国家作为温室气体的排放大户，采取具体措施限制温室气体的排放，并向发展中国家提供资金以支付他们履行公约义务所需的费用。而发展中国家只承担提供温室气体源与温室气体汇的国家清单的义务，制定并执行有关温室气体源与温室气体汇措施的方案，不承担有法律约束力的限控义务。《公约》建立了一个向发展中国家提供资金和技术，使其能够履行公约义务的机制。这是各国为应对长期国际气候变化而进行的艰苦谈判所取得的重要阶段性成果，凝聚了各方的广泛共识，是国际社会应对气候变化的法律基础和气候变化全球治理的行动指南。

然而，CBDR 原则也存在诸多争议，国际气候谈判从未停止。2018 年 4 月 30 日，《公约》框架下的新一轮气候谈判在德国波恩开幕。2019 年 10 月 31 日，在智利政府宣布放弃主办原定于 2019 年 12 月举行的联合国气候变化大会后，西班牙首相发表新闻公报称愿意全力配合举办该会议，包括在马德里提供会场，以确保大会仍能如期召开。2023 年 4 月，《公约》中文版网站上线。

1.1.3 《京都议定书》

为了使人类免受气候变暖的威胁，1997 年 12 月 11 日，《公约》第 3 次缔约方大会在日本京都召开。149 个国家和地区的代表通过了旨在限制发达国家温室气体排放量以抑制全球变暖的《京都议定书》，其全称是《联合国气候变化框架公约的京都议定书》。《京都议定书》是人类有史以来通过控制自身行动以减少对气候变化影响的第一个国际文书，是国际社会为了保护环境经过多年努力所达成的重要成果，是《公约》的补充，其内容基调与《公约》保持一致，并细化解释了"公约机制"，允许发达国家和发展中国家通过碳交易履行减排义务或获得减排支持，由此构成了国际碳市场特别是国际碳排放贸易的基础。

《京都议定书》第一次以国际法律文件的形式规定了具体国家的温室气体排放目标。全球碳交易机制的特点是"自上而下"，即对各国分配碳排放量指标。规定从 2008 年到 2012 年所有发达国家二氧化碳等 6 种温室气体的排放量要比 1990 年平均减少 5.2%。具体地说，各发达国家从 2008 年到 2012 年必须完成的减排目标是：与 1990 年相比，欧盟减排 8%、美国减排 7%、日本减排 6%、加拿大减排 6%、东欧各国减排 5%~8%。新西兰、俄罗斯和乌克兰可将排放量稳定在 1990 年水平上。《京都议定书》同时允许爱尔兰、澳大利亚和挪威的排放量比 1990 年分别增加 10%、8% 和 1%。联合国气候变化会议就温室气体减排目标达成共识，澳大利亚承诺 2050 年前温室气体减排 60%。截至 2005 年 2 月，全球已有 141 个国家和地区签署该议定书。

《京都议定书》设置了国际排放贸易（International Emissions Trading，IET）机制、联合履约（Joint Implementation，JI）机制及清洁发展机制（Clean Development Mechanism，CDM）三个灵活履约的市场机制，具体如下：

1. 国际排放贸易机制

国际排放贸易（IET）机制是指《公约》附件一国家将其超额完成的减排义务指标以贸易的方式转让给另一个未能完成减排义务的附件一国家，并同时从转让方的允许排放限额上扣减相应的转让额度的机制，目的是通过交易实现减排。此处附件一国家为《公约》中所指的附件一名单内有责任率先减排的发达国家和经济转型国家。

IET 机制是《京都议定书》确立的一种灵活减排机制，允许发达国家把温室气体排放配额作为一种商品进行交易。交易一方凭借购买合同向另一方购买一定数量的温室气体减排量，以实现其减排目标。交易标的被称为分配数量单位（Assigned Amount Unit，AAU），一单位 AAU 代表一吨二氧化碳。2008—2012 年为《京都议定书》第一承诺期。从 2008 年开始，每个有减排承诺的国家需根据基准年的排放量和各自的减排目标，被分配对应的 AAU 数量（第一个五年承诺期内允许排放的二氧化碳吨数），在 2012 年年末，每个国家必须交出足够的 AAU 以支付其未来五年的排放量。《京都议定书》允许缔约方交易 AAU，即碳排放量高于规定目标的国家可以从 AAU 有盈余的国家购买，以便按时履行减排义务。

按照《京都议定书》的规定，国际碳排放权交易可以划分为两种类型：一种是以项目为基础的减排量交易，联合履约（JI）和清洁发展机制（CDM）是其中主要的交易形式，它们都是基于温室气体减排进行项目合作的机制；另一种是以配额为基础的交易，以国际排放贸易为主要交易形式，如全球规模最大、运行时间最长的欧盟碳市场。经过多年的发展，以配额为基础的温室气体排放权交易市场得到了迅速的发展和扩张，并已成为全球贸易中的新亮点，市场规模不断扩大。2013 年我国正式启动了试点碳排放权交易市场，也称碳市场或碳金融市场；2021 年 7 月 16 日，我国正式启动了全国碳排放权交易市场，全球规模最大的碳市场就此成立。

2. 联合履约机制

联合履约（JI）机制规定附件一国家之间可以进行项目合作，转让方将扣除的部分 AAU 转化为减排单位（Emission Reduction Unit，ERU）给予投资方，投资方可利用 ERU 实现减排目标。一单位 ERU 代表一吨二氧化碳。正如"联合履约"该名称所示，一个 JI 项目的减排应由两个附件一国家"联合"实现。参与联合履约机制的双方都是有排放上限的国家，因此 JI 项目产生的每个 ERU 都必须从转让国的一个 AAU 转换而来，从而使各参与国的总体排放上限保持在同一水平。

JI 机制是附件一国家以项目为基础的一种合作机制，目的是帮助附件一国家以较低的成本实现其温室气体减排承诺。减排成本较高的附件一国家通过 JI 机制在减排成本较低的附件一国家实施温室气体的减排项目。投资国可以获得项目活动产生的减排单位，从而用于履行其温室气体减排承诺，而东道国可以通过项目获得一定的资金或有益于环境的先进技术，从而促进本国的发展。JI 机制意味着行为主体（国家或企业）不仅可以在本国或本国工厂减少或限制温室气体排放，而且可以与其海外合作伙伴共同减少或限制温室气体排放。JI 机制可以在一定程度上鼓励某些拥有技术优势的行为主体出于降低减排成本的考虑，在其他国家投资减排项目。JI 机制在满足投资国经济利益的前提下，可以提高被投资国的减排能力，实现共赢。

JI 项目的实施分为以下几个步骤：

第一步，发现潜在项目。项目发起人首先分析在其组织或经营范围内是否存在实行联合履约项目的机会。这项工作包括分析既有投资计划和项目开发提案，以确定项目是否存在减少温室气体排放的潜能。除此之外，最重要的是分析该项目的实施是否可以减少温室气体的排放，以及项目所在国家是否符合资格要求。

第二步，进行项目可行性分析。可行性分析是指估算项目可能减少的温室气体排放的数量。项目实施产生的减排额度的计算应以假设不存在该项目时本应发生的情况为基础。

第三步，项目批准。根据《京都议定书》的规定，联合履约项目必须得到相关缔约方的批准。在项目参与人为经授权的法律实体的情形下，其首先需要获得东道国的批准，然后再获得其所在国的批准。

第四步和第五步分别是项目实际执行与监测、减排单位的核查与发放。

JI 项目的开发有两种不同的程序：程序 1（通常被称为简化程序）允许某些国家确定 JI 项目提案和验证减排，并在不受联合履约机制监督委员会（Joint Implementation Supervisory Committee，JISC）监督的情况下发行 ERU。符合程序 1 规定的国家可以自由地设置本国 JI 项目的开发流程，然而这将造成不同国家在确定项目和发行 ERU 方面的严格程度上存在差异的风险；程序 2 涉及 JISC 对 JI 项目的确定、减排的验证和 ERU 发布的国际监督。JISC 会选择经认证的独立实体确定候选项目是否符合《京都议定书》规定的要求以及相应的实施准则，并跟踪验证其减排情况。作为一个监督机构，JISC 可以要求对 JI 项目的资格与减排效力进行审查。程序 2 的设立最初是为了帮助那些获取程序 1 资格困难的转型经济体。在实践中，大多数国家表示愿意遵守程序 2，即遵守 JISC 的核查程序，将减排量或清除量的增加作为附加核查项目。

3. 清洁发展机制

清洁发展机制（CDM）的核心内容是允许发达国家通过在发展中国家进行减排项目投

资以获得减排额，其规定的减排单位为核证减排量（Certified Emission Reduction，CER），一单位 CER 代表一吨二氧化碳。相据《京都议定书》第十二条的规定，CDM 的目的是协助未列入附件一的缔约方实现可持续发展和有益于《公约》的最终目标，并协助附件一所列缔约方实现遵守其量化的限制和减少排放的承诺。为保障 CDM 的客观性、有效性和透明性，CDM 执行理事会规定 CDM 项目的开发和实施需要遵守严格的申请、认证及监测流程，具体包括：

第一步，项目开发主体为申请 CDM 项目准备提案，内容包括经营实体信息、项目可行性分析、项目概念书、项目设计文件、买家意向函等。

第二步，承办 CDM 项目的发展中国家相关负责机构对项目提案给予批准，并论证该项目的减排意义。

第三步，由具有特定资质的指定经营实体审核项目提案书中的相关信息。

第四步，CDM 执行理事会负责监督并批准项目注册。

第五步，项目开发机构负责监测项目实施过程中的减排情况，并向特定认证机构提供书面碳减排监测报告。

第六步，具有特定资质的第三方认证机构验证碳减排量，且通常而言，进行碳减排量验证的第三方认证机构与项目注册验证时所选择的第三方机构不能相同。

第七步，由 CDM 执行理事会监督 CER 的发放。

第八步，CDM 项目开发商向附件一国家或企业出售已认证的碳减排量。

1.1.4 《巴黎协定》

2015 年 12 月 12 日，《公约》178 个缔约方在巴黎气候变化大会上达成《巴黎协定》（The Paris Agreement），其于 2016 年 4 月 22 日在美国纽约联合国大厦签署，并于 2016 年 11 月 4 日起正式实施。《巴黎协定》是已经到期的《京都议定书》的后续，其长期目标是将全球平均气温较前工业化时期上升幅度控制在 2℃ 以内，并努力将温度上升幅度限制在 1.5℃ 以内。这是继《京都议定书》后第二份有法律约束力的气候协议，为 2020 年后全球应对气候变化行动做出了安排。按规定，《巴黎协定》将在至少 55 个《公约》缔约方（其温室气体排放量占全球总排放量至少约 55%）交存批准、接受、核准或加入文书之日后第 30 天起生效。2016 年 9 月 3 日，全国人大常委会批准我国加入《巴黎协定》，我国成为完成了批准协定的缔约方之一。2021 年 11 月 13 日，联合国气候变化大会（COP26）在英国格拉斯哥闭幕。经过两周的谈判，各缔约方最终完成了《巴黎协定》实施细则，开启国际社会全面落实《巴黎协定》的新征程。

《巴黎协定》列有 29 条，包括目标、减缓、适应、资金、技术转让等方面的内容。虽然《巴黎协定》并非《公约》的附属，但其实际上与《公约》保持着密切的联系。在坚持"共同但有区别原则"与"公平原则"的基础上，《巴黎协定》摒弃了《京都议定书》的"二分减排机制"，实行"国家自主贡献"（Nationally Determined Contributions，NDC）来重新定义温室气体减排的国际模式。与《公约》和《京都议定书》相比，《巴黎协定》的进步体现在以下四个方面：

1）更具紧迫性的减排目标。《公约》只是说明把未来的温升控制在一定范围内，要减少全球人为温室气体的排放；《京都议定书》主要对发达国家的温室气体减排目标做了规划；而《巴黎协定》的减排目标既包括发达国家，也包括发展中国家，并且提出要在2050 年实现温室气体的净零排放，还对 2020 年以后全球应对气候变化的总机制做出了制度性的规划。《巴黎协定》要求各缔约方尽快制定更加有效的减排路径，促进经济低碳转型，实现经济发展和节能减排"两手抓"。

2）更具体系化的减排模式。《京都议定书》和哥本哈根世界气候大会提出"自上而下"的强制分配减排义务，对附件一国家（发达国家）的温室气体排放量给出了具有法律约束力的限时定量减排指标。而《巴黎协定》实行的是各缔约方"自下而上"的自主贡献承诺模式，这种模式会使更多国家愿意接受《巴黎协定》，进而使该协定的覆盖面更加广泛，全球进一步合作，减排效果更加明显。

3）更具法律约束力。《公约》以框架公约的形式确立了全球应对气候变化的目标和气候治理应遵循的原则，但是并没有对各缔约方的量化减排义务进行规定，也没有建立遵约机制，所以其只是具有宣传性和指导性的文件，并不具有法律约束力；《京都议定书》虽然对附件一国家制定了量化减排目标，但它没有制定履约机制去督促缔约方遵守公约，各缔约方在实施过程中基本靠自觉自愿，法律约束力十分薄弱；《巴黎协定》正式签署之后，所有缔约方对提交的国家自主贡献必须严格承诺，《巴黎协定》成为继《京都议定书》之后第二个具有法律约束力的协定，并且比后者具有更强大、更全面的法律约束力。

4）更加完善的遵约机制。《公约》第 14 条规定了缔约方之间的争端解决程序，要求缔约方应该选择谈判或其他任何和平方式解决争端。《巴黎协定》第 15 条规定了促进遵约机制，该机制由一个以专家组为主的委员会组成，以透明的、非对抗性、非惩罚性的方式促进各缔约方执行和遵守本协议。每年向作为《巴黎协定》缔约方会议的《公约》缔约方会议提交报告。

由于当前全球气候治理的机制是以《巴黎协定》为核心建构的，因此全球气候治理的成效取决于《巴黎协定》的普遍性与合法性。普遍性是《巴黎协定》的最大亮点，这是因为发达国家和发展中国家都是全球气候治理的参与者，而且他们承担不同水平的量化减排责任。普遍性产生合法性，合法性提升全球气候治理的效果。《巴黎协定》应对全球气候变化既是出于对全人类共同利益的考虑，也是各国生存发展的客观实际需要。

1.1.5 国际碳中和战略目标

为响应《巴黎协定》提出的 1.5℃温控目标，各国纷纷提出碳中和愿景和目标。"碳中和"（carbon neutral）一词最早出现在 20 世纪 90 年代初，用于描述植物存活时吸收的二氧化碳量等于其释放的二氧化碳量的情况。1997 年，英国的未来森林（Future Forests）公司将碳中和作为商业策划概念提出，主要从能源技术角度关注碳中和的路径。IPCC 的特别报告《全球变暖 1.5℃》将碳中和定义如下：当一个组织在一年内的二氧化碳（CO_2）排放通过二氧化碳去除技术应用达到平衡，就是碳中和或净零二氧化碳排放。

在 2017 年 12 月的"同一个地球"峰会上，29 个国家签署了《碳中和联盟声明》，承诺在 21 世纪中叶实现零碳排放。截至 2021 年 4 月，全球已有超过 130 个国家和地区提出碳中和目标，不丹和苏里南两国更是提早实现碳中和，不丹已达到负碳状态。大部分国家（包括南非、斐济等发展中国家）以 2050 年为碳中和目标年，少数国家（瑞典、芬兰等）将目标年提前到了 2035—2045 年。中国、巴西、哈萨克斯坦承诺在 2060 年前实现碳中和，而毛里求斯将该目标设定至 2070 年，主要国家和地区"21 世纪中叶碳中和"目标的发展情况如表 1-2 所示。

表 1-2 主要国家和地区"21 世纪中叶碳中和"目标的发展情况

状 态	国家和地区
已经实现	不丹、苏里南
已经立法	瑞典（2045）、英国、法国、丹麦、新西兰、匈牙利
形成法律草案	欧盟、加拿大、韩国、西班牙、智利、斐济
纳入政策文件	芬兰（2035）、奥地利（2040）、冰岛（2040）、日本、德国、瑞士、挪威、爱尔兰、南非、葡萄牙、哥斯达黎加、斯洛文尼亚、马绍尔群岛、中国（2060）
讨论中	墨西哥、意大利、阿根廷、秘鲁、美国等

注：括号内为各国承诺实现碳中和的年份，未标注年份的为 2050 年。

2022 年以来，越来越多的国家和地区开始全面推进碳中和进程，在多个领域部署了战略或行动计划。许多国家和地区通过设立或修订气候法律，将碳中和目标明确为硬约束。其中，瑞典、荷兰、英国等 10 个国家和地区已经将碳中和目标法律化；芬兰则正在研究将 2035 年实现碳中和的目标纳入法案；欧盟颁布了《欧洲气候法》；加拿大出台了《净零排放问责法》等。同时，许多国家出台了碳中和支持政策，并将相应的配套保障制度确立为刚性的系统性制度，详见表 1-3。

表 1-3 部分国家和地区的碳中和法

国家/地区	碳中和法律	立法时间	立法要点
瑞典	《气候法案》	2017 年	全球首个以国内立法形式确立净零碳排放目标的国家；瑞典议会通过了包括《气候法案》在内的一揽子气候政策框架，承诺在 2045 年前实现净零碳排放
荷兰	《气候法》	2019 年	法案设定到 2030 年温室气体较 1990 年减排 49%，到 2050 年减排 95%，电力系统实现碳中和；制定国家气候协议，包括分别与各行业签订实现碳减排目标的协议
英国	《2050 年目标修正案》	2019 年	英国于 2008 年制定《气候变化法案》，并于 2019 年 6 月通过其修订案，即《2050 年目标修正案》，将原定的温室气体到 2050 年比 1990 年减排 80% 的目标修订为减排 100%，旨在履行其碳中和承诺
德国	《联邦气候保护法》	2019 年	法案设定到 2030 年温室气体排放总量较 1990 年至少减少 55%，到 2050 年实现碳中和
法国	《能源和气候法》	2019 年	法案修改了能源法典，并纳入了 2050 年碳中和目标，规定到 2030 年将化石燃料消费量降低至 2012 年的 61%
丹麦	《新气候法》	2019 年	法案将作为丹麦气候政策的顶层设计，规定到 2030 年温室气体排放较 1990 年减少 70%，到 2050 年前实现碳中和
欧盟	《欧洲气候法》	2021 年	法案作为欧盟首部气候法，旨在将《欧洲绿色新政》中设定的目标纳入法律，即推动欧洲于 2050 年实现碳中和；确保欧盟各项政策能够促进这一目标的实现

（续）

国家/地区	碳中和法律	立法时间	立法要点
新西兰	《气候变化应对（零碳）修订法案》	2020 年	新西兰原本计划出台零碳法案，2019 年改为对原气候变化应对法的修正案，旨在将主要气候变化立法统一为一部法案。修正案为新西兰架构起气候变化政策框架
加拿大	《净零排放问责法》	2020 年	加拿大为履行碳中和承诺制定该法案，要求设定减少温室气体排放的 5 年期目标，以期到 2050 年实现净零碳排放
匈牙利	《气候保护法》	2020 年	法案承诺到 2030 年温室气体排放较 1990 年减少 40%，到 2050 年实现碳中和；到 2030 年 90% 的电力生产实现净零排放
芬兰	《气候变化修订法案》	2022 年	法案增加了实现 2035 年碳中和目标的措施，设定了 2030 年、2040 年、2050 年减排目标，并将对土地利用和碳汇设定目标

从各个国家和地区碳中和目标来看，欧盟的气候立法整合了欧洲碎片化的气候法规政策。2019 年 12 月，欧盟委员会发布《欧洲绿色新政》，旨在"借助资源的高效和竞争性经济，将欧盟转变为一个公平繁荣的社会，使其到 2050 年温室气体达到净零排放"。欧盟为了将碳中和目标以法律形式体现，于 2021 年 6 月通过了欧洲首部气候法，这意味着欧盟将作为一个整体实现温室气体净零排放。《欧洲气候法》使欧盟完成了从分散立法向分散立法与专门立法并存局面的转变，将成为欧盟绿色转型战略必不可少的法律依据。法案旨在以社会公平和成本有效的方式，通过制定各项政策实现碳中和：一是制定 2050 年碳中和目标；二是建立一套监测系统和行动措施；三是确保实现碳中和的不可逆转型。

德国、法国、瑞典和英国等欧洲主要国家已通过立法方式对温室气体排放进行限制，其中德国选择先通过制订气候行动计划确定目标，再以气候立法的形式增强法律约束力。德国应对气候变化的法律具有系统性，其已经制定了促进能源转型、低碳发展和应对气候变化等的一系列战略和法律，如《德国适应气候变化战略》《联邦气候立法》《可再生能源法》等。为进一步落实具体计划，德国政府于 2019 年 9 月通过了《气候行动计划 2030》，明确规定了各行业、部门的具体行动措施，并于 2019 年 11 月通过了《联邦气候保护法》，详细规定了分行业的碳减排目标及措施。法案除规定温室气体 2030 年较 1990 年减排 55%，2050 年实现净零碳排放，还规定了各部门的减排目标。减排目标具有一定灵活性，可根据实际情况微调，也可在部门间抵消。此外，法案规定了各部门减排措施、减排目标调整以及减排效果评估的法律程序。瑞典是全球首个以国内立法形式确立净零碳排放目标的国家。瑞典议会于 2017 年通过了《气候政策框架》，承诺将在 2045 年前实现净零碳排放。瑞典的《气候法案》通过制定目标来合理约束政府，该法案设定了长期目标，规定到 2045 年实现净零碳排放，之后实现负排放。这意味着瑞典到 2045 年应比 1990 年至少减少 85% 的温室气体排放；到 2020 年比 1990 年减排 40%；到 2030 年比 1990 年减排 63%；到 2040 年比 1990 年减排 75%。这其中不包括土地利用、林业部门的排放和碳汇。法国政府也为碳中和目标做出了持续性努力。2015 年 8 月，法国政府通过《绿色增长能源转型法》，构建了国内绿色增长与能源转型的时间表。此外，法国政府还于 2015 年提出了《国家低碳战略》，碳预算制度由此建立。在 2018~2019 年间，法国政府对《国家低碳战略》进行了修订，调整了 2050 年温室气体排放减量目标，并将其改为碳中和目标。2020 年 4 月 21 日，法国政府最终以法令形式正式通过《国家低碳战略》，并陆续出台、实施了《多年能源规划》和《法国国家空气污染物减排规划纲要》。英国作为世界上最早实现工业化的国家，其早期环境问题广受关注，曾出现了震惊世界的"伦敦烟雾事件"。为应对气候变化问题，英国于2008年制定了《气候变化法案》，并于2019年6月通过了其修订案，即《2050年目标修正案》，将原定的到2050年温室气体比1990年减排80%的目标修订为减排100%，旨在履行其碳中和承诺。

美国和澳大利亚等发达国家在面对碳中和目标时，往往采取保守策略。长期以来，美国在碳中和目标上态度不明、表现反复无常，但最近美国政府正在转变态度及做法。美国继先后退出《京都议定书》《巴黎协定》之后，于2021年2月又重新加入了《巴黎协定》，即加入碳减排行列，积极参与落实《巴黎协定》，承诺于2050年实现碳中和。在各州层面，美国已有6个州通过立法设定到2045年或2050年实现100%清洁能源的目标。澳大利亚对于碳减排的态度摇摆不定。在签订《京都议定书》时澳大利亚一开始持拒绝态度，直到2007年才签署。自2018年8月莫里森任职总理后，澳大利亚气候政策主要有以下特点：一是废除《能源保障计划》，这意味着澳大利亚寻求改革能源市场以减少温室气体排放的尝试以失败告终；二是于2019年2月25日发布《气候解决方案》，该方案计划投资35亿澳元来兑现澳大利亚在《巴黎协定》中做出的2030年温室气体减排承诺；三是实行倾向于传统能源产业的政策，在新能源产业上投入不足。日本对碳中和的行动和态度也存在不确定性，其于2019年6月主办20国集团领导人峰会之前批准了一项气候战略，主要研究碳的捕获、利用和储存，以及作为清洁燃料来源的氢的开发。值得注意的是，日本逐步淘汰煤炭的计划尚未出台，预计到2030年，煤炭仍将供应日本四分之一的电力。

我国自党的十八大以来，生态文明建设已取得了显著成效。2020年9月22日，习近平总书记在联合国大会一般性辩论上做出我国将力争于2030年前实现碳达峰、努力争取2060年前实现碳中和目标的重大宣示，随即碳达峰碳中和工作稳步推进，出台了一系列政策和意见的顶层设计，明确了碳达峰碳中和工作的时间表、路线图、施工图。具体举措如下：一是建立统筹协调机制。中央层面成立了碳达峰碳中和工作领导小组，国家发展和改革委员会履行领导小组办公室职责，强化组织领导和统筹协调，形成上下联动、各方协同的工作体系。二是构建"1+N"政策体系。党中央、国务院出台《中共中央　国务院关于完整准确全面贯彻新发展理念做好碳达峰碳中和工作的意见》，国务院印发《2030年前碳达峰行动方案》，各有关部门制定了分领域分行业实施方案和支撑保障政策，各省（区、市）也都制定了本地区碳达峰实施方案，碳达峰碳中和"1+N"政策体系已经建立。三是稳妥有序推进能源绿色低碳转型。立足以煤为主的基本国情，大力推进煤炭清洁高效利用，实施煤电机组"三改联动"，在沙漠、戈壁、荒漠地区规划建设4.5亿千瓦大型风电光伏基地；四是大力推进产业结构优化升级。积极发展战略性新兴产业，着力推动重点行业节能降碳改造，坚决遏制"两高一低"项目盲目发展。与2012年相比，2021年我国能耗强度下降了26.4%，碳排放强度下降了34.4%，水耗强度下降了45%，主要资源产出率提高了58%。五是推进建筑、交通等领域低碳转型。积极发展绿色建筑，推进既有建筑绿色低碳改造，2021年全国城镇新建绿色建筑面积达到20多亿平方米。加大力度推广节能低碳交通工具，新能源汽车产销量连续7年位居世界第一，保有量占全球一半。六是巩固提升生态系统碳汇能力。坚持山水林田湖草沙一体化保护和修复，科学推进大规模国土绿化行动。我国森林覆盖率和森林蓄积量连续保持"双增长"，已成为全球森林资源增加最多的国家。七是建立健全相关政策机制。优化完善能耗双控制度，建立统一规范的碳排放统计核算体系。推出碳减排支持工具和煤炭清洁高效利用专项再贷款，启动全国碳市场。完善绿色技术创新体系，强化"双碳"专业人才培养。在全社会深入推进绿色生活创建行动，倡导绿色生产生活方式，鼓励绿色消费。八是积极参与全球气候治理。在多双边机制中发挥重要作用，推动构建公平合理、合作共赢的全球环境治理体系。深化应对气候变化南南合作，扎实推进绿色"一带一路"建设，支持发展中国家能源绿色低碳发展。

1.2 国际政府制度安排与解决方案

1.2.1 碳制度与碳技术

碳排放交易市场、碳税、碳技术等经济手段是各国实现碳中和目标的通用制度。

1. 碳排放交易市场

在碳减排领域，建设碳排放交易市场是有力工具。欧盟是全球最早建设规模化碳排放交易体系的地区，欧盟碳排放交易体系（EU-ETS）在所有的欧盟国家以及冰岛、列支敦士登、挪威运行，覆盖面占欧盟温室气体排放量的40%左右；2005年以来，EU-ETS所涵盖的主要行业的碳排放量下降了42.8%。近年来欧洲碳价不断高涨，进一步推动了碳减排的力度。

EU-ETS采取的是"总量控制与交易"原则，对系统覆盖的温室气体排放总量设置上限。在上限内，公司获得或购买排放配额并根据需要相互交易。ETS将碳排放上限逐年下调，以此控制总排放量。配额交易带来了灵活性，确保减碳社会成本的最低化。建立在高质量的数据基础之上，具有完整、一致、准确、透明的监测、报告及核查系统，是碳排放市场的根本保障。碳价格的上涨也促进了各国对清洁低碳技术的投资。

2021年7月，欧盟委员会为实现"到2030年至少减少排放55%的温室气体"的目标，提议对EU-ETS进行修改，如逐步取消发放给航空领域的"免费"排放配额，在2027年之前实现配额的全面拍卖，将航运纳入EU-ETS系统；在道路运输和建筑部门新建独立的交易系统，采用排放交易的"上游方法"并要求燃料供应商而不是住户或汽车拥有者来负责购买配额。这些新的政策旨在通过建立碳排放交易市场促进重点排放部门进一步减排，从而实现日益严格的气候控制目标。

2. 碳税

碳税是指针对二氧化碳排放所征收的税。它以环境保护为目的，希望通过削减二氧化碳排放来减缓全球变暖。碳税按照燃煤和石油下游的汽油、航空燃油、天然气等化石燃料产品的碳含量的比例来征税，从而减少化石燃料消耗和二氧化碳排放。与总量控制和排放贸易等以市场竞争为基础的温室气体减排机制不同，征收碳税只需要额外增加非常少的管理成本。碳税制度的全面施行或许能倒逼行业绿色转型。

碳税制度的目的在于：①减少温室气体的排放量。碳税是按照化石燃料燃烧后的排碳量进行征税。为了减少费用支出，公共事业机构、商业组织和个人均将努力减少使用化石燃料能源。个人可能会放弃乘坐私家车改乘公共交通，并使用节能灯来代替白炽灯；商业组织可通过安装新型装置或更新供热/制冷系统来提高能源利用效率;公共事业机构可使用废弃洗涤塔、低氮氧化物燃烧器或气化法来减少温室气体排放。由于碳税制度为碳排放设定了一个明确的价格,因此为提高能源效率进行的高昂投资可以得到相应回报;②碳税制度使替代能源与廉价燃料相比更具成本竞争力,进而推动替代能源的使用;③通过征收碳税可以获得收入,这项收入可用于资助环保项目或减免税额。

当前,碳税制度正成为发达国家有关碳中和目标的规则博弈。以欧盟为主的国家和地区正在着力设计碳税制度。2020 年年初,欧盟在《欧洲绿色协议》中提出要在欧盟区域内实施"碳关税"的新税收制度;2021 年 3 月,欧洲议会又通过了"碳边境调节机制"议案,该议案提出从 2023 年开始对欧盟进口的部分商品征收碳税。英国首相曾建议以七国集团主席这一角色来推动成员国之间协调征收碳边境税。美国更是一改之前对气候问题的保守态度,考虑征收"碳边境税"或"边境调节税"。

3. 碳技术

联合国政府间气候变化专门委员会第五次评估报告指出,若无碳捕获利用与封存技术(Carbon Capture Utilization and Storage,CCUS),绝大多数气候模式都不能实现减排目标。CCUS 是碳技术的一种,是指捕获排放的二氧化碳,并将其储存在地下或进行工业应用的技术,CCUS 被认为是最具潜力的前沿减排技术之一,具体包括:

(1)碳捕获技术。这种技术可分为点源 CCUS 技术、生物质能碳捕获与封存技术和直接空气碳捕获与封存技术。二氧化碳经由植被从大气中提取出来,通过燃烧生物质从燃烧产物中进行回收,这是生物质能碳捕获与封存技术;而直接空气碳捕获与封存技术是指直接从空气中捕获二氧化碳。

(2)碳利用技术。这种技术是指利用二氧化碳来创造具有经济价值的产品,国际上广泛应用的是强化采油技术。碳利用技术需要与直接空气碳捕获与封存技术结合,以解决二氧化碳的再释放问题,达到碳中和。

(3)碳封存技术。这种技术是指利用含水层封存二氧化碳以及强化采油技术。

尽管碳捕获与封存技术的发展已有一定历史了,但整个系统的大规模运行当前仍难以实现。

1.2.2 各行业的碳中和行动

碳中和的实现是一项复杂的系统工程,不仅与油气行业的低碳转型相关,还涉及产业、经济结构的变化等经济、社会的诸多方面。碳中和决不能仅靠治理某个行业来实现,需要各行业相互配合与协同行动。下面对油气行业、造纸行业、建筑行业以及交通运输行业的碳中和行动举措进行介绍。

1. 油气行业

油气行业无疑是影响碳中和成败的关键行业,而基于自然的解决方案(Nature-based Solutions,NbS)或(Natural Climate Solutions,NCS)已经备受关注。NbS 是指通过保护、可持续管理和修复自然或人工生态系统更有效地应对社会挑战,并为人类福祉和生物多样性带来益处的行动。《公约》第 26 次缔约方大会(COP26)领导人峰会期间,包括中国在内的 114 个国家加入了《关于森林和土地利用的格拉斯哥领导人宣言》,凸显了在全球应对气候变化过程中基于自然的解决方案的重要性。

据美国国家科学院研究，到 2030 年，为将全球平均气温较前工业化时期上升幅度控制在 2℃ 以内，NbS 可提供 1/3 以上的满足成本效益的温室气体减排量。NbS 不仅可以抵消不可避免的碳排放，加快实现《巴黎协定》的目标，还有利于保护和恢复生物多样性、改善防洪能力或土壤质量等。为此，2019 年 9 月召开的联合国气候行动峰会将 NbS 列入全球加速气候行动的九大方式之一。《公约》及相关安排为促进发展中国家减少森林砍伐和森林退化，加强森林养护和可持续管理提供了相应的激励措施。

从全球来看，NbS 作为应对气候变化的重要方式并未得到充分重视，其获得的投资很少。据估算，NbS 在全球仅吸引来 2%~3% 的公共气候资金。投资 NbS 存在相当程度的风险，包括投资周期长、监管的不确定性、法律风险、财务风险以及与项目开发相关的技术风险。但由于 NbS 具有减排成本低（部分 NbS 成本在 10 美元/吨二氧化碳以下）、社会效益高的特点，国际石油公司纷纷投资发达国家和发展中国家的自然碳汇减排项目，而将 NbS 视为满足碳交易或碳税有关法规要求的潜在减排量来源，以此抵消自身碳排放量，同时展示承担相应社会责任的良好企业形象。在油气行业 NbS 实践方面，由 12 家国际石油公司组成的油气行业气候倡议组织（Oiland Gas Climate Initiative，OGCI）成立了专门工作组来开展 NbS 相关发展机遇和方法学研究，并制定了《自然气候解决方案行动投资指导原则》，包括：增强成员公司的脱碳计划，使用 NbS 作为抵消难减碳排放量的解决方案，满足国际公认的环境标准要求，采用合理的、经过验证的碳测量和会计方法等。OGCI 于 2019 年加入了由世界经济论坛和世界可持续发展工商理事会发起的 NbS 联盟，旨在争取更广泛的政策和法规支持。OGCI 还与国际石油工业环境保护协会、世界大自然保护联盟等组织开展合作，研究解决 NbS 面临的发展限制问题。

2. 造纸行业

为实现"双碳"目标，造纸行业企业应该认识到减碳正在成为全球性目标和行动。许多全球知名的造纸企业都在制定各自的碳减排目标，而减碳范围不仅包括"自身运营"，还包括"供应链"和"产品使用阶段"，即建立产品全生命周期的碳减排目标。这里重点以两个企业为例，一个是林浆纸一体化的北欧企业芬林集团，另一个则是亚洲的重要包装纸生产企业正隆集团。

循环经济的理念是减量化、再利用和再回收。芬林集团的碳管理路线图和关键举措遵循了循环经济的运营原则。减量化是指在输入端减少原材料的使用，再利用是指延长产品的使用过程和生命周期。芬林集团遵循循环经济的理念，尽量减少输入端的森林用量，尽量延长最终产品的寿命。具体到减碳目标，芬林集团希望在 2030 年之前，集团所有的林浆纸企业都实现零化石能源。在产品使用阶段，芬林集团还希望实现更大的负碳目标。2019 年，芬林集团种植的森林可以实现碳汇约 2600 万吨；每年生产的纸张、家具、锯木等产品产生的碳排放约 1800 万吨；所有产品在运输过程中，要释放约 150 万吨的二氧化碳；通过生产家具以及其他产品每年可以存储 200 万吨二氧化碳。2019 年，芬林集团可实现约 850 万吨负碳的发展目标。

正隆集团则采取"智纸"发展理念，第一，重点提高工厂能效，通过淘汰落后的设备和进行技术升级，实现工厂的卓越运营。第二，充分使用再生资源，比如造纸厂排出的沼气、废渣、污泥等，对其进行资源化利用。第三，使用清洁能源，比如购买生物质燃料，在工厂里安装太阳能面板，或者通过投资风电厂等来获得清洁能源。第四，负排碳技术在未来的应用。目前，全球都在研发负排碳的技术。

3. 建筑行业

建筑行业的碳排放是各国实现碳中和目标面临的主要挑战，而绿色化改造建筑的回报具有长效性，这对于实现碳中和目标是有利的。

从世界范围来看，各国建筑行业大多采用"绿色建筑"这一概念和方式，通过构建绿色建筑来最大限度地利用建筑资源、保护环境。绿色建筑的推行大致有两种方式：一是评价体系和节能标识。在评价体系方面，英国首次发布绿色建筑评估方法，目前完成绿色建筑评估方法认证的建筑已超27万幢；德国在绿色建筑评估方法基础上推出第二代绿色建筑评估方法；新加坡发布了绿色建筑标志认证评价体系，对不同建筑的节能标准进行规定。在绿色能效标识方面，美国采用"能源之星"，德国采用"建筑物能源合格证明"来标记能源效率及耗材等级。二是建筑革新。欧盟委员会在2020年发布的"革新浪潮"倡议中提出，到2030年欧盟所有建筑将实现近零能耗；法国设立翻新工程补助金，计划促进700万套高能耗住房转为低能耗建筑；英国推出"绿色账单"等计划，通过补贴、退税等形式促进公众为老旧建筑装配减排设施。

4. 交通运输行业

交通运输行业是实现碳中和目标的重要关注领域之一，这不仅是因为交通运输行业的碳排放更为复杂，而且该行业产生的碳排放量也不容小觑。发达国家在建筑等行业的碳排放量已有所下降，但在交通运输行业还没有太大改变，因此减少交通运输行业碳排放、布局新能源交通工具刻不容缓。

各国交通运输行业为实现碳中和已做过不少尝试，例如调整运输结构、发展数字化交通运输系统，以及限制乘用车碳排放量等。例如德国提高电动车补贴，美国出台先进车辆贷款支持项目，挪威、奥地利对零排放汽车免征增值税，墨西哥、印度等发展中国家通过公布禁售燃油车时间表的方式负向约束交通运输碳排放。在交通运输系统数字化方面，各个国家和地区通过数字技术建立统一票务系统或者部署交通系统，例如欧盟计划大力投资140个关键运输项目并共建全球首个货运无人机网络和机场，以降低碳排放量、节省运输时间和成本。

1.3　我国政府解决方案

积极应对气候变化是当今世界大势所趋。越来越多的国家、地方政府和企业通过碳中和等气候行动强化减碳力度，"碳中和"催生了新一轮能源技术和产业革命，气候政策也在加速调整和转变。2020年9月22日，中国向世界庄严宣示提前碳达峰、实现碳中和目标，党的二十大报告明确提出，要统筹产业结构调整、污染治理、生态保护、应对气候变化；积极稳妥推进碳达峰碳中和。彰显了我国的大国责任与担当，是我国引领未来全球产业高地和可持续发展方式的重大战略决策。

1.3.1　描绘"双碳"新蓝图

"十四五"时期我国进入社会主义现代化建设的新时期。在这个时期，我国要贯彻新的发展理念，创建新的发展格局，坚定不移地推动经济实现高质量发展。习近平主席在联合国大会上提出的碳达峰、碳中和目标向其他各国释放出明确的信号，即我国要为应对气候问题、推动经济"绿色复苏"贡献力量。虽然我国一直强调走绿色发展、低碳发展的道路，但始终没能予以高度重视；碳达峰、碳中和目标的提出将我国绿色发展战略提升到一个新高度，明确了我国未来数十年的发展基调，为我国转变经济发展模式，大力发展绿色低碳经济指明了方向，为全球应对气候变化贡献了中国力量。

但是，碳达峰、碳中和的实现无法一蹴而就。这是一项涵盖范围广，涉及能源、工业、交通、建筑、生产、消费、基础设施建设等众多领域，需要秉持系统性思维，做好全局统筹、长期布局的工作。因此，我国要将碳达峰、碳中和纳入生态文明建设，制定科学的行动方案，积极转变生活方式与生产方式，形成节约资源、保护环境的产业结构，探索一条生态优先、绿色低碳的高质量发展道路。为了如期完成碳达峰目标，我国政府正在加紧制定行动方案，为我国经济的低碳转型、绿色发展明确方向，也为 2060 年碳中和目标的实现创造良好的条件。碳达峰、碳中和行动路线的制定需要"自上而下"的政策引导，也需要"自下而上"的实践探索。在这个过程中，各地方政府、各减排重点行业要制定明确的碳达峰时间表。目前，我国已经有部分省份与行业发布了实现碳达峰、碳中和的时间表，其中一些省份明确表示要在 2030 年之前实现碳达峰，比国家规定的达峰时间还要提前。总而言之，从经济基础、思想认知、技术保障等方面看，我国完全可以在 2030 年之前实现碳达峰。"十四五"期间，我国经济发展的主要任务就是转变经济发展方式，大力发展绿色经济、低碳经济，将单位 GDP 能耗降低 13.5%，碳排放降低 18%，尽快实现碳达峰，为实现碳中和奠定良好的基础。

党的二十大报告提出，实现"双碳"目标，前提是能源体系的转型，从以化石能源为主的体系转向新能源体系。这一转型是非常复杂艰巨的过程，必须立足现实。我国在减少碳排放、实现净零碳排放的同时，还要保证经济实现高质量发展。从总体上看，我国实现碳中和要分三个阶段：第一个阶段的主要任务是控制碳强度；第二个阶段的主要任务是控制碳总量；第三个阶段的主要任务是实现碳中和。而我国因为各地区技术水平、经济发展水平、资源禀赋等存在较大差异，因此各地区需要根据当地的实际情况制定有针对性的行动方案，同时东、西部要围绕资源开展深度合作，实现协同发展。

1.3.2 满足"双碳"战略的投融资需求

"双碳"领域投资空间巨大，根据北京大学光华管理学院课题组估测，仅实现碳中和目标所需的投资金额可达 250 万亿元。有力的资金支持和高效的融资机制是实现"双碳"目标的关键，而我国绿色低碳领域投资却面临巨大的资金缺口。我国应该加快发展碳排放权交易市场，大力发展绿色金融和转型金融，加快培育环境、社会和公司治理（Environmental, Social and Governance, ESG）投资群体，为"双碳"领域投资提供资金保障。我国需要发展更多的绿色低碳投融资产品和服务以满足更多元的市场。中央财经大学绿色金融国际研究院考虑我国目前碳达峰目标、技术进步、金融约束等因素，使用宏观经济学内生增长模型估算出我国实现 2030 年碳达峰目标需要投资 14.2 万亿元。清华大学气候变化与可持续发展研究院分析了不同情景下我国碳减排路径和资金投入规模，结果显示需要的投资规模在 127.2 万亿~174.4 万亿元。中国国际金融股份有限公司测算显示，我国实现碳中和的总绿色投资规模大约为 139 万亿元。而根据落基山研究所与中国投资协会合作出版的《2020 零碳中国·绿色投资蓝皮书》估算，21 世纪中叶我国实现碳中和则需要在 30 年内撬动 70 万亿元的基础设施投资。

气候投融资是实现"双碳"目标的助推器，是绿色金融的重要组成部分，也是践行习近平总书记"绿水青山就是金山银山"理念的重要举措。生态环境部正在积极部署和加快发展气候投融资工作，通过政策引导和协同，动员更多的资金投入应对气候变化领域。

从投融资增量上看，我国未来需要通过创新模式调动更多气候资金，主要有以下方式：一是完善气候投融资活动标准和分类名录，在我国已有的绿色金融分类名录的基础上，与欧盟、美国等国家和地区以及多边开发银行等国际机构联合完善气候减缓和适应投融资活动分类名录。二是创新投融资模式和金融产品。近年来绿色债券、绿色信贷、绿色股权投资、绿色基金等绿色金融模式促进了气候投融资的发展。除此之外，一系列新的投融资模式和产品也值得关注，例如用于可持续型海洋经济项目的蓝色债券、在国际合作项目中兴起的债务-自然/气候互换机制、基于碳市场的碳期货和碳期权等碳金融产品、气候风险分担和灾害风险融资机制等。三是创造新的商业模式，识别气候投融资支持项目的市场机会，例如能源部门的"能源即服务"和点对点电力交易，以及交通部门的"交通即服务"等新兴商业模式。

从投融资存量上看，我国亟须建立转型金融机制和制定相关标准，促使高碳活动向碳中和转型。在传统的绿色金融框架下，部分低碳转型活动没有得到充分支持，这是因为绿色金融支持的是可再生能源、电动车等"纯绿"或"接近纯绿"的活动，而煤电、重工业、老旧建筑等"棕色资产"的低碳转型达不到绿色金融的项目标准。在此背景下，转型金融应当专注于为"棕色资产"的低碳转型提供融资支持。尽管转型金融框架仍在制定中，但已有以可持续发展挂钩贷款、可持续发展挂钩债券为代表的转型金融产品为转型活动提供支持的实践案例。

此外，我国需要在多个领域内探索应对融资挑战的解决方案，例如农林和其他土地利用部门的融资和适应活动的融资。这两类融资虽然社会效益显著，但都面临着投资回报期长、缺乏市场等问题，不利于私营部门资金的进入。解决农林和其他土地利用部门和适应活动的融资需求问题，公共部门资金将发挥关键作用。公共部门通过技术援助、赠款等形式提供早期资金，帮助可投资项目进行开发，承担项目早期较高的风险，并且以混合融资或公私伙伴关系等方式撬动私营部门的资金进入。此外还有公正转型问题，如何保护对高碳产业依赖度较高的地区和人群，使其不因气候政策的影响而遭受严重冲击，将是我国在碳中和征程中实现公正转型必须解决的问题。

知识拓展1

库兹涅茨曲线

按照经济学观点，经济发展有外部性。外部性可分为两种：一种是正外部性，如国家物质财富增加，居民生活水平提高等；另一种是负外部性，如环境污染。当人们享受经济发展带来的正外部性时，对负外部性却避之不及。针对经济发展的负外部性——"环境污染"，"先污染，后治理"是一种常见的治理模式，其支持证据是：现在的发达国家在当初工业化进程中，都不可避免地出现了环境污染问题，但后来都通过"后治理"的方法解决了，并且现在这些发达国家的自然环境明显好于大多数发展中国家。但是，经济发展必须承担环境污染的后果吗？很多国家的发展经历似乎都回答了这个问题，尤其是发展速度较快的发展中国家都遇到了环境污染问题，比如我国和印度。

库兹涅茨（Kuznets）在 1955 年提出了收入分配和人均 GDP 的"倒 U"形曲线假设，格罗斯曼（Grossman）和克鲁格（Krueger）在分析北美自由贸易区的发展和环境问题后，继承并发展了著名的"倒 U"形曲线假设，提出了环境库兹涅茨曲线，环境库兹涅茨曲线指出经济发展和环境污染为"倒 U"形曲线关系，即在经济发展初期，环境污染程序较低，随着经济发展，环境污染加重。但是，当经济发展到某一阶段，环境污染反而会减轻（见图 1-2）。学界对环境库兹涅茨曲线的争议一直存在，如部分学者提出了其他形状论（如"N"形、"倒 N"形等），甚至还有一些学者否认了环境库兹涅茨曲线的存在。Grossman 和 Krueger 论证了环境库兹涅茨曲线的存在，并指出经济增长通过规模效应、技术效应与结构效应三种因素对环境产生作用。其中，规模效应会对环境产生消极影响，而技术效应和结构效应则会对环境产生积极影响。

后续的研究在肯定规模效应、技术效应和结构效应对环境作用的基础上，表明环境质量需求、环境规制、市场机制等因素也会对环境质量施加影响。

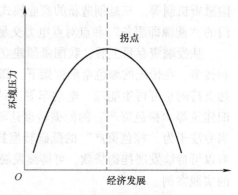

图 1-2　环境库兹涅茨曲线

1）规模效应。随着经济的增长，一方面，能源的消耗增加，而能源的开采又往往伴随着对环境的破坏；另一方面，废弃物排放量的增加也会对环境造成显著的破坏。

2）技术效应。随着技术的进步，一方面，能源利用效率提高可以在能源消费不出现大幅增长的情况下提高产值；另一方面，与控制污染相关的清洁技术（如脱硫、过滤等技术）的成熟大大减少了单位产出污染物的排放。

3）结构效应。随着经济的增长，产业结构会发生变化，能源结构也可能发生优化。在经济发展早期，重工业往往率先快速增长，而重工业发展早期的主要能源大多是热值相对较低、附带污染物较多的煤炭。所以各国在经济发展早期，污染大多是比较严重的。当经济增长到一定程度后，低污染的服务业和高新技术产业在经济结构中占更大的比重，同时热值更高、附带污染物更少的石油和天然气在能源结构中逐渐取代煤炭，低排放甚至零排放的新能源开始在能源市场中扮演更加重要的角色，单位经济产出的碳排放量下降，环境趋于改善。

4）环境质量需求。当社会总体收入水平较低时，增加收入、解决温饱问题被放于优先位置，居民无暇顾及环境质量。随着收入水平的提高，居民开始对居住的环境提出了更高的要求。同时随着受教育程度的提高，居民的环境意识逐渐增强，甚至会主动选择环境友好型商品，排斥环境不友好商品。在居民对环境质量需求提高的背景下，与环境保护有关的非政府组织（Non-Governmental Organizations，NGO）逐渐兴起，促进资源向环保领域流动。

5）环境规制。随着经济的增长，收入增加，法制环境也得到改善，政府的治理能力逐渐增强。伴随着生产技术的进步、产业结构的调整，以及居民对环境质量需求的提升，政府可以因势利导，推进环境规制的变革，实行更加严格的环境控制。而这种环境规制又可能反过来促进生产技术的进步、产业结构的优化，从而形成良性循环。

6）市场机制。经济的起飞伴随着市场机制的完善。完善的市场机制可以通过价格机制反映能源的稀缺性，促进能源使用效率的提高，或者降低消费者对能源的需求。产权的进一步明确使优质的环境本身可以作为商品进行交易，为行为主体改善环境提供了动机。同时，交易成本的降低使经济活动的各参与方更容易通过协作达到节能减排的目标。

7）贸易。贸易也会对环境造成影响。通过贸易，污染会从经济相对发达的地区转移到经济相对落后的地区。实证研究表明，很多高排放产业会从经济与合作发展组织（Organization for Economic Cooperation and Development，OECD）国家转移到非经济与合作发展组织国家，导致经济与合作发展组织国家出现显著的库兹涅茨曲线，而非经济与合作发展组织国家往往不存在显著的库兹涅茨曲线。

8）与控制污染相关的投资。在经济发展初期，资本稀缺，能够投入到环境改善方面的投资非常有限。当经济发展到一定程度，资本充裕，更多的资本将被投入节能减排技术的研发与引进，从而促进环境的改善。

通过以上各因素的相互作用，在经济发展初期，环境会逐渐趋于恶化。随着经济的增长、居民收入的提高、技术的进步、产业结构的优化、居民环保意识的增强、环境规制趋于严格、市场机制逐渐完善、与污染控制相关的投资增加、高污染产业减少或迁出，环境质量将得到改善，因此呈倒U形走势。

📖 知识拓展 2

赤　道　原　则

赤道原则是一套在融资过程中用以确定、评估和管理项目涉及的环境和社会风险的金融行业基准。赤道原则不对任何法人、团体或个人设定任何权利或责任，对未采纳该原则的金融机构不具有任何法律约束力，是一种自愿性的行业规范。赤道原则的产生和普及主要得益于国际可持续发展理念和NGO的推动，经过十多年的实践，赤道原则逐渐成为评估项目融资中环境与社会问题的黄金准则。自愿采纳赤道原则的金融机构主体包括商业银行、金融集团、出口信贷机构等，占据了新兴市场70%以上的项目融资份额。

2002年，国际金融公司、荷兰银行、巴克莱银行等10家国际著名银行在伦敦召开会议，专门讨论项目融资相关的环境与社会影响问题。会后，各方就问题的解决拟定了统一的评估标准，形成了赤道原则。参会各方银行都宣布采纳赤道原则，上述银行因此被称为"赤道银行"。2018年，赤道原则的修订被提上日程，赤道原则委员会于3—6月启动并设立评估组织机构，对主要议题展开讨论。2019年11月18日至20日，赤道原则协会年会在新加坡举行，会议以98.7%的投票率通过了赤道原则第四版。新版本同联合国可持续发展目标和《巴黎协定》紧密相关，探讨了气候变化的解决框架，认可赤道原则金融机构在2015年巴黎气候变化公约中的作用，并根据2017年6月气候相关金融披露工作组发布的建议，规定赤道原则金融机构负有报告相关气候信息的责任。在指定国家项目方面，赤道原则第四版提出了新的审查要求，对人权调查程序做了更细致的规定，修订内容主要包括适用范围、赤道原则指定国家和非指定国家的适用标准、人权和社会风险以及气候变化四个部分。

赤道原则第四版不仅要求金融机构遵守指定国家的法律法规，还要求其应进一步评估项目本身涉及的环境与社会风险，为解决环境与社会问题加筑了一道防线。此外，赤道原则第四版还提出了"自由、先进和知情同意"的两种选择方案。这些新规定对不断变化的环境与社会问题做出了及时回应，填补了赤道原则第三版在应对气候变化和生物多样性方面的规则漏洞，有助于推动国际绿色信贷的发展。

 双碳专栏

"双碳"和高质量转型

1. 如何评价"双碳"目标的社会效益和经济效益？

在以碳达峰和碳中和应对气候变化等问题时，人们普遍认为气候变化政策可能大多是约束性的。实际上全球在公共资金领域已建立了绿色气候基金等一系列的资金机制，每年调动的资金大约为七千亿到八千亿美元。大量数据都说明应对气候变化不是在做减法，更多的是在做加法。

以上投资除了会影响绿色低碳产业和金融支持服务的发展，对传统产业的改造同样会起很大作用。因为双碳政策的限制，电力、钢铁、石化、化工、有色金属、水泥等传统产业未来增长空间非常有限。这些产业的升级会创造出很多新市场投资的机会，产业创新、技术创新、能源生产、消费革命会持续推动新一轮工业革命，既有的产业格局、利益格局也会发生变动。因此发展"双碳"应当秉持长期主义，并从全球经济产业转型的大方向中看到新的机会。

2. 我国低碳发展到了哪个阶段？

新气候经济学理论中有一个呈倒 U 形的"碳库兹涅茨曲线"，即在经济发展初期，随着人均收入增长，人均碳排放也在不断增加，达到峰值后，人均碳排放会随着 GDP 增长开始下降。"碳库兹涅茨曲线"存在"隧道效应"，即借助外部资源、创新发展路径，就能跳过人均碳排放不断增长的阶段。这就好像在曲线中间打通了一条隧道，直接到达了曲线的后半段，如新加坡、英国就是这种发展模式。目前，我国东部地区的温室气体排放已经越过了"碳库兹涅茨曲线"的峰值，中西部地区正处于爬坡阶段，其处于峰值平台的时间可能相对较长。

3. 碳排放市场机制如何推动实现"双碳"和高质量转型？

碳排放市场机制一个非常重要的功能是为碳排放提供了一个成本或者价格坐标。碳排放市场机制实际上实现了将外部成本内部化，即以往的碳排放成本由社会和政府承担，如今通过市场机制，成本承担的主体转变为碳排放者。碳排放有了市场价格后，会对企业投资产生影响，倒逼企业进行技术创新，引领投资流向绿色低碳领域；同时也会为金融机构提供风险预警，即如果高碳资产量过大，金融机构会形成很多坏账，造成资产搁置，回报率下降，甚至会引发系统性的金融风险。碳排放市场机制引入后，金融机构在为企业提供融资时，可以根据该企业的碳价高低对企业资产定价进行更科学的评估，有利于防范系统性的金融风险。

 碳汇金融专栏

林业碳汇的起源

1979 年第一届世界气候大会将气候变化问题纳入了国际政治议程。1988 年多伦多会议指出：人类不断扩大能源消费会造成气候变化，呼吁全球采取共同行动来应对。1992 年于巴西里约热内卢签订的《联合国气候变化框架公约》(UNFCCC) 为工业化国家设定了减排目标，并定义了相应的概念，公约将"碳源"定义为向大气中释放二氧化碳的过程、活动和机制，把"碳汇"定义为从大气中清除二氧化碳的过程活动和机制，森林的"汇"就是森林清除大气中二氧化碳的功能。降低大气中温室气体浓度的方式是减源增汇：减少"碳源"，即减少以二氧化碳为主的六种温室气体的排放；增加"碳汇"，即增加森林在某一时期内能够吸收并固定二氧化碳的量，或者每一公顷森林在一年之中吸收并固定二氧化碳的量。

1997年在日本京都召开的第三次缔约方大会上通过的国际性公约《京都议定书》规定了发达国家（附件一国家）的国际排放贸易（International Emissions Trading，IET）、清洁发展机制（CDM）和联合履行（JI）机制，还规定了（附件一国家）20%的减排任务可以通过在发展中国家开展造林碳汇项目来完成，发展中国家可以借此获得额外的资金和先进的技术来促进本国经济发展。虽然《京都议定书》提出了碳汇减排的基本框架，但对林业碳汇的可核查方式没有做进一步细化，并且没有确定其具体的实施形式。

2001年7月和10月在德国召开的第六次、第七次缔约方大会通过了《波恩政治协议》和《马拉喀什协定》，这两个协议允许发达国家将"森林管理""农田管理""牧场管理"和"植被重建"活动作为履行减排义务的方式，规定各国在"森林管理"活动方面碳汇使用总量的上限以及碳吸收活动的核算计量方法，但仅限于造林和再造林的碳汇项目作为第一承诺期（2008—2012年）合格的清洁发展机制项目，其使用总量不能超过相应发达国家基准年排放量的1%乘以5，并将毁林、造林再造林活动引发的温室气体源的排放和汇的清除方面的净变化纳入附件一国家排放量的计算。这意味着发达国家可以通过开展林业碳汇项目抵消部分温室气体排放量。2003年第9次缔约方大会通过了《第一承诺期清洁发展机制下的造林和再造林项目活动的模式和程序》，规定"造林"和"再造林"的范围界定和具体实施规则的五个环节。2004年第10次缔约方大会通过了《清洁发展机制之下小规模造林和再造林项目活动的简化模式和程序》，林业碳汇减排进入了实质性的项目试点和实际操作阶段，至此标志着林业的生态功能得到了国际的承认。从2007年12月第13次缔约方大会开始，气候谈判着重点放在2012年到期后降低温室气体排放的问题，减排方式开始从造林、再造林逐渐向加强森林保护、减少毁林的方面转变，减少毁林和森林退化（reducing emissions from deforestation and forest degradation，REDD）机制也应运而生。但是REDD机制适用范围过于狭窄，只有高毁林和森林严重退化的国家才能从该机制中获得补偿和利益，且该机制仅承认减少毁林和森林退化导致的排放量。为了弥补不足，2009年第15次缔约方大会形成了更具合理性的REDD+机制，即通过森林资源的保护和森林的可持续管理来增加森林碳汇储量。第15次缔约方大会通过的《哥本哈根协议》再次强调减少滥伐森林和森林退化引起的碳排放的重要性，同时确认了REDD+机制运行过程中可核查的森林碳信用和补偿资金两个关键问题。

2010年12月的墨西哥坎昆会议在减少发展中国家森林砍伐及森林退化造成的温室气体排放计划上取得了突破，落实REDD+机制实施的资金启动"绿色气候资金"，并优先将其用于生态最脆弱的发展中国家。随着国际气候公约谈判的推进，林业碳汇以经济、直接、快捷的优越性成为各国履行国际减排义务、发展低碳经济的一个重要途径，正如IPCC在2007年报告指出的："林业具有多种效益，兼具减缓和适应气候变化的双重功能，是未来30~50年增加碳汇、减少排放的措施中成本较低、经济可行的重要选择"。对于发展中国家而言，第一承诺期刚刚结束，自愿承诺减排成为气候变化国际谈判的趋势。随着合法减排方式之一的林业碳汇活动的范围不断扩大，在如何缓解国内经济发展和减排温室气体矛盾的问题上，采取低成本和多效益的林业碳汇将成为发展中国家实现减排的选择。

探究与思考

1. 试述碳金融的起源和发展。
2. 什么是气候风险？气候风险具体表现在哪些方面？
3. 国际碳中和战略目标具体有哪些？
4. 试述《京都议定书》的三个灵活履约的市场机制。
5. 试述《联合国气候变化框架公约》《京都议定书》《巴黎协定》的区别与联系。
6. 各国政府为实现碳中和目标的主要举措有哪些？
7. 我国"双碳"目标提出的战略意义主要体现在哪些方面？
8. 试述我国"双碳"目标对于投融资的需求。
9. 什么是赤道原则？
10. 我国应对气候变化的行动方案有哪些？
11. 试述林业碳汇的起源。

【参考文献】

[1] 习近平. 努力建设人与自然和谐共生的现代化 [J]. 求是，2022 (11)：6-7.

[2] 习近平. 论坚持人与自然和谐共生 [M]. 北京：中央文献出版社，2022.

[3] 徐苏菁，王永. 碳金融市场国际制度安排研究 [J]. 商业经济研究，2011 (33)：94-95.

[4] 陈迎，巢清尘. 全球气候风险的演进趋势与应对之策 [J]. 人民论坛，2022 (14)：20-23.

[5] 赵昕，朱连磊，丁黎黎. 碳金融市场发展的演化博弈均衡及其影响因素分析 [J]. 中央财经大学学报，2018 (3)：76-86.

[6] 魏革军. 气候变化对系统性金融风险的影响研究：兼论应对气候变化的宏观审慎管理 [J]. 金融发展研究，2023 (1)：57-65.

[7] 杨解君，詹鹏玮. 碳中和目标下的气候治理国际法治体系建设 [J]. 学习与实践，2022，466 (12)：67-77.

[8] 陶蕾. 国际气候适应制度进程及其展望 [J]. 南京大学学报（哲学·人文科学·社会科学），2014，51 (2)：52-60，158.

[9] 陈敏鹏. 《联合国气候变化框架公约》适应谈判历程回顾与展望 [J]. 气候变化研究进展，2020，16 (1)：105-116.

[10] 陈敏鹏，张宇丞，李波，等. 《巴黎协定》适应和损失损害内容的解读和对策 [J]. 气候变化研究进展，2016，12 (3)：251-257.

[11] 汪京力. 沸沸扬扬的《京都议定书》[J]. 国际化工信息，2001 (3)：5-7.

[12] 郑爽. 《京都议定书》动态评述 [J]. 中国能源，2005，27 (1)：11-12，37.

[13] 高凛. 《巴黎协定》框架下全球气候治理机制及前景展望 [J]. 国际商务研究，2022，43 (6)：54-62.

[14] 林欢. 解读《巴黎协定》[J]. 法制与社会，2016 (16)：9-11.

[15] 廖虹云，康艳兵，朱松丽. 碳中和：国际社会在行动 [J]. 中国发展观察，2021 (5)：59-62.

[16] 李晓琼，董战峰，李晓亮. 碳中和立法的国际经验与启示 [J]. 环境污染与防治，2022，44（2）：261-265.

[17] 胡晓红. "双碳目标"下国际贸易、投资法治化的改革路径：从可再生能源激励制度展开 [J]. 南京大学学报（哲学·人文科学·社会科学），2023，60（3）：36-48.

[18] 王遥，任玉洁. "双碳"目标下的中国绿色金融体系构建 [J]. 当代经济科学，2022，44（5）：1-13.

[19] 李高. 紧密围绕"双碳"目标开展气候投融资试点工作 [J]. 环境保护，2022，50（15）：15-17.

[20] 谢璨阳，郭凯迪，王灿. 全球气候投融资进展及对中国实现碳中和目标的启示 [J]. 环境保护，2022，50（15）：25-31.

[21] 廉勇. 经济层次与环境污染：基于碳排放的环境库兹涅茨曲线研究 [J]. 统计与决策，2021，37（20）：146-150.

第 2 章
碳金融的概念及理论基础

碳金融是金融体系应对气候变化的新兴学科，是市场经济框架下解决气候等综合问题的有效途径，其根本目的是通过推动碳市场和碳金融的发展，促进世界经济尽快由"高碳密集型"转变为"绿色低碳型"，以实现可持续发展。随着碳金融市场、交易制度及监管措施的逐步完善，碳金融将成为实现全球气候治理、能源结构转换与可持续发展的有效途径。本章介绍了碳金融的相关概念及特点、碳金融的理论基础、碳金融的分类、碳金融的功能及风险等内容。

2.1 碳金融的相关概念及特点

2.1.1 碳金融的概念

随着工业革命的推进、人口增长、经济快速发展以及能源消耗量的大幅增加，人们对大自然的污染和破坏日益严重。但由于人们认识的滞后性，环境污染问题一度没有被足够重视。直到 1952 年年底，伦敦雾霾事件对当地居民的生活和健康产生了极其严重的影响，仅仅数日便死亡上千人。此后环境问题逐渐被大众提起，人们逐渐意识到环境问题的重要性。为运用金融手段来促进环境保护、应对气候变暖和解决生态可持续发展问题，国际上兴起了"碳金融"概念。1968 年，一名叫作戴尔斯的美国经济学家首次提出"排放权交易"的概念，这也是"碳金融"概念的萌芽。排放权交易指的是对污染物的排放设置一种权利，这种权利可以通过排放权许可证的形式可视化，并将这种可视化的权利像商品一样进行交易。

20 世纪 90 年代以来，随着《联合国气候变化框架公约》和《京都议定书》的签订，全球目光向绿色、低碳等概念聚焦，碳金融一词也随之出现。碳金融最早主要是指与碳排放权交易相关的金融业务。例如，《京都议定书》明确把市场化手段作为全球温室气体减排的新路径，即把二氧化碳排放权作为一种商品，交易过程即为碳交易（Carbon Trading），其交易市场称为碳市场（Carbon Market）。《京都认定书》对所有缔约方分配温室气体排放额，各缔约方对超出限额部分可向其他缔约方交易并获取所需排放额，以满足自身温室气体的排放需求。

从国外研究来看，索尼亚·拉巴特和罗德尼·R. 怀特在 2010 年出版的《碳金融：碳减排良方还是金融陷阱》一书中认为，碳金融是由金融机构主导，将碳排放因素引入金融理论和实践，开发"为转移气候风险的基于市场的金融产品"。气候变化带给金融机构的挑战同时也是金融机构的责任和机会，碳金融概念正是建立在这样的基础之上。世界银行在《碳市场现状和趋势》（2009）中给出了严格定义：碳金融是指为购买产生（或预计产生）温室气体（二氧化碳）减排量的项目所提供的资源，其定义限定为碳减排项目投融资。世界银行下属的碳金融部（Carbon Finance Unit）的主要职责是发起和管理世界银行旗下的碳基金，为全球碳减排项目进行投融资。欧洲气候交易所从 2005 年陆续推出了碳排放权的期货、期权，碳排放权自此具有金融产品的属性。

根据国内流行的观点，碳金融可宽泛地理解为应对气候变化的金融解决方案。2020 年 9 月"双碳"目标提出后，我国越发重视高速发展绿色经济，不断在各类会议中提及"绿水青山就是金山银山"。党的二十大报告再次提及"积极稳妥推进碳达峰碳中和"，因此实现碳达峰碳中和是一场广泛而深刻的经济社会系统性变革。在 2023 年召开的全国两会中，政府将绿色发展作为工作重点，各类相关政策的提出反映了碳金融在未来将是国内经济发展的重头戏。因此，我国碳金融的基本内涵十分丰富。

在"双碳"目标下，我国碳金融至少包含四层含义：①碳金融的行为目的是支持环境改善、应对气候变化和资源高效利用等环境效益的项目；②对碳金融产品进行界定和分类，包括绿色信贷、绿色债券、绿色基金等；③对开展碳金融服务内容进行指导，包括项目投融资、项目运营、风险管理等金融服务的内容以及绿色保险等，其中国家级绿色发展基金是国际上少有的由政府对支持绿色发展的一种承诺，其股权融资机制在国际范围内是一种对绿色项目融资机制的弥补；④开展碳交易。碳交易是二氧化碳排放权的买卖，是政府在确定碳排放总量目标、对碳排放的配额进行初始分配后，企业之间以排放配额为标的进行的交易。碳交易机制本质上是一个由排污者买单的机制，即把碳排放造成的负外部性进行企业的内部化，让企业积极地大幅度减排，并通过减排来获取收益。碳交易通过多种工具的安排与匹配，达到对企业进行激励与约束的作用。

综上可见，碳金融的定义分为狭义与广义，狭义的碳金融是指与碳排放权交易相关的金融活动，包括碳排放权交易、拍卖等，碳金融衍生品（碳远期、碳掉期、碳期权、碳借贷、碳回购、碳基金、碳信托、碳指数等）交易以及碳资管业务（碳资产托管、拆借、抵押/质押等）。广义的碳金融则泛指所有旨在减少温室气体排放的各种金融制度安排和金融交易活动，包括碳排放权及其衍生品交易和投资、低碳项目开发的投融资以及其他相关的金融中介活动。部分学者认为碳金融就是与减少碳排放有关的所有金融交易活动，既包括碳排放权及其衍生产品的买卖交易、投资或投机活动，也包括发展低碳能源项目的投融资活动以及相关的担保、咨询服务等活动。

2.1.2　绿色金融的概念

绿色金融是一个与碳金融紧密相关的概念。在不同时期，绿色金融的内涵有所不同。早期人们对绿色金融的理解几乎与可持续金融、气候金融、环境金融、生态金融、绿色投资等价，即凡是可以促进环境保护和资源节约的金融活动均被视为绿色金融。20 世纪末，国际社会加大了对气候变化问题的关注，此时绿色金融与气候金融、碳金融相互替代，绿色金融被理解为减少碳排放和气候变化的金融活动。21 世纪初期，随着赤道原则的发布和在全球的普及，联合国环境署下辖的金融行动机构将绿色金融与绿色投资两者进行了区分，认为绿色金融不仅是指向环境保护部门进行的投资，也包含其他融资项目，如融资项目准备、项目的土地收购等，可见绿色金融包括绿色投资。根据上文对碳金融概念的界定可知，碳金融属于绿色金融范畴。

国际上，根据二十国集团（G20）绿色金融研究小组发布的《G20 绿色金融综合报告》，绿色金融是指能够产生环境效益以支持可持续发展的投融资活动。这里的环境效益包括减少空气、水和土壤污染,降低温室气体排放,改善资源使用效率,应对和适应气候变化及其协同效应。报告同时指出,允许不同国家和市场对绿色金融进行不同的技术性解释。

2016 年 8 月 31 日,由中国人民银行、财政部等七部委联合发表的《关于构建绿色金融体系的指导意见》中明确了绿色金融的概念和范围,即"为支持环境改善、应对气候变化和资源节约高效利用的经济活动,对环保、节能、清洁能源、绿色交通、绿色建筑等领域的项目投融资、项目运营、风险管理等所提供的金融服务",明确绿色金融体系是通过绿色信贷、绿色债券、绿色指数、绿色发展基金、绿色保险、碳金融等金融工具和相关政策支持经济向绿色化转型的制度安排。从绿色金融体系的界定中,可以简单地将绿色金融的服务形式理解为绿色信贷、绿色债券、绿色保险、碳金融和其他绿色金融服务等。

2.1.3 碳金融的特点

碳金融是为了解决气候问题而产生的,其具备传统的金融属性,同时也具有自身的特点,主要包括以下三个方面:

第一,以碳排放权和碳配额为标的的金融交易。碳金融是以碳排放权和碳配额为标的的交易活动,碳排放权具有准金融属性。碳排放权不仅可以作为商品,也可以衍生为具有投资价值和流动性的金融衍生工具(如碳排放期货、期权、掉期等),其"准金融属性"日渐凸显。从碳金融的内涵可知,碳金融本质上是"碳交易+金融属性",即碳交易衍生为具有投资价值的金融资产,通过对碳资产收益的追逐来完成产业结构的升级和经济增长方式的转变。

第二,特殊价值取向的金融行为。碳金融并不完全以经济效益为导向,而是以执行国家特定政策和与人类共同生存、发展环境为宗旨。碳金融不以眼前利润为终极目标,而以良好的生态效益和环境效益为己任,支持低碳产业的长远发展,弥补传统金融忽视环境和社会功能的缺陷。

第三,社会科学与自然科学的交融性。碳金融将环境学、经济学、社会学紧密结合,将气候变化、环境污染、经济可持续发展与人类生存条件综合考虑,以市场机制来解决科学、技术、经济、社会发展的综合问题。首先,气候变暖的影响是全球性的,这决定了碳金融具有全球跨度特征;其次,降低碳排放和经济发展之间存在某种程度的替代关系,这意味着各国经济可持续发展的基本条件是采用低碳发展模式;最后,碳金融对环境治理的作用是关乎人类生存与灭亡的社会性问题。恶劣的气候和环境变化将给人类带来毁灭性的灾难。

需要说明的是,与传统金融相比,碳金融更加强调人类社会生存环境的利益,它将对环境保护和对资源的有效利用程度作为计量活动成效的标准之一,通过自身活动引导各经济主体注重自然生态平衡。碳金融追求金融活动与环境保护、生态平衡的协调发展,以最终实现经济社会的可持续发展。另外,碳金融与传统金融中的政策性金融有共同点,即碳金融的实施需要由政府政策推动。传统金融业在现行政策和"经济人"思想引导下,或者以经济效益为目标,或者以完成政策任务为职责,后者就是政策推动型金融。环境资源是公共品,除非有政策规定,金融机构不可能主动考虑贷款方的生产或服务是否具有生态效率。

2.2　碳金融的理论基础

2.2.1　公共物品理论

全球碳排放的环境容量具有典型的公共物品性质，它具有明显的非排他性，不归任何个体或地区所有，任何个体和地区都可以使用环境容量空间，并且无法排除其他人或地区使用。在工业革命以前，煤炭等化石燃料没有大规模应用，人类活动排放的二氧化碳并不会对环境容量空间造成影响，此时环境容量空间的消费具有非竞争性，属于纯公共物品。而随着工业化进程的推进，温室气体的大量排放引起全球气候变化，碳排放的环境容量已经无法满足人类的需求。在亟须约束温室气体排放总量的情况下，一国占有更多的环境容量将会减少其他国家的碳排放量，从这个意义上来看，全球碳排放的环境容量将成为一种稀缺的公共资源。

2.2.2　外部性理论

由于化石燃料的使用和土地利用方式的改变，人类在生产和生活中向大气中排放了二氧化碳。当二氧化碳在大气中的浓度不断上升，超过了地球的吸收能力后，"温室效应"的平衡便被打破，气候变暖现象随即出现。这个过程是一种典型的外部性效应，应受到人们的重视和积极应对。

然而，人们在过去很长一段时间中对气候变暖采取的治理措施仅仅是"倡导"和"呼吁"——通过各种研究资料和公开宣讲来提升人们的"低碳"意识，以及通过召开一系列国际性会议在各国领导人间形成"低碳"共识。即便 1997 年通过的《京都议定书》已经制定了具有约束性的控排目标，但从全球持续增长和不断累积的二氧化碳浓度来看，以前种种做法的有效性显然是有限的，其原因可以解释如下：平衡的大气环境（二氧化碳排放量低于大气环境对其的最高容量）以及人类为控制二氧化碳排放而采取的应对行动（如使用替代能源、改变生活方式、植树造林等）具有经济学中的"公共物品"属性，前者会被人们滥用，从而造成"公地悲剧"，而后者则会使人们产生不劳而获的动机，出现"搭便车"的行为。二氧化碳的排放行为破坏的是全球的大气资源，由于大气具有流动性，没有明确的产权主体，因此全球变暖是大气层陷入"公地悲剧"的结果。二氧化碳排放源并没有把产生的温室气体进行有效的内部化，而是排放到了没有明确产权主体的大气层中。各国政府充当了大气层权利人的角色，政府应当把排放源的二氧化碳尽量内部化，让排放源承担碳排放的治理成本，贯彻"谁排放谁治理"的原则。

2.2.3　稀缺性理论

通过减少温室气体排放来降低大气层中温室气体浓度水平，是人类应对气候变化的必要手段。限制人为的温室气体排放成为人类应对气候变化的主要措施，在这种情况下，碳排放容量空间具有了有限性。碳排放容量空间的有限性使排放权成为稀缺资源，这种稀缺性随着碳排放量的不断增大及环境的不断恶化日益显著。正如科斯所言，"一个社会中的稀缺资源的配置就是对使用资源权利的安排"。因此，如何更有效地利用碳排放权成为各国关注的问题。随着控制碳排放成为全球应对气候变暖的重要手段，各国政府纷纷设定了各自的碳排放降低目标，这使碳排放权形成了有限供给。有限供给造成了稀缺，由此产生了对碳排放权利的需求和相应的价格，从而形成了碳排放权交易市场。

2.2.4　劳动价值理论

根据马克思主义政治经济学理论，价值是无差别的一般人类劳动的凝结，商品是使用价值和价值的统一。过去大气环境容量资源由于其公共物品属性而产权不明晰、权责不明，即作为公共物品的碳排放容量空间一般只具有使用价值而不具有价值，因此碳排放容量空间在通常情况下不是商品。但是，如果能够通过劳动对碳排放容量空间赋予价值，碳排放容量空间在某些特定条件下便可能成为商品而被交易。

2.2.5　产权理论与科斯定理

根据科斯定理，如果能够清晰界定某个主体占有碳排放容量空间资源的权利，并且这种权利可交易，市场便可以对这种权利的价值和分配做出判断和配置，碳排放的外部性问题就能够得到解决。因此，上级政府在向下级政府和企业分配碳排放容量空间的使用权的过程中，无论采用免费发放还是有偿发放的形式，只要能够清晰界定下级政府和企业对碳排放容量空间的使用权，就可以利用市场机制对碳排放容量空间进行优化配置。此外，科斯第二定理指出，在交易费用不为零的情况下，不同的权利配置会带来不同的资源配置结果，从而产生不同的效益。对于碳交易，交易费用的存在可能会影响碳交易的政策效果。因此，碳交易政策设计者必须对政策方案的交易成本给予充分的重视，必须关注交易成本对政策效率和效果的影响，并围绕降低交易成本来科学地设计政策方案。

2.3　碳金融的分类

2.3.1　从碳金融手段角度

碳金融一方面能加大节能减排力度，通过科技创新减少污染排放；另一方面能促进清洁能源的有效开发，最终实现绿色低碳产业转型升级。达到这两大目标的碳金融手段可以分为以下三类：

1）通过运用市场化手段，使碳减排成为符合国际认证标准的商品，在市场上进行流通交易。此举能够有效推动碳资源配置优化，以成本效益最优的方式实现碳减排。

案例1：福建榕昌化工有限公司（以下简称榕昌公司）因经营需要向中国农业银行股份有限公司顺昌县支行（以下简称农行顺昌支行）申请贷款6000万元。贷款到期后榕昌公司未能还款，农行顺昌支行将其起诉至法院。经调解，榕昌公司应偿还农行顺昌支行贷款本金6000万元及利息、罚息、复利；若未还款，农行顺昌支行有权拍卖、变卖抵押财产，并优先受偿。调解书生效后，榕昌公司仍未履行，农行顺昌支行申请强制执行。执行中，顺昌法院查封了被执行人榕昌公司的抵押财产，并依法进行拍卖、变卖，结果均因无人竞买而流拍。榕昌公司作为知名化工企业仍在正常生产经营，但因关联企业联保债务纠纷而陷入多起诉讼，若其抵押财产拍卖成交，势必影响企业生产经营。

榕昌公司因前几年技改及节能减排，尚有未使用的碳排放配额，但考虑到后续生产经营及之后年度碳排放配额清缴需要（由省生态环保厅监测企业前三年的生产量和排放量，核算当年度企业的碳排放配额，当年度未使用配额可结转使用），被执行人对处置未使用的碳排放配额有顾虑。顺昌法院为贯彻善意文明执行理念，多次走访榕昌公司，详细了解企业生产经营情况及司法需求，阐明执行法律法规及碳排放配额的可执行性，并于 2021 年 9 月 14 日做出执行裁定，依法冻结榕昌公司未使用的碳排放配额 10000 单位（即 10000 吨二氧化碳当量），并通知榕昌公司将被冻结的碳排放配额挂网至福建海峡股权交易中心（以下简称海峡交易中心）进行交易，成交款项转入法院账户。榕昌公司收到冻结碳排放配额的执行裁定及履行义务通知书后，积极配合执行，将其未使用的碳排放配额挂网交易。2022 年 10 月 20 日，顺昌法院向海峡交易中心送达执行裁定书及协助执行通知书，扣留交易成交款。截至同年 11 月 12 日，榕昌公司已陆续拍卖成交碳排放配额共计 5054 单位，成交款项 97163.7 元。

2）利用金融工具为低碳相关项目获取资金，助力低碳经济。绿色产业单位扩大产能需要大量融资，仅凭传统融资渠道远远无法满足其融资需求，还需借助碳债券、碳资产质押贷款等碳金融产品。

案例 2：2022 年，金三角电力科技股份有限公司一度因原材料价格上涨，资金压力陡增。在完成"碳能力评价""产品减碳评估"等绿色评价后，公司凭借中标的高效节能变压器框架采购合同向金融机构申请了 1370 万元的"智网减排贷"贷款，缓解了燃眉之急。

3）通过碳排放限额等一系列制度，从源头扼制碳排放，对企业进行碳配额，并出台一系列激励措施，推动产业链不断转型升级，使产业重心由高碳向低碳转变。改革开放以来，我国工作重心始终放在提高经济效益上，然而高速经济发展带来的产业结构不合理的问题日益凸显。碳金融的出现能够合理地将经济发展与产业转型升级协同起来，在构建资源节约型社会的同时，提升经济的增长效率。

案例 3：嘉伦绿色积极布局绿色金融领域，持续推进碳金融产品创新，如碳期货、碳基金、碳资产质押融资、碳资产回购式融资、碳配额托管、绿色结构性存款等，提供全方位的金融服务。为深入推进碳达峰碳中和，嘉伦绿色强化政企协同、上下联动：一方面，嘉伦绿色和政府部门形成政策合力，充分考虑城市作为减排单元与产业链之间的关系，引导社会资源从传统技术向数字技术转移；另一方面，嘉伦绿色产业链内的企业之间形成了行动共同体，从能源供给端和产业需求端着手加快数字化转型，在保持经济发展贡献的前提下，以数字技术为依托、以政策调控为引导，积极推动产业技术升级，实现了嘉伦绿色和各个投资者之间互惠互利、合作共赢。

2.3.2　从碳金融产品角度

除了碳资产类的现货，还存在大量的碳金融衍生产品。碳金融产品是指在碳金融市场中可交易的金融资产，也可称碳金融工具。碳金融产品盘活了碳现货和期货市场，提高了碳金融市场的流动性，为投资者提供了风险对冲、套期保值的工具。2022 年 4 月 12 日，我国证监会发布了《碳金融产品》，规定了国内碳金融市场产品的行业标准，明确了相应实施主体及流程。《碳金融产品》将碳金融产品分为 3 类 12 种，分别包括：

（1）碳市场融资工具。它是指以碳资产为标的进行各类资金融通的碳金融产品，分为碳债券、碳资产抵质押融资、碳资产回购、碳资产托管。

（2）碳市场交易工具。它是指在碳排放权交易基础上，以碳配额和碳信用为标的的金融合约，分为碳远期、碳期货、碳期权、碳掉期、碳借贷。

（3）碳市场支持工具。它是指为碳资产的开发管理和市场交易等活动提供量化服务、风险管理及产品开发的金融产品，分为碳指数、碳保险、碳基金。

表2-1　碳金融产品定义及分类

序　号	产品分类	产品名称	定　义
1	碳市场融资工具	碳债券	发行人为筹集低碳项目资金向投资者发行并承诺按时还本付息，同时将低碳项目产生的碳信用收入与债券利率水平挂钩的有价证券
2		碳资产抵质押融资	碳资产的持有者（即借方）将其拥有的碳资产作为质物/抵押物，向资金提供方（即贷方）进行抵质押以获得贷款，到期再通过还本付息解押的融资合约
3		碳资产回购	碳资产的持有者（即借方）向资金提供机构（即贷方）出售碳资产，并约定在一定期限后按照约定价格购回所售碳资产以获得短期资金融通的合约
4		碳资产托管	碳资产管理机构（托管人）与碳资产持有主体（委托人）约定相应碳资产委托管理、收益分成等权利义务的合约
5	碳市场交易工具	碳远期	交易双方约定未来某一时刻以确定的价格买入或者卖出相应的以碳配额或碳信用为标的的远期合约
6		碳期货	期货交易场所统一制定的、规定在将来某一特定的时间和地点交割一定数量的碳配额或碳信用的标准化合约
7		碳期权	期货交易场所统一制定的、规定买方有权在将来某一时间以特定价格买入或卖出碳配额或碳信用（包括碳期货合约）的标准化合约
8		碳掉期/碳互换	交易双方以碳资产为标的，在未来的一定时期内交换现金流或现金流与碳资产的合约。注：包括期限互换和品种互换
9		碳借贷	交易双方达成一致协议，其中一方（贷方）同意向另一方（借方）借出碳资产，借方可以担保品附加借贷费作为交换。注：碳资产的所有权不发生转移。目前常见的有碳配额借贷，也称借碳
10	碳市场支持工具	碳指数	反映整体碳市场或某类碳资产的价格变动及走势而编制的统计数据。注：碳指数既是碳市场重要的观察指标，也是开发指数型碳排放权交易产品的基础，基于碳指数开发的碳基金产品，列入碳指数范畴
11		碳保险	为降低碳资产开发或交易过程中的违约风险而开发的保险产品。注：目前主要包括碳交付保险、碳信用价格保险、碳资产融资担保等
12		碳基金	依法可投资碳资产的各类资产管理产品

注：资料来自中国证监会，JR/T 0244—2022《碳金融产品》。

关于碳金融产品具体的内容，将在后续章节进行详细介绍。

2.4 碳金融的功能及风险

2.4.1 碳金融的功能

碳金融的根本目的是通过促进全球碳市场的发展，实现全球经济向低碳经济转型，以促进可持续发展。碳金融尊重市场规律、发挥市场机制在资源配置中起决定性的作用，是市场经济框架下解决气候、能源、污染等问题的有效方式。碳金融主要有以下六个基本功能：

1. 价格发现，提供决策支持

成熟的碳金融市场（主要是期货交易所）可以提供碳排放权定价机制。首先，碳期货具有价格发现和价格示范作用。其次，碳金融提供的套期保值产品有利于统一碳市场价格，同时也有利于打通商品贸易市场与能源市场渠道。碳价格能够及时、准确和全面地反映所有关于碳排放权交易的信息，如碳排放权的稀缺程度、供求双方的交易意愿、交易风险和治理污染成本等，使资金在价格信号的引导下迅速、合理地流动，优化资源配置。碳价格对减排企业在生产成本和支持排放方面的投资决策都有重要意义。伴随着碳交易市场交易量以及交易额的扩大，碳排放权已衍生为具有流动性的金融资产。依托于碳金融的发展，碳资产的自由流通得到促进，碳交易市场进一步活跃并且排放权的价格确定更加准确。

2. 发挥中介作用，降低交易成本

碳金融作为中介，为供需双方构建交易的桥梁，能够有效促进碳交易的达成。尤其是在清洁发展机制下的跨国减排项目由于具有专业技术性强、供需双方分散、资本规模小的特点，因此在供需上的搜寻成本和谈判成本均较高。碳金融提供了交易媒介，有效降低了交易成本，促进了项目市场的启动和发展。2005 年欧盟碳排放交易体系（EU-ETS）建立以后，碳排放权迅速衍生为期货和期权等高流动性的新兴金融衍生产品。碳金融使碳交易更加标准化、透明化，也加快了碳市场演化的速度。最近几年，碳金融市场发挥其强大的中介能力和信息优势，推动了全球碳交易市场的价值链分工，有效地降低了交易成本，带动相关企业、金融机构和中介组织进入市场。金融机构的参与使碳市场容量扩大，流动性加强，使碳市场的整体规模呈指数式增长。

3. 管理和转移风险

碳市场的价格波动非常显著，并与能源市场高度相关。政治事件和极端气候也增加了碳价格的不确定性，使碳价格波动加剧。不同国家、不同产业受到的影响和适应能力有所不同，大部分都要通过金融市场来转移和分散碳价格的波动风险。

碳保险等碳金融产品与碳期货、期权等碳金融衍生产品的出现，为碳交易主体规避或分担了部分交易风险。例如，碳期权、期货等拥有的规避价格波动风险的套期保值功能，使它们成为碳金融市场上最基本的风险管理工具；碳保险则是对碳交易过程中可能发生的信用、交易危机以及价格波动等进行风险规避和担保。

气候变化对碳排放额市场价格的影响是巨大的，会给投资者带来一定的风险。碳金融衍生产品能将因天气变化而产生的风险转移给具有风险吸纳能力的投资者。积极有效的碳资产管理也可以降低各种不确定因素带来的市场投资风险，以确保碳金融投资的稳定性和可持续性。

4. 减排成本内部化和最小化

碳排放的收益具有典型外部性。碳交易发挥了市场机制应对气候变化的基础作用，使无人承担或由外部社会承担的排放成本转化为企业的内部生产成本，最终由企业来承担。由于各企业的减排成本存在较大差异，企业应根据自身减排成本和碳价格来进行碳交易或减排投资。金融市场为企业提供了跨国、跨行业和跨期交易的途径，企业通过碳金融市场购买碳金融工具，将减排成本转移至减排效率高的企业，或通过项目转移至发展中国家。从总体上看，金融市场的存在使减排成本内部化，由减排高效企业和发展中国家承担。这种转变可以使微观企业和发达国家的减排总成本最小化。

5. 为绿色低碳转型融资

不同国家或者处于不同经济发展阶段的同一国家的能源机构差异很大，对减排目标约束的适应能力也大有差异。要想实现经济发展与温室气体排放的脱钩，就必须不断加快产业绿色低碳转型，从根本上改变一国经济发展对传统能源的过度依赖。具体而言，作为碳金融领域最基础的融资形式，碳贷款以能源机构低碳转型的资金融通功能来满足企业实现碳减排和技术创新的融资需求。作为重要的市场杠杆，碳金融市场撬动了人们对低碳产业的投资，其价格发现和价格示范作用有效地促进了碳交易的达成，将社会资金不断导向绿色清洁的能源产业与技术，成为低碳技术开发利用的平台，激励企业开发利用新能源，使用并创新节能减排技术。

另外，碳排放限额的出现令碳减排单位有了目标，避免了超额减排，同时减排单位超额的碳排放额可以售出以获取资金回流，大大提高了减排效率，从而减少了整个社会的减排成本。金融机构在碳交易中也起到了非常重要的作用。例如，银行、基金公司等金融机构不仅是碳交易的主要机构，也是价格发现者。完善的碳金融市场交易机制可以推动市场主体积极进行交易，最终令金融资源合理配置到低碳产业中，进而转变当前高碳形式下的能源链。

6. 提高金融机构创新能力

随着"双碳"目标的提出与社会公众对环境污染及环境保护等的日益关注，碳金融逐渐浮现在大众的视野里，它是低碳转型、绿色发展过程中的产物。碳金融作为新的竞争领域，给各类金融机构带来创新压力及动力，不断创新是各大金融机构在绿色经济新时代突出重围、保证可持续发展的唯一途径。例如银行、证券公司等需要及时、高效地设计出符合当前碳市场的碳金融衍生工具，以提升自身在碳金融领域的行业地位。

同时，碳排放权交易有利于企业提高绿色创新能力，碳排放交易试点政策的实施能够提高企业低碳意识，缓解融资约束，从而提高企业绿色创新能力。金融类企业发展低碳产品和服务有利于在碳金融发展的初期获取收益，抢占并逐渐扩大市场份额，以提升企业知名度。

2.4.2 碳金融主要风险

不同于传统金融领域，碳金融正处于全球大多数国家政策支持下的高速发展时期。高速发展必然带来较大的投资机遇，但各大投资机构与个人投资者也会面临大量风险，如全球气候变化、经济形势的转变、各国政府对环保政策的制定与更改、市场交易方信用缺失等带来的下述五类风险：

1. 政策风险

政策风险是指由于政策、制度的调整而给市场主体造成损失的不确定性。按照政策制定的主体和内容来分，碳金融的政策风险至少包含以下三个方面：

第一，从本质上看，碳排放指标的交易是基于政策和法律的人造市场，因而，与碳排放相关的政策变动对该市场的影响巨大。

第二，当前的政策安排（如是否允许跨期储存碳排放指标）可能引发碳金融交易风险。

第三，减排认证的相关规定可能引发交易风险，原因在于减排单位是由监管部门根据一定的标准对其进行认证的。由于技术发展存在不确定性以及宏观碳金融政策可能发生变化，认证的程序及标准也会发生变化。另外，由于碳减排项目交易会涉及不同国家，其必然会受到相关国家政策和法律的约束。因此，碳金融交易市场的发展将面临巨大的政策风险和法律风险。

根据碳金融政策风险的内容可知，碳金融交易政策风险有以下几个特征：

一是影响的全局性。作为一种外生风险，碳金融政策变化的影响是全局性的，一旦发生风险，将会对碳金融交易项目产生根本性影响，有的可能直接决定碳金融是否继续存在。

二是政策风险的不确定性。它体现在两个方面：首先，单个国家政策的不确定性。各国的碳减排承诺都是以全球经济稳定发展为前提的，而实施碳减排是以牺牲经济发展为代价的，一旦政府无法承受减排带来的经济衰退压力，各国政府对碳减排就会缺乏积极性。其次，国际政策的不确定性。国际碳排放政策涉及发达国家与发展中国家的利益，一定程度上也涉及国际政治力量的对比。国际碳排放相关政策和交易机制能否保证公平公正，直接影响各国政府和企业推行碳交易机制的积极性。这些内外政策的不确定性，无疑增加了碳金融交易的风险。

三是政策风险的防范难度高。防范政策风险的难度在于碳减排政策涉及国与国、政府与企业等多方面的利益，涉及范围较大，导致缺乏坚定和可行的风险技术手段来加以控制。如果不参与碳金融业务，又会丧失碳金融业务发展的大好机遇。

2. 市场风险

市场风险是指碳金融市场中由于利率、物价、股指等市场因素的变化而造成损失的可能性。市场风险主要包含汇率风险、利率风险和股权资产波动的风险。

在碳金融交易中，上述市场风险因素依然存在，但也存在不同之处。首先，CDM 项目需要跨国境交易，即将核证减排量（CER）出售给国际上需要碳排放权的买家，这期间必然要进行外汇结算，因此汇率的波动将影响参与双方的利益。其次，碳金融项目一般会经历一个很长的周期，如 CDM 项目从开发到审批，再到最后的交易，一般少则经历数月，多则经历数年，因此，这期间的利率波动也会引发风险。再次，与其他金融资产价格波动相比，碳排放权价格波动具有独特的随机特征，尤其从第一承诺期过渡到第二承诺期的阶段，价格波动的轨迹是不正常的。当第一承诺期快结束时，若供大于求，碳排放价格将下降（甚至为零），这是由于在很短的时间内必须将碳排放权转移到下一承诺期，无法及时转移的碳排放权将一文不值；反之，若供不应求，由于无法从下一承诺期获得碳排放权，碳排放价格势必会飞速增长，因此，这种不正常的价格轨迹将使碳金融市场充满市场风险。最后，整个市场经济的走势也可能引发碳金融市场风险。例如，当宏观经济发生危机时，由于资金紧张，许多银行企业可能从碳排放市场交易中撤出，从而使碳金融市场低迷；此外，经济出现衰退时，很多发达国家的大企业由于产量减少，碳排放减少，因此对碳排放权的需求量减少。这些特征或因素不仅会造成市场风险，甚至可能对全球的碳排放贸易市场造成巨大冲击，从而给参与碳排放权交易的双方造成重大损失。

3. 信用风险

信用风险是指在交易过程中因交易对手未按条款履行交易义务或信用质量失真，造成当事人发生损失的可能性。在从事碳金融业务时，必然会产生信用风险，例如，CDM 项目借款人发生信用违约，或者在从事与碳排放权相关的衍生品交易时，对手不履行交易义务而产生的风险等。碳金融信用风险具有一般信用风险的特征，但由于碳金融业务的复杂性和特殊性，它还表现出两个方面不同的特征：

第一个方面，碳金融信用风险收益和风险分布的不对称性特征更加突出。一般来讲，信用风险的概率分布不是正态分布，也不具有对称性，而对于碳金融信用风险，这种特征更加突出。例如，对于 CDM 项目，由于受到政策因素、项目复杂的审批程序以及核证减排量（CER）价格变动等因素的影响，因此它的概率分布向左倾斜更加明显（向左倾斜是因为损失没有下限，而收益上限却是固定的）。对于碳减排权的衍生品交易，交易对手违约的可能性更大，这种不对称性也更加明显。

第二个方面，在碳金融信用风险中，信息不对称现象更加明显。由于碳金融交易业务存在很大风险，当从事碳金融交易业务时，交易双方由于信息不对称，很容易发生"逆向选择"以及"道德风险"。例如在 CDM 项目信贷中，由于信息不对称，对商业银行不利的借款者却更容易获得资金，这时就出现了"逆向选择"。当出现对 CDM 项目不利的因素时，"道德风险"也会产生。

4. 操作风险

目前，人们对操作风险没有统一的定义，但对它的性质却有比较一致的认识。一般认为，操作风险会引起损失，它与操作程序不当、员工工作失误以及外部突发事件密切相关。根据引发操作风险的不同因素，可以将它分成四类：人员风险（如发生操作失误）、系统风险（如系统出现失灵）、流程风险（如流程执行不够严格）及外部事件风险（如发生突发事件、存在外部欺诈等）。另外，同一般的金融业务相比，我国企业在从事碳金融业务时，更容易发生操作风险。这是由于碳金融在我国是新生事物，参与者对碳金融项目的开发程序、交易规则以及操作模式等都不是很熟练。另外，碳排放权作为一种虚拟商品，销售对象涉及境外客户，合同期限很长，因此操作风险的外生因素干扰性很强。在碳金融交易领域，我国不仅缺乏相关的专业人员，也没有建立起合理的内部控制程序和系统，外部的"风吹草动"都会引发风险。同时，碳金融操作风险与一般金融业务操作风险同样具有内生性的特点，而我国的商业银行只能对操作风险的内生风险进行管理和防控，并且这种管理没有消除操作风险，因此，碳金融的操作风险是较大的。

碳金融的操作风险具有两个明显的特点：第一，碳金融操作风险的可控性很小，操作风险的诱发因素既有外生因素又有内生因素，各种因素交织错杂，导致风险难控；第二，操作风险发生频率较小，但一旦发生就会带来很大损失，严重的会危及企业生存。

5. 流动性风险

流动性风险是指为满足客户的流动性需求，引起成本增加或价值损失的可能性，它包含大量交易的能力、及时交易的能力以及不变价格交易的能力三个方面。在碳金融交易业务中，市场由于缺乏流动性而使交易难以完成，流动性的缺乏给整个市场带来的额外交易成本即为流动性成本。流动性成本加上其带给碳金融市场各参与主体的潜在损失即为市场的流动性风险。例如在 CDM 项目信贷中，如果交易主体一时无法按照确定价格卖出持有的碳金融资产，就会面临流动性风险。

碳金融流动性风险分为资产流动性风险及负债流动性风险。如果碳金融资产到期不能足额收回、不能到期偿还负债、无法满足新的合理贷款要求及其他融资需求等，由此引起损失的可能性即为资产流动性风险。负债流动性风险是指金融主体从事碳金融业务筹集的资金由于内生或外生因素发生变化，或者受到外部冲击而产生损失的可能性。其中，对于商业银行来说，碳金融资产流动性风险包含对信贷额度的非预期使用以及偿还期改变的风险等；碳金融负债流动性风险则包含提前支取大额存款的风险以及再融资风险等。

2.4.3　碳金融市场

由于《京都协议书》的签订，温室气体排放权成为一种稀缺资源，因而具备了商品的价值和交易的可能性，并且催生出了以 CO_2 排放权为主的碳金融市场。根据不同的标准，碳金融市场可以分为以下几类：

1. 配额市场与项目市场

配额市场是基于"总量限制交易"（Cap-and-Trade）机制形成的，总量的确定形成了有限的供给，有限的供给形成了资源的稀缺，进而产生了对碳配额的需求及相应的价格。

项目市场是指某些地区、国家或企业由于减排成本过高，通过低于基准排放水平的合作项目，遵照"基线与信用"（Baseline-and-Credit）机制，对碳排放额有需求的主体提供资金或技术以获取排放额，CDM 机制就属于项目市场。

2. 强制市场与自愿市场

按照交易动机不同，配额市场可以分为强制市场与自愿市场。

强制市场的交易特点是"双强制"，即按照各阶段减排计划，安排相关减排企业强制进入减排名单，参与相应减排项目及承担相应法律责任。减排项目包括欧盟碳排放交易体系（EU-ETS）、澳大利亚的新南威尔士温室气体减排体系等。

自愿市场的交易特点是"单强制"，即相关企业自愿加入减排项目，如芝加哥气候交易所（CCX）减排计划等。

3. 一级市场与二级市场

根据是否直接进行项目投资，项目市场可以分为一级市场和二级市场。

一级市场又称初级市场，是对碳排放权进行初始分配的市场体系。由于政府对碳排放使用权完全垄断，一级市场的卖方只有政府，买方包括下级政府和履约企业，交易标的仅包括碳排放权，因此政府对碳排放权的价格拥有极强的控制力。

二级市场并不产生实际的减排单位，是碳资产现货和碳金融衍生产品交易流转的市场体系。获得碳排放权的下级政府和履约企业的数量是有限的，下级政府和履约企业获得碳排放权后将同时获得对碳排放权的支配权，因此二级市场的卖方也是有限的。

4. 京都市场与非京都市场

京都市场主要包括基于遵循公约及《京都议定书》一系列规则的京都市场和基于国家或区域性规定而建立的交易市场。例如 EU-ETS 就属于京都市场。

相比之下，非京都市场中的交易是以"自愿"为基础的，它是全球碳市场的重要组成部分。非京都市场的需求主要来自各类机构、企业和个人的自发减排意愿，这种意愿不具有任何强制性。非京都市场是基于自愿原则的配额市场，排放企业自愿参与，共同协商认定并承诺遵守减排目标，承担有法律约束力的减排责任，如美国芝加哥气候交易所。

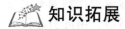

知识拓展

气候投融资

1. 气候投融资的相关概念

气候投融资是另一个与碳金融紧密相关的概念。气候投融资与可持续金融、绿色金融、碳金融等概念均有关联，其相互关系大致如图2-1所示。

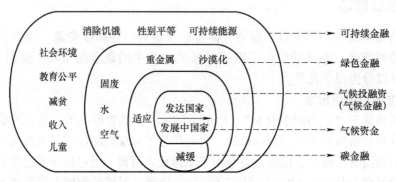

图 2-1　气候投融资与相关概念的关系

从范围上说，"可持续金融"涵盖的领域最广。2015年9月世界各国领导人在联合国可持续发展峰会上通过了《2030年可持续发展议程》，将可持续金融的资金支持范围确定为减贫、社会环境、教育公平、性别平等、充分就业、应对气候变化、保护清洁能源等17个可持续发展目标。

"绿色金融"则进一步聚焦与生态环境保护相关的领域。2016年8月，中国人民银行等七部门联合发布了《关于构建绿色金融体系的指导意见》，这是全球首个由政府主导的绿色金融政策框架，明确了"绿色金融"的概念和范围，即"为支持环境改善、应对气候变化和资源节约高效利用的经济活动，对环保、节能、清洁能源、绿色交通、绿色建筑等领域的项目投融资、项目运营、风险管理等所提供的金融服务"，明确绿色金融体系是通过绿色信贷、绿色债券、绿色股票指数和相关产品、绿色发展基金、绿色保险、碳金融等金融工具和相关政策，支持经济向绿色化转型的制度安排。

"气候金融"是在绿色金融基础上的进一步聚焦。一些学者认为气候金融包含两个层面的含义：狭义上是指温室气体排放权交易业务中的碳金融，广义上是指涉及应对气候变化的全部金融性业务的总称。也有学者认为气候金融是为促进全球低碳发展、增强应对气候变化韧性而进行的金融创新活动的总称。

"气候投融资"是与气候金融紧密联系的概念。气候投融资是指为实现国家自主贡献目标和低碳发展目标，引导和促进更多资金投向应对气候变化领域的投融资活动，以及评估气候变化影响和风险、优化碳排放资源设置的活动的总称，是绿色金融的重要组成部分。气候投融资支持范围包括减缓和适应两个方面，具有财政与金融两种特性。

从长期来看，"双碳"目标的推进必然会带来产业结构的优化升级和产业技术的更新进步，推动包括农业、制造业、服务业、社会治理、数字经济等多个领域深刻的转型。"碳达峰"的主要措施是大幅提高非化石能源的比例、提高能源利用效率和效益、推动终端部门的电气化、引入碳市场机制、加大低碳能源开发的力度。"碳中和"是指通过技术创新等手段，将排放的二氧化碳对自然的影响降低到可以忽略的程度。"双碳"目标给低碳和零碳的相关政策、技术、产业的发展带来了系统性变革。到 2060 年，"双碳"目标将推进绿色低碳循环发展的经济体系和清洁低碳安全高效的能源体系全面建立，重塑人与环境和谐发展新格局。

2. "双碳"目标下气候投融资的发展背景

2020 年 9 月 22 日，国家主席习近平在第七十五届联合国大会一般性辩论上郑重宣布，中国将提高国家自主贡献力度，采取更加有力的政策和措施，二氧化碳排放力争于 2030 年前达到峰值，努力争取 2060 年前实现碳中和，并提出各国要树立创新、协调、绿色、开放、共享的新发展理念，抓住新一轮科技革命和产业变革的历史性机遇，推动疫情后世界经济"绿色复苏"，汇聚可持续发展的强大合力。

2021 年可以称为"双碳目标行动方案制定年"，中央明确了实现碳达峰碳中和目标的"1+N"政策体系，而绿色金融和气候投融资是"双碳"目标实现的重要推动力。《中华人民共和国国民经济和社会发展第十四个五年规划和 2035 年远景目标》中明确了应强化我国的科技力量，不断完善并创新现有的体制机制，为推动绿色低碳的可持续发展、建设一个人与自然和谐共生的现代化社会指明了前进的方向。2021 年 2 月，国务院发布了《关于加快建立健全绿色低碳循环发展经济体系的指导意见》，从宏观面、政策体系、生产体系、消费体系、流通体系、基础设施、产业、绿色技术创新体系、绿色金融创新、法规等不同层面给出了绿色低碳循环经济发展路线图。

2021 年 12 月 23 日，生态环境部等九部门联合发布《气候投融资试点工作方案》，要求通过 3~5 年的努力，试点地方基本形成有利于气候投融资发展的政策环境，培育一批气候友好型市场主体，探索一批气候投融资发展模式，打造若干个气候投融资国际合作平台，使资金、人才、技术等各类要素资源向气候投融资领域充分聚集。鼓励试点地方金融机构在依法合规、风险可控前提下，稳妥有序探索开展包括碳基金、碳资产质押贷款、碳保险等碳金融服务，切实防范金融风险，推动碳金融体系创新发展。

气候投融资试点文件的出台响应了党中央的重要宣示，要求充分发挥好政府的引导作用以及市场的主体作用，解决因气候资金供需矛盾而制约我国绿色低碳转型和国家目标任务落实的突出问题。我国当前迫切需要构建有效的气候投融资政策体系，从而鼓励、引导更多的责任投资流向应对气候变化领域，为实现"碳中和"愿景奠定坚实的基础。

双碳专栏

"双碳"目标下雄安新区发展碳金融的思考

习近平主席在第七十五届联合国大会上提出，我国二氧化碳排放力争在 2030 年前达到峰值，努力争取 2060 年前实现碳中和。这标志着我国的低碳经济路上了高速发展的快车道。作为绿色生态宜居新城建设标杆的雄安新区，应该在"双碳"目标的达成上起到引领作用。要想实现"双碳"目标，就少不了碳金融的支持。目前，雄安新区整体的发展仍处于起步阶段，金融基础薄弱导致碳金融的发展起步艰难。由于社会对碳金融的整体认知程度不高、从事碳金融工作的专业人才比较缺乏以及碳金融的相关制度不健全等，这些都会导致雄安新区发展碳金融可能遇到问题。加快推进雄安新区碳金融的发展以实现"双碳"目标，需要从建立雄安碳金融体系、设计碳交易激励机制、培养碳金融专业人才以及优化顶层设计和加快制度创新等多个角度入手。

随着经济社会的快速发展，全球范围内气候问题变得越来越突出，以二氧化碳为代表的温室气体的治理逐渐被各国提上了环境保护的日程。2020年9月，习近平主席提出了我国推进低碳经济建设的两个关键性任务——"双碳"目标。这是我国对世界能源节约和环境保护事业做出的庄严承诺，是构建人类命运共同体的一项重要举措，体现了我国的大国担当。为实现这一目标，2021年3月，第十三届全国人民代表大会第四次会议审议将"落实2030年应对气候变化国家自主贡献目标，制定2030年前碳排放达峰行动方案"以及"锚定努力争取2060年前实现碳中和，采取更加有力的政策和措施"纳入"十四五"规划。2021年7月，中央政治局经济工作会议提出"双碳"目标下应纠正"运动式"减碳。由此可见，"双碳"目标已然成为我国产业升级和经济改革中的重点，全国各个城市的发展态势必会以"双碳"为目标。雄安新区作为我国千年大计，其发展建设立足于生态、着眼于绿色、回归于宜居，这与我国提出的"双碳"目标十分契合。在这个背景下，雄安新区应当积极落实"双碳"任务，在建设生态新区的同时保持高水平、高质量发展，打造全国乃至世界的标杆。在这个过程中，碳金融作为一个新生领域，可以兼顾雄安新区发展的经济效益和生态效益，既能有效地为雄安新区提供金融支持，又能加快新区内产业升级和改善新区环境，最终助力其顺利实现"双碳"目标。

 碳汇金融专栏

广州市花都区公益林碳普惠项目

为积极落实《广东省广州市建设绿色金融改革创新试验区总体方案》关于探索试点开发林业碳汇项目的要求，结合广东省推进碳普惠制试点工作实际，2017年以来，广东省将林业碳普惠项目作为碳普惠项目重点领域加快推进，并联合广州碳交易所共同指导广州市花都区加快森林碳普惠项目的探索实践。

花都区依托广东省碳排放权交易市场和碳普惠制试点，选取梯面林场开发公益林碳普惠项目，通过林业资源保护，提高了森林生态系统储碳固碳的能力；通过引入第三方机构核算减排量、网上公开竞价等措施，将无形的森林生态系统服务价值转化为有形的经济效益，构建了政府市场双向发力、多方参与共赢的生态产品价值实现机制，促进了经济效益与生态效益的同步提升，为其他地区建立碳减排激励机制，推动社会经济绿色发展提供了有益借鉴。

1. 具体做法

一是政府主导，提供基础数据和制度保障。首先是制定林业碳普惠方法学和基础数据。2017年，广东省公布了公益林、商品林项目碳普惠方法学，将优于全省森林平均固碳水平的碳汇量作为碳普惠核证减排量的计算依据。其次是制定林业碳普惠交易规则。2017年7月，广东省发改委同意《广州碳排放权交易中心广东省碳普惠制核证减排量交易规则》备案，同步建成了广州碳排放权交易所碳普惠制核证减排量竞价交易系统，为林业碳普惠项目实践奠定了基础。

二是保护优先，提升生态产品供给能力。为保护和恢复梯面林场及周边区域的自然生态系统，林场实行了最严格的林地和林木资源管理制度，停止了商业性林木砍伐，做好生态公益林和其他林地养护，着力提升森林抚育水平和生态产品质量。同时，积极推动广州市首个林业碳普惠项目，探索生态产品的价值实现路径。

三是第三方核算，明确碳减排量。2018 年 2 月，依据《广东省林业碳汇碳普惠方法学》，梯面林场委托中国质量认证中心广州分中心对其权属范围内 1800 多公顷生态公益林 2011—2014 年间产生的林业碳普惠核证减排量进行了第三方核算，并重点核实了林场内森林生态系统碳汇量优于省平均值的情况。

四是市场化交易，彰显生态产品价值。广东省是首批开展碳排放权交易试点的地区之一，广东省每年设定碳排放配额总量，再将其分配给纳入控制碳排放范围的企业，企业的实际碳排放量一旦超过配额，将面临处罚。控排企业可以通过购买碳排放权配额或自愿减排核证减排量等方式抵消碳排放量，前者一般由企业通过技术改造、节能减排等方式获得，后者一般通过购买林业碳汇、可再生能源项目减排量等方式获得，但企业购买的自愿减排核证减排量不能超过全年碳排放配额的 10%，由此形成了一个以碳排放权交易市场为基础的碳汇交易机制。

2. 主要成效

一是通过市场化手段盘活了自然资源资产。在不影响公益林正常管护的前提下，花都区梯面林场公益林碳普惠项目利用其资源基础开发碳普惠交易，充分显示了森林资源提供的固碳释氧、减缓气候变化等公共性生态产品的价值，依托碳排放权交易市场体系和碳普惠机制，采取市场化方式将其转换为经济效益，有效盘活了"沉睡"的自然资源资产，实现了森林生态系统的生态价值。

二是实现了"政府+市场"模式下的多方共赢。碳普惠项目是政府与市场双向发力、共同促进生态产品价值实现的典型模式，在实施过程中，参与各方都实现了预期目标，实现了多方共赢。控排企业作为购买方，降低了企业的减排成本，实现了预期的碳排放目标（通常碳汇价格低于碳排放配额价格），同时通过参与节能减排等活动，彰显了企业社会责任和品牌价值；森林经营部门作为销售方，借助碳交易市场获得了一定收益，有助于促进其从关注数量转向关注质量，进而激发森林经营主体抚育公益林、保护自然、修复生态等方面的积极性；政府作为监管方和制度供给方，促进了林业资源的有效保护和质量提升，增强了生态产品的供给能力，同时也为生态良好地区推动公共性生态产品的价值实现提供了可推广借鉴的模式。

三是形成了良好示范效应。花都区梯面林场公益林碳普惠项目的成功实施开启了广东碳普惠项目交易的序幕，促进了碳汇交易市场健康发展，起到了良好的示范作用。此后，广东省河源市国有桂山林场、河源市东源县新丰江国有林场、韶关市始兴县、清远市英德市等地都依托自身丰富的森林资源，成功开展了碳普惠核证减排量交易，实现了碳普惠制度与碳排放权交易体系的有机结合，形成了生态保护和价值实现的良性循环。

探究与思考

1. 什么是碳金融？

2. 碳金融的内涵与特点有哪些？

3. 什么是绿色金融？

4. 简述碳金融、绿色金融的主要发展历程。

5. 简述绿色金融和碳金融的区别与联系。

6. 简述碳金融的理论基础。

7. 碳金融产品可以分为哪几类？

8. 简述碳金融的功能。

9. 碳金融存在哪些风险？

10. 碳金融应该如何管理及转移风险？

11. 举例说明碳金融的现实应用。

12. "双碳"目标下的气候投融资策略有哪些？

【参考文献】

[1] 王广宇. 零碳金融：碳中和的发展转型 [M]. 北京：中译出版社，2021：162-163.

[2] Buku. Carbon finance：the financial implications of climate change [C] //Transactions of the Cryogenic Engineering Conference—cec：Advances in Cryogenic Engineering. 2007.

[3] 郑扬扬. 我国发展碳金融的路径选择 [J]. 金融理论与实践，2012，395（6）：70-75.

[4] 曾刚，万志宏. 国际碳金融市场：现状，问题与前景 [J]. 国际金融研究，2009，270（10）：19-25.

[5] 刘明明. 论中国碳金融监管体制的构建 [J]. 中国政法大学学报，2021，85（5）：42-51.

[6] 刘华，郭凯. 国外碳金融产品的发展趋势与特点 [J]. 银行家，2010，107（9）：85-88.

[7] 杜莉，王利，张云. 碳金融交易风险：度量与防控 [J]. 经济管理，2014，36（4）：106-116.

[8] 王颖，张昕，刘海燕，等. 碳金融风险的识别和管理 [J]. 西南金融，2019（2）：41-48.

[9] 迟春静. 我国碳金融风险的识别与防范 [J]. 国际商务财会，2021，398（14）：63-66.

[10] 高煜君，田涛. 碳交易对试点省市碳效率的影响机制研究 [J]. 经济问题探索，2022，476（3）：106-119.

[11] 张希良，张达，余润心. 中国特色全国碳市场设计理论与实践 [J]. 管理世界，2021，37（8）：80-95.

[12] 中华人民共和国生态环境部. 全国碳排放权交易市场第一个履约周期报告 [EB/OL]. （2023-01-01）[2023-03-05]. https：//www.mee.gov.cn/ywgz/ydqhbh/wsqtkz/202212/P020221230799532329594.pdf.

[13] 张希良，黄晓丹，张达，等. 碳中和目标下的能源经济转型路径与政策研究 [J]. 管理世界，2022，38（1）：35-66.

[14] 王少华，王俊霞，张荣荣. 全国碳市场正式上线运行 [J]. 生态经济，2021，37（9）：9-12.

[15] 福州市生态环境局. 什么是"碳金融"？和我们有什么关系？ [EB/OL]. （2021-12-21）[2023-03-05]. http：//www.fuzhou.gov.cn/zgfzzt/shbj/zz/hjjg_31440/dqhjgl/202112/t20211221_4274273.htm.

[16] 杜莉，李博. 利用碳金融体系推动产业结构的调整和升级 [J]. 经济学家，2012，162（6）：45-52.

[17] 中国证监会. 碳金融产品（JR/T 0244-2022）[EB/OL]. （2022-04-12）[2023-03-05]. http：//www.csrc.gov.cn/csrc/c101954/c2334725/files/附件2：碳金融产品.pdf.

[18] 王遥. 碳金融全球视野与中国布局 [M]. 北京：中国经济出版社，2010：61-64.

[19] 杨姝影，蔡博峰，肖翠翠，等. 国际碳金融市场体系现状及发展前景研究 [J]. 环境与可持续发展，2013，38（2）：27-29.

[20] 郇志坚，李青. 碳金融：原理、功能与风险 [J]. 金融发展评论，2010（8）：102-122.

［21］杜莉，丁志国，李博. 产业结构调整升级：碳金融交易机制的助推：基于欧盟数据的实证研究［J］. 清华大学学报（哲学社会科学版），2012，27（5）：143-150，161.

［22］莫大喜，王苏生，常凯. 碳金融市场与政策［M］. 北京：清华大学出版社，2013：135-143.

［23］王凤荣，李安然，高维妍. 碳金融是否促进了绿色创新水平？基于碳排放权交易政策的准自然实验［J］. 兰州大学学报（社会科学版），2022，50（6）：59-71.

［24］杨兆廷，吴祎伦. "双碳"目标下雄安新区发展碳金融的思考［J］. 区域经济评论，2022（1）：124-129.

［25］温彬，霍天翔. 碳金融的制约因素分析及商业银行支持建议［J］. 中国银行业，2021（10）：60-63.

［26］雷鹏飞，孟科学. 碳金融市场发展的概念界定与影响因素研究［J］. 江西社会科学，2019，39（11）：37-44，254.

发展碳金融有助于促进碳市场的长期健康发展，提高市场活跃度，起到发现碳价的作用，可以撬动绿色金融发展，助力经济高质量发展、"双碳"战略目标的实现以及生态文明的建设，同时赋能乡村振兴、助农增收，实现绿色共富。本章从绿色金融发展的需要、实体经济发展的需要、国际碳定价权的需要和基于我国国情发展的需要四个方面阐述发展碳金融的意义。

3.1 绿色金融发展的需要

3.1.1 绿色金融的内涵

1. 背景

绿色金融的实践最早可以追溯至 20 世纪 80 年代美国的《超级基金法案》，该法案要求企业需要为其引起的环境污染事故承担责任，金融机构也需要为企业的环境污染事故承担信贷和融资风险。这促使金融机构对融资贷款企业进行严格的资格审批以降低风险。此后，其他主要欧洲国家以及日本相继制定了环境风险评估制度。2003 年，由欧美国家的 10 家银行发起并制定的 "赤道原则" 成为金融行业环境风险控制指南的典型。

2015 年《联合国气候变化框架公约》近 200 个缔约方在巴黎气候变化大会上达成《巴黎协定》，承诺将全球平均气温较前工业化时期上升幅度控制在 2℃ 以内，并努力将温度上升幅度限制在 1.5℃ 以内。《巴黎协定》的达成标志着全球经济活动开始向绿色、低碳、可持续转型。此后，各国不断推出新政策、加大投入，为经济绿色转型做出努力。目前，经济绿色转型已是大势所趋，金融在其中发挥着重要的推动作用。在此背景下，专门针对支持环境改善、应对气候变化和资源节约高效利用的经济项目进行投资的绿色金融应运而生。

2. 发展现状

就区域而言，西方发达国家目前仍走在绿色金融发展的前列。早在 2003 年，花旗银行、巴克莱银行、荷兰银行、西德意志州立银行等 10 家银行就宣布实行赤道原则。之后社会责任型投资以及环境、社会和公司治理等理念成为投资领域流行趋势，逐步将环境责任纳入投资考量。通过市场机构以及非政府组织的不断推动，国际社会对于发展绿色金融达成共识。数据显示，截至 2021 年，欧洲存量绿债规模位列全球首位，达 8916 亿美元，占全球总发行量的 52%。紧随其后的便是亚洲，2021 年存量绿债规模达 3211 亿美元，占全球总量的 20%。北美洲排名第三位，存量绿债余额为 2159 亿美元，占比为 13%。这三大洲合计占比 85%，成为推动全球绿债市场发展的主力军。

欧洲是绿色债券发行的先锋。欧盟是最早发起绿色金融运动的经济体，拥有全球规模最大、运行时间最长、参与国家最多以及成熟度最高的碳交易市场。与此同时，欧盟在绿色标准制定、金融运行监管、市场机制设计等方面领先于全球，为推动国际绿色金融步入系统化、制度化轨道发挥了积极的示范作用。据了解，德国等欧洲国家已经陆续发布了国家绿色债券。

在亚洲，我国的绿色金融市场规模最大。中国金融学会绿色金融专业委员会主任马骏表示，我国已经成为全球最大的绿色信贷市场和全球第二大的绿色债券市场。中国人民银行数据显示，截至 2021 年年末，我国本外币绿色贷款余额已经接近 16 万亿元，同比增长 33%，存量规模居全球第一位。2021 年，我国境内绿色债券发行量超过了 6000 亿元，同比增长 180%，余额达 1.1 万亿元。最新数据显示，截至 2022 年 9 月末，我国本外币绿色贷款余额进一步增加至 20.9 万亿元，同比增长 41.4%；绿色债券存量规模超过 1.26 万亿元，均居全球前列。

我国始终是绿色金融发展的重要倡导者和引领者。在全球层面，经我国倡议，二十国集团（G20）绿色金融研究小组于 2016 年正式成立，G20 峰会发布的《二十国集团领导人杭州峰会公报》首次将绿色金融写入其中。G20 绿色金融研究小组发表的《2016 年 G20 绿色金融综合报告》明确了绿色金融的定义、目的和范围，识别了绿色金融面临的挑战，还提出了推动全球发展绿色金融的七个选项，成为国际绿色金融领域的指导性文件。在国家层面，党的二十大报告提出，推动经济社会发展绿色化、低碳化是实现高质量发展的关键环节。其中，要完善支持绿色发展的财税、金融、投资、价格政策和标准体系，发展绿色低碳产业，健全资源环境要素市场化配置体系。目前，我国绿色金融标准体系建设正在稳步推进；绿色金融标准体系、环境信息披露、激励约束机制、产品与市场体系、国际合作等绿色金融"五大支柱"初步确立；同时，资源配置、风险防范、价格发现的"三大功能"已日益完善。

3.1.2　碳金融对绿色金融的作用

随着环境保护压力日益凸显以及供给侧改革的产业转型要求，绿色金融迎来了发展契机。不论是从我国自身发展还是国际责任角度而言，绿色金融都引发了全社会对绿色发展的高度关注，绿色发展的社会氛围逐步形成。

碳金融是绿色金融的一个重要分支。得益于碳排放权交易市场多年的建设，碳金融在国内乃至全球都取得了有目共睹的发展。碳排放权金融产品已成体系，具有可操作性，可以为绿色金融落地推广提供一个"准而精"的突破口和抓手，成为撬动绿色金融发展的重要支点。

绿色金融的领域很宽泛。从概念来看，碳金融面对的市场主体比绿色债券、绿色信贷等绿色金融产品面对的市场主体更为丰富，碳排放权交易市场中的参与主体不仅包括不同行业的企业，还包括各类金融机构和个人，可衍生出的金融服务种类较多。从项目边界、方法标准、激励机制、覆盖领域等方面，碳金融比传统的主流绿色金融产品更适合作为绿色金融深度挖掘的有力工具。

首先，碳市场边界明确，有利于项目识别。在碳交易机制中，无论是配额市场还是自愿减排量市场，均有明确的行业企业温室气体核算方法与报告指南、自愿减排量项目开发方法学，它们确定了碳排放的排放和识别边界，有利于减少减排项目开发的不确定性和增强项目的可操作性。

其次，碳市场具有明确价格信号，有利于辅助绿色资产定价。碳排放权交易作为一种市场化的价格发现机制，通过二级市场中参与主体之间的不断议价以及回购、远期等价格发现工具，能够给出较为公允的碳减排量的价值，对新能源、可再生资源等资产的定价可以起到辅助参考作用。

最后，碳市场有自身可循环的正向激励机制，有助于弥补绿色产业自身发展激励不足的问题。碳交易市场通过"排放有成本，减排有收益"的理念，建立起一种市场化的正向激励机制，在碳排放权价格合理的情况下，通过市场配置资源的作用，抑制高耗能、高污染的产业，鼓励绿色产业的发展，在一定程度上消除了单纯以政策扶持绿色产业发展激励不足的问题。

3.2　实体经济发展的需要

3.2.1　实体经济的内涵

1. 定义

实体经济是指物质的、精神的产品和服务的生产、流通等经济活动，包括农业、工业、交通运输、商贸物流、建筑业等物质生产和服务部门，也包括教育、文化、知识、信息等精神产品的生产和服务部门。概括而言，实体经济大体是指农业、制造业及服务业，涵盖第一产业、第二产业和大部分第三产业。与之相对应，虚拟经济是指市场经济中在信用制度和资本证券化基础上产生的虚拟资本的活动。

实体经济与虚拟经济的关系表现在：在任何社会，实体经济始终是人类社会赖以生存和发展的基础，虚拟经济的发展必须建立在实体经济的基础上，并与实体经济的发展相适应。当虚拟经济的发展与实体经济的发展相适应时，虚拟经济的发展会促进整体经济的发展；当虚拟经济脱离实体经济而过度膨胀时，则会产生经济泡沫，造成经济虚假繁荣，严重时会导致经济出现大起大落，甚至产生经济危机。因此，要着力发展实体经济，有节度地根据实体经济的发展状况积极地发展虚拟经济。经济发展史表明，金融一旦从传统金融发展到虚拟经济，就会成为一把双刃剑，既可以促进经济发展，又可能带来负面效应。

2. 重要性

首先，实体经济是物质财富的源泉。财富是人类社会生存与发展的必要条件，主要来源于物质的、精神的产品和服务的生产、流通规模的扩大和积累。在相当长的时间里经济学认为物质产品是社会的真正财富，生产物质产品的实体经济则是社会物质财富的主要来源，而实体经济的规模和竞争力则决定了财富的数量和质量。

实体经济代表真实的产品和服务的生产和流通，直接创造使用价值。为人类提供生产消费和个人消费的产品是人类社会赖以生存和发展的基础。在市场经济条件下，商品是社会财富的物质形态，如果实体经济不能健康发展，那么商品生产可能停滞不前，而人类的生存、发展和享受等消费需求也就失去了可靠的保障。因此，实业兴邦，一国实体经济的发展水平直接决定了人们生活的物质基础。总之，只有实体经济才是财富创造的真正来源，健康发展的实体经济可以带来社会财富的充分涌流，也可以为虚拟经济的可持续发展奠定坚实的基础。

其次，实体经济是国家强盛的根基。实体经济的发展程度标志着一个国家或地区经济的发展水平。发达稳健的实体经济是实现国家经济健康快速增长的基础，它在转变经济发展方式、提升经济发展质量和效益中发挥着中坚作用。因此，国家必须高度关注实体经济，牢牢把握发展实体经济这一坚实基础，引导更多的人力、财力和物力投向实体经济，做大做强实体经济，进而不断增强综合国力。健康的实体经济是国民经济可持续发展的可靠保障，也是发展虚拟经济的物质前提，做大做强实体经济有利于减少经济泡沫、降低金融风险，是应对国际金融危机冲击的关键举措。

最后，实体经济是社会和谐的保障。发达的实体经济是社会长治久安的可靠保证。首先，发达稳健的实体经济是最大的就业容纳器和创新驱动器，在维持经济社会稳定中发挥着中坚作用。纵观中外经济的发展历程，在收入大体相当的国家和地区中，那些工业、特别是制造业所占比重较高的国家和地区，由于就业比较充分，其经济增长速度和社会稳定性都比较好；而那些缺乏坚实的制造业基础的国家和地区，一旦发生经济危机，失业率往往居高不下，容易陷入经济社会动荡不安的局面。因此，扩大就业是保障和改善民生的头等大事，而发达稳健的实体经济正是实现充分就业的重要途径。实体经济涵盖绝大多数大、中、小微企业，其中小微企业由于创业及就业门槛不高，具有很强的就业吸纳能力，对缩小收入差距、保障民生和提高居民收入具有不可替代的重要作用。

3.2.2　碳金融对实体经济的作用

在发展碳金融的过程中要妥善处理实体经济与虚拟经济的关系，规避风险，使碳金融的发展与碳技术、碳实体经济的发展相适应。碳市场的发展应以实体经济为主体并服务其转型升级。碳金融作为一个基于市场的虚拟环境权益交易机制，其市场链既涉及实体生产部门，也广泛涉及中介、法律、交易、投资、金融等虚拟经济部门。发展碳市场的主要目的是采用灵活的市场手段引导实体经济实现成本有效的减排。发展碳金融是为了引导资金在实体经济不同部门和不同环节的流转，即通过市场调整能源结构，引导低碳投资，推动经济转型，引导高碳企业节能减排，鼓励低碳企业健康发展。

从产业结构的角度来看，发达国家第二产业所占的比例为20%左右，而碳减排的实体主要来自第二产业。而发展中国家，如我国产业结构中第二产业所占比例始终保持在47.5%左右，其中高能耗和重化工比重占69%，这是我国近年来温室气体排放总量和增量快速增长的主要原因。因此发展中国家碳市场的发展应该始终坚持以实体经济部门减排为主体，同时在排放权交易的收益分配机制上要确保实体部门获得主要的减排收益。

部分国家目前仍处于工业化快速发展阶段，温室气体排放总量在一定时期内还将处于增长过程中。促进实体经济减排归根到底是为了促进产业结构的优化调整与转型升级。从宏观经济层面上看，推进和加快低碳经济的发展更要以大力发展碳金融为手段，这包括加快构建和完善碳交易市场，大力开发碳金融产品和业务，推动商业银行将低碳经济项目作为贷款支持的重点，扩大直接融资规模对低碳经济发展的支持力度。

发展碳金融是顺应实体经济发展的需要。在全球气候变暖风险下，各国特别是发展中国家传统高能耗产业在国民经济发展中占比较高，节能减排压力较大，对碳金融产品和服务的需求旺盛，潜力巨大。政府应引导金融机构全面理解和准确把握国家货币政策，根据政策力度、重点和节奏变化，及时调整工作重点和努力方向，综合运用传统金融、绿色金融和碳金融等多种融资工具和手段，最大限度地支持低碳实体经济的发展。

3.3 国际碳定价权的需要

3.3.1 国际碳定价的内涵

1. 定义

碳定价是抑制碳排放的有效手段，也是促进气候行动最具成本效益的方式。政府通过碳定价为温室气体排放增加成本，从而给减排或抵消行为带来财政激励，鼓励生产者、消费者和投资者走上低碳转型之路。

世界银行发布的《2022 年碳定价机制发展现状与未来趋势报告》围绕全球碳排放交易体系、碳税和其他直接碳定价工具展开，提供了全球现有碳定价工具的最新概览。2021 年，碳定价展现出了很多积极信号，新兴的碳定价工具和创历史新高的碳价让 2021 年全球碳定价收入比 2020 年增长了近 60%，达到 840 亿美元（2020 年时为 530 亿美元）。增加的碳定价收入不仅能够加快推动全球经济低碳转型，还可以支撑可持续经济的复苏，为财政改革提供资金，并帮助各国经济更快恢复到疫情前的水平。

经济与合作发展组织（OECD）长期关注碳定价问题，指出碳定价是应对气候变化最重要的政策工具。OECD 数据显示，碳价每上升 1 欧元，会使二氧化碳排放在长期内下降0.73%。碳定价是一种市场化减排机制，碳税与碳排放权交易体系（Emissions Trading System，ETS）是实现碳定价的主要方式。

2. 重要性

碳定价模式是国际碳金融市场最重要的运行机制之一。国际碳金融市场与碳交易市场是同步建立的，并且已建立了较为完备的碳金融市场运行体系，因此有关国家牢牢掌握着碳交易定价权。碳市场的交易规则和价格长期受到欧盟、美国、日本等的制约。此外，部分发达国家通过碳金融市场，将本国货币与国际碳交易的计价和结算挂钩，也进一步削弱了其他国家碳议价的能力。碳金融的发展与国际货币发行权紧密相关。拥有国际货币发行权的货币需要具备国际大宗商品计价、结算功能。随着碳金融的迅速发展，交易规模的不断扩大，交易过程中碳信用货币的使用普及，碳信用货币可能赶超原油等大宗商品成为影响全球交易的新型"大宗商品"。

3. 发展现状

根据世界银行发布的《2022 年碳定价机制发展现状与未来趋势报告》，2021 年至2022 年，全球碳定价收入约为 840 亿美元，比 2020 年时增加了 310 多亿美元，其中欧盟碳排放交易体系（EU-ETS）贡献了全球碳定价收入的 41%。碳定价收入的增加主要来源于碳价格上涨，在报告期内，ETS 首次超越碳税成为带来收入最多的碳定价工具。气候经济研究院指出，2020 年大多数来自 ETS 的碳定价收入都被指定用于环境与发展项目，碳税收入也对环境与发展项目有帮助作用。报告提到，2021 年我国全国碳市场免费分配了全部碳排放配额，所以我国虽有全球最大的 ETS，却未产生能计入本次报告的碳定价收入。

全球多地碳价创下历史新高，碳价涨幅在发达国家的 ETS 中尤为明显。欧盟-瑞士连接

ETS、美国加利福尼亚州-加拿大魁北克省连接 ETS 和新西兰 ETS 都在 2021 年达到了历史最高碳价。英国碳价自 2021 年上线运行以来也大幅上涨。我国碳市场的碳价自 2021 年年末下跌后，于 2022 年年初呈现回升趋势。韩国 ETS 的碳价在 2022 年 2 月呈现回升趋势，直追 2020 年年初时创下的历史最高点。碳税价格在经历了 2020 年相对稳定状态之后，于 2021 年上涨了约 6 美元/tCO_2e，在此基础上于 2022 年 4 月再次上涨了约 5 美元/tCO_2e。

3.3.2　碳金融对碳定价权的作用

碳排放权定价（简称"碳定价"）和碳金融是确保碳市场资源配置有效性的关键，也是驱动"双碳"战略最具市场化的手段和工具。碳定价是碳市场的基础，而碳金融则能进一步强化碳市场的有效性。

在碳交易中定价的商品就是碳排放权。碳定价是整个碳市场和碳资源配置体系高效运转的核心，是指政府通过市场手段，结合一系列政策工具（主要通过碳税或碳排放权交易的方式）给产生温室气体排放的产品和活动制定与排放量呈正比的价格导向。碳金融则在碳定价的基础上不断丰富其服务内涵和辐射能力，其包括所有与碳交易相关的金融活动，既包括一级市场上的碳排放权分配、拍卖以及项目减排量签发等，也包括二级市场上的碳现货、碳期货、碳远期、碳掉期、碳期权以及碳资产证券化等。

各国应以碳金融激发碳市场活力，从而助力碳定价权的发展和完善。在扩大全国碳市场参与主体范围的同时，适当引入符合条件的金融机构和合格投资者，不断激发碳交易的积极性；鼓励金融机构创新开展以开户、结算、存管等业务为主的碳金融基础服务，以碳抵质押贷款、碳债券、碳资产回购等为主的碳融资服务，以及以碳托管、碳金融理财或咨询为主的碳资产管理服务等。金融机构的参与可以改善碳市场流动性并支持信息披露，从跨市场的价差中套利，促进有履约义务的企业交易，创造金融产品来管理价格和成交量风险，并在某些情况下影响未来市场的碳价。

全球经济的发展必然会带来更大的温室气体排放量。不论是发展中国家还是发达国家，对碳排放权的需求会在相当长时期内处于增长态势。因此，各国应积极发展碳金融，预见到碳市场是未来经济发展的重要支撑，尽快建立和完善碳市场，实现与国际碳市场的对接，以争夺在国际碳交易中的定价话语权。

3.4　基于我国国情发展的需要

对于我国而言，发展碳金融不仅有利于促进绿色金融和低碳实体经济的发展、获得国际碳定价权，还能基于我国国情，推动"双碳"战略、乡村振兴战略、共同富裕战略的实现。

3.4.1　"双碳"战略的需要

1."双碳"战略的内涵

全球气候变化和新冠肺炎疫情的冲击，引发了人们对经济增长模式、环境保护等议题的全球性重新评估和思考，公众的环保意识得到提升，越来越多的国家将可持续发展理念融入经济发展之中，低碳经济发展模式已成为全球共识。目前我国已成为全球第一大碳排放国。根据联合国环境规划署测算，我国二氧化碳排放量约占全球排放量的五分之一，人均碳排放已超过欧盟平均水平。2020年9月，习近平主席在第七十五届联合国大会一般性辩论上指出，中国将提高国家自主贡献力度，采取更加有力的政策和措施，二氧化碳排放力争于2030年前达到峰值，努力争取2060年前实现碳中和。

实现碳达峰碳中和是贯彻新发展理念、构建新发展格局、推动高质量发展的内在要求，是党中央统筹国内国际两个大局做出的重大战略决策。2021年3月，中央财经委员会第九次会议便提出"实现碳达峰、碳中和是一场广泛而深刻的经济社会系统性变革，要把碳达峰、碳中和纳入生态文明建设整体布局，拿出抓铁有痕的劲头，如期实现2030年前碳达峰、2060年前碳中和的目标"。2021年7月16日，备受瞩目的全国碳排放权交易市场正式启动上线交易，标志着全国统一的碳市场正式启动。2021年10月，《中共中央 国务院关于完整准确全面贯彻新发展理念做好碳达峰碳中和工作的意见》发布，指出"把碳达峰、碳中和纳入经济社会发展全局，以经济社会发展全面绿色转型为引领，以能源绿色低碳发展为关键，加快形成节约资源和保护环境的产业结构、生产方式、生活方式、空间格局，坚定不移走生态优先、绿色低碳的高质量发展道路"。这标志着以习近平新时代中国特色社会主义思想为指导的"双碳"战略理论及其内涵正式形成。2021年12月，生态环境部、国家发展和改革委员会等九部门联合发布的《气候投融资试点工作方案》提出，要有序发展碳金融，鼓励试点地方金融机构在依法合规、风险可控前提下，稳妥有序探索开展包括碳基金、碳资产质押贷款、碳保险等碳金融服务，切实防范金融风险，推动碳金融体系创新发展。2022年5月，财政部发布的《财政支持做好碳达峰碳中和工作的意见》指出，支持完善绿色低碳市场体系，充分发挥碳排放权、用能权、排污权等交易市场作用，引导产业布局优化，健全碳排放统计核算和监管体系，完善相关标准体系，加强碳排放监测和计量体系建设。碳中和目标的设立为加速我国经济绿色低碳转型提供了巨大动力，同时为金融业发展带来了巨大机遇，从而对我国经济增长模式产生了极其深远的影响。

2. 碳金融对"双碳"战略的作用

当前我国发展阶段正处于稳步推进生态文明建设的重要关口，碳金融市场建设是实现我国"3060目标"的重要举措，也是我国实现绿色低碳发展与高质量转型发展的重要金融路径。自从我国提出碳达峰碳中和的战略性目标，中央和各地方政府陆续出台相关支持政策和文件，一方面加速普及市场对"双碳"概念的认知，促进全国碳排放权交易市场规范化，促进企业节能减排；另一方面，加速服务于"双碳"目标的碳金融服务关注度持续升温，激发更多市场主体参与，激发碳金融市场活力，助力"双碳"战略目标实现。纵观全局，低碳经济已是大势所趋，碳金融作为服务低碳经济发展的重要支撑，碳金融市场迎来机遇与挑战并存的历史新局面。全国碳市场对"双碳"战略的作用如下：

一是形成明确的减排目标及总量控制分解机制。碳市场的核心是"总量控制与交易"机制。政府部门根据国家温室气体排放控制要求，综合考虑经济增长、产业结构调整、能源结构优化、大气污染物排放协同控制等因素，制定碳排放配额总量的确定与分配方案；通过将整体减排目标分解到碳市场覆盖行业和受管控的重点排放单位，以企业为微观单元，倒逼产业结构低碳化、能源消费绿色低碳化，促进高排放行业率先达峰，进而促进部分地区率先达峰。

二是通过交易机制为碳减排释放价格信号。低碳转型从长远看有利于提高行业企业竞争力。短期内受行业和技术水平的影响，减排成本存在差异。全国碳市场在初始分配的配额和企业实际排放量之间建立供求关系，交易系统汇集大量的市场主体交易信息，形成公开透明的市场化碳价，并提供经济激励机制，将资金引导至减排潜力大的行业企业，在促进减排的同时，也能刺激前沿技术创新和市场创新，降低行业总体减排成本，给经济增长注入新的低碳动力。

三是压实碳减排责任，强化激励约束机制。气候变化问题具有外部性，碳市场通过建立"国家-地方-行业-企业"等多层级的碳排放管理机制，将碳达峰碳中和相关工作层层落实。达到一定排放规模的行业和企业将被纳入碳排放管理，通过碳交易机制，将控制和减少碳排放的社会责任转变为企业内部碳排放管理要求，进一步压实企业碳排放管理责任，促使经济主体主动降低排放，形成全社会有效的碳排放激励和约束机制。

四是构建碳减排抵消机制，推动全社会绿色低碳发展。通过构建全国碳市场温室气体自愿减排交易机制、碳普惠机制等，促进增加林业碳汇，促进可再生能源的发展，助力区域协调发展和生态保护补偿，倡导绿色低碳的生产和消费方式，形成碳配额市场和碳减排市场互为补充、协同发展、集聚效应凸显的全国碳市场格局，加快形成有效的减污降碳的激励机制，调动全社会自觉自愿参与碳减排活动的积极性。

五是积极树立负责任的国际减排形象。依托全国碳市场，有序发展具有国际影响力的碳交易中心、碳定价中心、碳金融中心，为绿色低碳发展转型和实现碳达峰碳中和提供投融资渠道，体现低碳投资的长期价值。同时，为我国积极参与国际碳定价机制提供途径，进一步倒逼我国能源结构、产业结构的调整优化，带动绿色产业强劲增长，实现高质量发展，树立我国积极控制碳排放、构建人类命运共同体的负责任大国形象。

3.4.2　乡村振兴战略的需要

1. 乡村振兴的内涵

改革开放以来，我国城乡关系和农村发展发生了深刻变化，尤其随着工业化和城镇化的推进，我国乡村衰落现象逐步显现，乡村面临着产业发展滞后、传统文化衰落、人口结构失衡、生态环境堪忧等一系列问题。人民日益增长的美好生活需要和不平衡不充分发展之间的矛盾在"三农"领域更为突出，主要表现为农业与其他产业效益的不平衡、农民与市民收入及获得感的不平衡、农村与城镇发展的不平衡等，我国仍处于并将长期处于社会主义初级阶段的特征很大程度上也表现在乡村。基于此，2017 年习近平总书记在党的十九大报告提出了乡村振兴战略，明确了我国经济已由高速增长阶段转向高质量发展阶段，新时代要实现经济高质量发展需要建设现代化经济体系，而农业农村农民问题是关系国计民生的根本性问题，必须始终把解决好"三农"问题作为全党工作的重中之重，实施乡村振兴战略。同年12 月，中央农村工作会议指出，实施乡村振兴战略，要坚持绿色生态导向，要健全适合农业农村特点的农村金融体系。2018 年中央一号文件对乡村振兴做出了长远而全面的顶层设计和战略部署，提出要"坚持绿色生态导向，推动农业农村可持续发展"，要"坚持人与自然和谐共生，走乡村绿色发展之路"。党的二十大着眼于全面建设社会主义现代化国家全局，对全面推进乡村振兴做出了新的部署。这是党的乡村振兴战略的继续发展，是在乡村发展取得重大成就基础上对乡村振兴的接续推进，是在全面建设社会主义现代化国家新征程上全面推进乡村振兴。

乡村振兴既包括农民物质生活方面的发展进步，又包括精神生活层面的不断提升，其内涵非常丰富，简而言之就是农村美、农业强、农民富。党的十九大报告中提出实施乡村振兴战略的"产业兴旺、生态宜居、乡风文明、治理有效、生活富裕"的总要求。科学把握乡村振兴总要求有利于更深刻地理解乡村振兴的丰富内涵。产业兴旺是乡村振兴的物质基础，不仅指农业的不断发展进步，也指农村第二、三产业的发展以及第一、二、三产业的相互融合。产业兴旺的根本要求是实现农村产业高质量发展。生态宜居是乡村振兴的内在要求，指农民生产生活空间规划合理、环境优美，美丽乡村建设正是对这一要求最直接的实践写照。乡风文明是乡村振兴的精神目标，保持好、发扬好循环利用、勤俭节约等优秀传统乡村文化，摒弃资源浪费的不良风气，形成节约资源、减少碳排放的环保意识，有利于打造人与人、人与自然和谐共生的发展新格局。治理有效是乡村振兴的重要保障，乡村治理有效是国家治理体系现代化的重要组成部分。乡村治理体系现代化是治理有效的重要支撑点，碳达峰碳中和是乡村治理体系现代化的重要支撑，为乡村治理有效增添力量。生活富裕是乡村振兴的最终目标，只有产业兴旺、生态宜居的物质富裕是不完整的。只有践行好乡风文明、治理有效的要求，实现精神富裕，才能实现生活富裕的要求。

2. 碳金融对乡村振兴的作用

作为我国建设现代化经济体系的重要组成部分，乡村绿色发展和全面振兴既是"五位一体"总体布局和"两山"理论在乡村地区的具体实践，也是新时代"三农"工作的总抓手。金融作为现代经济的核心与利器，在优化资源配置、促进经济社会可持续发展方面具有不可替代的作用。因此，实现乡村绿色发展和全面振兴，离不开强有力的金融支持。近年来，国家政策层面强调要大力推进金融领域的体制机制创新，强化绿色金融支持乡村振兴的制度性供给；同时"要开拓投融资渠道，强化乡村振兴投入保障；健全适合农业农村特点的农村金融体系，强化金融服务方式创新，提升金融服务乡村振兴能力和水平"。这无疑为金融机构创新业务发展提供了广阔空间，为绿色金融和碳金融服务乡村振兴提供了重大机遇。

乡村振兴是练好内功、夯实基础的压舱石。当绿色金融切入乡村振兴战略时，应立足于金融服务实体经济的本源，定位于兼具环境效益、经济效益、社会效益的乡村绿色发展项目，形成以绿色信贷为核心引领，以绿色债券、绿色基金、绿色保险和碳金融等为新动能的绿色金融支持合力，共同推动乡村实现全面振兴和绿色可持续发展。绿色金融作为农村金融体系的重要组成部分，在统筹乡村绿色产业发展、强化乡村生态环境治理、支持美丽乡村建设等方面发挥着重要作用。通过与乡村振兴战略深度融合，不断创新运营机制与业务模式，可以将更多金融资源配置到乡村绿色发展的重点领域和薄弱环节，补足乡村生态文明建设中的金融服务短板，提高金融支持农业发展、农村建设、农民致富的精准度，为乡村振兴战略的实施提供可持续的创新力和新动能。

基于乡村振兴战略的总要求，碳金融促进乡村振兴战略的实现主要体现在以下四个方面：

一是碳金融可以促进乡村产业兴旺。如果碳金融资金能够合理流入乡村，就能有效推动和引导农业向低碳化、绿色化转型，使乡村除了提供绿色农产品、保障国家粮食安全，还能促进农业科技投入、强化土壤污染治理、发展体验农业与循环农业等新型业态。此外，积极的碳金融创新可以有效带动对低碳产业的投融资，将碳衍生品的研发延伸至产业链的后端；碳排放权的提出有助于强化节能减排技术开发，从而拓展了产业链的前端。要想构建并逐步完善乡村碳金融体系，必须引导乡村产业链向低碳转型，并推动乡村产业的优化升级与结构调整，从而促进乡村产业兴旺。

二是碳金融可强化有效治理和酝酿文明乡风。能源消耗是造成全球气候变暖的重要因素之一。随着气候问题的逐渐凸显，能源链亟须进行转型。风险投资及绿色低碳项目融资等多元化的融资安排可以加速减排节能技术及可再生能源的投资与研发；革新我国乡村以化石燃料为主的能源消费结构，推进能源链从高碳节点向低碳节点过渡，有利于实现对乡村的有效治理。此外，由于农业生产经营活动与乡村文化保护与传承、生态环境涵养、资源永续利用是内在统一的，农民是乡村文化、环境与资源等公共物品的提供者。最后，碳金融相关知识的传递可以优化乡村金融的人文环境，碳金融法规的完善有益于良好金融秩序的维护和村民诚信意识的形成，这些均有益于实现乡村的有效治理并达到乡风文明。

三是碳金融可以打造乡村宜居生态。根据金融功能论的观点，发展碳金融可以优化资源配置。碳金融对促进绿色可持续发展和优化乡村基础设施均有显著的正向效应，而绿色可持续发展与乡村基础设施的优化又是宜居生态建设中的重要一环。因为碳排放权具有明显的外部性，所以碳排放产生的污染在市场交换中往往得不到体现。如果引入碳交易机制，使碳价格能够度量污染治理成本与资源的稀缺程度，把碳排放权作为一种可交易的商品，则绿色低碳金融可以把资源从高污染、高能耗、低产出的部门配置到低污染、低能耗、高产出的部门，有助于生产方式从粗放型向集约型转变，从而实现经济的绿色可持续发展。此外，碳金融可以优化乡村基础设施建设中的资金融通机制，通过创建碳金融市场，使乡村基础设施建设从以往主要由政府财政出资的方式向以金融市场为主导的资金融通方式转变；碳金融的资源配置功能还能引导金融资源向建设质量优、发展速度快的基础设施项目流动，这在某种程度上可以纠正政府调配资源的偏差，提高乡村基础设施优化的效率。可见，碳金融产生的资源配置效应能有效促进乡村宜居生态的实现。类似地，碳金融资源在打造宜居乡村过程中也提高了生态发展效益。同时，宜居生态带来的减排效应又可以促进碳金融的发展。

四是碳金融可以为乡村发展带来资源流动。为了实现减排目标，《京都议定书》提供的清洁发展机制（CDM）在有效降低发达经济体减排成本的同时，更关键的是为经济体带来了技术与资金，并促进了技术的国际转移与贸易投资，这无疑为乡村的资源流动（包括生态产品价值实现）提供了市场机制保障。例如，CDM 项目的展开可以引导物力、人力等资源在乡村经济中合理流动。同时，减排节能技术的引进又能促进乡村产业发展所需的技术取得进步。另外，低碳经济催生并形成了碳交易机制，而碳交易机制又促进了乡村经济发展与金融资源的有机衔接。

总之，乡村振兴是一项长期复杂的系统工程，"三农"问题是其中的根本性问题和关键环节。要想实现乡村全面振兴，实现农业强、农村美、农民富，金融的力量和基础性作用不可或缺。基于此，无论是国家层面还是地方政府层面，都要继续加大碳金融市场的建设投入，加强碳金融产品的开发力度，加快碳金融相关法律法规的立法进程，不断丰富和完善碳金融产品的种类及功能，让碳金融与绿色信贷、绿色债券、绿色基金、绿色保险等金融工具有效结合，形成绿色金融支持乡村振兴的合力，实现融资渠道的综合性和多元化，共同推进我国乡村振兴战略的实施。

3.4.3 共同富裕战略的需要

1. 共同富裕的内涵

改革开放以前，人们将共同富裕普遍理解为"同等富裕""平均富裕""同步富裕"。改革开放之后，理论界对共同富裕的理解逐步趋于理性，普遍认为共同富裕不是人们占有财富的绝对平均，而是在普遍富裕基础上的差别富裕，是"通过生产力的发展、社会财富的增加、社会分配政策和机制的完善，使社会成员共同走向富裕，大家都更加富裕，但又是在富裕程度、速度、先后上存在合理差距的共同富裕"，应允许一部分人、一部分地区先富起来。党的十九届五中全会科学研判国际国内形势和我国发展条件，对全面建成小康社会之后我国全面建设社会主义现代化国家新征程做出了重大部署，提出到 2035 年"全体人民共同富裕取得更为明显的实质性进展"的目标。这在党领导全国人民团结奋斗的历史上具有重要的里程碑意义。党的十九大提出"必须坚持以人民为中心的思想，不断促进人的全面发展、全体人民共同富裕"，并站在新的历史起点，擘画了到 21 世纪中叶把我国建成富强民主文明和谐美丽的社会主义现代化强国的宏伟蓝图。共同富裕既是顺利推进现代化进程的内在要求，也将成为中国特色社会主义现代化的鲜明特征。2021 年 8 月，习近平总书记在中央财经委员会第十次会议上强调：在高质量发展中促进共同富裕。

2. 碳金融对共同富裕的作用

长期以来，我国金融资源配给相对分散、绿色金融发展不平衡不充分现象突出。特别是在广大的农村地区，绿色金融服务主体、市场建构、交易规模、制度体系等存在典型的区域和城乡差异，严重制约了绿色农业产业发展以及农民农村共同富裕。如何构建多层次、多主体的碳排放权交易体系，有效聚合区域性金融资源要素，成为绿色金融助力农民农村共同富裕的巨大挑战。目前由于我国碳金融发展受金融服务主体、服务创新能力、主体协同机制、市场参与程度以及金融监管制度建设等方面滞后性的制约，因此碳金融支持农业农村经济发展也相对迟缓，造成碳金融在赋能农民农村实现共同富裕层面，表现出产品和服务创新、政策扶持能力、农村碳金融市场建设、金融协同监管水平等方面的滞后性和差异性。由于我国碳金融发展水平区域间的不平衡现象依然较为严重，应积极调整碳金融的发展，以实现农民农村的共同富裕。

一是碳金融赋能农村产业融合发展并助农增收。从绿色金融促进经济低碳发展的目标可知，实现经济全面转型是关键，要立足于高质量发展，统筹平衡好高质量发展与"双碳"目标的关系。绿色金融的直接目标是实现农业碳排放的有效控制，而控制农业碳总量作为农业碳减排的重要手段，是实现"双碳"目标的重要抓手，碳总量控制对高质量发展具有重要的促进作用。在这个过程中，通过提供交易工具、融资工具和支持工具促进碳市场交易、引导企业进行技术创新，加快生产向低能耗高效率发展的步伐，从而提升经济发展质量。另外，绿色金融通过引导人力、物力等要素资源向农村合理流动，激发各类绿色低碳减排技术向农村的推广应用，加速低碳经济催生农村经济结构变革，提高乡村总体发展及治理水平，促进城乡人均发展效益的均等化，最终实现农民农村共同富裕。

二是碳金融引导农村产业结构转型升级。优化农村产业结构是实现高质量发展的必由之路。推动产业结构的调整和升级是我国实现经济增长方式转变的重要路径。产业结构需要与要素结构、需求结构相匹配，进而实现资源的有效配置和利用，形成良性的供需平衡并推动经济可持续发展。碳金融能够促进生产结构优化升级，碳金融发展本身就是一种金融资源向低碳领域的集聚现象，而金融集聚对经济增长的影响是通过促进产业结构升级实现的。产业结构升级需要资金来进行技术、设备等方面的升级，并且产业结构升级不仅需要重点控排行业进行转型升级、提高能效和降低排放，还要引导更多资源参与培育新兴绿色业态。碳金融可以提供创新性的融资工具以支持低碳领域和新兴业态的发展，同时利用政策在金融、产业等方面的作用，通过碳排放权交易产生传导机制，从而实现价值调整，推动共同富裕的实现。

三是碳金融赋能农民农村实现共同富裕的信用监测。具体来讲，根据碳市场需求，鼓励金融机构与农业企业、地方政府、第三方评估公司等合作开发碳期权、碳期货、碳远期等交易工具，帮助控排企业降低碳市场参与风险、套期保值风险；加大对碳融资工具的开发，通过合建专项碳减排项目投资基金来激励节能减排项目的开发；探索建立农业供应链绿色金融模式，鼓励大型农业"链主"将较优惠的"碳资金"专款专用到上下游的农业经营主体的绿色减排过程中，以此改变农村新型农业经营主体在森林碳汇项目上难以获得"绿色金融"优惠信贷的困境；共同开发碳支持工具及相关服务，为各方了解碳市场趋势提供风向标，同时为管理碳资产提供风险管理工具和市场增信手段，加快碳金融区域协同合作体系建设，即通过管理部门的合作，在一级市场和二级市场确定相应的主管部门和协管部门，探索建立联合管理运行机制，促进金融机构体系的创新合作；支持金融机构合作开发乡村碳市场衍生品和碳中和金融产品，共同引导农业产业低碳绿色转型发展，提升金融机构服务农业生产减排降碳的能力；建立共建共享的环境权益交易合作新模式，改变现有各省市间农业碳排放权交易的割裂状态，统筹不同地区间环境权益交易的产品门类、市场发展现状，关注跨边界交易问题，探索建立统一的市场交易管理标准和环境权益定价标准。

总之，"双碳"目标与实现经济高质量发展具有内在统一性，可通过绿色能源结构转换、技术变革创新和产业转型升级推动新发展格局的构建和供给侧结构性改革的进行，进而实现经济高质量发展。在这个过程中，碳金融赋能农民农村共同富裕需要坚持新发展理念和"党管金融"的主基调，强化碳金融对乡村产业振兴的基础性地位，提升绿色农业及其产业链的经济价值转化效能，突破农村绿色资源转化过程中的利益联结和利益共享分配堵点，积极推进农业绿色经济的高质量发展和供给侧结构性改革，实现普惠金融与碳金融的有效协同和数字化推广应用，改善区域、城乡的收入不平等状况，真正实现农民农村的共同富裕。

 思政专栏 1

"双碳"目标和乡村振兴应有机衔接、协同推进

习近平总书记强调，实现"双碳"目标是一场广泛而深刻的经济社会系统性变革，要把"双碳"目标纳入生态文明建设整体布局。落实"双碳"目标是党中央经过深思熟虑做出的重大战略决策，按照国家碳达峰碳中和总体部署和要求，农业农村部正在组织编制《农业农村领域碳达峰碳中和实施方案》。此外，《中华人民共和国乡村振兴促进法》的颁布也为农业农村减污降碳提供了相应的法律保障、政策支持和技术指导。因此，落实"双碳"目标应当注重与乡村振兴战略有机衔接、协同推进，既能让"双碳"目标助力乡村生态振兴和绿色发展，又能让农业农村充分发挥减碳和碳汇潜力。

首先，充分认识乡村振兴和"双碳"两大战略的内在协同性。长期以来，节能降碳的主战场集中在工业、能源、交通等领域，农业农村的减排问题并未得到足够的重视。但是，据联合国粮农组织的统计，农业用地释放的温室气体超过了全球人为温室气体排放总量的30%，农业生态系统可以抵消农业产生的80%温室气体排放量。我国的农业温室气体排放量占全球农业温室气体总排放量的12%，我国是第二大农业排放国，农业农村领域的节能减碳空间巨大。此外，通过保护性耕作、秸秆还田、有机肥施用、加强农业管理等诸多措施提高农田固碳增汇的潜力也十分巨大。全面实施乡村振兴战略，推进农业农村现代化建设，肩负落实"双碳"目标的使命和担当，必须加快推动农业减排固碳，进一步强化农村人居环境整治和农业面源污染防治，大力发展生态农业、绿色农业、低碳农业，将农业增效、农民增收、农村增绿统一起来，推进农业供给侧结构性改革，推动农村能源结构低碳转型，加快形成农业农村的绿色生产生活方式，让乡村生态振兴成为落实"双碳"目标的新阵地。

其次，协同推进"双碳"和乡村振兴两大战略有如下几点建议：一是尽快完善农业碳达峰碳中和制度框架。"双碳"目标应纳入乡村振兴战略规划并统一推进。在落实碳达峰碳中和目标的进程中，各级党委、政府应坚持以习近平生态文明思想为指引，贯彻党中央战略部署，尽快出台农业农村碳达峰碳中和实施方案，为农业农村减排固碳提供制度上的保障。在兼顾安全性、成本性和公平性的前提下，突出重点，综合施策，分省份、分阶段建立农业农村碳达峰碳中和目标及考核制度，构建农业农村碳达峰碳中和监测评估体系。二是加大农业碳汇生态产品供给。一方面，加快推进绿色低碳兴农，提升农业绿色化、优质化、标准化水平，通过生产"三品一标"农产品，提高农民绿色生态化生产的收入。另一方面，加快乡村"一村一品、一镇一业"建设，推动乡村产业"接二连三"、融合发展，打造"零排放"产业。充分发挥土壤固碳、林草增汇的整体效应，以市场化手段联合高污染、高能耗企业开发碳汇生态产品，发展生态循环固碳项目，带动当地就业和乡村农民增收，让低碳项目成为村民增收的源泉，以产业兴旺带动村民富裕。三是加快提升农业绿色低碳研发应用水平。结合智能化、数字化、绿色化新一轮科技革命浪潮，推广"农业无人机"和"农田机器人"等农业智能化设备，建设"无人农场"，改变人们对传统农业的印象，让科技为农业赋能。发挥国家、省市重点实验室、农业龙头企业的研究优势，加快绿色农业技术创新，搭建农业农村"双碳"协同创新平台。结合科技特派员制度，推动科技、人才资源下沉到一线，在乡村形成人才、土地、资金、产业汇聚的良性循环，增强乡村振兴"造血功能"。四是加强支持引导，提高村民参与度。农民作为乡村振兴的主人，农村的低碳发展离不开农民的广泛参与，应该充分尊重农民的主体地位，激发农民的创造热情。探索构建"政府为主导、企业为主体、村民共同参与"的农业碳汇交易机制，鼓励村民参与农业自愿减排项目，并在土地流转、财政补贴、金融信贷等方面提供政策支持，提高农民参与积极性、普惠性。发挥金融在生态产品价值实现中的作用，金融机构加大对绿色低碳农业企业提供融资支持，研究开发基于碳中和的碳金融产品，建立乡村居民碳信用账户体系，让农民从减排固碳中真正得到实惠。从生态意识上下功夫，通过线上线下相结合的方式，开展"接地气"的低碳生活宣讲和环保知识培训，让村民对低碳理念的理解更加深入。

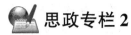 **思政专栏 2**

以绿色铺就共同富裕之路的底色

共同富裕是社会主义的本质要求，是中国式现代化的重要特征。共同富裕不只是物质上的富裕，更是经济、政治、文化、社会和生态"五位一体"的全面跃升。生态文明建设正是其中的重要一环。党的十八大以来，生态文明建设从认识到实践都发生了历史性、转折性、全局性的变化，并被提到了"中华民族永续发展的千年大计"的国家战略高度。在向第二个百年奋斗目标进军的新征程中，我们应继续以绿色铺就共同富裕之路的底色，推进经济生态化和生态经济化，拓宽"绿水青山就是金山银山"的转化通道。

第一，共同富裕是绿色低碳发展的共同富裕。基本公共服务均等化是实现共同富裕的重要内容，生态环境质量和生态环境服务是基本公共服务的重要组成。在收入水平相同的情况下，人们置身于生态优美的环境中会感到幸福感满满；置身于生态退化的环境中会感到忧心忡忡。可见，生态好坏直接影响人们的幸福感，生态本身也是一种福利。生态改善就是福利增加，生态退化就是福利下降。由于生态福利是一种公共福利，生态福利的提高能够加快共同富裕的进程，生态福利的改善可以促进共同富裕程度的提高。党的十八大以来，污染防治攻坚战阶段性目标任务圆满完成，生态环境明显改善，人民群众获得感显著增强，厚植了全面建成小康社会的绿色底色和质量成色。因此，共同富裕一定要建立在绿色低碳发展基础之上，没有绿色低碳的公共产品基础就很难实现共同富裕。

第二，共同富裕是经济生态化的共同富裕。传统的机械主义发展观指导下的经济增长往往建立在生态破坏、环境污染、资源枯竭的基础之上，由此产生了以"成本的高投入、资源的高消耗、污染的高排放"为代价的"经济的高增长"的"黑色增长"模式。这种模式是不可持续的。要想建设生态文明和共同富裕，社会就要从"黑色增长"转向"绿色发展"。绿色发展的一个重要方面就是经济生态化。所谓经济生态化是指经济增长不再建立在生态破坏和环境污染的基础之上。经济生态化扭转了经济增长以破坏环境为代价的做法，实现了负外部性的内部化，解决了生产者和消费者的福利扭曲问题。生态福利是共同富裕的重要组成部分。如果不走经济生态化的道路，经济增长和社会发展的生态环境基础就会被毁坏并染上"经济高增长，环境高污染"的"工业化病"，从而导致高收入人群生活在"绿色环境"之中、低收入人群生活在"黑色环境"之中。这显然不是共同富裕，而是环境污染导致的绿色福利的"两极分化"。因此，共同富裕一定要建立在经济生态化基础之上。

第三，共同富裕是生态经济化的共同富裕。随着经济社会的发展，水、森林、空气等生态产品越来越成为稀缺资源，因此，生态经济化被提上议事日程。生态经济化使生态环境资源转化成经济资源并使之增值，进而让生态产品价值得到实现。生态经济化需要经营生态资本，产生生态红利。同时，生态经济化必须扭转"生态资源无偿使用""生态产品低价销售"的资源配置扭曲问题。通过生态产品的价值实现生态保护正外部性的内部化，并保护生态环境，提高居民的收入。

第四，共同富裕是生态经济协调的共同富裕。只要生态保护，不要经济增长，无法走上富裕道路；只要经济增长，不要生态保护，共同富裕不可持续。共同富裕必然要求生态经济协调发展，遵循生态经济协调发展规律。生态经济协调发展规律是指经济系统是生态系统的子系统，经济系统是以生态系统为基础的，人类的经济活动受到生态系统容量的限制；为此，我们要坚决反对"征服自然、改造自然、否定自然"的观念，牢固树立"顺应自然、保护自然、尊重自然"的观念；坚决反对"驾驭自然，做自然的主人"的观念，牢固树立"人与自然和谐共生"的观念；坚决反对"生态系统是经济系统子系统"的观念，牢固树立"经济系统是生态系统子系统"的观念。总之，遵循生态经济协调发展规律是走向可持续共同富裕的必由之路。

 **双碳专栏**

金融活水汩汩流动 精准润泽实体经济

作为实体经济的"血液"，金融在推动实体经济发展、产业转型升级、消费复苏提振、践行绿色低碳等方面发挥着不可忽视的作用。党的二十大报告、中央经济工作会议和2023年政府工作报告均对下一步金融服务工作做出了要求和部署。

首先，精准支持中小企业，提振创新企业发展信心。服务中小微企业发展、支持创新型早期企业壮大，一直是金融发力的重要方向。中国人民银行数据显示，2022年我国普惠小微贷款的余额接近24万亿人民币，授信户数超过5600万户，有效提升了金融服务实体经济的能力和质效，更好地支持了重点领域和薄弱环节。

在贯彻党的二十大精神的开局之年，如何为中小微企业发展提供更有力的金融支持？全国人大代表、清华大学五道口金融学院副院长田轩建议，作为更好地服务中小企业融资需求而建立的市场，新三板构建分层股权治理服务体系，针对初创期公司、成长期公司、即将公开发行上市的成熟期公司、未进行公开发行的公司等不同发展阶段的企业，能够提供不同类型有针对性的股权服务；要建立符合新三板市场特点的信息披露制度，进一步完善做市交易制度，同时以全面注册制为抓手，打通全市场转板通道，推动多层次资本市场板块之间的良性发展。此外，建立助企纾困常态化机制，降低民营企业运营成本，持续减轻民营企业负担。

其次，"引灌"绿色低碳发展，助力"双碳"目标实现。金融活水"引灌"绿色低碳转型，已成为我国经济社会实现可持续发展的重要内容。中国人民银行数据显示，2022年年末，我国本外币绿色贷款余额达22.03万亿元，同比增长38.5%，比上年年末高5.5个百分点，高于各项贷款增速28.1个百分点，全年增加6.01万亿元。其中，投向具有直接和间接碳减排效益项目的贷款分别为8.62万亿元和6.08万亿元，合计占绿色贷款的66.7%。

如何强化金融对绿色发展的支持？全国政协委员，中国人民银行杭州中心支行党委书记、行长张奎建议，统筹推进绿色金融发展，适时提升、扩大绿色金融改革试点，复制推广改革经验，不断提高绿色金融供给水平；支持各地将绿色金融纳入地方中长期发展规划，鼓励有条件的地区开展绿色金融立法；加强金融、产业、环境、财税等政策的协同，强化对绿色转型发展的政策协同支持。

最后，推进人民币国际化，服务高水平对外开放。中国人民银行数据显示，近年来人民币的跨境支付、投融资、储备和计价等国际货币的功能全面增强，2022年跨境人民币收付总额为42万亿元，比2017年增长了3.4倍，人民币在本外币跨境收付总额中占了约50%；同时，人民币在国际货币基金组织特别提款权的权重排名现在是第三位，全世界有80多个国家和经济体将人民币纳入储备货币，位列全球主要储备货币第五位。

在国际地缘政治、经济发展环境不断变化，国际货币体系发展更趋多元的 2023 年，如何统筹好发展和安全、进一步推进人民币国际化？全国政协委员、中国交通建设集团董事长王彤宙建议，加快推进人民币国际化要完善人民币跨境清算渠道，优化跨境人民币汇款路径和审批政策，畅通跨境人民币直接支付渠道，降低货币兑换产生的手续费；加大跨境人民币业务推广力度，探索建立数字人民币支付系统，探索建立境外非美元结算系统。此外，在推进人民币国际化过程中，跨境支付体系也备受关注。全国人大代表、德力西集团董事局主席胡成中建议，深入推进本外币合一银行账户体系试点和跨国公司本外币一体化资金池业务，推进资本项目收支便利化，适度放宽购结汇、资金使用等限制；深入开展个人侨汇结汇便利化试点，深化拓展个人外汇贷款业务；探索开展合格境外有限合伙人（QFLP）试点，在条件成熟时支持开展合格境内投资者境外投资（QDIE）试点。

探究与思考

1. 绿色金融发展的内涵是什么？
2. 如何通过发展碳金融来推进绿色金融？
3. 实体经济是什么？碳金融如何促进实体经济的发展？
4. 如何通过发展碳金融推动"双碳"战略的实现？
5. 碳金融如何促进乡村振兴战略的实现？
6. 共同富裕是什么？碳金融对共同富裕有什么作用？
7. 如何积极调整碳金融的发展以实现共同富裕？
8. 我国为获得国际碳定价权应该如何实践？

【参考文献】

[1] 安伟. 绿色金融的内涵、机理和实践初探 [J]. 经济经纬, 2008, 126 (5)：156-158.

[2] 陈智莲, 高辉, 张志勇. 绿色金融发展与区域产业结构优化升级：以西部地区为例 [J]. 西南金融, 2018 (11)：70-76.

[3] 孙秋枫, 年综潜. "双碳"愿景下的绿色金融实践与体系建设 [J]. 福建师范大学学报（哲学社会科学版）, 2022 (1)：71-79.

[4] 翁智雄, 葛察忠, 段显明, 等. 国内外绿色金融产品对比研究 [J]. 中国人口·资源与环境, 2015, 25 (6)：17-22.

[5] 安国俊. 碳中和目标下的绿色金融创新路径探讨 [J]. 南方金融, 2021 (2)：3-12.

[6] 陈柳钦. 低碳经济发展的金融支持研究 [J]. 金融发展研究, 2010 (7)：3-8.

[7] 张旭. 坚持把发展实体经济作为着力点 [J]. 当代经济研究, 2023 (1)：15-17.

[8] 张劲松. 走重视实体经济的中国式现代化道路 [J]. 北京联合大学学报（人文社会科学版）, 2023, 21 (1)：16-24.

[9] 逢锦聚. 我国碳金融交易的几个基本理论问题 [J]. 经济学家, 2012, 167 (11)：33-36.

[10] 彭斯震, 常影, 张九天. 中国碳市场发展若干重大问题的思考 [J]. 中国人口·资源与环境, 2014, 24 (9)：1-5.

[11] 刘仁厚, 杨洋, 丁明磊, 等. "双碳"目标下我国绿色低碳技术体系构建及创新路径研究 [J]. 广西

社会科学，2022（4）：8-15.

[12] 于东智，孙涛. "双碳"目标战略下中国银行业 ESG 实践的若干思考 [J]. 清华金融评论，2022（8）：65-69.

[13] 杨博宇. "双碳"战略背景下我国碳金融市场发展展望 [J]. 金融言行：杭州金融研修学院学报，2022（6）：12-15.

[14] 韦玲艳. "双碳"战略目标加速碳金融发展 [J]. 现代商业银行，2022（12）：28-31.

[15] 周小全. 锚定"双碳"战略目标 深化全国碳市场建设 [J]. 现代国企研究，2022（1）：80-84.

[16] 王波，郑联盛. 绿色金融支持乡村振兴的机制路径研究 [J]. 技术经济与管理研究，2019（11）：84-88.

[17] 左正龙. 绿色低碳金融服务乡村振兴的机理、困境及路径选择：基于城乡融合发展视角 [J]. 当代经济管理，2022，44（1）：81-89.

[18] 张广辉. 碳达峰、碳中和赋能乡村振兴：内在机理与实现路径 [J]. 贵州社会科学，2022（6）：145-151.

[19] 杨长进. 碳交易市场助推乡村振兴低碳化发展的实践与路径探索 [J]. 价格理论与实践，2020（2）：18-24.

[20] 申云，卢跃. 绿色金融赋能农民农村共同富裕：现实挑战、逻辑进路与体系构建 [J]. 农村金融研究，2022（11）：10-19.

[21] 刘培林，钱滔，黄先海，等. 共同富裕的内涵、实现路径与测度方法 [J]. 管理世界，2021，37（8）：117-129.

[22] 钟璀. 国际碳定价机制的发展趋势、影响及对我国的启示 [J]. 甘肃金融，2022（4）：64-67.

[23] 唐明知，韦斌杰，黄玥，等. 碳定价机制发展的国际经验借鉴与启示 [J]. 金融纵横，2022（12）：72-81.

[24] 袁定喜. 我国碳贸易定价权缺失的原因与对策研究 [J]. 价格理论与实践，2010（8）：26-27.

[25] 穆丽霞，胡敏敏. 中国在国际碳交易定价中的应对策略 [J]. 首都经济贸易大学学报，2015，17（1）：56-60.

[26] 孟盈如. 碳金融：发挥撬动绿色金融支点效应 [J]. 金融世界，2017，88（9）：42-44.

[27] 任宇光，赵洪瑞，黄谦. 中国绿色金融发展现状与趋势研究 [J]. 北方经贸，2022（12）：73-76.

[28] 苟玉根，李军，路颖，等. 上海打造具有国际影响力的碳定价与碳金融中心研究 [J]. 科学发展，2023，172（3）：78-88.

第2篇 碳金融工具

第 4 章
碳金融工具概述

碳金融工具是主流金融工具在碳排放权交易市场（以下简称"碳市场"）的映射，碳金融工具随着碳市场的建立而诞生，其内涵也随着碳市场的发展而不断扩容。具体来看，1998 年《京都议定书》签署后，各缔约方逐渐开始进行减排项目的国际合作及减排量的国际贸易，碳金融工具随之出现。初期的碳交易覆盖面相对较窄，主要围绕碳配额及核证减排量的交易展开，碳金融工具的概念也相对较窄，主要指与一、二级碳市场中的碳配额及核证减排量交易有关的金融工具（即狭义的碳金融工具）。

随着全球碳交易的不断发展，碳交易市场参与主体不断增加，碳金融覆盖面也不断扩展。除直接参与交易的控排企业及机构外，商业银行、资产管理公司等金融机构开始增加围绕碳交易的支持服务。碳交易参与主体的丰富及金融服务手段的繁荣促进了碳金融工具概念的扩容。发展至今，碳金融工具泛指建立在碳排放权交易的基础上，服务于减少温室气体排放或者增加碳汇能力的商业活动，以碳配额和碳信用等碳排放权益为媒介或标的的资金融通活动载体。碳金融工具既包括狭义的碳金融工具，也包括在碳市场之外为减碳控排行为提供融资和支持服务的所有金融工具，即广义的碳金融工具。

狭义、广义碳金融工具与碳市场层级的对应关系如图 4-1 所示。

市场		主要活动	涉及交易工具	主要参与者	
狭义碳金融	一级市场	配额分配/拍卖	碳配额	控排企业及政府主管部门	广义碳金融
		项目减排量签发	核证自愿减排量	进行减碳活动的非控排企业及政府主管部门	
	二级市场	场内交易	碳现货（碳配额、核证自愿减排量）、碳期货、碳期权、碳掉期等	控排企业、碳抵消非控排企业、其他金融机构、个人投资者	
		场外交易	场外碳掉期、碳远期、场外碳期权等	控排企业、碳抵消非控排企业、其他金融机构	
融资服务市场		资金服务	碳债券、碳抵质押、碳回购、碳托管、碳股权融资等	控排企业、商业银行等	
支持服务市场		各类支持服务	碳指数、碳保险、碳基金等	控排企业、保险公司、咨询公司等	

图 4-1　狭义、广义碳金融工具与碳市场层级的对应关系示意图

4.1　碳金融工具的分类与含义

根据对应市场及用途，同时参照证监会于 2022 年 4 月 12 日发布的《碳金融产品》行业标准，本书将碳金融工具划分为碳市场交易工具、碳市场融资工具和碳市场支持工具三

大类。

碳市场交易工具是指在碳市场上可交易的碳资产及其衍生金融合约，包括碳现货和以碳现货为标的的碳金融衍生品两类，前者主要包括碳排放配额和核证自愿减排量，后者主要包括碳远期、碳期货、碳期权、碳掉期和碳借贷等。

碳市场融资工具是指为碳资产创造估值和变现的途径，帮助企业拓宽融资渠道的融资工具，主要包括碳债券、碳资产抵质押融资、碳资产回购、碳资产托管、碳股权融资等。

碳市场支持工具是指为碳资产的开发管理和市场交易等活动提供量化服务、风险管理和产品开发的金融产品，主要包括碳指数、碳保险和碳基金等。

4.1.1 碳市场交易工具

碳市场交易工具是指在碳市场中可交易的碳资产及以碳资产为标的的金融合约，是碳市场上的交易对象或交易标的物，包括碳现货（碳资产）和碳金融衍生品两大类。其中，碳现货主要包括碳配额和碳信用；碳金融衍生品主要包括碳远期、碳期货、碳期权、碳掉期和碳借贷等。

1. 碳现货

碳现货是在碳市场中可交易的碳资产，包括配额市场中的全国碳排放配额（Chinese Emission Allowance，CEA）和项目市场中的核证自愿减排量（Certified Emission Reduction，CER）。

碳排放配额也称碳配额，是政府分配给控排企业的碳排放额度，初期由政府根据行业历史排碳强度，结合企业产能情况确定企业排放额度并免费发放。企业可以根据自身的排放情况相互买卖交易，当企业的配额富余时，就可以在碳市场售卖；当企业的配额不足时，就需要在市场上购买。

核证自愿减排量也称碳信用，是指通过国际组织、独立第三方机构或者政府确认的，一个地区或企业以提高能源使用效率、降低污染或减少开发等方式减少碳排放量，并可以进入碳市场交易的排放计量单位。

主要碳信用机制可以分为三类：国际碳信用机制、独立碳信用机制及国家和地方碳信用机制。其中，国际碳信用机制主要包括清洁发展机制（CDM）和联合履约机制（JI）；独立碳信用机制主要包括自愿碳减排核证标准和黄金标准；国家和地方碳信用机制主要包括加拿大魁北克抵消信用机制、美国区域温室气体倡议二氧化碳抵消机制和中国国家核证自愿减排量（CCER）等。

2. 碳远期

碳远期是指交易双方以合约形式确定未来某一时期买入或卖出碳配额或核证减排量的交易方式，可以帮助控排企业提前锁定未来的碳成本或碳收益。

碳远期在国际市场的核证减排量交易中已十分成熟且运用广泛。我国上海、广东、湖北试点碳市场都进行了碳远期交易的尝试，其中广州碳排放权交易所提供了定制化程度高、要素设计相对自由、合约不可转让的远期交易，湖北、上海碳市场则提供具有合约标准化、可转让特点的碳远期交易产品。然而，受限于市场割裂、参与主体单一、成交量低、价格波动等原因，国内的碳远期交易仍待完善。

3. 碳期货

碳期货是指以碳配额和核证减排量为合约标的物的期货合约，即买卖双方约定在未来某一特定时间和地点交割一定数量的碳配额或核证减排量。对于控排企业和其他碳资产投资者来说，碳期货可以起到套期保值、规避现货交易中价格波动风险的作用；对于碳市场来说，碳期货交易可以弥补碳市场信息不对称情况，增加市场流动性，并通过碳期货价格变动来指导碳配额和核证减排量等碳现货的价格。

在全球主要碳市场中，碳期货是交易量最大、流动性最强的碳市场交易工具。由于我国主要碳市场均不具有碳期货交易所资质，因此我国碳期货迟迟没有落地。直到 2021 年 4 月 19 日广州期货交易所揭牌，我国碳期货品种研发进程才得以启动。

4. 碳期权

碳期权是以碳配额和核证减排量为标的的期权。碳期权的买方在向卖方支付了一定的权利金后，可以按双方期权合约约定的价格买入或卖出一定数量的碳配额或碳减排量。

碳期权合约既可以是标准化合约，也可以是非标准化合约。标准化碳期权合约通常由专业的交易所拟定，而非标准化的碳期权合约则由碳期权的买卖双方自由商定。根据交易场所不同，碳期权可分为场内期权和场外期权；根据预期变化方向不同，碳期权可分为看涨期权和看跌期权。

国际上主要碳市场中的碳期权交易已相对成熟。我国的碳期权交易起步相对较晚，目前仍通过场外方式进行交易，场内交易所仅负责碳期权权利金的监管和碳期权合约的执行监督。

5. 碳掉期

碳掉期又称碳互换，是指以碳配额或核证减排量为标的物的掉期合约，即交易双方约定未来一定时期内交换碳配额或核证减排量标的碳资产，或者与标的碳资产等价现金流的合约。碳掉期是碳资产与掉期这一金融衍生品工具相结合的产物。

实践中，碳掉期合约通常由交易双方自行签署，并根据合约的约定进行碳配额、核证减排量或现金的划转，是非标准化的碳金融产品。碳掉期交易一般通过场外交易方式进行。碳配额场外掉期通常有两种形式：①以现金结算标的物即期与远期差价，碳市场交易场所主要负责保证金监管、交易鉴证及交易清算和结算；②不同标的资产间的互换交易，如我国试点碳市场中常见的碳配额-CCER 互换交易。

碳掉期已逐渐成为国际碳市场上运用十分广泛的交易工具之一。我国的碳掉期交易仍处在地方碳市场试点摸索阶段，且主要以碳配额-CCER 的碳掉期交易为主。

6. 碳借贷

碳借贷也称碳资产拆借，是指借入方向借出方拆借碳资产，并在交易所进行交易或用于碳排放履约，待双方约定的借碳期限届满后，由借入方向借出方返还碳资产，并支付约定收益的行为。在不同的运用场景下，碳借贷分为正拆借和逆拆借。碳借贷可视为碳回购及逆回购的变体，属于一种创新型的非常见碳金融工具。

正拆借是指由控排企业或其他机构向金融机构或碳资产管理机构出借碳资产，并获得收益。逆拆借是指由配额短缺的控排企业向中介机构借入配额用于履约，并用下一年度发放的配额偿还，从而缓解其履约压力、降低履约成本、实现跨期平滑。

4.1.2　碳市场融资工具

碳市场融资工具可以为碳资产创造估值和变现的途径，帮助企业拓宽融资渠道。融资工具的推广是引导企业在非履约期参与碳交易、调动更多碳配额或碳减排量加入碳市场流转的有效手段。碳市场融资工具主要包括碳债券、碳资产抵质押融资、碳资产回购、碳资产托管、碳股权融资等。

1. 碳债券

碳债券是政府、企业为募集低碳经济项目资金而向社会公众发放的，表示在未来期间返还利息和到期还本的一种承诺，可以作为解决融资问题的一种手段，是绿色债券的一种形式。

碳债券的推出标志着碳市场与债券市场的互联互通迈出关键性的一步，拥有碳资产的实体企业通过盘活存量碳资产能够实现便利融资，满足企业融资需求，从而促使企业持有更多碳配额，引导企业低碳转型发展；同时能够提升债券市场投资人对碳市场的关注度。

按照募集资金的用途与碳相关的程度，碳债券可以分为强相关碳债券、中相关碳债券和弱相关碳债券三种。

2. 碳资产抵质押融资

碳资产抵质押融资是指碳资产的持有者（即借方）将其拥有的碳资产作为质物/抵押物，向资金提供方（即贷方）进行抵质押以获得贷款，到期再通过还本付息解押的融资合约。其中，质押和抵押的根本区别在于是否转移担保财产的占有。抵押不转移对抵押物的占管形态，仍由抵押人负责抵押物的保管；质押改变了质押物的占管形态，由质押权人负责对质押物进行保管。

可用于抵（质）押的碳资产是广义的，包括基于项目产生的碳资产，以及基于配额交易获得的碳资产。通过碳资产抵质押融资，企业一方面可以盘活碳资产，减少资金占用压力；另一方面由当地碳交易主管部门委托交易所出具质押监管证书，碳资产的安全有保障，可以提高企业的融资信用。这对于激励管控企业提升碳资产管理水平和温室气体减排力度具有积极的推动作用。

3. 碳资产回购

碳资产回购是指碳资产的持有者（即借方）向资金提供机构（即贷方）出售碳资产，并约定在一定期限后按照约定价格购回所售碳资产以获得短期资金融通的合约。碳资产回购投资者既可以是境内投资者，也可以是境外投资者。

碳资产回购能够帮助管控企业盘活碳资产、拓宽融资渠道、降低融资成本；同时，能够吸引境外投资者参与国内碳市场、引进境外资金参与国内低碳发展。

4. 碳资产托管

碳资产托管是指企业通过将碳资产委托给金融机构或专业的碳资产管理机构（信托），并分享收益（包括获得固定收益或者进行浮动的收益分成），而不需要直接参与碳市场交易的服务。

碳资产托管的定义有广义与狭义之分。狭义的碳资产托管主要指控排企业委托托管机构代为持有碳资产，以托管机构名义对碳资产进行集中管理和交易；广义的碳资产托管是指将企业所有与碳排放相关的管理工作委托给专业机构策划实施，包括但不限于碳减排量的开发、碳资产账户管理、碳交易委托与执行、低碳项目投融资、相关碳金融咨询服务等。

5. 碳股权融资

碳股权融资是指公司股东为筹集低碳经济项目资金而愿意让出部分公司所有权，通过增资方式引进新股东的融资方式，总股本同时增加。碳股权融资所获得的资金无需还本付息，但新股东将与老股东共同分享碳资产收入与公司成长带来的收益。碳股权融资包括发行股票、配股、债转股等方式。

与其他碳融资工具相比，碳股权融资的优势有：筹措的资金具有永久性，无到期日，不需归还；没有固定的股利负担，股利支付与否与支付多少视公司经营需要及经营情况而定，财务负担相对小；能够让更多的低碳经济项目投资者认购公司股份，使公司资本大众化，有助于分散风险；能够提高企业所有权资金的资金回报率，具有财务杠杆作用，有助于增加公司碳资产收入。

4.1.3 碳市场支持工具

碳市场支持工具是指为碳资产的开发管理和市场交易等活动提供量化服务、风险管理和产品开发服务的金融产品，主要包括碳指数、碳保险和碳基金等。

1. 碳指数

碳指数是反映碳市场总体价格或某类碳资产的价格变动及走势的指标，是刻画碳交易规模及变化趋势的标尺。碳指数既是碳市场重要的碳价观察工具，也是开发碳指数交易产品的基础。

2. 碳保险

碳保险是为了规避减排项目开发过程中的风险，确保项目减排量按期足额交付的担保工具。它可以降低项目双方的投资风险或违约风险，确保项目投资和交易行为顺利进行。

3. 碳基金

碳基金是为参与碳减排项目或碳市场投资而设立的基金，既可以投资于碳减排项目开发，也可以参与碳配额与项目减排量的二级市场交易。通常碳基金收益与碳价变化或碳减排项目回报挂钩。

4.2 碳金融工具的功能特性

碳市场成立的目的是通过市场化机制影响企业的碳排放量。具体而言，节能减排企业盈余的碳配额可以进入碳市场，按照市场碳价卖给碳配额不足的高排放企业。如果市场可交易碳配额供不应求，就会导致碳价水涨船高，进而导致购买碳配额企业的成本提高，降低企业的竞争力和利润，迫使企业减产或者更新升级企业设备，从而实现碳减排的目标。

碳市场对碳减排的提效作用在于，推动企业根据碳价反映的市场边际减排成本调整自身生产经营决策，降低全市场减排成本，而碳金融工具有利于强化碳市场的有效性。碳金融工具对碳减排的提效路径有：

一是丰富的碳金融工具可以吸引更多的交易主体，令交易目标更多元，进而提升碳市场流动性，平滑碳价波动，帮助碳价保持相对稳定。

二是丰富的碳金融工具可以令交易主体更好地管理碳价预期并进行风险对冲，促进合理碳价的发现。

三是广义碳金融工具通过为碳资产提供新的变现途径，进一步提升碳市场流动性并优化交易结构，还可以通过支持服务修正参与者的碳价预期管理，强化碳市场的价值发现功能。

　　碳金融工具的推出对于能源结构调整、低碳技术创新、碳金融体系及碳市场整体的建设进程都具有划时代的意义。概括而言，碳金融工具的功能有宏观和微观之分。

4.2.1　宏观功能

1. 引导能源结构调整

不同经济发展阶段的国家能源链差异很大，对减排目标约束的适应能力也不同。从根本上改变一国经济发展对碳素能源过度依赖的一个重要途径是加快清洁能源、减排技术的研发和产业化。碳金融工具具有动员全社会金融资源、促进可持续能源发展的能力，有利于改变能源消费对石化燃料的依赖惯性，使能源链从高碳环节向低碳环节转移。

2. 推动全球碳市场的价值链分工

作为中介，碳金融能够为供需双方构建交易的桥梁，有效地促进碳交易的达成。例如在清洁发展机制下的跨国减排项目具有专业技术性强、供需双方分散和资本规模小的特点，碳基金促进了项目市场的启动和发展。2005 年欧盟碳排放交易机制（EU-ETS）建立以后，碳排放权迅速衍生为期货和期权等高流动性的新兴衍生金融产品，碳金融使碳交易更加标准化、透明化，也加快了碳市场演化的速度。随后，碳金融市场发挥其强大的中介能力和信息优势，碳金融工具推动了全球碳市场的价值链分工，有效地降低了交易成本，带动了相关企业、金融机构和中介组织进入市场。

3. 加速技术和资金的转移和扩散

低碳经济转型所需成本较高，发展中国家不仅缺乏技术，更缺乏资金来源。清洁发展机制和联合履行机制成为发达国家将减排技术和资金向发展中国家和经济转轨国家转移的通道。碳金融工具尤其是碳基金降低了项目的交易成本，缩短了项目谈判周期，促进了项目交易。以 CDM 项目为例，2008 年其产生的减排量为 4.63 亿吨。发达国家通过碳金融工具向发展中国家提供资金支持，支持发展中国家的技术进步和可持续发展。据世界银行估计，从 2007—2012 年，清洁发展机制每年为发展中国家提供大约 40 亿美元的资金，而这些资金一般会形成 6~8 倍的投资拉动效应。

4. 争夺碳交易定价权

定价机制是碳金融市场发展中的核心问题，是涉及市场运行的成本、效率、风险及市场参与主体的各方权益的关键所在。2008 年，我国 CDM 项目产生的核证减排成交量占全球的 84%，是 CDM 项目中最大的卖方市场，然而我国没有碳交易定价权，不得不接受外国碳交易机构设定的较低的碳价格，承担巨大的买方违约风险，这必然会影响我国企业参与 CDM 项目的积极性，进而可能影响我国节能减排目标的实现和产业结构的优化调整。由于我国碳金融发展相对滞后，现有碳交易制度以及各种碳金融工具尚未成熟，不仅缺乏成熟的碳交易制度、碳交易场所和碳交易平台，而且缺乏合理的定价机制以及各种碳金融的创新产品，因此我国在国际碳交易链中只能处于价值链底端。因此，完善我国的碳交易制度和碳金融产品体系，对提高碳交易定价能力并防范市场风险无疑具有十分重要的作用。

5. 完善本土金融体系

没有强有力的金融支持，发展低碳经济就是一句空话。目前，绿色低碳产业面临的投融资困境已经成为行业发展的最大障碍。面对低碳经济的要求，应该尽快构建与低碳经济发展相适应的碳金融体系，打造包括碳市场交易工具、碳市场融资工具和碳市场支持工具等一系列金融工具组合而成的碳金融产品体系。

4.2.2 微观功能

1. 成本收益转化功能

碳排放具有外部性，其影响不易直接在市场交易的成本和价格上体现。碳交易发挥了市场机制应对气候变化的基础作用，使碳价格能够反映碳排放成本。在碳交易机制下，碳排放权具有商品属性，其价格信号功能引导经济主体把碳排放成本作为投资决策的一个重要因素，促使环境外部成本内部化。随着碳市场交易规模的扩大，碳货币化程度提高，碳排放权进一步衍生为具有流动性的金融资产。积极有效的碳资产管理已经成为促进经济发展，使碳成本向碳收益转化的有效手段。

2. 价格发现功能

成熟的碳金融市场提供碳资产定价机制，具有价格发现和价格示范作用。碳金融提供套期保值产品，有利于统一碳市场价格，碳价格能够及时、准确和全面地反映所有关于碳排放权交易的信息，如碳排放权的稀缺程度、供求双方的交易意愿、交易风险和减排成本等，使资金在价格信号的引导下迅速、合理地流动，优化资源配置。

3. 风险转移和风险分散功能

碳交易市场的价格波动非常明显，其与能源市场高度相关。政治事件和极端气候也增加了碳价格的不确定性，使碳价格波动加剧。不同国家的不同产业受到碳价格波动的影响和适应能力有所不同，大部分都要通过碳金融工具载体来转移和分散碳价格波动风险，降低碳减排和低碳经济发展过程中的风险。

 知识拓展 1

碳资产与碳资产管理

2005 年欧盟碳排放交易机制（EU-ETS）启动，碳市场的出现使碳排放配额和碳减排信用具备了价值储存、流通和交易的功能，从而催生了"碳资产"。

随着全球气候治理与节能减排的不断深入，以及碳交易全球影响力的不断扩大，碳资产受到了广泛的重视，甚至有评论将碳资产列为"继现金资产、实物资产、无形资产之后的第四类新型资产"。

1. 碳资产

碳资产是指在碳交易机制下产生的，代表温室气体许可排放量的碳配额，以及由减排项目产生并经特定程序核证，可用以抵消控排企业实际排放量的减排证明。与普通的金融资产代表"未来的潜在收益"不同，碳资产可以"避免未来潜在的成本或支出"，但从"机会成本"的角度看，两者却并无二致。碳资产可以帮助人们从资产与负债的角度重新理解企业减排行动：非控排企业没有碳负债（排放不受约束），但可以通过开发碳减排项目获得碳信用并出售获利，碳资产在这个过程中"从无到有"，相当于一级市场；而控排企业的碳排放即为其碳负债，需要用碳资产进行抵偿，碳资产可以在一级市场通过开发减排项目、政府免费分配、拍卖等方式获得，或在二级市场通过直接购买获得。如果控排企业持有的碳资产不足以抵偿其碳负债，则需要购买更多的碳资产，或通过节能减排降低碳负债规模。

2. 碳资产的价值来源

碳资产的价值来源于其对应的减排成本——当减排所需的成本高于市场碳价格时，企业购入碳配额以避免自主减排造成的过高成本。

由于碳排放的核算、核查无法实时进行，因此企业并不是每排放一单位二氧化碳都需要相应的配额，而是在一年中的特定时间进行排放核算并一次性清缴配额。企业往往在履约周期的开始便获得了碳资产，并在履约周期的末尾进行配额清缴，因而在碳资产的获得与使用之间存在一定的时间差。碳排放权交易试点经验表明，控排企业大多倾向于在履约之前集中交易，这会使碳市场在大部分时间活跃度相对较低，不利于有效碳价信号的形成。对于控排企业而言，从获得碳资产到履约期间，碳资产只能存在于企业的账户中，无法得到有效利用。企业则可以在非履约期，通过碳资产的转移占有，将碳资产管理服务所涉风险和部分收益能力让渡给金融机构和碳资产管理机构等专业服务机构。服务机构可以将获得的碳资产头寸用于二级市场交易、做市、衍生品开发等业务，即将相应的碳资产投入碳市场交易，提高非履约期的流动性。

3. 碳资产管理的概念与意义

碳资产管理的主要目的是实现碳资产的保值增值。参与碳市场交易仅仅是实现碳资产保值增值的手段之一，其他主要手段还有以碳资产为担保和增信手段的各类"涉碳融资"，如碳债券、碳资产抵质押贷款、碳资产回购、碳资产托管与碳股权融资等，以及为碳资产的开发管理和市场交易等活动提供量化、风险管理和产品开发服务的金融工具，如碳指数、碳保险和碳基金等。因此，碳资产管理即为通过碳市场交易工具、碳市场融资工具和碳市场支持工具等碳金融工具来实现碳资产保值增值的活动。

与其他金融资产类似，碳资产的管理也存在一定的市场风险。例如，在碳市场启动初期，碳价格波动较大，碳资产保值增值的难度更高，实体企业往往不具备相应的专业能力，在无法保证风险可控的情况下，企业参与碳市场的动力不足。而由金融机构、碳资产管理机构等专业服务机构进行专业化管理，能够大幅提高企业碳资产管理能力、降低碳资产管理的成本和风险。碳资产管理可以将碳资产对应的风险与部分收益让渡给金融机构、碳资产管理机构等专业服务机构，使其依托专业能力进行碳资产管理，这样不仅可以给企业带来碳资产管理收益，还有利于企业专注主业、避免不必要的风险和成本，因此，碳资产管理具有较高的合理性与经济性。

4. 碳资产管理的风险控制

以碳资产管理中的涉碳融资类业务为例，该类业务对企业而言是一种有效的风险管理工具。在一个只有现货交易、卖空机制尚不健全的市场上，企业为了降低履约风险往往倾向于预存配额。此时，碳配额价格下跌会给企业造成额外的损失。因此，碳配额价格下跌或企业自身配额大量剩余，也会产生相应的风险管理需求。

从某种角度来看，碳质押贷款能够提供以下风险管理手段：当企业预期配额剩余，或碳资产价格下跌时，可以通过碳资产出质的方式获得融资，并将配额剩余的风险让渡给金融机构或碳资产管理机构；如果配额出现紧缺，企业可以偿还贷款以重获配额使用权。反之，企业可以通过贷款展期等方式延续碳资产的出质。

5. 碳资产管理的功能

对于控排企业以及其他拥有 CCER 等碳信用的企业和机构而言，其对碳资产管理相关业务的需求主要来自三个方面：①控制碳价格波动的风险（碳资产的保值）；②通过盘活碳资产实现一定的收益（碳资产的增值）；③以碳资产作为增信的手段来实现融资（变现）。目前市场上各类碳资产相关的金融服务业务都是以这三个目标为导向开发的。

📖 知识拓展 2

气候投融资工具创新

当前，气候投融资工具主要包括信贷、股权投资、资产证券化等，一般以债权融资为主。全球气候投融资缺口仍较大，需要加快相关工具和机制创新，丰富投融资渠道，吸引更多社会资金参与应对气候变化。

一是基于风险分担的机制创新。气候投融资项目大多处于技术前沿阶段，项目周期长、不确定性高、"风险–收益"性价比不高，对社会资金不具有吸引力。传统的政策支持方式如提供贴息、担保等虽然能够起到一定作用，但无法最大化动员私人资本。因此，为了解决风险分担问题以及降低投融资不确定性，混合融资（Blended Finance）模式应运而生。混合融资模式可以将不同性质和目的的资金组合起来，降低气候投融资项目的投资风险，或者提升投资收益，增强对社会资金的吸引力。由于开发性金融资金或慈善捐赠资金主要关注投资带来的社会影响力，愿意降低要求的投资收益，因此有利于吸引更多社会资金，助力发展中国家应对气候变化挑战。混合融资模式通常为利用开发性资金或者慈善捐赠资金获取低于市场的收益、提供损失优先吸收机制或为气候投融资项目提供担保等。自 2015 年起，混合融资模式逐步在全球气候变化应对等可持续发展领域得到推广，截至 2021 年年末，全球混合融资总体规模达到 1600 亿美元，其中撒哈拉以南的非洲、南亚以及东亚是混合融资交易最多的地区。

二是专业化投融资工具的创新。为进一步丰富气候投融资工具，各国政府及专业组织开始推动发展与气候投融资直接相关的金融工具，例如气候债券、气候挂钩债券、气候挂钩贷款等。这些金融工具具有明确的标签，遵循严格的分类和统计口径。

气候债券是绿色债券的一种，是一种快速发展的气候投融资金融工具。为了避免"漂绿"，气候债券倡议组织发布了气候债券标准和认证机制，主要从资金用途、项目和资产的评估和筛选流程、募集资金管理以及信息披露等方面进行界定，推动发行人落实与《巴黎协议》相一致的气温上升控制目标。当前，气候债券多用于支持新能源发展或者企业技术改造，用于支持气候适应投融资的气候债券并不多。2017 年，欧洲复兴开发银行发行了气候韧性债券，主要为欠发达国家的农业、水利基础设施建设提供资金支持。截至 2022 年 1 月，全球认证的气候债券发行规模为 2180 亿美元。2018 年以来，气候债券发行规模明显扩大，这与各国重视应对气候变化的政策导向有很大关系。

气候挂钩债券（贷款）是一种基于绩效表现的气候投融资工具，创新地将债券发行与企业绿色低碳发展目标挂钩：当预定目标实现时，可以下调票面利率；当预定目标未实现时，可以上调票面利率。也可以设置其他债券要素与绩效目标挂钩。2019 年，全球发行首个与可持续发展挂钩的债券，目前全球所发行的与可持续发展目标相挂钩的债券中，60% 左右与应对气候变化有关。2020 年，国际资本市场协会发布《可持续发展挂钩债券原则》，要求设定关键绩效目标、校验气候可持续发展目标、设定与目标相关的债券要素、定期报告绩效目标实现情况及聘请外部专业机构审核披露信息真实性。

三是气候风险转移工具的创新。保险是各国居民预防风险的重要金融工具，对易受气候影响的农业等行业十分重要。传统的保险存在某些问题，例如损失核定时间过长，不能充分保障投保人利益。为有效应对气候变化可能造成的自然灾害，提高气候变化适应能力，一些国家已创新性地推出与气候指数挂钩的保险产品。气候指数保险以风力、降水量、温度等气候指标为标准，与农产品产量等建立联系。气候指标或者指数高于或者低于临界值，无论被保险人是否遭受灾害，保险企业都将依据气象条件指数值向保户赔付。气候指数保险有利于提升农户等人群适应气候变化的能力，帮助他们更快地从气候灾害中恢复。

四是专业金融机构创新。为聚焦气候变化，全球正在探索建设绿色银行或者气候银行，此类金融机构按照气候绿色标准研发产品、服务客户，既可以提高自身专业水平，又可以更好地管理气候变化风险。目前，欧洲正在讨论建设气候银行，我国的中国建设银行在广州设立了南沙气候支行。未来会有更多气候友好型金融机构诞生，以适应低碳绿色发展的新趋势。促进气候投融资做大规模，不仅需要各方积极参与，还需要建立气候投融资创新机制，加快推动气候投融资工具的创新，建设气候友好型金融机构，制定更多元而高效的应对气候变化的解决方案。

探究与思考

1. 狭义、广义碳金融工具与碳市场的层级关系是什么？
2. 简述碳市场交易工具有哪些。
3. 简述碳市场融资工具有哪些。
4. 简述碳市场融资工具的含义和作用。
5. 什么是碳资产？碳资产包含哪些类别？
6. 试述碳金融工具的功能特性有哪些。
7. 试述碳资产管理的作用。
8. 试举例分析我国气候投融资工具创新案例。

【参考文献】

［1］全国金融标准化技术委员会证券分技术委员会. 碳金融产品：JR/T 0244—2022［S］. 北京：中国金融出版社，2022.

［2］杨星. 碳金融概论［M］. 广州：华南理工大学出版社，2014.

［3］齐绍洲，段博慧. 碳交易政策对企业金融化的影响研究［J］. 西安交通大学学报（社会科学版）. 2022，42（5）：63-71.

［4］绿金委碳金融工作组. 中国碳金融市场研究［R］. 北京：中国金融学会绿色金融专业委员会，2016.

［5］顾光同. 碳市场衔接趋势下碳交易价格整合度及其风险预警研究［M］. 北京：中国农业出版社，2022.

［6］李晓依，张剑. 全球碳市场发展趋势及启示［J］. 中国外资，2023（5）：34-37.

［7］袁吉伟. 全球气候投融资体系建设及创新研究［J］. 国际金融，2023（1）：38-42.

［8］钱立华，鲁政委，方琦. 商业银行气候投融资创新［J］. 中国金融，2019（22）：60-61.

第 5 章
碳市场交易工具

碳市场交易工具是指在碳市场中可交易的碳资产及以碳资产为标的的金融合约，是碳市场上的交易对象或交易标的物，包括碳现货（碳资产）和碳金融衍生品两大类。其中，碳现货主要包括碳配额和碳信用；碳金融衍生品主要包括碳远期、碳期货、碳期权、碳掉期和碳借贷等。

5.1 碳现货

5.1.1 概念

碳现货又称碳金融原生工具，目前主要是指配额市场中的碳排放配额（Emission Allowance，EA）和项目市场中的核证自愿减排量（Certified Emission Reduction，CER）。碳现货通过交易平台或者场外交易等方式达成交易，随着碳排放配额或核证自愿减排量的交付和转移，资金的结算也同时完成。

在国际碳排放权交易市场中，碳现货交易主要包括配额型交易和项目型交易两类。项目型交易主要包括清洁发展机制（CDM）和联合履约（JI）机制两种机制下产生的减排量。

类似地，在国内碳排放权交易市场中，碳现货交易同样包括配额型交易和项目型交易，项目型交易的标的是中国国家核证自愿减排量（China Certified Emission Reduction，CCER）和地区核证自愿减排量。

1. 碳排放配额机制

碳排放配额也称碳配额，其交易的实质是在一个原本可以自由排放的领域，通过对排放上限进行封顶，把不受约束的排放权人为地改造成一种稀缺配额的过程。碳排放配额有三种分配模式：拍卖、免费分配和混合模式。其中，拍卖模式是指政府通过拍卖的形式让企业有偿地获得配额，政府不需要事前决定每家企业应该获得的配额量，拍卖的价格和各个企业的配额分配过程由市场自发形成；免费分配模式是指政府将碳排放总量通过一定的计算方法免费分配给企业；混合模式是指采取拍卖模式和免费模式相结合的模式。

从国际经验来看，大部分碳交易体系都没有采取纯粹的拍卖模式或纯粹的免费分配模式，而是采用混合模式。目前国内碳市场仍处于发展初期，"碳配额"以免费分配为主，有偿分配作为补充形式存在，常见方法有拍卖、固定价格交易。从整个碳排放权交易市场来看，如果免费分配占比较大，不利于调动企业节能减排的积极性，也不利于碳资产的盘活。

2. 核证自愿减排量

核证自愿减排量也称碳信用，是指通过国际组织、独立第三方机构或者政府确认的，一个地区或企业以提高能源使用效率、降低污染或减少开发等方式减少碳排放量，并可以进入碳市场交易的排放计量单位。一般情况下，核证自愿减排量以减排项目的形式进行注册和减排量的签发。除了在碳税或碳排放权交易机制下抵消履约实体的碳排放，核证自愿减排量还用于个人或组织在自愿减排市场的碳排放抵消。

根据确认或者认证机构的不同，碳信用机制分为国际碳信用机制、独立碳信用机制、国家和地方碳信用机制三种：

1）国际碳信用机制是指受国际气候公约制约的机制，通常由国际机构管理。国际碳信用机制目前主要包括《京都议定书》框架下的两种灵活减排的市场化项目机制：清洁发展机制（CDM）和联合履约机制（JI）。JI 和 CDM 两个机制的交易标的是以项目为基础的减排交易（projected-based market）产生的减排单位（ERUs 和 CERs）。JI 项目在《联合国气候变化框架公约》附件一国家（包含发达国家和经济转型国家）之间进行，通过项目产生的排放减少单位（ERUs）进行交易和转让，以帮助超额排放国家实现减排义务。CDM 项目则在《联合国气候变化框架公约》附件一国家（发达国家）与非附件一国家（发展中国家）之间展开，通过对碳减排项目的合作与开发来取得相应的减排额，这个减排额被第三方核证后可作为核证自愿减排量（CERs）用于《联合国气候变化框架公约》附件一国家超额排放的许可部分。CDM 是签发碳信用和注册减排项目最多的碳信用机制，发放的碳信用的 75% 以上集中在工业气体和可再生能源两个领域。

2）独立碳信用机制是由独立第三方认证的碳信用机制，主要存在于自愿减排市场中。目前主要的独立碳信用机制有自愿碳减排核证标准（Verified Carbon Standard，VCS）和黄金标准（Gold Standard）两种。

自愿碳减排核证标准（VCS）是 2006 年由气候组织、国际排放交易协会、世界可持续发展商业委员会和世界经济论坛等四家机构建立的国际自愿抵消碳信用机制，主要为全球自愿减排项目提供认证和信用签发服务（World Bank，2020）。VCS 主管机构是位于美国华盛顿特区的 Verra 注册处，负责监督 VCS 项目的所有操作流程，并负责更新 VCS 规则，以确保核证碳单位（Verified Carbon Units，VCUs）的质量。VCS 项目涉及 16 个领域，注册数量位居前三的领域分别是能源项目，农业、林业和其他土地利用项目，废物处理及处置项目。依据 Verra 注册处制定的 VCS 相关制度规则批准的第三方独立审定/核证机构（Validation／Verification Bodies，VVBs），项目经过评估、审定、注册、监测与核证等复杂严谨的程序，最终由 Verra 注册处签发 VCUs 到业主账户后才能进入市场交易。目前，在 VCS 市场签发的 VCUs 主要用于自愿抵消，但一些国家或地区也允许将 VCS 签发的 VCUs 用于碳税抵消，如南非碳税、哥伦比亚碳税、国际航空业碳抵消和减少计划（CORSIA）都已批准使用 VCUs。

3）国家和地方碳信用机制是指只适用于某个国家或地区的碳信用机制，一般只受某国或某地区的制度约束，由各辖区内的立法机构管辖，通常由国家、区域或各级地方政府进行管理，如国家核证自愿减排量和地区核证自愿减排量、加拿大魁北克抵消信用机制、美国区域温室气体倡议二氧化碳抵消机制。

5.1.2 实施流程

碳现货的实施流程包含三个环节：一级市场碳配额分配和碳信用签发、二级市场碳现货交易和控排企业年度履约清算。下面以我国碳市场的碳配额分配及碳信用签发为例，介绍碳现货的实施流程。

1. 一级市场碳配额分配和碳信用签发

碳配额分配是指纳入地区/全国碳排放权交易市场碳排放配额管理的重点排放单位（以下简称"地区/全国重点排放单位"）向相应主管部门报送上一年度的碳排放数量，并接受第三方独立核查机构核查，之后主管部门向各企业发放年度碳排放配额。企业收到碳排放配额之后，可以在碳交易市场购买、出售排放配额，而排放配额每年都需要清算。

碳信用签发需分为两步：第一步，申请温室气体自愿减排项目的审定及备案：由业主或咨询方按照方法学要求编制项目设计文件，由第三方审定机构审定，并向相应主管部门申报项目备案；第二步，温室气体自愿减排项目的核证及减排量备案（签发）：由业主或者咨询方编制减排量监测报告，由第三方进行核证，并向相应主管部门申报减排量备案，备案完成后项目业主即可取得用于碳配额抵消的核证自愿减排量。

2. 二级市场碳现货交易

地区/全国重点排放单位、符合交易规则的法人机构及个人可相应在地区/全国碳排放权交易市场交易碳排放配额，并可在地区碳排放权交易市场交易 CCER 及在该地区自行核证的自愿减排量。

第一步，开立一般持有账户、交易和结算账户。碳现货交易参与人应在符合相关规定要求的注册登记机构、交易机构及注册登记机构指定结算银行分别开立一般持有账户、交易账户和交易结算资金专用账户。

目前，全国碳排放权注册登记机构、交易机构尚未成立，由湖北碳排放权交易中心有限公司承担全国碳排放权注册登记系统相关工作，由上海环境能源交易所股份有限公司承担全国碳排放权交易系统相关工作。地区及全国碳排放权交易市场的注册登记机构/系统及交易场所如表5-1所示：

表5-1　地区及全国碳排放权交易市场的注册登记机构/系统及交易场所

碳排放权交易市场	碳排放配额注册登记机构/系统	核证自愿减排量注册登记系统	交易场所
北京	北京市气候中心		北京绿色交易所
上海	上海信息中心		上海环境能源交易所
深圳	深圳市注册登记簿系统		深圳排放权交易所
天津	天津排放权交易所		天津排放权交易所
广州	广州碳排放权交易所	国家自愿减排交易注册登记系统，部分地区设有地方核证自愿减排量的登记系统	广州碳排放权交易所
重庆	重庆碳排放权交易所		重庆碳排放权交易所
湖北	湖北碳排放权交易中心		湖北碳排放权交易中心
四川	—		四川联合环境交易所
福建	福建省生态环境信息中心		海峡股权交易中心
全国	全国碳排放权注册登记机构（未设立，湖北碳排放权交易中心有限公司暂时承担相应职能）		全国碳排放权交易机构（未设立，上海环境能源交易所股份有限公司暂时承担相应职能）

第二步，进行市场交易。重点排放企业和自愿减排企业将注册登记系统里的碳排放配额

和碳信用划转至交易系统，符合条件的交易参与人可以采取协议转让、单向竞价或者其他符合规定的方式在交易系统里进行碳排放配额和碳信用的买卖。

第三步，完成每日结算。在当日交易结束后，注册登记机构应当根据交易系统的成交结果，按照货银对付的原则，以每个交易主体为结算单位，通过注册登记系统进行碳排放配额或碳信用与资金的逐笔全额清算和统一交收。

3. 控排企业年度履约清算

重点排放企业根据上一年度碳排放数量的核查结果进行碳排放配额的清缴。清缴量应当大于或等于主管部门核查确认的上年度实际碳排放量。重点排放企业足额清缴碳排放配额后，可将剩余的配额（如有）在交易系统出售；重点排放企业不能足额清缴的，可通过在交易系统购买碳排放配额或碳信用来抵消其碳排放量的方式完成清缴。重点排放企业在注册登记系统缴还足额碳排放配额或碳信用，由相应主管部门进行收缴并统一注销。

5.1.3 实践案例

1. 碳排放权交易助力华新水泥实现碳减排和转型发展

水泥是国民经济发展的重要基础原材料，难以被替代。华新水泥股份有限公司（以下简称"华新水泥"）是我国最早成立的水泥企业之一，主营产品为熟料、水泥、预拌混凝土等，最主要的耗能和二氧化碳排放环节为熟料和水泥生产过程中的燃料消耗环节。

2014 年湖北省启动碳排放权交易试点，华新水泥是湖北省首批纳入碳排放管理的企业。2014 年华新水泥获得 2000 余万吨的碳排放配额，年底进行年度履约清算时，其实际碳排放量超出碳排放配额 100 余万吨，华新水泥不得不花费 3000 余万元在湖北碳排放权交易中心有限公司购买相应额度以完成履约。2015 年，华新水泥在节能减排上下功夫，从最大的消耗燃料入手，通过自主研发技术，把生活垃圾等加工成绿色环保的垃圾衍生燃料来替代煤炭，同时利用余热，使碳排放总额减少 10%。华新水泥不仅实现了水泥生产成本的下降，还实现了碳排放额度盈余，其在 2015 年通过出售盈余的碳排放额度 40 余万吨，实现净收益 900 余万元。

对企业而言，碳排放权交易不仅是一个减排工具，更是一个转型发展工具。碳排放权交易是促进温室气体减排、应对气候变化、提高资源利用效率的重要经济杠杆。在实践中，这一作用主要体现在以下三个方面：

一是以市场手段促进企业碳减排。在碳排放权交易体系中，可以对高能耗、高污染、高排放的企业进行初始减排责任的分配，超额排放企业需要借助碳交易平台购买碳排放权。排放企业可以通过各种手段降低二氧化碳排放量，并把富余的碳排放配额通过碳交易所出售。

这种以碳排放配额为标的物的市场交易行为可以带来两个好处：一方面，过去企业减少碳排放只是为了履行社会责任，其效果很难直接体现在"真金白银"的收益上。实施碳排放权交易后，富余的排放配额可以进行交易，余额越多，企业收益就越大，可以直接平抑生产成本。另一方面，对一些超额排放的企业而言，过去超额排放带来的经济损失并不明显，实施碳排放配额交易后，超额排放将给企业带来更高的生产成本。这种变化将直接促进企业加大碳减排投入，并通过技术创新，加快推动企业转型升级。

二是促使企业选择低成本碳减排方式。碳减排的目的是减少向大气中排放的温室气体量，我国的企业无论在什么位置、采取什么方式，只要碳排放总量减少，就会对减缓气候变化做出贡献。不同的企业拥有不同的碳减排成本，正因如此，它们才能通过买卖排放配额实现各自的最大利益，碳交易市场也得以形成。

美国环保署曾在一份阐述总量与交易机制的文件中，通过一个生动的例子说明相关道理。例如，有两个年排放量同为20000吨二氧化碳当量的企业，如果不对排放进行限制，总排放量为40000吨。而假如进行总量控制，总排放量需要减少50%，即20000吨。那么，这两家企业排放量各自减少到10000吨，还是分别减少不同的排放量，比如一家减少到15000吨，另一家减少到5000吨更合适呢？这取决于两家企业的减排成本是否不同。实际上，由于不同企业在技术、资金投入上存在差异，其减排成本也会存在差异。技术先进的企业减排成本低于技术落后的企业。碳交易的价值在于减排成本不同的企业可以相互进行碳排放配额交易，比如两家企业同样获得10000吨二氧化碳当量的排放配额，减排成本较低的企业实现超额减排量（15000吨），而减排成本更高的企业实现较低的减排量（5000吨）。那么，减排成本较高的企业要想获得15000吨二氧化碳当量的排放配额，就要从减排成本较低的企业买入5000吨二氧化碳当量的排放配额。以这种方式，同样减少20000吨二氧化碳当量，总减排成本肯定更低，而且两家企业也都能从中获益。

假如对减排进行指令性管制，减排成本不同的企业就会强制承担同样的减排指标，减排成本无法转嫁，最终的减排目标往往难以达到。而且在指令性管制的方式下，企业没有采用新技术进行减排的动力。这是因为企业在完成超额减排后不能获得任何利益，反而可能因此被要求提高减排标准。

三是促进节能及低碳能源发展，提高碳减排效果。企业采取节能措施来提高能源利用效率，降低燃料消耗，减少碳排放的效果是非常明显的。某些低碳能源，如太阳能、风能、核能、生物质能等的使用不产生碳排放。大力发展低碳能源、减少化石能源的使用，是未来碳减排的重要方向。建立碳市场后，节能和低碳能源被列入CCER，可以参与碳交易。企业通过卖出的碳减排量获取收益，可以降低CCER项目成本，进而促进节能及低碳能源的发展。

2. 广州恒运通过碳资产管理、减碳技术应用实现主动减排

广东是首批开展碳排放权交易试点的省份之一。作为重点电力生产企业，广州恒运企业集团股份有限公司（以下简称"广州恒运"）于2014年被纳入碳排放管理。2014年年底，由于广州恒运持有的碳排放配额不足以覆盖其当年实际的碳排放量，广州恒运购买了约1500万元碳排放配额进行履约。

随着试点交易的深入进行，广州恒运逐步认识到减排不只是压力，碳资产管理、减碳技术应用也能带来经济效益。于是，广州恒运成立了专门的节能减碳专班，升级改造发电机组，大力发展天然气发电等低碳的清洁能源项目。一系列改造升级让广州恒运实现了从花钱购买碳排放配额到出售碳资产获利的转变。2020年，广州恒运通过出售碳资产获利3000多万元。

如同广州恒运，越来越多的控排企业意识到，只有主动减排才能在绿色低碳转型的大潮中占得有利先机。碳现货交易有利于形成企业主动实施碳减排的市场激励机制：企业卖出碳排放配额或碳信用获取经济收益，实现碳减排激励；企业通过比较碳价格和自身碳减排成本，调整购买碳现货或进行碳减排的决策，以降低减排成本。此外，国家或地区通过碳排放总量控制、指标分配和履约机制设置，有助于推动经济社会整体实现绝对量减排。

3. CCER 广东长隆碳汇造林项目

为推进我国林业温室气体自愿减排项目进入国家碳交易试点，促进我国生态文明和美丽中国建设，推动绿色低碳可持续发展，在国家林业局、广东省林业厅的支持下，由中国绿色碳汇基金会资助并提供技术支持，与广东省林业调查规划院密切合作，开发了全国首个林业 CCER 项目——"广东长隆碳汇造林项目"。2014 年 7 月 21 日，项目通过国家发展和改革委员会的审核并成功获得备案，成为我国首个获得国家主管机构项目备案、减排量签发并成功交易的国家核证自愿减排量（CCER）林业碳汇项目。

广东长隆碳汇造林项目是按照国家发改委备案的《碳汇造林项目方法学（V01）》开发的全国第一个可进入国内碳市场交易的林业温室气体自愿减排项目。在中国绿色碳汇基金会广东碳汇基金的支持下，项目于 2011 年在广东省梅州市的五华县与兴宁市、河源市的紫金县与东源县的宜林荒山地区实施碳汇造林面积 866.7 公顷。项目采用荷木、枫香、山杜英、火力楠、红锥、格木、黎蒴等多个阔叶乡土树种营造混交林。2014 年 3 月 30 日，项目通过了国家发改委备案的审定与核证机构——"中环联合（北京）认证中心有限公司"（CEC）的独立审定；2014 年 6 月 27 日，项目通过国家发改委组织的温室气体自愿减排项目备案审核会；7 月 21 日获得国家发改委的项目备案批复。项目计入期 20 年，预计可产生 34.7 万吨二氧化碳当量减排量，年均减排量为 1.7 万吨二氧化碳当量。

2015 年 4 月第一核查期（2011 年 1 月 1 日——2014 年 12 月 31 日）的监测报告通过了 CEC 的独立核证；同年 4 月 29 日，项目通过国家发改委组织的温室气体自愿减排项目减排量备案审核会第四次会议的审议；5 月 25 日，项目第一核查期产生的减排量获得国家发改委备案签发。项目首期签发的 5208 吨 CCER 由广东省碳排放权交易试点的控排企业——广东省粤电集团有限公司以 20 元/吨的单价签约购买，用于减排履约，从而完成了首个林业 CCER 项目从项目设计、审定、实施、注册、监测、核证、签发到交易、抵排的所有环节的全过程，为我国提供了可供参考的林业 CCER 项目案例。

广东长隆碳汇造林项目的重要意义在于：第一，作为首个完成了从项目设计、审定、实施、注册、监测、核证、签发到交易、抵排所有环节的林业 CCER 项目，通过造林活动吸收、固定二氧化碳，产生可用于我国碳交易试点地区控排企业抵排履约的 CCER，为我国林业碳汇进入碳市场交易提供项目实践经验和示范案例；第二，排控企业通过碳市场购买林业碳汇，使森林生态服务真正实现了货币化，为通过市场机制实现生态效益补偿提供了有效途径；第三，项目的实施不仅促进森林植被恢复，还具有改善生态环境、保护生物多样性和增加当地农民收入等多重效益。

5.2　碳远期

5.2.1　概念及功能

碳远期是指交易双方约定未来某一时刻以确定的价格买入或者卖出相应的以碳排放配额或碳信用为标的的远期合约。碳远期的功能在于：

1）形成远期价格曲线，揭示市场预期。

2）大幅提高碳市场流动性，强化价格发现功能、平抑价格波动。

3）提供风险对冲工具，吸引金融机构参与，并为更高层次的衍生品及服务创新创造条件。

商业银行能够利用碳远期产品控制所持碳资产的风险，有利于开展碳市场做市商交易、开发涉碳融资产品，以及温室气体减排项目开发融资等业务，从而更深入地参与碳市场。这些业务反过来会对碳市场总体的流动性带来积极的影响。

碳远期兴起于碳市场成熟和金融体系发达的国家和地区。2005 年欧盟的欧洲碳排放交易体系建立伊始，欧盟碳市场上就出现了欧盟碳配额（European Union Allowance，EUA）远期合约产品。EUA 远期合约产品通常是由交易双方协商确定远期合约内容，并通过场外方式进行交易，欧洲气候交易所（European Climate Exchange，ECX）、美国洲际交易所（Intercontinental Exchange，ICE）等专业交易所不直接介入交易。碳远期在国际市场上碳配额和核证减排量交易中的运用十分广泛，相关交易操作已十分成熟。

我国的碳远期交易自 2017 年起从地方碳市场开始起步，先后在上海环境能源交易所、湖北碳排放权交易中心和广州碳排放权交易所开展试点。其中，广州碳排放权交易所提供了定制化程度高、要素设计相对自由、合约不可转让的远期交易，湖北、上海碳市场则提供了具有合约标准化、可转让特点的碳远期交易产品。然而，国内的碳远期交易仍待完善，由于成交量低、价格波动等原因，广东、湖北均已暂停相关业务。我国全国碳市场虽然已于 2021 年启动，但截至目前，全国碳市场上尚未出现碳远期产品交易。

5.2.2 实施流程

第一步，开立交易和结算账户。碳远期交易参与人应具有自营、托管或公益业务资质，并在符合相关规定的交易所或清算机构指定结算银行开立交易账户和资金结算账户。

第二步，签订交易协议。碳远期交易双方通过签订具有法律效力的书面协议、互联网协议或符合国家监管机构规定的其他方式进行指令委托下单交易。

第三步，协议备案和数据提交。交易双方提交签订的远期合约至交易所进行备案或将交易双方达成的远期交易成交数据提交至清算机构。

第四步，到期日交割。碳远期合约交割日前，交易所或清算机构应在指定交易日内通过书面、互联网或符合国家监管机构规定的其他方式向交易参与人发出清算交割提示，明确需清算的交易资金和需交割的标的。交割日结束后，交易所或清算机构当日对远期交易参与人的盈亏、保证金、手续费等款项进行结算。

第五步，申请延迟或取消交割。申请延迟交割或取消交割的，碳远期交易参与人应按交易所规定，在交割日前向交易所提出申请，经批准后可延迟交割或取消交割。

5.2.3 实践案例及发展意义

1. 湖北碳排放权交易中心推出全国首个标准化碳配额远期交易产品

2016 年 4 月，湖北碳排放权交易中心推出了全国首个碳排放权现货远期产品（产品简称"HBEA1705"），并将其作为在市场中有效流通并能够在当年度履约的碳排放权；同时发布了《湖北碳排放权交易中心碳排放权现货远期交易规则》《湖北碳排放权交易中心碳排放权现货远期交易风险控制管理办法》《湖北碳排放权交易中心碳排放权现货远期交易履约细则》和《湖北碳排放权交易中心碳排放权现货远期交易结算细则》等交易规则。

HBEA1705 的挂盘基准价为 21.56 元/吨，依据产品公告日前 20 个交易日的碳现货收盘价按成交量加权平均后确定。参与 HBEA1705 交易，最低保证金为订单价值的 20%，履约前一月为 5%，履约月为 30%；涨跌停板幅度为上一交易日结算价的上下 4%，上市首日的涨跌停板幅度为挂盘基准价的上下 4%。HBEA1705 启动当日交易量达 680.22 万吨，成交金额为 1.5 亿元。此后日均成交量几乎是现货交易量的 10 倍以上，显示出旺盛的市场需求。

2. 广州碳排放权交易所备案全国首单非标准化碳排放配额远期交易合同

2016 年 3 月，广州碳排放权交易所为广州微碳投资有限公司办理了碳配额远期交易合同的备案手续，标志着国内第一单碳排放配额远期交易业务的成功备案。交易对手为两家水泥企业，交易标的为广东省碳排放配额，累计 7 万余吨，帮助企业获取短期融资以改造生产线，同时使企业在履约期前回购碳排放配额用于履约。

3. 上海环境能源交易所推出碳配额远期产品

2017 年 1 月上海碳配额远期产品上线，以上海碳配额为标的，由上海环境能源交易所（以下简称"上海环交所"）提供交易平台，组织报价和交易；由上海清算所提供中央对手清算服务，进行合约替代并承担担保履约的责任。截至 2020 年 12 月 31 日，上海碳市场碳远期产品累计（双边）成交协议 4.3 万个，累计交易量 433.08 万吨，累计交易额 1.56 亿元。

其中，湖北和上海推出的碳远期产品均为标准化的合同，采取线上交易，尤其是湖北采取的集中撮合成交的模式已"无限接近"期货的形式和功能；广州碳排放权交易所推出的碳远期产品为线下交易的非标准合约，市场流动性较低。

4. 碳远期的发展意义

碳远期的推出具有重要的实践意义：一方面，碳排放权现货远期交易的启动有助于弥补碳现货市场由于配额交易过度集中、流动性不足造成的价格非合理性波动，有助于降低交易成本、规避远期风险，有助于各类碳金融产品创新，是我国碳市场建设的有益探索，为进一步完善国内碳交易市场体系奠定了坚实基础；另一方面，碳配额远期产品的推出丰富了控排企业的碳资产管理工具，有助于降低企业履约成本和风险。企业若担心未来碳价格上涨，可提前买入现货远期产品，当价格上涨时，卖出现货远期产品，由此获得的收益将弥补现货市场价格上涨带来的成本增加，此时，配额的买入成本将被锁定，避免履约期现货市场价格大幅上涨导致履约成本增加。这种提前锁定履约成本，降低履约风险的特性提高了资金使用效率，为控排企业碳资产管理提供了更灵活的交易手段。

5.3 碳期货

5.3.1 概念

碳期货是指以碳配额或核证减排量现货为合约标的物的期货合约，即买卖双方约定在未来某一特定时间和地点交割一定数量的碳配额或核证减排量。对于控排企业和其他碳资产投资者来说，碳期货可以起到套期保值、规避现货交易中价格波动产生风险的作用；对于碳市场来说，碳期货交易可以弥补碳市场信息不对称情况，增加市场流动性，并通过碳期货价格变动来指导碳配额和核证减排量等碳现货的价格。

全球主要碳市场中，碳期货是交易量最大、流动性最强的碳市场交易工具。最早的碳期货产品是由欧洲气候交易所（ECX）于2005年推出的欧盟碳配额（EUA）期货。EUA期货以欧洲碳排放交易体系（EU-ETS）签发的碳配额为标的。截至EU-ETS第二阶段（2008—2012年），在全部EUA的交易中，碳期货交易量占比超过85%，而场内交易中碳期货交易量更是达到总交易量的91.2%，2015年EU-ETS期货交易量达到现货交易量的30倍以上。不仅如此，碳期货曾在EU-ETS历史上发挥过重要作用：2007年，欧盟碳市场供过于求，导致现货价格锐减，交易量也发生了萎缩，但是碳期货始终保持稳定状态，并带动现货价格逐渐趋稳，在一定程度上支撑EU-ETS市场渡过了难关。

美国洲际交易所（ICE）于2010年收购了成立于2004年的ECX，成为目前世界上最大的碳排放权交易所，也是碳交易最活跃、交易品种最丰富的交易所。截至2022年，ICE进行的碳期货交易量占全球市场碳期货交易量的95%以上。

我国碳期货目前尚在大力研发中。尽管国家发改委和财政部联合中国人民银行、中国证监会等金融监管机构在2016年发布的《关于构建绿色金融体系的指导意见》中已经提出要"探索研究碳排放权期货交易"，但由于《期货交易管理条例》规定期货交易只能在经批准的专业期货交易所进行交易，而现有的试点碳市场均不具备期货交易所资质，因此我国碳期货迟迟没有落地。直到2021年4月19日广州期货交易所揭牌，我国碳期货品种研发进程才得以启动。碳期货市场的启动有望推动我国碳金融市场进入新的发展阶段。

5.3.2 实施流程

与普通商品期货类似，碳期货通过专业的期货交易所进行交易，并由期货交易所作为中央对手方，碳期货合约到期后进行轧差现金结算或进行碳配额或核证减排量的实物交割。值得注意的是，有的碳期货必须进行实物交割。例如，在美国洲际交易所（ICE）进行交易的EUA期货、加州碳配额期货和区域温室气体倡议（Regional Greenhouse Gas Initiative，RGGI）配额期货，在持有到期后须分别通过在欧盟注册处（Union Registry）、碳排放跟踪系统（Compliance Instrument Tracking System Service，CITSS）和RGGI碳配额跟踪系统（RGGI Carbon Dioxide Allowance Tracking System）开立的账户进行实物交割。

在交易流程方面，美国洲际交易所（ICE）和欧洲能源交易所（EEX）均可以进行开立账户、产品交易、交割清算。在开立账户中，两个交易所均实行会员制，要求参与碳交易的主体开立账户，并每年提交会员费。目前一些大型企业（如英国石油公司、荷兰皇家壳牌石油公司等）已经取得了交易所的会员资格。同时，一些体量相对较小、企业内部碳管理制度不完善的企业为了降低成本，通过银行和经纪人以"订单传递"的方式参与碳交易，而不是作为会员来参与交易，避免了提交会员费。在交易清算中，ICE和ECC（EEX的清算机构）将作为中央清算机构提供服务，将卖方的配额划转至自身账户，同时将等量配额划转至买方账户，以降低交易主体面临的风险。

第一步，开立交易和结算账户。碳期货交易参与人应在符合相关规定的交易所或清算机构指定结算银行开立交易账户和资金结算账户。

第二步，签订交易协议。碳期货交易双方通过签订具有法律效力的书面协议、互联网协议或符合国家监管机构规定的其他方式进行指令委托下单交易。

第三步，协议备案和数据提交。交易双方提交签订的期货合约至交易所进行备案或将交易双方达成的期货交易成交数据提交至清算机构。

第四步，到期日交割。碳期货合约交割日前，交易所或清算机构应在指定交易日内通过书面、互联网或符合国家监管机构规定的其他方式向交易参与人发出清算交割提示，明确需清算的交易资金和需交割的标的。交割日结束后，交易所或清算机构当日对期货交易参与人的盈亏、保证金、手续费等款项进行结算。

5.3.3　实践案例

1. 欧洲气候交易所推出碳金融合约

欧洲气候交易所碳金融合约（EXC -EUA Carbon Financial Instrument，EXC CFI）与一般商品期货并没有明显差异，交割流程与现货交割流程类似。买卖双方的期货合约上需有明确的商品品种、交易单位、最少交易量、报价、最小变动价位、涨跌幅度、合约月份、到期日、保证金、数量、价格、交货时间、交货地点等信息。欧洲气候交易所期货交易单位为1000 单位二氧化碳欧盟配额，即排放 1000 吨二氧化碳同等气体的权利；其最少交易量为1000 单位 EUA；采用季度合约月份（即合约交割月份为 3 月、6 月、9 月和 12 月）；交易模式为"T+0"，即交易时间内可连续交易；欧洲气候交易所对所有交易充当中央对手方并担保其会员期货合约的财务状况；保证金及出事保证金按照 EXC 规定的确定金额收取。在欧洲气候交易所注册会员可以随时通过交易所期货电子交易平台，或通过合规的独立软件售卖商（如 Aegis Software 等）进行交易。另外，在欧洲气候交易所交易的 CER 期货必须由联合国清洁发展机制理事会签发，且不包括装机容量超过 20 兆瓦以上的水电项目、土地利用、土地利用变化及森林（LULUCF）项目和核电项目。

2. 芝加哥气候期货交易所推出 RGGI 配额期货

美国的区域温室气体倡议（RGGI）涵盖美国 11 个州，旨在管控电力行业的二氧化碳排放，是美国两大区域性碳市场之一。RGGI 的现货交易于 2009 年 1 月 1 日启动，而芝加哥气候交易所下属的芝加哥气候期货交易所在 2008 年 8 月便已经开始了 RGGI 期货交易，RGGI 期货合约以加州碳配额作为交易标的。期货先于现货推出，为控排企业和参与碳交易的金融机构提供了风险控制的工具，降低了碳市场设立之初的冲击，同时期货的价格发现功能为碳现货初次定价提供了重要的依据，降低了价格风险。

3. 中石油启动首单自愿碳减排量期货交易

2023 年 3 月，中国石油天然气集团有限公司（简称"中石油"）全资附属公司——中国石油国际事业（伦敦）有限公司与 BP 碳贸易公司签订自愿减排量（Voluntary Emission Reduction，VER）交易协议。这是中石油采购的首单 VER 期货标的，标志着中石油碳交易业务从配额场内交易向 VER 场内交易延伸。根据协议内容，中国石油国际事业（伦敦）有限公司将采购 BP 碳贸易公司在印度光伏项目所产生的部分自愿碳减排量，判断其是否符合纽约商业交易所全球碳排放抵消合约交割要求，并通过该合约进行保值和交割。

4. 我国碳期货市场有望启动

2016 年 4 月 27 日，在"绿色发展与全国碳市场建设"会议上，"湖北碳排放权现货远期交易"产品上线交易，成为全国首个碳排放权现货远期交易产品。同年，上海、广州也陆续上线了碳配额远期交易，其中，上海环交所推出的碳配额远期产品采用标准化协议及线上交易形式，并且采用了由上海清算所进行中央对手清算的方式，其形式和功能已经十分接近期货，能够有效帮助市场参与者规避风险，也能在一定程度上发出碳价格信号。由于当时远期交易活跃程度并未达到理想水平，因此交易量并不大，大部分交易被搁置。

2022年4月，中国证监会主席易会满为广州期货交易所揭牌，这预示着我国第五家期货交易所正式成立。作为一家创新型期货交易所，结合我国在碳排放权市场化以及碳期货市场建设的探索，广州期货交易所首个交易品种或许就是碳期货。中国证监会在同年6月12日的例行发布会上表示，积极指导广州期货交易所贯彻落实粤港澳大湾区发展战略规划，加快推进碳期货市场建设。6月18日，生态环境部审议并原则通过了《关于进一步加强生物多样性保护的意见》，听取全国碳排放权交易市场建设和启动上线交易准备工作汇报。

与传统期货类似，碳期货同样具有风险规避、价格发现、资产配置三大功能。完善的碳期货制度和碳金融市场是保证交易正常运行的重要前提。根据生态环境部测算，纳入首批全国碳排放权交易市场覆盖的企业碳排放量超过40亿吨二氧化碳，我国碳市场将成为全球覆盖温室气体排放量规模最大的市场，但全国碳市场的交易主体仅涵盖重点排放企业、监管机构等，并未形成如同股票市场一样受投资者关注和积极参与的市场。相比之下，碳期货能够为广大投资者提供参与投资"碳价"的渠道。碳交易前期多为企业参与，要想增加碳期货投资交易活跃度，未来必须增加碳期货的公众参与度。我国的碳期货不仅可以依托于我国庞大的碳交易市场，还可以借鉴欧美碳期货市场的优秀经验，探索具有中国特色、功能完善的碳期货交易制度，并提高公众的参与度，使更多投资者参与碳排放权的投资。碳期货交易不仅能够提高碳排放权交易的市场化程度，充分发挥期货的基本属性和功能，促进碳价的公平合理，还能够为碳排放权交易市场注入新的活力。

碳期货市场未来发展需要防止过度投机。作为全国期货业发展最早的城市之一，广州早在20世纪90年代就曾设立过期货交易所。但由于当时市场发展不完善、制度不健全、投机过度现象频繁出现，广州的期货交易所在1996年开始的全国期货业清理整顿中被关停取缔。在全球期货市场中，过度投机现象并不罕见，期货的保证金制度即期货杠杆的不合理运用也曾导致一些国际金融巨头的破产。因此保证金制度是否应沿用或应如何运用到碳期货中，是碳期货制度在建设过程中需要考虑的重要问题。由于碳市场履约的特殊性，如果过度投机造成碳价格剧烈波动，不合理的碳价会影响企业和政府机构等众多碳排放权交易市场的原始参与者，并对他们的日常经营和监管产生巨大的不确定性，尤其会影响每年的碳排放履约成本。若投机者提前获悉企业的经营内幕消息，包括企业碳配额、减排量、出售碳权的具体时间等，则很有可能通过投机手段干预市场供求关系，扰乱正常碳价波动，造成企业履约成本激增，严重者甚至会造成企业履约失败而受到罚款，进而影响整个碳市场的交易积极性与稳定发展。

碳期货可以发挥对碳资产的价格发现和风险管理功能，并且能够发现碳远期价格，解决碳交易量时间和空间割裂的情况，对碳价也有一定的调节作用。全国碳市场试点发展与碳排放权相关的期货、期权产品已经在按规划推出，碳金融体系也将从场外到场内、从非标准化到标准化逐步完善，旨在提高碳定价效率、减少碳价波动性，从而降低企业的履约成本。此外，合理利用和发挥碳期货工具的资产配置功能，还能够为实现节能降耗、低碳发展、可持续发展以及最终推进碳中和进程提供强有力的支撑。

5.4　碳期权

5.4.1　概念

碳期权是以碳配额和核证减排量（包括碳期货合约）为标的的期权。碳期权的买方在向卖方支付一定的权利金后，可以按双方期权合约约定的价格买入或卖出一定数量的碳配额或碳减排量（包括碳期货合约）。

碳期权合约既可以是标准化合约，也可以是非标准化合约。标准化碳期权合约通常由专业的交易所拟定，例如北京绿色交易所曾在 2016 年发布了《碳排放权场外期权交易合同（参考模板）》。而非标准化的碳期权合约则由碳期权的买卖双方自由商定。根据交易场所不同，碳期权可分为场内期权和场外期权；根据预期变化方向不同，碳期权可分为看涨期权和看跌期权。

碳期权最早诞生于欧洲。首支碳期权是 ECX 于 2005 年推出的 EUA 期权。国际上主要碳市场中的碳期权交易已相对成熟，目前比较常见的碳期权有 EUA 期权、CER（即核证自愿减排量）期权和 ERU（即减排单位）期权等。以 EUA 期权为例，它既可以在纽约商业交易所、欧洲能源交易所、美国洲际交易所等交易所交易，也可以在场外进行交易。

我国的碳期权交易起步相对较晚，首单碳期权交易合约于 2016 年达成。值得注意的是，虽然北京绿色交易所拟定了碳期权标准化合约参考模板，但我国的碳期权交易至今还是通过场外方式进行的，而交易所则仅负责碳期权权利金的监管和碳期权合约的执行监督。

5.4.2　实施流程

第一步，开立交易和结算账户。碳期权交易参与人应在符合相关规定的交易所或清算机构指定结算银行开立交易账户和资金结算账户。

第二步，签订交易协议。碳期权交易双方通过签订具有法律效力的书面协议、互联网协议或符合国家监管机构规定的其他方式进行指令委托下单交易，约定期权买方行权从卖方手中买入或者卖出的标的物、行权价格、有效期和到期日等。

第三步，协议备案和数据提交。交易双方提交签订的期权合约至交易所进行备案或将交易双方达成的期权交易成交数据提交至清算机构。买方将购买碳期权的权利金交由交易所监管，交易所出具权利金到账确认书；同时碳期权卖方将碳期权合约对应的碳配额在交易所申请冻结。

第四步，行权确认与结算。待碳期权合约约定的行权条件成立且买方选择行权时，交易所将冻结的碳配额划转到买方名下，同时将权利金划付给卖方，并出具行权结果确认书。

5.4.3　实践案例

2016 年 6 月 16 日，深圳招银国金投资有限公司、北京京能源创碳资产管理有限公司、北京环境交易所签署国内首份碳配额场外期权合约，该合约对应 2 万吨当量的碳配额，由北京环境交易所负责监管权利金与合约执行工作。

2017 年，深圳排放权交易所战略会员——广州守仁环境能源股份有限公司与壳牌能源

（中国）有限公司通过场外交易的方式签署了碳排放权配额场外期权交易协议，该笔期权交易共涉及数十万吨碳配额，双方按照约定价格执行碳配额买卖。

虽然相较于碳远期产品，碳期权在我国的业务实践较少，且缺乏相关业务规则，目前仍处于零星发生、个别交易的状态，但碳期权交易一方面可以为交易双方提供多样化的风险规避手段，有利于碳市场活跃度的提升和稳定健康发展；另一方面，场外期权交易的开展也可以为我国未来开展碳期货等创新碳交易摸索经验。

5.5 碳掉期

5.5.1 概念

碳掉期又称碳互换，是指以碳配额或核证减排量为标的物的掉期合约，即交易双方约定在未来的一定时期内交换碳配额或核证减排量标的碳资产，或者与标的碳资产等价现金流的合约。碳掉期是碳资产与掉期这一金融衍生品工具相结合的产物。

实践中，碳配额场外掉期通常有两种形式：①以现金结算标的物即期与远期差价，碳市场交易场所主要负责保证金监管、交易鉴证及交易清算和结算；②不同标的资产间的互换交易，如我国试点碳市场中常见的碳配额-CCER互换交易。

碳掉期合约通常由交易双方自行签署，并根据合约的约定进行碳配额、核证减排量或现金的划转，是非标准化的碳金融产品。碳掉期交易一般通过场外交易方式进行，碳配额或核证减排量的专业交易所不直接介入碳掉期交易。多数情况下，碳掉期合约只进行现金结算，很少进行碳资产的实物交割。碳掉期交易的成本较低，能有效降低控排企业持有碳资产的利率波动风险，是重要的碳市场交易工具。

碳掉期最先在碳市场较成熟和金融体系较完善的西方发达国家兴起，并逐渐成为在国际市场上的碳配额和核证减排量交易中运用十分广泛的交易工具之一。我国的碳掉期交易则仍处在地方碳市场试点摸索阶段。由于CCER可用于碳排放配额清缴抵消，持有CCER的市场主体可以利用"碳配额-CCER"的碳掉期安排来锁定碳配额和CCER的价格，更好地实现套利保值，因此碳掉期在我国具有广阔的应用前景。

5.5.2 实施流程

目前由我国交易所提供支持服务的碳掉期交易表现出了交易所介入的特征，表现为交易双方均需向交易所缴付保证金，而交易所主要承担保证金监管和差价结算的责任。这与传统意义上进行场外交易的碳掉期不同。但交易所提供的资金监管和结算服务能够在一定程度上增强碳掉期作为非标准化碳金融产品的交易风险可控度，有利于碳掉期业务在我国的发展。

第一步，开立交易和结算账户。碳掉期交易参与人应在符合相关规定的交易所或清算机构指定结算银行开立交易账户和资金结算账户。

第二步，签订交易协议。碳掉期交易双方通过签订具有法律效力的书面协议、互联网协议或符合国家监管机构规定的其他方式进行指令委托下单交易，约定互换的标的物、购买及回购时间等。

第三步，协议备案和数据提交。交易双方提交签订的掉期合约至交易所进行备案或将交易双方达成的掉期交易成交数据提交至清算机构。

第四步，保证金缴纳。双方在合同生效后向交易所缴纳一次性（初始）保证金，由交易所实施保证金监管；双方在最终结算日前向交易所缴纳维持保证金，用于弥补因标的碳资产价格变化而产生的浮亏，由交易所监督并在维持保证金低于浮亏时强制平仓。

第五步，结算。在最终结算日，交易所或清算机构对掉期交易参与人的盈亏、保证金、手续费等款项进行结算。

5.5.3　实践案例

1. 壳牌公司与华能国际完成我国首单碳掉期交易

我国首单碳掉期交易由壳牌能源（中国）有限公司（简称"壳牌公司"）与华能国际电力股份有限公司广东分公司（简称"华能国际"）于 2015 年 6 月 9 日完成，交易中华能国际向壳牌公司出让一部分碳配额，用于交换对方的核证减排量等碳资产。

2. 中信证券和北京京能在北京环境交易所达成碳配额场外掉期交易

2015 年 6 月 15 日，中信证券股份有限公司（简称"中信证券"）、北京京能源创碳资产管理有限公司（现名为"北京京能碳资产管理有限公司"，简称"北京京能"）在北京环境交易所完成碳配额场外掉期合约交易，交易标的为 1 万吨当量的碳配额，交易双方委托北京绿色交易所负责保证金监管与交易清算工作。

双方同意中信证券（甲方）于合约结算日（合约生效后 6 个月）以约定的固定价格向乙方（北京京能）购买标的碳排放权，乙方于合约结算日再以浮动价格向甲方购买标的碳排放权，浮动价格与交易所的现货市场交易价格挂钩，到合约结算日交易所根据固定价格和浮动价格之间的差价进行结算。若固定价格小于浮动价格，则看多方甲方为盈利方；若固定价格大于浮动价格，则看多方甲方为亏损方。交易所根据掉期合约的约定向双方收取初始保证金，并在合约期内根据现货市场价格的变化定期对保证金进行清算，根据清算结果要求浮动亏损方补充维持保证金，若未按期补足，交易所有权强制平仓。

碳配额场外掉期交易为碳市场参与人提供了一个防范价格风险、开展套期保值的手段。随后，北京绿色交易所于 2016 年发布了场外碳掉期合约参考模板，场外碳掉期成为北京碳市场的重要碳金融创新工具之一。

5.6　碳借贷

5.6.1　概念

碳借贷即碳资产拆借（也称为借碳），是指借入方向借出方拆借碳资产，并在交易所进行交易或用于碳排放履约，待双方约定的借碳期限届满后，由借入方向借出方返还碳资产，并支付约定收益的行为。借碳业务在不同的场景下，能够发挥不同的作用。

1. 碳资产正拆借

在非履约期，控排企业或其他机构持有的碳配额和碳信用无须用于履约，因此可以向金融机构或碳资产管理机构出借碳资产，并获得收益。对于企业而言，可以通过正拆借盘活存量碳资产；而对于提供服务的机构而言，则可以获得碳资产头寸，通过专业化的管理实现收益。收益实现的结果是将原本在非履约期闲置的配额引入碳交易市场，提高碳市场流动性和交易的活跃度。

2. 碳资产逆拆借

在履约期，配额短缺的控排企业可以向中介机构借入配额用于履约，并用下一年度发放的配额偿还，从而缓解企业履约压力、降低履约成本、实现跨期平滑。

碳资产正拆借和逆拆借可视为碳回购及逆回购的变体，是由上海环境能源交易所开发的一种创新型碳市场交易工具。常见的碳回购或逆回购需要其他非履约机构参与，而碳资产正拆借和逆拆借可以在履约机构间展开。目前，碳资产拆借业务的落地数量相对较少，且主要在上海环境能源交易所开展。由于碳资产拆借合约内容较灵活，拆借期限、费用等尚未形成标准化的格式，因而交易撮合难度较高，在一定程度上妨碍了碳资产拆借业务的发展。

5.6.2 实施流程

第一步，签订碳资产借贷合同。碳借贷双方应为纳入碳配额管理的企业或符合相关规定的机构和个人。机构和个人参与碳借贷业务需符合交易所规定的条件。碳借贷双方自行磋商并签订由交易所提供标准格式的碳资产借贷合同。

第二步，合同备案。碳借贷双方按交易所规定提交碳资产借贷交易申请材料，并提交至交易所进行备案。

第三步，设立专用科目。碳借贷双方在注册登记系统和交易系统中设立碳借贷专用碳资产科目和碳借贷专用资金科目。

第四步，保证金缴纳及碳资产划转。碳资产借入方在交易所规定的工作日内按相关规定在碳借贷专用资金科目存入一定比例的初始保证金，碳资产借出方在交易所规定的工作日内将应借出的碳资产从注册登记系统管理科目划入借出方碳借贷专用碳资产科目。碳资产借入方所借碳资产为在碳排放权注册登记系统中登记的碳排放权。碳资产借入方缴纳保证金，碳资产借出方划入应借出配额后，交易所向注册登记系统出具碳资产划转通知。

第五步，到期日交易申请。碳借贷期限到期日前（包括到期日），交易双方共同向交易所提交申请，交易所在收到申请后按双方约定的日期暂停碳资产借入方碳借贷专用科目内的碳资产交易，并向注册登记系统出具碳资产划转通知。

第六步，返还碳资产和约定收益。交易双方约定的碳借贷期限届满后，由碳资产借入方向碳资产借出方返还碳资产并支付约定收益。

5.6.3 实践案例

1. 上海环境能源交易所推出碳资产拆借业务

借碳交易业务是上海环境能源交易所于 2015 年 6 月推出的一项创新型业务。2015 年，上海环境能源交易所制定《上海环境能源交易所借碳交易业务细则（试行）》，明确借碳交易机制。借碳旨在通过碳资产管理机构的专业经验，帮助试点控排企业管理碳配额，盘活存量碳资产，提高碳配额流动性，活跃碳市场。

在碳资产拆借业务中，风险点主要在于借入方无法在约定期限内按时返还配额。《上海环境能源交易所借碳交易业务细则（试行）》明确了多项风险控制措施：

首先，设置专用科目。交易双方均需设立借碳专用配额科目和借碳专用资金科目，与自有碳配额交易相区分。

其次，采用保证金制度。借入方缴纳初始保证金之后，才可以进行配额的划转，初始保证金为借碳金额的 30%；在整个碳资产拆借业务期间，交易所将监控借入方的专用资金科目和专用配额科目，每日计算保证金比例，保证金比例按"∑（专用资金科目内现金+专用配额科目内配额市值）/∑借入配额市值"的公式计算，且不得低于 130%。

再次，限制资金用途和出金。借入方借入配额后，卖出配额所得资金只能用于购买与所借配额有同等效用的配额，并且在偿还借入的配额前不得出金。

为确保借碳最大额度，借入方借碳专用科目累计借碳数量不得超过 200 万吨。

最后，实施市场监控。在出现异常时，交易所将采取调整标的配额种类、调整初始保证金、暂停特定标的配额的交易、限制相关账户交易等措施。

2. 申能集团开展了全国首单碳借贷业务

2015 年 8 月，申能集团财务有限公司与同属申能系统的四家电厂——外高桥第三发电有限责任公司、上海外高桥第二发电有限责任公司、上海吴泾第二发电有限责任公司、上海申能临港燃机发电有限公司分别作为碳资产拆借双方签署了借碳合同，总配额为 20 万吨，为全国首单碳资产拆借业务。

3. 上海吴泾与中碳未来签约借碳交易

2016 年 1 月 28 日，上海吴泾发电有限责任公司与中碳未来（北京）资产管理有限公司举行借碳交易签约仪式，完成了总量为 200 万吨的上海市碳配额的借碳交易，是当时上海碳市场单笔借出量最大的一单借碳交易业务，也是当时全国单笔最大的一单碳资产管理业务。

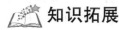 **知识拓展**

碳金融衍生品的意义和发展条件

1. 碳金融衍生品在欧美市场的发展经验

从全球碳市场的发展经验来看，碳金融衍生品市场与碳现货市场的发展相辅相成。不论是欧盟碳排放交易体系（EU-ETS）还是美国区域温室气体倡议（RGGI），在碳市场设计过程中均同时考虑碳现货与碳远期、碳期货等衍生品交易工具，使现货与衍生品市场之间能够互相支撑，构成完整的碳金融市场结构。以 EU-ETS 为例，欧洲气候交易所（ECX）和欧洲能源交易所（EEX）在 2005 年碳市场启动伊始，便同时开展了欧盟碳配额（EUA）以及核证减排量（CER 和 ERU）的期货和期权交易，分别为碳配额的线上交易以及 CDM 项目开发提供套期保值和风险管理工具。在美国 RGGI 碳交易体系中，现货交易于 2009 年 1 月 1 日启动，而芝加哥气候交易所下属的芝加哥气候期货交易所在 2008 年 8 月便开始了 RGGI 期货交易。

2. 碳金融衍生品的作用与功能

全球碳市场的建立与发展离不开活跃的碳远期、碳期货及其他衍生品交易。碳金融衍生品对碳市场的作用主要体现在以下几个方面：

首先，在市场制度和相关政策平稳可期的前提下，碳金融衍生品能够将现货的单一价格拓展为一条由不同交割月份的远期合约构成的价格曲线，揭示市场对未来价格的预期。由于减排行动的效果需要较长周期才能体现，而现货价格只能反映当下碳价格，因此碳期货和碳远期产品的预期价格曲线对于企业规划较长时期的减排行动尤为重要。此外，对于提供涉碳融资及碳资产管理的机构而言，明确的价格预期有助于降低风险溢价，降低涉碳融资成本。

其次，碳金融衍生品，尤其是碳远期与碳期货产品，对于提高碳市场交易活跃度、增强市场流动性起到了重要的作用。由于碳现货交易需要全额支付配额价格，因此在只有现货交易的市场上，买家和卖家为节约配额的交易和持有成本，往往会尽可能降低交易频次和交易量。这会导致一年内绝大多数时间碳市场的交易量较少，并且相当规模的交易集中发生在履约日前很短的一段时间内，即碳交易的"潮汐现象"。"潮汐现象"会造成市场交易的拥堵，提高履约成本。与碳现货不同，碳期货和碳远期交易以保证金为基础，资金占用大幅降低。在实践中，交易主体往往选择在交割日之前进行平仓，以减少现金收支。这在很大程度上会提升非履约期交易的动机，增加碳市场的流动性。

再次，碳金融衍生品带来的市场流动性能够平抑价格波动、降低市场风险。一个缺乏期货交易的碳市场往往缺乏市场流动性，而市场流动性的缺失则会限制交易机制本身的价格发现功能。最直接的表现就是任何少量交易都可能对市场价格造成剧烈的影响，导致市场价格频繁出现大幅度、非理性的波动。

最后，碳金融衍生品为市场主体提供了对冲价格风险的工具，有利于企业更好地管理碳资产风险敞口，同时为金融机构参与碳市场、开发更丰富的碳金融衍生品以及涉碳融资等碳金融服务创造了条件。

3. 碳金融衍生品对金融机构参与碳市场的作用

金融机构的参与对于碳市场的发展和成熟起着至关重要的作用。首先，金融机构资金规模大、参与交易的能力与意愿高，因而交易吞吐量远高于控排企业，能够为碳市场带来巨大的流动性，强化价格发现功能；其次，金融机构通过衍生产品与服务的开发，能够加快碳资产的形成、帮助企业盘活碳资产和进行风险管理，从而激发企业的交易活力；最后，金融机构的参与会强化碳市场的金融属性，从而使碳市场与货币、资产、大宗商品等金融市场产生内在关联，吸引外部需求，进一步扩大市场的流动性。反过来，金融机构对市场流动性以及风险管理工具的灵活性、有效性有着更严格的需求，因而会刺激衍生品开发，倒逼市场加快形成更完整的产品结构。

根据国际经验，金融机构参与碳市场的模式主要包括以下几类：

1）做市商交易模式。"做市商"是指由金融机构作为特许交易商，向市场报出特定金融产品的买卖价格（双向报价），并在该价位上接受买卖要求，以其自有资金和头寸与投资者进行交易，通过买卖差价获得利润。在碳市场上，由于控排企业排放规模、经营状况等参差不齐，因此其参与碳交易的能力和意愿也存在较大差异。作为碳市场的做市商，金融机构可以利用自身客户优势开展市场难以消化的大宗碳配额交易，或者批量集中小企业的配额进行打包交易等。做市商交易模式为线上交易提供了有益的补充，能够满足各类企业的不同需求。目前在欧洲市场，通过做市商完成的场外碳配额交易占碳市场总交易量的四成左右，规模不容忽视。

2）投机套利性交易模式。投机套利是指通过高抛低吸获利，或者跨市场、跨期套利，是金融机构或其他投资者参与碳市场交易的一种模式。尽管投机套利性交易往往不需要对冲价格风险，但投资者需要依据自身对未来价格的预期来确定交易决策。碳远期、碳期货等衍生产品为碳市场提供了未来价格趋势的参照，有助于投资者进行交易。此外，由于碳远期、碳期货交易采取保证金形式，资金占用率低、杠杆率较高，因此有助于扩大市场流动性。

3）涉碳融资模式。通过盘活碳资产，在保证履约的前提下优化资产收益，是银行面临的新的机遇。2016 年以来，我国碳市场中出现了碳配额抵押/质押贷款、碳回购等涉碳融资业务，以及碳配额托管、碳信托等碳资产管理业务。这些与碳资产挂钩的融资业务不仅能够活跃碳交易市场，还可以为社会资金投资于碳资产提供渠道，对金融机构而言也可以带来中间业务收入。

4）中介服务模式。碳市场的交易标的除了配额，还包括减排量。从某种意义上看，减排量本身就具有期货的特征：从投资减排项目到成功注册备案，再到建成投产，企业正常运行后才能获得相关的收益。在这个过程中，金融机构可以提供融资、咨询等中介服务，获得全部或部分减排量对应的收益，或者以此为担保。

4. 碳金融衍生品的发展条件

碳远期等碳金融衍生品市场的发展需要满足一些特定的条件才能确保碳金融市场本身的健康发展，以及控制碳现货价格风险，避免对实体企业的正常生产经营造成冲击。具体包括以下几个方面：

首先，一个健康、活跃，且具有一定规模的现货市场是碳金融衍生品市场的基石。由于衍生品交易成本低、资金杠杆高、成交活跃，现货市场的任何细微缺陷都会在衍生品市场被放大，产生套利空间，侵蚀市场的根基。因此，要想发展碳金融衍生品，首先需要夯实现货市场的基础，包括明确和统一碳排放核算、报告和核查机制，在不同交易市场之间设置统一的交易规则，确保不同地区、不同市场交易的现货产品之间具有严格的同质性。

其次，应减少对金融机构参与碳市场的限制。现行的碳金融市场存在诸多对金融机构参与碳市场的限制，比如银行业只能参与碳交易的结算业务，不能参与碳现货或者其他碳金融衍生品交易。在现阶段打破金融机构参与碳市场的制度限制对于碳金融的整体发展有着积极的推动作用。

最后，需要特别关注碳金融衍生品市场的风险。由于期货等衍生品对现货价格具有引导作用，因此衍生品市场的金融属性带来的风险便会传导到现货市场，进而对生产企业实际的减排行动造成影响。对此，一方面要通过市场自身的风险控制手段，如涨跌幅限制、持仓限制等来控制衍生品市场风险；另一方面，也要借助公开市场操作的方式，在市场出现极端情况时，及时对现货市场进行干预，这对市场预期起着重要作用，也会反过来增强衍生品市场的平稳性。

碳汇金融专栏

广西林业碳汇交易案例

1. 案例背景

广西依托"广西综合林业发展和保护项目"制度框架，试点实施"中国广西珠江流域治理再造林项目"，探索清洁发展机制（CDM）再造林的技术与方法学，获得了高质量核证减排量，实现了碳汇交易收益。此外，实施"广西西北部地区退化土地再造林项目"来推广林业碳汇试点经验，推进了再造林碳汇技术与方法示范，推动了广西林业生态产品经济效益的实现与林业可持续发展。

2. 具体做法

一是创新林业碳汇方法学。积极响应世界银行在全球范围征集 CDM 项目建议的号召，于 2004 年向生物碳基金管理委员会递交了在广西开展 CDM 再造林的项目建议，"中国广西珠江流域治理再造林项目"获得认可。组建林业碳汇专家组团队，于 2006 年起草了 CDM "退化土地再造林方法学"并递交 CDM 执行理事会，该方法学成为全球首个被批准的 CDM 造林再造林项目方法学。

二是实施"中国广西珠江流域治理再造林项目"。科学选取项目实施区域，按照 CDM 项目对土地合格性的要求，结合珠江流域森林植被破坏严重、森林质量较差、水土流失、石漠化等生态问题需要治理的现实需求，选择珠江中、上游重要生态保护区、生态脆弱地区，即广西北部的河池市环江毛南族自治县、梧州市苍梧县作为林业碳汇项目实施范围，项目计入期为 30 年，预计年减排量为 25795 吨二氧化碳。科学选择适宜树种，采用参与式设计方法，遵循适地适树原则，尊重农民的意愿，对项目区社会经济、环境和立地进行深入调查，综合考虑碳吸收能力、生物多样性保护、水土保持以及相关林产品的价值等因素来确定碳汇林种植树种。低碳减排管理，项目造林采用不炼山、挖暗坎的方式进行整地，整地时切实保护项目基地范围内的原始林、水源林、经济林等。施肥根据土壤化验进行科学配方施肥，造林育苗采取就近育苗，苗木运输尽量采用人挑马驮方式，尽量减少因项目活动引进的排放和泄漏。造林后连续抚育 3 年，采取修枝、间伐、砍草、割灌、扩坑、培土等措施进行林地抚育管理，确保林木正常健康生长，增加森林碳汇。试验碳汇交易，建立 400 平方米的固定标准地，采用标准样地监测方式，在固定标准地上对实有林木株数的树高和胸径进行每木检尺，计算其公顷蓄积量、公顷碳汇量，用碳汇量开展交易，获得交易资金。

三是推进 CDM 再造林项目示范。为推广"中国广西珠江流域治理再造林项目"实施成功经验，与世界银行生物碳基金继续合作，于 2008 年实施新的 CDM 再造林项目，在具有集中连片宜林荒山荒地的珠江上游广西西北部地区（广西百色市隆林各族自治县、田林县和凌云县）推进广西西北部地区退化土地再造林项目，建设规模达 8671.3 公顷，项目计入期为 20 年，可更新 2 次，共计 60 年，预计年减排量为 87308 吨二氧化碳。

四是创新碳汇项目开发的经营模式。采用多样化项目经营形式，扩大社会主体和个人对碳汇造林的参与度，实施"农户/村集体与林场/公司股份"合作造林模式，由农户（组）提供土地，由公司、林场出资造林，林木收成按 4∶6 分配，碳汇收益按 6∶4 分配；实施农户小组、经济能人造林模式，由农户（组）、经济能人完全自主经营，并享有林木与碳汇全部收益，可获得政府造林补助资金。

3. 主要成效

截至 2019 年年底，"中国广西珠江流域治理再造林项目""广西西北部地区退化土地再造林项目"监测累计产生碳汇 74.8 万吨，交易碳汇 64 万吨，获碳汇收入 298 万美元。其中，"中国广西珠江流域治理再造林项目"在首个监测期内成功签发了 13.1964 万吨碳汇减排量，获得碳汇收益 51.9 万美元，2019 年，该项目生产的碳减排量再获核证签发，核证签发的碳减排量为 31.85 万吨二氧化碳当量，项目所生产的碳减排量由世界银行生物碳基金全部购买，实现碳汇交易额 138.57 万美元。"广西西北部地区退化土地再造林项目"累计吸收储存 42.86 万吨二氧化碳，获得碳交易款 160 万美元。林业碳汇产品的生态价值通过市场化交易实现了经济价值的显化。

探究与思考

1. 碳市场交易工具有哪些？碳市场交易工具在我国的发展如何？

2. 试述碳资产的主要类型和不同类型碳资产之间的主要区别。

3. 简述碳远期的含义、实施流程和实践意义。

4. 什么是碳期货？碳期货的主要流程是什么？

5. 什么是碳期权？碳期权的主要流程是什么？

6. 简述碳掉期的含义和主要形式。

7. 试述碳借贷的基本内容和作用。

8. 试举例说明碳市场交易工具实践和经验。

【参考文献】

[1] 冯丽凝，安毅. 碳排放市场发展与期货合约设计探析 [J]. 中国证券期货，2022 (3)：4-11.

[2] 黄杰. 碳期货价格波动、相关性及启示研究：以欧盟碳期货市场为例 [J]. 经济问题，2020 (5)：63-70.

[3] 张原锟. 欧盟碳期货市场效率研究 [D]. 长春：吉林大学，2022.

[4] 韩学义. 中国碳金融衍生品市场发展的几点思考 [J]. 中国产经，2020，(8)：151-154.

[5] 张跃军，孙亚方，郭晓铛. 欧洲碳期货市场动态套利策略建模及实证研究 [J]. 北京理工大学学报（社会科学版），2017，19 (1)：1-8.

[6] 张敏思，张昕，苏畅. 试点碳市场配额有偿分配经验及对全国碳市场的借鉴意义分析 [J]. 中国环境管理，2023，15 (1)：48-54.

[7] 郭晓洁，严碧璐. 广东碳金融创新之路：以服务实体为本 推动碳期货试点 [N]. 21 世纪经济报道，2023-06-05.

[8] CEQ.《考虑气候变化和温室气体影响的 NEPA 实施指南》[R/OL]. (2020-07-16) [2023-03-15]. https://www.energy.gov/sites/default/files/2020/07/f76/ceq-reg-2020-07-16-final-rule.pdf

[9] 鲁政委，汤维祺. 碳金融衍生品的意义和发展条件 [J]. 金融发展评论，2017，85 (1)：42-52.

[10] 苏蕾，梁轶男. 欧盟碳期货交易价格波动风险对我国的启示 [J]. 价格月刊，2016 (12)：1-7.

[11] 刘帆，杨晴. 碳中和目标下加快我国碳金融市场发展的思考与建议 [J]. 金融发展研究，2022 (4)：90-92.

[12] 姚前.《碳金融产品》标准研制与应用发展 [J]. 清华金融评论，2023 (2)：14-16.

第 6 章
碳市场融资工具

碳市场融资工具指的是以碳资产为标的进行各类资金融通的金融产品，主要包括碳债券、碳资产抵质押融资、碳资产回购、碳资产托管和碳股权融资等，其核心功能在于以碳配额或碳信用等碳排放权益为媒介进行资金融通活动，从而服务于减少温室气体排放或增加碳汇能力的商业活动。本章介绍了碳债券、碳资产抵质押融资、碳资产回购、碳资产托管和碳股权融资五类常见碳市场融资工具的概念、运作流程及实际运用等。

6.1 碳债券

6.1.1 概念及用途

1. 相关概念

碳债券（carbon bonds）是政府、企业为募集低碳经济项目资金而向社会公众发放的，表示在未来期间返还利息和到期还本的一种承诺，可以作为解决融资问题的一种手段，是绿色债券的一种形式。碳债券的推出标志着碳市场与债券市场的互联互通迈出了关键性的一步。拥有碳资产的实体企业通过盘活存量碳资产能够实现便利融资，满足企业融资需求，从而促使企业持有更多碳配额，引导企业低碳转型发展；同时能够提升债券市场投资人对碳市场的关注度。

碳债券的本质是一种债券，符合现行金融体系的运作要求，能够满足交易双方的投融资需求、满足政府大力推动低碳经济的导向性需求、满足项目投资者弥补回报率低于传统市场平均水平的需求、满足债券购买者主动承担应对全球环境变化责任的需求。同时，碳债券具有鲜明的特点：首先碳债券的投向十分明确，紧紧围绕可再生性能源进行投资；其次，可以采取固定利率加浮动利率的产品设计，将碳项目收入中的一定比例用于浮动利息的支付，实现了项目投资者与债券投资者对碳收益的分享；再次，碳债券对碳交易市场在内的新型虚拟交易市场有扩容的作用，它的大规模发行将最终促进整个金融体系和资本市场向低碳经济导向下新型市场的转变。

2. 筹资用途

碳债券所募集资金的用途，按照其与碳相关的程度可以分为三种：

第一种是强相关。以"碳"为标志的债券，募集资金的用途应该直接与碳相关，或者与碳交易或碳项目相关程度较高。

第二种是中相关。碳债券募集资金的间接方式也不能忽视。这种间接方式立足于以碳资产金融属性为基础的金融创新，并且发行企业经营活动与碳市场具有较高的相关性。

第三种是弱相关。碳债券募集的资金与碳交易或节能减排活动的相关程度很低，资金资源并未直接、高效地配置在相关领域中，资源配置的指向性或针对性不强，将制约投资产生的直接或间接效果，例如偿还银行贷款等。

6.1.2 发行基础及流程

1. 发行基础

碳债券的发行基础可以是项目，也可以是发行主体资产。

如果债券发行基础为项目，即以项目的信用为基础发行，以项目收益票据为代表，发行主体为独立运营的项目公司，简称项目债。项目债的核心是作为基础资产的碳项目未来能够产生稳定的现金流。债券可结合项目的总投资、建设周期、项目收益及收益回收期等情况设计债券的金额、期限、增信、利率等主要条款。由于节能减排项目通常具有资本支出较大、开发周期长、资金回报缓慢、外部政策不确定等特点，这类债券的投资者认可度低、发行难度较大。

如果债券发行主体是企业主体资产，即以企业主体的信用为基础发行的债券，简称主体债。相对而言，主体债碳债券以企业的信用为基础，发行与碳资产经营与管理有关的债券。

2. 发行流程

碳债券在发行方面应当遵守一般债券发行所需的制度规则。同时碳债券目前作为绿色债券的一种，应当遵守绿色债券的发行规则。在我国绿色债券的监管主体中，存在中国人民银行、证监会、发改委等监管部门的身影，中国人民银行在 2015 年 12 月 15 日发布中国人民银行公告〔2015〕第 39 号，就在银行间债券市场发行绿色金融债券有关事宜进行公告，这标志着绿色债券正式步入我国债券市场。此后国家发改委发布了《绿色债券发行指引》《绿色债券支持项目目录（2021 年版）》，中国证监会发布了《关于支持绿色债券发展的指导意见》等。从企业发行债券的监管机构来看，国内主要债券品种包括：国家发改委监管的企业债、中国证监会监管的公司债、中国银行间市场交易商协会监管的非金融企业债务融资工具。其中国家发改委和中国证监会采取核准制，中国银行间市场交易商协会采取注册制；企业债要求发行主体是法人，公司债要求发行主体是所有公司制法人，债务融资工具要求发行主体是非金融企业法人。根据我国现有的债券制度，三类债券监管部门对核准或接受注册与节能减排有关的债券并无明确限制性规定。

碳债券发行的参与方包括主承销商、评级公司、增信机构、会计师事务所、律师事务所等中介服务机构。具体发行流程如图 6-1 所示。

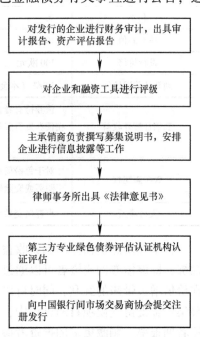

图 6-1 碳债券发行流程

6.1.3 实践案例

1. 欧洲投资银行发行世界上第一只气候意识债券

2007 年 7 月，欧洲投资银行（European Investment Bank，EIB）发行了世界上第一只气

候意识债券（Climate Awareness Bond，CAB），该债券也被认为是第一只碳债券，募集资金用于欧洲投资银行为可再生能源或能源效率类项目提供贷款。如表 6-1 所示，首只气候意识债券募集资金 6 亿欧元，期限为 5 年，债券面值为 100 欧元，为零息债券。该债券的本金和到期赎回金额均为 100 欧元，主要收益来源于该债券创新设计的额外收益部分。债券持有到期可获得的额外收益与良好环保领袖欧洲 40 指数（FTSE4Good Environmental Leaders Europe 40 Index）在债券存续期间的涨跌幅相挂钩，且最低不少于债券票面的 5%，保证了债券至少 5% 的回报率。良好环保领袖欧洲 40 指数是一个衡量欧洲 40 家环境友好型企业的市场价值表现的指数。通过这样的设计，气候意识债券被构建为一个股票挂钩型债券。此外，若到期日的额外收益超过债券面值的 25%，债券持有者将有权将超过部分的金额用于在欧盟碳市场中购买或废除相应金额的碳配额，以强化碳市场的减排效益。

表 6-1　首只欧洲投资银行气候意识债券发行信息

项　目	内　容
债券名称	气候意识债券
债券类型	绿色用途债券
发行日期	2007/6/28
债券到期日	2012/6/28
发行币种及金额	6 亿欧元
发行范围	欧盟 27 个成员国内
利息	无
债券面值	100 欧元
发行价格	100 欧元
到期日赎回比例	100%（本金将按债券面值到期偿还）
到期日额外收益	债券持有者在债券到期日有权收到与 FTSE4Good Environmental Leaders Europe 40 Index 在债券发行五年期间的涨跌幅相挂钩的额外收益。额外收益最低不少于债券票面金额的 5%
碳配额期权	对于每份债券，若到期日的额外收益超过债券面值的 25%，持有者有权将超过部分用于购买或废除碳市场中的碳配额。持有者可以对其持有的全部或部分债券执行此项期权
发行场所	卢森堡交易所

首单气候意识债券的创新收益机制实现了对绿色债券投资价值和环境友好型企业价值的捆绑，即该债券的投资者可以通过对气候友好型项目提供资金支持，享受环境友好型企业潜在价值增长带来的红利，同时可以保障最低 5% 的固定收益，具有较高的风险回报。在债券募集资金支持气候项目的过程中，也可能间接提高环境友好型企业的市场表现，从而增加投资者回报率，刺激更多的投资者参与气候意识债券投资，形成循环正向激励。

时至今日，欧洲投资银行不仅成为发行绿色债券规模最大的多边开发银行，也在建立国际绿色债券市场实践机制、孵化新型绿色债券品种方面发挥了关键作用。自 2007 年发行首只气候意识债券以来，欧洲投资银行在气候融资领域始终保持领先地位，并对各类发行方起到了良好的示范和引导作用。截至 2020 年年末，欧洲投资银行累计发行气候意识债券规模超过 337 亿欧元，覆盖欧元、美元、英镑、瑞典克朗、加元、澳元等 17 个币种。2020 年，欧洲投资银行将约合 85 亿欧元的气候意识债券募集资金投向了 30 个国家的 121 个气候项目，其中近 40%为交通和仓储类项目，38%为电、气、汽和空调供应类项目，12%为房屋建设等其他项目，对全球应对气候变化做出了重大的贡献。

2. 中广核风电发行我国第一支碳债券

（1）基本情况。中广核风电有限公司（简称中广核风电公司）是专门从事风电项目的投资开发、工程建设以及生产经营，利用清洁能源与节能减排为社会提供规模化、高质效与可持续的清洁能源产品和服务的中央国有企业。2014 年 5 月 12 日，中广核风电公司成为我国首次发行碳债券的公司，发行期限为 5 年的 10 亿元债券，具体发行条款如表 6-2 所示。这是国内首单与节能减排紧密相关的绿色债券，其设计附加碳收益交易结构的突破性创新引起了广泛关注。

表 6-2 中广核风电公司碳债券发行条款

中期票据名称	中广核风电有限公司 2014 年度第一期中期票据
发行人	中广核风电有限公司
票面金额	100（元）
注册金额	10 亿（元）
本期发行金额	10 亿（元）
票面利率	固定利率+浮动利率
发行利率	5.65%
计息方式	单利按年计息
期限	5 年
付息日	存续期内每年 5 月 12 日
付息方式	每年付息一次，到期还本
主承销商	上海浦东发展银行股份有限公司
托管机构	银行间市场清算所股份有限公司

首先，该债券以固定利率与浮动利率相结合的形式发行，固定利率为 5.65%，较同期限 AAA 信用债估值低 0.46%。通常来说，新债券品种的利率会高于市场估值，中广核风电公司发行低利率的债券充分表明银行间市场投资人对碳交易市场和发行人附加碳收益可实现性的信心，也充分体现了资本市场对中广核风电公司积极投身清洁能源产业的肯定。其次，中广核风电公司发行的碳债券浮动利率区间设定为 5BP~0.2BP，浮动利率的高低与中广核风电公司下属 5 家风电项目公司在债券存续期内获得碳资产（CCER）的收益正相关。虽然中广核风电公司下属 5 家风电项目公司实现碳资产的收益与浮动利率是正相关的，但是在国内 CCER 项目没有实质开展的情况下，中广核风电公司为了保护投资者的利益，避免 CCER 项目无法开展或价格不理想带来的损失，设定了在固定利率 5.65% 基础上的浮动利率期间（5BP~20BP）。这样既保证了投资者的相关收益，也降低了中广核风电公司发行债券的财务成本。

（2）成功发行碳债券的原因。我国的国债与企业债的发行机制相对成熟，中广核风电公司依靠现有的金融体系，以一种全新的债券交易品种实现了较低成本的融资，打破了国内低碳投融资产品为零的状态。碳债券发行的中介机构（上海浦东发展银行（简称"浦发银行"）和国家开发银行）作为主承销商为中广核风电公司成功发行碳债券提供了保障。中广核风电公司自身的财务公司和深圳排放权交易所为中广核风电公司发行债券提供了服务，充分保障了碳债券的顺利发行。中广核风电公司为成功发行碳债券还做了以下准备：早在2007年，中广核风电公司便开始参与CDM（清洁发展机制）碳业务，两年后成立了研究碳金融产品的专业团队对碳债券进行跟踪研究；2012年，中广核风电公司全资子公司——中广核碳资产管理公司正式成立，在碳交易领域开启了更加深入的探索历程，并逐步形成了包括碳资产项目开发质量控制、项目申报进度管理、碳资产存货管理、内部制度建设和碳市场研究在内的五大核心能力，为公司碳债券的成功发行提供了前提条件。

碳债券成功发行的另一个关键是项目未来产生的CCER减排量要通过交易市场实现真正的收益。中广核风电公司在发行债券时，其5个风电项目已在国家发改委完成备案，但减排量还未备案完成。为保证5BP~20BP的浮动收益，在债券发行前中广核风电公司下属公司分别与外部两家公司签订了《温室气体核证自愿减排量购买协议》，从而保证了5个风电项目减排量的市场价值。

（3）发行首只碳债券的现实意义。

第一，对我国债券市场而言，发行碳债券丰富了债券市场的交易品种，有利于完善并促进我国债券市场的发展。同时，碳债券作为一种基础产品的创新，其发展也会推动衍生产品的发展。例如，以碳债券为标的的期货以及期权产品能够为广大投资者提供多样化的投资种类和风险对冲工具，推动我国证券市场可持续发展；同时，其也将是低碳产业以及低碳技术发展的助力，为低碳经济发展增添新活力。通过中广核风电公司碳债券的示范作用，未来很多企业可以在核能、太阳能、风电等各种可再生能源领域内继续创新探索，以市场化手段进一步吸引资金关注，并将其投向绿色产业。

第二，与传统能源项目相比，新能源项目具有资本密集型的特点，企业在各个发展阶段都需要大量资金投入，尤其是研究开发与投入建设阶段。因此新能源企业资金是否充足关系到其是否能够投资建设及持续经营。由于我国新能源企业在发展过程中多次遇到融资瓶颈，仅依靠传统筹资方式不能满足企业发展，因此碳债券这种新型筹资方式成为必然选择。中广核风电公司以碳债券的创新融资方式降低了债务融资成本，拓宽了融资渠道，为后续公司的长远发展提供了保证，有益于带动绿色产业的发展；同时，发行碳债券提高了中广核风电公司的知名度，在国内碳交易市场树立了标杆，实现了未来碳减排交易收益的即期化，同时也将分散碳收益以后的部分风险。

第三，对债券投资者而言，投资碳债券可以使他们间接参与我国低碳经济的发展，实现与中广核风电公司未来收益的共享。中广核风电公司能够成功发行碳债券，表明了投资者对多种类的金融新型产品的认同以及对低碳经济发展的信心。

3. 浦发银行主承销市场首单碳资产债券

在中国银行间市场交易商协会、中国人民银行上海总部和国家金融监督管理总局上海监管局专业指导下，在北京金融资产交易所、上海清算所及全国碳交易市场等机构技术支持下，浦发银行围绕环境权益融资这一创新主题，成立专项创新课题小组，通过调研走访碳交易市场基础设施机构、控排企业、碳资产投资机构、债券市场投资机构等，形成挂钩全国碳市场碳排放配额的债券创新方案。该方案具有三大创新亮点：一是浮动利息预测简便实用，便于投资者投资决策；二是通过盘活企业碳配额资产，降低企业融资成本，提升发行人意愿；三是设计碳资产出售条款，保障投资人权益。2022 年 8 月 4 日，由浦发银行独家主承销的市场首单碳资产债券"22 年皖能源 SCP004（碳资产）"在银行间债券市场发行。本期碳资产债券发行人为安徽省能源集团有限公司，发行规模为 10 亿元，期限为 260 天，采取固定利率+浮动利率发行，浮动利率挂钩碳排放配额（CEA）收益率，固定利率为 1.8%，全场认购倍数超 6.6 倍，投资人包括商业银行、证券公司、信托公司、基金公司等各类型金融机构。

首单碳资产债券的发行创造了四项国内第一：全国第一只"碳资产"标识债券；全国第一只挂钩碳配额收益设计理念的债券产品；全国第一只实现全国碳市场交易和债券市场联动的环境权益浮动利率债券；全国第一只通过挂钩碳配额交易实现投资者市场化激励的债券。这标志着我国环境权益类债券正式进入实施阶段。

首单碳资产债券的发行人安徽省能源集团有限公司是由安徽省政府出资设立的国有独资公司，主营业务涵盖火电、环保发电、天然气、新能源、煤炭物流、电力服务等产业。近年来，企业持续推进传统板块节能技改及产能置换，碳排放强度显著下降，并积极投产清洁能源项目，不断提升碳资产管理水平，多措并举逐步实现了碳配额资产盈余，为碳金融创新创造了良好条件。浦发银行联手发行人创新发行全国首单碳资产债，通过挂钩企业已拥有的碳配额资产，为企业节能降碳提供融资渠道，募集资金部分用于企业绿色、低碳转型活动，携手企业共同践行绿色发展，服务"双碳"目标。

6.2　碳资产抵质押融资

6.2.1　概念

碳资产抵质押融资（carbon assets pledge）是指碳资产的持有者（即借方）将其拥有的碳资产作为质押物/抵押物，向资金提供方（即贷方）进行抵质押以获得贷款，到期再通过还本付息解押的融资合约。其中，质押和抵押的根本区别在于是否转移担保财产的占有。抵押不转移对抵押物的占管形态，仍由抵押人负责抵押物的保管；质押改变了质押物的占管形态，由质押权人负责对质押物进行保管。

可用于抵（质）押的碳资产是广义的，包括基于项目产生的碳资产，以及基于配额交易获得的碳资产。通过碳资产抵质押融资，企业一方面可以盘活碳资产，减少资金占用压力；另一方面由当地碳交易主管部门委托交易所出具质押监管见证书，碳资产的安全有保障，可以提高企业的融资信用，对于激励管控企业提升碳资产管理水平和温室气体减排力度具有积极的推动作用。

从业务的底层逻辑分析，碳资产质押属于质押融资的一种，只是质押物更换为碳资产。因此，碳资产质押本身具有所有质押融资业务的共性特点。不同的是，碳资产这种质押物的特殊性使其业务发展与碳资产登记制度的完善、交易市场的发展、碳资产评估体系的发展紧密相关。

6.2.2　运作流程

碳资产抵质押贷款的主要参与者包括出质人（有融资需求的碳资产拥有企业）、质权人（接受抵质押物、提供资金的金融机构）、抵质押登记机构以及行业主管部门。碳资产抵质押贷款运作流程如图6-2所示：

（1）碳资产抵质押贷款申请。借款人向符合相关规定的金融机构提出书面的碳资产抵质押融贷款申请。办理碳资产抵质押贷款的借款人及其碳资产应符合金融机构、抵质押登记机构以及行业主管部门设立的准入规定。

（2）贷款项目评估筛选。贷款人对借款人进行前期核查、评估、筛选。

（3）尽职调查。借款人应根据其内部管理规范和程序，对碳资产抵质押贷款人开展尽职调查。贷款人通过碳资产抵质押贷款所获资金原则上应当用于企业减排项目建设运维、技术改造升级、购买更新环保设施等节能减排改造活动，不应用于购买股票、期货等有价证券和从事股本权益性投资。

（4）贷款审批。贷款人应根据其内部管理规范和程序，对尽职调查人员提供的资料进行核实、评定，复测贷款风险度，提出意见，并按规定权限报批后对碳资产抵质押贷款项目做出审批决定。贷款额度应根据贷款企业实际情况确定。

（5）签订贷款合同。通过贷款审批后，借贷双方签订碳资产抵质押贷款合同。

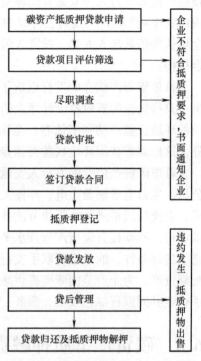

图 6-2　碳资产抵质押贷款运作流程

（6）抵质押登记。贷款合同签订后，借款人应在登记机构办理碳资产抵质押登记手续，审核通过后，向行业主管部门进行备案。

（7）贷款发放。贷款发放时，贷款人需按借款合同规定如期发放贷款，借款人则需确保资金实际用途与合同约定用途一致。

（8）贷后管理。贷款发放后，贷款人应对借款人执行合同情况及借款人经营情况持续开展评估、监测和统计分析，跟踪借款人资金使用情况及还款情况。

（9）贷款归还及抵质押物解押。借款人在完全清偿贷款合同的债务后，和贷款人共同向登记机构提出解除碳资产抵质押登记申请，办理解押手续。借款人未能清偿贷款合同债务的，贷款人可按照有关规定或约定的方式对抵质押物进行处置，所获资金按相关合同规定用于偿还贷款人全部本息及相关费用。处置资金仍有剩余的，应退还借款人；如不足偿还的，贷款人可采取协商、诉讼、仲裁等措施要求借款人继续承担偿还责任。

6.2.3　实践案例

1. 四川省首单碳排放权质押贷款落地

2021 年 9 月，乐山市商业银行成功为乐山市五通桥恒源纸业再生利用有限公司（简称

"恒源纸业")发放四川首笔碳排放权质押贷款60万元。此笔贷款将企业拥有的碳资产作为质押物，根据企业持有的碳排放权配额数量，综合碳市场价格、政府监督管理机制、中国人民银行绿色金融鼓励导向等因素，为企业核定碳排放权质押额度提供全流程融资服务。

恒源纸业是四川省乐山市本土民营企业，主要经营纸制品制造、销售。企业需要扩大生产经营，急需周转资金，但缺乏传统抵质押物，企业负责人一筹莫展。中国人民银行乐山市中心支行在得知企业持有碳排放权配额后，第一时间联系乐山市商业银行，两银行共同上门宣传碳排放权配额价值、碳资产保值增值及融资政策、中国人民银行绿色金融扶持措施等，引导银行充分对接企业融资需求。

在中国人民银行的支持和现场指导下，乐山市商业银行协助企业打通碳排放权在全国碳交所（武汉）登记确权、在全国碳交所（上海）估值等关键环节，在四川金融机构中率先实现了在中国人民银行征信中心动产融资统一登记公示系统质押登记碳排放权配额。基于中国人民银行征信中心动产担保登记证明以及全国碳交所（上海）动态市值监测情况，乐山市商业银行仅用3个工作日即成功发放碳排放权质押贷款60万元。该笔贷款同时使用了中国人民银行支小再贷款，企业贷款年利率低至3.85%。

四川省首单碳排放权质押贷款落地对创新担保方式，丰富企业融资渠道，促进企业绿色转型发展具有重要意义，为四川省探索绿色金融服务实体经济提供了一条可复制、可推广的新模式。

2. "可再生能源补贴确权+碳排放权质押" 绿色信贷模式案例分析

（1）基本情况。

1）项目企业概况。中国银行锡林浩特分行通过绿色金融创新，成功为深能北方（锡林郭勒）能源开发有限公司批复全国首笔 "可再生能源补贴确权+碳排放权质押" 贷款，首批发放1200万元，其中可再生能源补贴确权贷款1000万元、碳排放权质押贷款200万元。该笔贷款主要用于支持企业热电联产和光伏两个项目的发展。热电联产项目于2015年7月获得锡林郭勒盟发改委的核准批复，批复总投资为2.84亿元，实际总投资为28560万元，装机容量为2×1.2万千瓦，热电厂位于镶黄旗新宝拉格镇，其于2015年8月动工建设，2016年10月15日完成投产，热力为镶黄旗新宝拉格镇居民供热，电力接入蒙西电网。光伏发电项目于2013年3月29日获得内蒙古自治区发改委的核准批复，批复总投资为20047万元，实际总投资为18206.7万元，装机容量为2万千瓦，采用240Wp多晶硅光伏组建。光伏发电项目位于镶黄旗那仁乌拉苏木境内，于2013年6月26日动工建设，2013年11月10完工，2013年12月18并网发电，电力接入蒙西电网。

2）贷款方式。一方面根据企业光伏发电项目的特点，以企业已纳入可再生能源补贴名录并且存在应收未收补贴款为前提，为企业定制了可再生能源补贴确权贷款方案；另一方面结合企业热电联产项目特点，将该项目碳排放权质押，帮助企业有效盘活碳配额资产，充分发挥碳排放权交易在金融资本和实体经济之间的联通作用。该笔贷款通过个性化、专业化的金融方案，以深能北方（锡林郭勒）能源开发有限公司持有的9.6万吨碳排放配额和可再生能源补贴应收款为风险缓释手段，量身定制 "可再生能源补贴确权+碳排放权质押" 融资方案，参考全国碳市场交易价格，给予企业2600万元绿色贷款授信，首批发放1200万元，其中可再生能源补贴确权贷款1000万元（期限3年）、碳排放权质押贷款200万元（期限1年），贷款利率3.35%，低于同期LPR利率50个BP。

3）风险防控。中国银行锡林浩特分行发放的该笔创新贷款属于流动资金贷款。从信贷风险把控看，一方面通过定期核对对账单等对借款人补贴回款情况、电费结算情况进行核实；另一方面定期核实企业质押物的有效性，定期评估企业质押物的价值。由于企业属于国家能源补贴项目企业且经营状况良好，风险整体可控。

（2）主要做法。

1）中国人民银行充分发挥窗口指导作用，推动项目实施落地。在"双碳"重大决策部署下，中国人民银行锡林郭勒盟中心支行积极配合总行和呼和浩特中心支行，推动各项绿色金融政策措施宣传和推广，通过多次召开会议，引导金融机构把金融资源向低碳项目、绿色转型项目倾斜。中国人民银行锡林郭勒盟支行在了解到中国银行锡林浩特分行在绿色金融上的创新思路后，及时向其了解推进和落实情况。在中国银行锡林浩特分行对接企业后，中国人民银行锡林郭勒盟中心支行积极协助中国银行锡林浩特分行对接当地政府部门，构建沟通协调机制，推动项目顺利落地实施。为进一步保障金融机构的债权优先受偿权以及防止企业同一资产多次质押，一方面中国人民银行锡林郭勒盟中心支行制定了碳排放权配额质押登记的方案，有效解决了碳排放权配额质押登记系统的登记流程问题，另一方面其协助中国银行锡林浩特分行通过中国人民银行征信中心动产融资统一登记公示系统对碳排放权配额和可再生能源补贴进行质押登记和公示，为金融机构提供风险保障，推进项目顺利开展。

2）银企联动，积极配合，推进合作共赢。一是顶层设计，逐户梳理可再生能源补贴企业和参与用能交易的企业。中国银行锡林浩特分行根据生态环境部公布的《纳入2019—2020年全国碳排放权交易配额管理的重点排放单位名单》和国家公示的可再生能源补贴清单，逐户梳理、逐户联系、逐户对接，得知深能北方（锡林郭勒）能源开发有限公司是享受自治区可再生能源补贴的客户，也是获准碳排放权交易的企业。由于该企业可再生能源补贴资金尚未到位，中国银行锡林浩特分行主动上门服务，对接客户融资需求。二是积极跟进，高层联动营销。中国银行锡林浩特分行在与企业达成初步意向后，相关人员共同前往企业股东深能北方能源控股有限公司，与财务部负责人进一步对接和营销，为企业提供个性化、专业化的金融方案，并在现场会上确定合作意向。中国银行锡林浩特分行在结合企业实际情况，为其"量身定制"授信方案后，迅速发起项目的审批申报工作，以专业的服务和高效的审批，为项目落地提供强有力的支撑和保障。三是银企联动，积极配合，落实提款手续。中国银行锡林浩特分行取得授信批复后，在第一时间告知企业，企业迅速向股东深能北方能源控股有限公司履行贷款审批程序。同时中国银行锡林浩特分行与企业积极沟通、协调和推进企业集团内部审批事宜，取得了良好的效果。集团总部迅速安排内部会议，部署与企业的合同签署工作。四是推进银企合作共赢。中国银行锡林浩特分行取得企业提款手续后，迅速执行发放审核流程，在金融机构各级领导的协调下，实现贷款投放1200万元，成功发放"可再生能源补贴确权+碳排放权质押"创新模式绿色贷款。

6.3 碳资产回购

6.3.1 概念

碳资产回购（carbon assets repurchase）是指碳资产的持有者（即借方）向资金提供机

构（即贷方）出售碳资产，并约定在一定期限后按照约定价格购回所售碳资产以获得短期资金融通的合约。投资者既可以是境内投资者，也可以是境外投资者。碳资产回购能够帮助管控企业盘活碳资产，拓宽融资渠道，降低融资成本；同时，吸引境外投资者参与国内碳市场，引进境外资金参与国内低碳发展。

为方便理解，举一个浅显的例子：

A 公司以约定价格购买 B 公司管控的 500 万吨碳配额，B 公司将这笔资金用于企业的低碳发展。此后，B 公司再按照约定的价格从 A 公司手中回购这 500 万吨碳配额，从而完成此次碳资产回购交易。

一般来讲，回购价格应高于卖出价格，高出部分相当于资金成本，类似借款利息。对于配额借出方而言，回购主要是出于融资目的。

上例中，B 公司通过将碳配额售出再回购，在保障履约的情况下，能在一定时段内获得成本优惠的现金流，将其用于低碳发展，盘活碳资产；对于 A 公司而言，其凭借资金和信用优势，可将获得的碳配额可用于交易获利。

6.3.2　运作流程

（1）协议签订。参与碳资产回购交易的参与人应符合交易所设定的条件。回购交易参与人通过签订具有法律效力的书面协议、互联网协议或以符合国家监管机构规定的其他方式进行申报和回购交易。回购交易参与人进行碳配额回购交易应遵守交易所关于碳配额或碳信用持有量的有关规定。

（2）协议备案。回购交易参与人将已签订的回购协议提交至交易所进行备案。

（3）交易结算。回购交易参与人提交回购交易申报信息后，由交易所完成碳配额或碳信用划转和资金结算。

（4）回购。回购交易日，正回购方以约定价格从逆回购方购回总量相等的碳配额或碳信用。回购日价格的浮动范围应按照交易所规定执行。

碳资产回购流程见图 6-3。

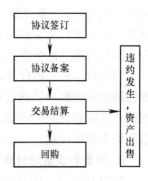

图 6-3　碳资产回购流程

6.3.3　实践案例

1. 我国首单碳排放配额回购交易

2015 年 1 月 7 日，中信证券股份有限公司对外宣布，国内首单碳排放配额回购交易成交，签约双方为中信证券股份有限公司和北京华远意通热力科技股份有限公司，融资总规模达 1330 万元。

2. 我国首单跨境碳资产回购交易

2014 年 8 月，深圳排放权交易所获得国家外汇管理局批准，成为国内首个允许境外投资者参与的碳交易平台，且境外投资者参与深圳碳市场不受额度和币种限制。2016 年 3 月 19 日，深圳能源集团股份有限公司（简称"深圳能源"）控股的妈湾电力有限公司（简称"妈湾电力"）与英国石油公司在深圳排放权交易所的牵线下，签订了一份以 400 万吨碳排放配额为交易标的的跨境碳资产回购协议。妈湾电力是深圳能源的控股企业，主要从事电力开发建设及电厂生产经营，也是深圳碳市场配额量最大的管控单位。深圳能源将利用本次交易将资金投入企业可再生能源的生产，为深圳市优化发电产业结构、构建低碳能源体系添砖加瓦。

在跨境合作过程中，作为碳资产回购业务甲方的妈湾电力是400万吨碳排放配额的管控单位，作为境外投资者的英国石油公司以境外资金参与深圳碳市场交易，以约定价格购买妈湾电力管控的400万吨碳排放配额，妈湾电力将这笔境外资金用于企业的低碳发展。之后妈湾电力公司再按照约定的价格从英国石油公司手中回购400万吨碳排放配额，从而完成此次跨境碳资产回购交易。跨境碳资产回购这一业务形式为深圳市碳排放管控单位拓宽了融资渠道，使其有机会使用境外低成本资金，同时盘活了碳资产。在不同品种碳资产互换的过程中，能够获得置换收益并实现企业资产增值。此次跨境碳资产回购业务的实施是深圳利用碳金融创新、服务实体经济的一次成功实践，开创了境外投资者运用外汇或跨境人民币参与我国碳排放权回购交易的先河。

3. 鞍钢集团首次成功办理碳排放配额回购业务

2022年5月，鞍钢集团资本控股有限公司（简称"鞍钢资本"）成功协助鞍钢集团相关企业办理碳排放配额回购业务，为企业融入资金2630万元，有效降低了相关企业资金成本，提高了资金使用灵活性。这是鞍钢集团首次办理碳排放配额回购业务，也是其履行央企责任，打造"绿色鞍钢"，为我国实现碳达峰、碳中和"3060"目标贡献力量的具体举措之一。

面对鞍钢集团不断增长的碳金融服务需求，鞍钢资本积极贯彻《鞍钢集团碳达峰碳中和宣言》，践行"金融服务实体"理念，聚焦"绿色鞍钢"建设，建立多元化绿色金融产品体系，运用多样化金融工具，助力新鞍钢实现绿色低碳可持续发展，以绿色金融推动绿色采购、绿色制造、绿色产品。

鞍钢资本公司抓住全国碳市场逐步开放和鞍钢集团加快构建"双核+第三极"产业发展新格局的重要机遇，通过对鞍钢集团相关企业碳资产调研，为相关企业创新设计碳排放配额回购业务定制化服务方案。按照方案，相关企业可获取低成本融资，且不占用企业授信，不限制资金使用用途，在最终碳履约后还可额外获得国家核证自愿减排量置换差额收益兑现。

4. 国泰君安落地分支首单碳资产买断式回购业务

2022年4月，国泰君安证券股份有限公司（简称"国泰君安"）与某公司在广州碳排放权交易所开展了碳资产买断式回购业务，此次交易以广东省碳配额为标的资产，帮助客户解决了短期资金融通问题。

碳资产买断式回购交易是指客户向国泰君安出售碳资产（配额或减排量），并约定在一定期限后按照约定价格购回所售碳资产，从而获得短期资金融通的交易。交易双方签订回购交易协议，约定出售的碳资产数量、回购时间和回购价格等要素。待购回期间，国泰君安根据碳资产市场价格进行盯市，并计算购回履约保障比例。保障比例不足时，融资方需提前购回或追加保障。

碳资产买断式回购业务优势明显，包括：交易期限灵活（几天至1年）、利率可控、对企业资质没有过高要求、不会占用授信额度等。

作为分支落地的首单碳资产买断式回购业务，国泰君安帮助客户盘活了碳资产，解决了短期资金短缺问题，实现了绿色金融服务实体企业的使命，进一步践行了"金融服务实体"

理念，强化了企业品牌。

6.4　碳资产托管

6.4.1　概念及主要模式

1. 相关界定

碳资产托管（carbon assets custody）是指企业将碳资产委托给金融机构或专业的碳资产管理机构（信托）并分享收益（包括获得固定收益或者进行浮动的收益分成），因而不需要直接参与碳市场交易的服务。碳资产托管的定义有广义与狭义之分，狭义的碳资产托管主要指控排企业委托托管机构代为持有碳资产，以托管机构名义对碳资产进行集中管理和交易；广义的碳资产托管则是指将企业所有与碳排放相关的管理工作委托给专业机构策划实施，包括但不限于碳减排量的开发、碳资产账户管理、碳交易委托与执行、低碳项目投融资、相关碳金融咨询服务等。

碳资产托管的优势在于：一是通过托管机构把控排企业闲置的碳排放配额集中到碳市场进行交易，从而活跃碳市场；二是帮助控排企业提升碳资产管理能力，控排企业通过碳排放配额托管既可以降低履约成本和风险，又可以取得额外收益；三是托管机构可以以低成本从事多种碳市场操作，如二级市场投机套利性交易以及其他碳金融活动等；四是碳交易所可获得碳配额流动性释放带来的佣金。

2. 主要模式

从碳资产托管的模式来看，主要分为双方协议托管与交易所监管下的托管两种。

（1）双方协议托管。控排企业和碳资产管理机构通过签订托管协议建立碳资产托管合作，这种模式下的碳资产划转及托管担保方式灵活多样，并且完全取决于双方的商业谈判及信用基础，如控排企业可以将拥有的配额交易账户委托给碳资产管理机构全权管理操作，而碳资产管理机构支付一定保证金或开具银行保函承担托管期间的交易风险。

（2）交易所监管下的托管。目前国内试点市场的碳交易所普遍开发了标准化的碳资产托管服务。碳交易所全程监管碳资产托管过程可以减少碳资产托管合作中的信用障碍，同时实现碳资产管理机构的资金高效利用。碳交易所介入碳资产托管可以帮助控排企业降低托管风险，同时为碳资产管理公司提供了一个具有杠杆作用的碳资产托管模式，有助于碳资产托管业务的推广。

6.4.2　策略选择及风险管控

1. 策略选择

碳资产托管的策略选择有三种，分别是被动应对型、稳健参与型、积极影响型。

（1）被动应对型。对于某些碳排放量相对较小的控排企业，由于碳排放市场对企业影响不大，因此通常会采取相对被动的态度应对碳排放履约，即不对碳排放配额做任何管理和事前处置，等到政府规定的碳排放履约时间，根据碳排查的最终结果，通过现货市场对碳排放配额头寸进行处置。例如短缺配额的企业直接在现货市场买入，富余配额的企业留存或直接卖出，从而完成碳排放履约。

（2）稳健参与型。排放量适中或较大的大中型控排企业在参与碳市场的初级阶段通常采取稳健的方式，这类企业受碳排放市场影响相对较大，但出于各种客观原因，更倾向于以与外部专业碳资产管理机构合作的方式参与碳市场。例如受碳配额规模限制企业成立独立的碳资产管理平台在经济上不划算，或由于市场不确定性、人才短缺等原因暂不具备建立自有碳资产管理平台的条件。这类企业通过与专业碳资产管理机构合作，希望在不承担市场风险或风险可控的情况下达成以下目的：①降低履约成本。短缺配额的企业通过与碳资产管理机构合作，买入价格较低的碳信用或通过对市场预判，在合适时机买入价格较低的配额，用于完成排放履约。②碳资产增值。通过与碳资产管理机构或金融机构合作，企业根据自身需求盘活闲置的碳资产，如资金紧张的控排企业使用碳配额进行质押融资或回购融资，或将配额借给交易机构进行托管以获取额外托管收益。

（3）积极影响型。对于排放量巨大的巨型控排企业，由于其受碳市场影响较大，且其自身排放量的变化在行业内具有一定的代表性和影响力，可以在一定程度上反映整体经济变化趋势及排放量变化趋势。这类企业通常会自行成立碳资产管理公司，在统筹管理自身碳资产的同时为市场提供服务，在实现降低碳排放履约成本的同时，通过碳资产交易实现盈利目的。这类自行成立碳资产管理公司的情形通常出现在成熟的欧洲 EU-ETS 市场的传统能源行业，如石油行业的英国石油公司、电力行业的法国电力等巨头。这类公司组建的碳资产团队同时拥有碳排放行业的专家和大宗商品及其金融衍生品交易团队，通过参与市场交易为碳排放市场提供了大量的流动性，这是成熟碳排放市场的标志之一。

通过上述分析可以看出，碳资产托管更适合希望稳健参与碳市场的排放量适中或较大的大中型控排企业。作为一种稳健参与碳市场的重要方式，在碳市场建立初期即市场风险和不确定性较大的阶段，碳资产托管是控排企业参与碳交易的有效手段。

2. 风险管控

企业将碳资产托管后，碳资产管理机构可以利用托管的碳资产从事多种套利交易，如从事时间差交易配额以挣取价差，使用价格较低的碳减排量置换价格较高的碳配额进行套利，以及在流动性允许的情况下从事其他碳金融活动。碳资产托管对托管过程中的收益和风险分配是比较灵活的，拥有碳资产的控排企业可以要求获得无风险的保守固定收益，也可以承担一定风险以参与托管交易收益分成。在具体业务开展中，应重点关注以下风险：

（1）信用风险。碳资产托管是资产管理业务在碳市场的一种应用。但由于碳市场在初期缺乏官方风险监管体系，一些企业对可能出现的信用风险估计不足，如未经审慎信用评估即采用双方协议托管（无第三方担保）模式进行合作，这种模式下碳资产管理机构能否及时进行配额返还，或托管委托方能否如约退还托管保证金都只能依靠双方的契约精神来保障。一旦任何一方不诚信造成合同违约，即使最终能够采取法律手段获得赔偿，仍可能会对双方的正常碳排放履约或经营造成不利影响。相对协议托管模式而言，采用第三方交易所监管下的托管服务可以在很大程度上降低这方面的风险。

（2）碳资产返还风险。对控排企业而言，托管碳资产的返还时间需要在控排企业的碳排放履约最后期限之前，以确保控排企业拥有足够的时间完成履约操作。碳资产管理机构通常希望碳资产的返还时间尽可能接近履约截止期限，从而充分利用履约前的市场波动进行套利。合作双方对托管碳资产的返还时间的确定需要综合考虑多方面因素，包括主管部门对碳排放履约截止期限的规定、交易所审批配额返还的时间、企业内部的审批操作等因素。

（3）政策风险。以我国碳资产托管业务为例，在碳资产托管合作允许使用 CCER 置换配额的情景下，控排企业需要注意国家主管部门对 CCER 抵消配额的适用性要求，特别是在托管返还时间明显早于履约截止期限的情形下，如果使用 CCER 代替配额进行返还后的当年碳排放履约对 CCER 适用性的政策发生变化，可能导致置换的 CCER 无法用于当年度碳排放履约。

（4）市场流动性风险。碳资产管理机构应重点关注市场流动性风险。在碳市场初级阶段，配额市场流动性受限，碳资产管理机构对于托管的碳配额资产总量应考虑市场流动性规模及自身资金实力。由于托管碳资产是有相应成本的，并不是托管总量越大，总体收益越好，因此要充分考虑碳抵消机制允许的置换比例以及在配额市场交易的流动性水平，同时对交易损失可能引发的补充保证金情景要有充分的认识和准备，避免触发托管违约事件。

6.4.3　运作流程

1. 申请托管资格

开展碳资产托管业务的托管方是以自身名义对委托方托管的碳资产进行集中管理和交易的企业法人或者其他经济组织，需向符合相关规定的交易所申请备案，由交易所认证资质。

2. 开设托管账户

托管方应在交易所开设专用的托管账户并使其独立于已有的自营账户。

3. 签订托管协议及备案

委托方应签署由交易所提供的风险揭示书，与托管方协商签订托管协议，并提交至交易所备案。

4. 缴纳保证金

托管协议经交易所备案后，托管方应按照交易所规定，在规定交易日内向交易所缴纳初始业务保证金。

5. 开展托管交易

委托方通过交易系统将托管配额或碳信用转入托管方的托管账户。委托方不应要求托管方托管委托方的资金。

6. 冻结托管账户

托管期限内，交易所冻结托管账户的资金和碳资产转出功能。

7. 解冻托管账户

托管业务到期后，由托管方和委托方共同向交易所申请解冻托管账户的资金和碳资产转出功能。需提前解冻的，由托管方和委托方共同向交易所提出申请，交易所审核通过后执行解冻操作。经交易所审核后，托管方按照协议约定通过交易系统将托管配额或碳信用和资金转入相应账户。

8. 托管资产分配

托管账户解冻后，交易所根据交易双方约定对账户所有资产进行分配。

9. 托管账户处置

账户资产分配结束后，交易所对托管账户予以冻结或注销。

碳资产托管流程见图 6-4。

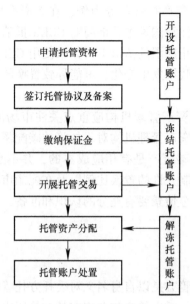

图 6-4 碳资产托管流程

6.4.4 实践案例

1. 纽约银行梅隆公司推出碳托管平台

2009 年，纽约银行梅隆公司（The Bank of New York Mellon Corporation）推出了全球环境市场（Global Environmental Markets，GEM）平台，这是一个碳信用额的托管和交易结算平台，该平台旨在集中不同注册机构记录的受监管和不受监管的环境信用标准，允许客户通过一个单一的入口点来管理其投资组合中的所有信用。结合纽约银行梅隆公司的全球现金清算基础设施，GEM 还支持信用交易与付款的结算。基于全球企业信托业务，纽约银行梅隆公司还提供全球托管服务以促进碳信用额的交易，并为 VCS 信用和受监管的碳信用提供托管服务。

2. 我国单笔最大碳资产托管业务落地福建

2017 年 5 月 11 日，福建省三钢（集团）有限责任公司与广州微碳投资有限公司签订的碳排放配额托管协议在海峡股权交易中心成功备案，福建碳市场首笔碳排放配额托管业务正式落地。此次托管协议涉及福建省碳排放配额 360 万吨，是目前国内碳市场中单笔最大的碳排放配额托管。参与碳排放配额托管有利于福建省重点排放单位提升自身碳资产管理能力，更好地应对碳交易对企业自身的影响。

3. 我国首单外资碳资产托管落地

2017 年 7 月 19 日，新加坡金鹰集团与交通银行江苏省分行在南京签署《碳排放权交易资金托管合作协议》。根据协议，新加坡金鹰集团将在交通银行江苏省分行开立碳排放权交易结算资金专用账户，用于集团在国内所有与碳交易相关的交易结算业务，并将该账户委托给交通银行进行监督及保管。该协议的签署将充分发挥碳交易在金融资本与实体经济之间的关联及赋能作用，通过金融创新助力我国实现双碳目标。此次托管合作协议的签署将进一步深化双方在固定资产贷款、跨境供应链融资、绿色金融等方面的业务往来。

6.5 碳股权融资

6.5.1 概念

碳股权融资（carbon equity financing）是指公司股东为筹集低碳经济项目资金而愿意让出部分公司所有权，通过增资方式引进新股东的融资方式，这种方式下公司总股本同时增加。

对于碳股权融资获得的资金，公司无需还本付息，但新股东将与老股东同样分享碳资产收入与公司收益增长。碳股权融资包括发行股票、配股、债转股等方式。与其他碳融资工具相比，碳股权融资筹措的资金具有永久性，无到期日，不需归还；低碳经济项目投资人如果想收回本金，需要借助碳股权流通市场，这对保证公司的长期稳定发展极为有利；碳股权融资没有固定的股利负担，股利支付与否与支付多少视公司经营需要及经营情况而定，财务负担相对较小；碳股权融资可以使更多的低碳经济项目投资者认购公司股份，使公司资本大众化，有助于分散风险；碳股权融资能够提高企业所有权资金的资金回报率，具有财务杠杆作用，有助于增加公司碳资产收入；碳股权融资有助于扩充碳交易市场，完善碳排放交易体系，推进碳中和进度，助力低碳经济发展。

6.5.2 分类及实施流程

碳股权融资按渠道分为两大类：公开市场发售和私募发售。

1. 公开市场发售

公开市场发售是指通过股票市场向公众投资者发行公司股票以募集资金。通过公开市场进行股权融资的具体形式有公司上市、上市公司的增发和配股。

股票的公开发行是指发行人通过中介机构向不特定的社会公众广泛地发售股票。股票公开发行的运作主要包括：发行公司与主承销商的双向选择、组建发行工作小组、尽职调查、制定与实施重组方案、制定发行方案、编制募股文件与申请股票发行、出具上市承诺函、直属证券管理部门及证监会审核、拟发行公司信息披露、股票发行。

（1）发行公司与主承销商双向选择。主承销商（即投资银行）选择股票发行公司时，一般考虑如下方面：公司是否符合股票发行条件；是否受市场欢迎；是否具备优秀的管理层；是否具备增长潜力。而股票发行公司选择主承销商的常见标准包括：投资银行的声誉和能力；承销经验和类似发行能力；股票分销能力；造市能力；承销费用。

（2）组建发行工作小组。股票发行公司与主承销商双向选定后，开始组建发行工作小组。发行工作小组除包括承销商和发行公司，还包括律师、会计师、行业专家和印刷商。

（3）尽职调查。尽职调查是指中介机构（包括投资银行、律师事务所和会计师事务所等）在股票承销时，以本行业公认的业务标准和道德规范对股票发行人及市场的有关情况及有关文件的真实性、准确性、完整性进行的核查、验证等专业调查。

（4）制定与实施重组方案。成立发行工作小组之后，就开始对发行人进行重组以使其符合公开发行的条件或在公开发行时取得更好的效果。

重组方案的制定与重组应尽量做到：发行人主体明确、主业突出、资本债务结构得到优化；财务结构与同类上市公司比较具有一定优越性；使每股税后利润较大，有利于企业筹集尽可能多的资金；有利于公司利用股票市场进行再次融资；减少关联交易；避免同业竞争等。

（5）制定发行方案。股票公开发行是一个相当复杂的过程，需要许多中介机构及相关机构的参与，并需要准备大量材料。主承销商必须协调好各有关机构的工作，以保证所有材料在规定时间内准备完成。因此，制定发行方案就成为了股票承销中的重要步骤。

（6）编制募股文件与申请股票发行。股票公开发行的一个实质性工作是准备招股说明书，以及作为其根据和附件的专业人员的结论性审查意见，这些文件统称为募股文件，主要包括招股说明书、审计报告、法律意见书和律师意见报告。

准备完募股文件后，发行人将把包括募股文件在内的发行申请资料报送证券监管机构，证券监管机构的专家组（包括律师、会计师、财务分析师、行业专家）将对资料进行审查。专家组通过审查文件来确定这些文件是否进行了充分且适当的披露，尤其注意文件是否有错误陈述或对重大事件的遗漏，这些错误陈述或遗漏会影响投资者做出投资决策。在注册制下（如美国），证券监管机构不对预期发行的质量进行评价或评估，这一结论由市场做出。而在核准制下（如英国）则将对发行质量做出判断，并将决定是否允许公开发行。证券管理部门考察汇总后进行预选资格审定。

（7）出具上市承诺函。公司向拟选定挂牌上市的证券交易所呈交上市所需材料、提出上市申请后，经证券交易所初审通过后，出具上市承诺函。

（8）直属证券管理部门及证监会审核。直属证券管理部门收到公司申报材料后，根据有关法规，对申报材料是否完整、有效、准确等进行审查，审核通过后，转报中国证监会审核。中国证监会收到复审申请后，由中国证监会发行部对申报材料进行预审，预审通过后提交中国证监会股票发行审核委员会复审。发审委通过后，证监会出具批准发行的有关文件并就发行方案进行审核，审核通过后出具批准发行方案的有关文件。

（9）拟发行公司信息披露。拟发行公司及其承销商应当在发行前2~5个工作日内将招股说明书概要刊登在至少一种由中国证监会指定的上市公司信息披露报刊上。

（10）股票发行。股票在一级市场发行。

2. 私募发售

私募发售是指企业自行寻找特定投资人，吸引其通过增资入股企业的融资方式。由于在股票市场发行股票存在一定门槛，对大多数中小企业来说并不容易，因此私募成为民营中小企业进行股权融资的主要方式。私募的特点是产权关系简单，无需进行国有资产评估，没有国有资产管理部门和上级主管部门的监管，大大降低了民营企业进行股权融资的交易成本并提高了效率。

（1）发售事项决议。发行部门组织会议并出具同意私募发售的决议文件。一般发售事宜由董事会提案、股东大会批准后访客开展。制定审核限制股息分配措施。

（2）审计工作。备案材料包含发行人经具有执行证券、期货相关业务资格的会计师事务所审计的最近两个完整会计年度的财务报告。

（3）尽职调查。主承销商、律师事务所、会计师事务所等中介机构可以共同对企业进行尽职调查。尽职调查期间主承销商与发行人商定具体发行方案。

（4）确定发行方案。确定发行规模、期限、募集资金用途；确定私募股受托管理人、承销商、上市商业银行。

（5）完成评级、担保工作。证券交易所鼓励发行人采取一定的增信措施，发行人应确定担保方式，积极寻找担保方，选择专业担保机构，考虑机构实力、股权结构、评级等，完成担保工作；寻找专业评级机构，评估企业及金融机构的基本素质、经营水平、财务状况、盈利能力、管理水平和发展前景等方面以测定企业及金融机构履行各种经济契约的能力和可信任程度，以国际通用符号标明信用等级并向社会公告。

（6）申报备案，发行推介，寻找投资者。全部文件定稿后，将申请文件报送上交所、深交所备案。申报阶段的重点工作是寻找投资者，发行人应配合主承销商做好企业宣传、推介工作。

（7）发行私募股。在证券交易所备案后六个月内，发行人可择机发行私募股。

6.5.3　实践案例——中广核风电有限公司增资项目

在"十四五"开局阶段，中国广核集团有限公司（简称"中广核"）积极落实国家清洁能源发展政策，主动将企业经营发展融入国家整体碳达峰碳中和工作大局中，充分发挥央企在落实碳达峰碳中和国家战略中的主力军作用，并正通过大力推进"两个一体化"清洁能源基地项目建设、积极推进整县分布式光伏项目建设、稳步推进海上风电项目开发等措施，为我国以新能源为主体的新型电力系统建设贡献力量。

在上述目标指引下，2021年，中广核为推动境内新能源业务可持续、高质量、自我滚动发展，决定以全资子公司中广核风电有限公司（简称"中广核风电公司"）为主体，通过北京产权交易所进行增资引战。中广核风电公司成立于2010年，是中广核旗下专业从事风电、太阳能项目的投资开发、工程建设、生产运维，并大力发展售电业务的新能源公司。截至2020年底，中广核风电公司的在运装机为14.6GW。此次增资前中广核风电公司股权结构如下：中广核持股63.61%，深圳中广核风太投资有限公司持股36.39%。

（1）发挥产权交易市场功能，助力最大混改项目落地。作为此次增资交易平台，北交所从项目初期即开始积极介入，为中广核风电公司增资项目提供全流程的顾问及交易服务。该项目挂牌前，北交所第一时间与中广核风电公司成立项目组，逐条列点分析项目情况，确定信息披露公告中的相关内容，确保增资方案科学周密，助力中广核风电公司提高决策效率，加快项目进场交易节奏。

经过进场前一系列准备工作，2021年7月1日，中广核风电公司增资项目正式在北交所公开挂牌。挂牌信息显示：项目拟募集资金200亿元，对应持股比例或股份数不超过33%，募集资金将用于风电和光伏储备项目的开发、建设、储能、综合智慧能源、售电、电力增值服务等新业务的开拓，偿还债务及补充流动资金等。如果此次增资征集到的合格意向投资方拟募集资金金额高于200亿元，将通过竞争性谈判方式进行遴选。除考虑投资价格、综合实力，意向投资方或其实际控制人对公司的业务协同作用、对本次融资安排的配合程度、对公司发展方向和经营理念的认同程度等均为考虑因素。

在增资条件方面，外部投资人采用货币形式出资，单一意向出资人投资金额不得低于10亿元人民币，原股东中国广东核电集团有限公司和深圳中广核风太投资有限公司拟以其持有的中广核太阳能开发有限公司合计100%的股权，按经备案的评估值99.86亿元作价同步增资，增资价格与外部投资方同股同价。中广核太阳能开发有限公司（简称"中广核太阳能公司")成立于 2009 年，主要从事境内太阳能项目的开发、投资及运行等。截至 2020 年年底，中广核太阳能公司在运装机为 5.1GW，中广核持股 66.44%，深圳中广核风太投资有限公司持股 33.56%。

项目挂牌期间，考虑到项目金额较大且属于"双碳"背景下的新能源热点项目，社会及各类资本关注度较高，北交所一方面安排专人专职做好意向投资方登记工作，为意向投资方详细梳理相关政策法规、讲解交易流程，并及时准确地回应意向投资方关切的各类问题。自项目启动以来，中广核和北交所累计接洽超过 100 家各类投资者；同时北交所服务团队实时关注舆论导向，通过"一日一报"机制，及时向中广核风电公司反馈项目进展及潜在投资方关注要点。

截至 2021 年 8 月 25 日挂牌期满，共计 26 家投资者向北交所递交了投资申请文件，累计进场认购额度近 640 亿元。按照相关流程，2021 年 9 月 1 日该项目进入遴选阶段。

在遴选阶段，北交所协助中广核风电公司编写了《竞争性谈判组织安排》及《竞争性谈判方案》等系列遴选文件，对核心要点提供了专业化、精准化、合理化建议，为竞争性谈判顺利进行奠定了坚实基础；同时委派专人全程参与清标环节、竞争性谈判活动的见证工作，确保遴选程序合规、有序推进。该项目的竞争性谈判中还创造性增加了"反向尽调"环节，对进场的投资者开展股东穿透审查，以确保投资者资质不会影响中广核风电公司后续的资本运营。最终根据竞争性谈判和综合评议结果，该项目遴选出全国社保基金、国家电网、南方电网、中国国新、中国诚通，广东恒健、川投能源投资平台，以及四大银行、保险公司和产业基金等 14 家战略投资者，共引入权益资金 305.3 亿元。这些投资者既涵盖了产业投资者，又囊括了各类顶级的投资机构，同时还引入了社会资本。由此，中广核风电公司实现了由国有股东向股权多元化、从国有独资公司向混合所有制企业的转变。14 家重量级机构投资者的加入不仅为中广核风电公司未来的发展注入了资本、增添了活力，也有利于进一步促进各类资源对接，更好发挥资本聚集效应，助力产业升级。本次增资引战，一举创下"国内新能源电力领域最大股权融资项目""双碳目标提出以来央企混改第一大项目""年度国内非上市公司第一大股权融资项目""产权交易市场增资项目募资金额最高纪录"等资本市场多项纪录。

（2）整合各方优势力量，插上腾飞翅膀。2021 年 11 月 26 日，中广核风电公司增资项目签约仪式在北交所举办。国务院国资委相关领导，中广核、战略投资方、专业服务机构及北交所相关负责人出席了签约仪式。作为一家特大型清洁能源企业集团，该项目的顺利完成成为中广核深入落实国企改革三年行动方案和"双百改革"再深化要求，充分发挥国有资本投资公司的平台作用，积极稳妥推进混合所有制改革，践行绿色低碳发展道路的一次生动实践。

首先，从服务国家"双碳"战略角度看，在新能源行业的关键发展期，中广核积极利用产权资本市场发现投资人、发现价格的功能，为中广核风电公司引入了 14 家具有重大业务协同效应的产业投资者和实力雄厚的财务投资者。未来这些投资者将在电力消纳、电力市场开拓、投融资支持、金融服务等方面为中广核的新能源业务发展持续赋能，对推动中广核境内新能源业务可持续、高质量、自我滚动发展，进一步落实国家"双碳"目标意义重大。

其次，从优化国有经济布局结构角度看，中广核作为国务院国资委指定的国有资本投资公司试点企业，在该项目中充分发挥了国有资本投资公司专业化平台作用，立足新能源产业链，主动作为，强化资本运营，以中广核风电公司的增资引战为契机，通过北交所积聚产业资本、金融资本、社会资本，放大国有资本功能的同时，也有针对性地打通新能源产业链堵点、断点，引领带动新能源产业的长足发展，当好现代产业链的变革者与引领者。

作为项目的服务方，北交所提供了方案设计、信息披露、项目路演、交易撮合等全流程服务，以合规、高效、专业、诚信的服务精神确保了整个交易过程的规范与顺畅。中广核风电公司增资完成后股权比例见表 6-3

表 6-3　中广核风电公司增资完成后股权比例

序　号	名　　称	持股比例（%）
1	中国广核集团有限公司	42.9262
2	深圳中广核风太投资有限公司	24.0741
3	全国社会保障基金理事会	6.4854
4	广东恒健贰号新能源产业投资合伙企业（有限合伙）	5.4045
5	北京通盈工融二号股权投资基金合伙企业（有限合伙）	2.9152
6	中国平安人寿保险股份有限公司	2.1618
7	新能私募股权投资基金（广州）合伙企业（有限合伙）	1.5100
8	中央企业乡村产业投资基金股份有限公司	1.0809
9	国网综合能源服务集团有限公司	3.2427
10	核晟双百双碳（杭州）股权投资合伙企业（有限合伙）	2.3444
11	华建国际实业（深圳）有限公司	1.0809
12	湖北招赢新能源产业投资基金合伙企业（有限合伙）	1.0809
13	四川川投能源股份有限公司	1.3695
14	国新建信股权投资基金（成都）合伙企业（有限合伙）	1.6213
15	国新中鑫私募股权投资基金（青岛）合伙企业（有限合伙）	1.6213
16	农银金融资产投资有限公司	1.0809
	总计	100

知识拓展 1

碳中和债券

2021 年 2 月 7 日，以"21 四川机场 GN001"等首批 6 只碳中和债券发行为标志，我国碳中和债券市场正式拉开发行大幕。碳债券的成功发行不仅是首次在银行间市场引入跨市场要素产品的债券组合创新，更是对未来国内碳衍生工具发展的一次大胆试水。企业可以通过发行碳债券将其碳交易的经济收益与社会引领示范效应结合，降低综合融资成本，加快投资于其他新能源项目的建设。

（1）顶层设计与扶持政策。2021 年 2 月，国务院印发《国务院关于加快建立健全绿色低碳循环发展经济体系的指导意见》，要求加快推行绿色金融，促进绿色信贷和绿色直接融资的发展，对金融机构绿色金融业绩实施更加严格的考核，统一绿色债券标准。在中央政策的指引下，相关监管部门积极推动碳中和债券相关制度的制定与实施。2021年3月，中国银行间市场交易商协会发布《关于明确碳中和债相关机制的通知》，规定碳中和债券募集资金应全部专项用于清洁能源、清洁交通、可持续建筑、工业低碳改造等绿色项目的建设、运营、收购及偿还绿色项目的有息债务，募投项目应聚焦于低碳减排领域且符合《绿色债券支持项目目录》或国际绿色产业分类标准。2021年5月，中国人民银行与发改委、证监会联合修订并发布最新版绿色债券标准《绿色债券支持项目目录（2021年版）》。2021年11月国家机关事务管理局、发改委、财政部及生态环境部联合下发《关于印发深入开展公共机构绿色低碳引领行动促进碳达峰实施方案的通知》，提出积极运用市场化机制，调动社会资本，加快实现碳达峰。

（2）现有市场规模。截至2021年12月底，我国共计发行碳中和债券186只，发行规模达2251亿元，平均发行年限为3年（见图6-5）。自碳中和债券发行以来，电力行业成为碳中和债券发行的重点领域。截至2021年12月底，我国发行的碳中和债券中用于公共事业（主要是电力）行业的债券共计78只，发行金额总计1207亿元，中国长江三峡集团有限公司、国家电网有限公司、国家电力投资集团有限公司位居电力行业发行主体前三名。除电力行业，碳中和债券还分布于工业、金融、能源、材料、可选消费（主要是租赁类消费）、房地产等一级行业（见图6-6）。从碳中和债券的发行主体看，截至2021年12月底，我国发行的碳中和债券中有100个由中央国有企业发行，发行总额共计1675亿元，占总发行金额的74.4%，国有企业属性的发行主体已占据碳中和债券市场的绝对主体地位。目前，市场上规模最大的单笔碳中和债券为2021年3月18日国家开发银行发行的首单"碳中和"专题"债券通"绿色金融债券，该债券已采用国际标准和全球招标机制，发行规模192亿元，债券期限3年。

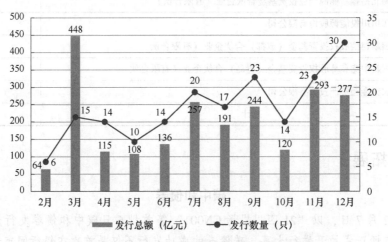

图6-5　2021年2月—12月碳中和债券发行规模

（3）当前发行框架。从当前我国碳中和债券的募集资金用途来看，资金全部专项用于清洁能源、清洁交通、可持续建筑、工业低碳改造等绿色项目的建设、运营、收购，以及偿还绿色项目的有息债务。发行人发行时已有具体碳中和募投项目的，需在发行文件中披露碳中和债券募投项目的具体信息，确保募集资金切实用于低碳减排领域；如暂无具体募投项目的，发行人需披露绿色资产情况、在建绿色项目、拟投绿色项目类型和领域，并承诺在后续发行文件中披露项目环境效益的测算方法、效果和碳减排计划。在碳中和债券存续期内，发行人要定期主动披露募集资金使用情况、碳中和项目建设情况及产生的节能减排效益；同时，监管机构也要定期排查募集资金使用金额、实际用途、闲置资金情况，加强信息透明度建设，对发现的违规行为及时督导纠正。

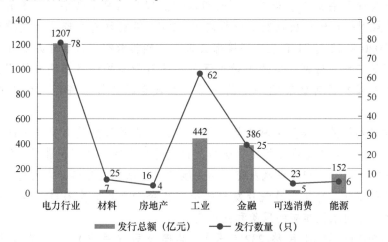

图 6-6　截至 2021 年 12 月月底碳中和债券发行行业

📖 知识拓展 2

碳减排支持工具

为贯彻落实党中央、国务院关于碳达峰、碳中和的重要决策部署，完整准确全面贯彻新发展理念，2021 年，中国人民银行推出碳减排支持工具这一结构性货币政策工具，以稳步有序、精准直达方式，支持清洁能源、节能环保、碳减排技术等重点领域的发展，并撬动更多社会资金以促进碳减排。

中国人民银行通过碳减排支持工具向金融机构提供低成本资金，引导金融机构在自主决策、自担风险的前提下，向碳减排重点领域内的各类企业一视同仁地提供碳减排贷款，贷款利率应与同期限档次贷款市场报价利率（LPR）大致持平。

碳减排支持工具发放对象暂定为全国性金融机构，中国人民银行通过"先贷后借"的直达机制，对金融机构向碳减排重点领域内相关企业发放的符合条件的碳减排贷款，按贷款本金的 60% 提供资金支持，利率为 1.75%。为保障碳减排支持工具的精准性和直达性，中国人民银行要求金融机构公开披露发放碳减排贷款的情况以及贷款带动的碳减排数量等信息，并由第三方专业机构对这些信息进行核实验证，接受社会公众监督。

碳减排支持工具的推出有利于发挥政策示范效应，引导金融机构和企业更充分地认识绿色转型的重要意义，鼓励社会资金更多投向绿色低碳领域，向企业和公众倡导绿色生产生活方式、循环经济等理念，助力实现碳达峰、碳中和目标。

📝 思政专栏

绿色金融意识和金融风险管理意识：碳金融投融资法律风险解读

1. 碳金融投融资法律风险

碳市场是一个新兴市场，发展速度快，但受法律滞后性的影响，市场监管体系及相关法律法规尚未完全配备成熟。虽然我国碳市场试点起步已有十余年，但仅有个别试点城市出台了地方法规对当地碳排放权交易进行规定。2014年发改委发布了《碳排放权交易管理暂行办法》，2020年12月31日生态环境部公布了《碳排放权交易管理办法（试行）》，逐渐为"双碳"领域密织了法网，但均未对市场风险的监管与控制做出明确的规范。因此，不仅控排企业参与碳交易可能面临一定的风险，在碳金融的投融资活动中也存在不少法律风险。

（1）民事违约风险。作为一种市场交易行为，碳交易天然具有交易风险，交易风险自担是基本原则。我国碳交易中心规定，碳排放权交易应在碳交易市场进行。但碳交易中心仅提供碳排放权交易场所、相关设施及交易相关服务，不承担交易参与人因交易产生的风险与法律责任。交易参与人对其交易账号发出的交易指令和产生的交易结果承担相应的法律责任，对其订立的合同承担相应的风险和法律责任。

案例1【（2020）粤01民终23215号】。某碳公司（甲方）与通某公司（乙方）于2018年签订转让合同，约定转让广东碳排放配额合计236350吨。事后，通某公司没有按约定于2018年7月31日将资金转入其交易账户（即没有付款）。某碳公司认为，在涉案碳排放权交易中，广州碳排放权交易中心应当核实及保证通某公司交易资金到位，在某碳公司已支付碳排放权配额的情况下，广州碳排放权交易中心负有向某碳公司结算支付交易款项的义务，广州碳排放权交易中心并不能以其未收到通某公司缴存的涉案转让款项为由而免责。

二审法院经审理认为，广州碳排放权交易中心作为交易平台并非涉案交易的相对方或者保证方，无法定或者约定承担交易风险的义务。某碳公司要求广州碳排放权交易中心对通某公司未支付碳配额转让款承担赔偿责任无合同或者法律依据，一审法院不予支持并无不当，故应予以维持原判。

（2）行政违法风险。行政违法风险是指部分技术服务机构及有关企业利用碳交易系统进行非法牟利，或采取非法手段干扰碳市场正常秩序，以规避监管政策或使非法利益最大化。2022年3月14日，生态环境部发布公告，公开了中碳能投等机构碳排放报告数据弄虚作假等典型问题案例，这些案例反映出相关技术服务机构存在篡改、伪造检测报告，制作虚假煤样，报告结论失真失实等突出问题。这是由于部分碳市场技术服务机构法律法规意识淡薄，受利益驱使，利用弄虚作假手段帮助企业篡改碳排放数据。而管理制度不健全使部分技术服务机构质量控制体系缺失，项目管理混乱，工作合规性、数据真实性难以保障。

案例2【中碳能投数据造假】。中碳能投在与控排企业签订的咨询合同中承诺"在分配方案和核算方法不变的情况下，可为电厂碳排放配额扭亏为盈，实现配额富裕"，明确"指导企业开展2019和2020年入炉煤元素碳含量检测的采样、制样，并联系检测机构外检"。中碳能投在明知企业未留存历史煤样的情况下，授意指导多家控排企业临时制作煤样代替2019、2020年的月混合煤样补测元素碳含量。

生态环境部将继续督促指导地方生态环境部门，对有关企业进一步调查，坚决查处数据虚报、瞒报、弄虚作假等违法违规行为。

（3）刑事犯罪风险。我国碳交易市场尚在起步阶段，市场投资主体成分复杂，并未形成完整的碳金融交易生态体系。作为知识壁垒高、复杂程度高以及宏观政策性强的新兴产业，碳金融交易的机会成本与市场风险均远超其他市场。与此同时，一些不法分子也可能利用碳市场或以碳汇相关为名进行金融犯罪，如诈骗、洗钱、传销、非法集资，甚至涉及部分职务犯罪等。

案例3【（2017）苏01刑终47号】。2014年12月以来，被告人翟某某等三人先后成立了顺某等四家公司，并雇佣被告人李某某等人，以非法占有为目的，利用虚假化名，冒充他人身份，虚构有客户购买被害人的"中国碳排放交易网"和有其他网络公司抢注其"网络端口"等事实，以取得被害人信任，后又谎称可以提供办理"网络端口"业务，借机骗取被害人财物。该犯罪集团共骗取吴某、慕某等17名被害人817.98万元。

法院经审理认为，被告人翟某某等人以非法占有为目的，利用网络虚构身份，编造事由，骗取他人财物，数额特别巨大，其行为均已构成诈骗罪，判处翟某某有期徒刑15年，罚金20万元。

2. 碳金融投融资法律风险防范

碳金融属于高风险的金融行业，如何规避风险、优化配置是促进我国碳金融市场平稳有序发展亟待解决的问题。

（1）建立合规制度。无规矩不成方圆。在进行市场交易时，应遵守碳市场交易规则，并按照《碳排放权交易管理办法（试行）》的规定，建立风险管理机制和信息披露制度，制定风险管理预案，及时公布碳排放权登记、交易、结算等信息；树立良好的风险管理意识，并根据自身实际情况，建立风险管理团队，加强运营管理体系建设，科学设定风险管理对策。

（2）做好风险评估。碳金融产品的复杂性远超一般金融产品，其与环保、工业、科学、政治等领域密切相关，是一种典型的"政治经济"产物。作为碳交易市场主体，在进入市场交易前需做好充分的尽调工作，包括但不限于碳金融机构、碳金融产品等内容、形式的调查。必要时，可聘请各行业各部门专业人士如外部律师、资产分析师、职业风控师等对交易进行评估，出具评估报告供决策者参考。

（3）加强人员管理。碳金融对人才专业化要求极高，碳金融的风险特征决定了只有同时具备金融、法律、宏观政策等知识的专业人才，才能游刃有余地驾驭相关交易。企业应重视对相关工作人员的培训和再教育，拓宽其工作思路，强化其工作能力，提高其职业素质与道德修养。

（4）分散投资风险。碳金融作为新兴行业，产品较为单一，若盲目逐利易造成风险集中，危机一旦爆发，将难以应对。因此，采取多元化的投资方式是分散投资风险的有效方法。应尽可能充分、全面、客观地进行考察，选择合理搭配，进行良性组合投资，从而最大限度地降低潜在风险，在保障资金安全的前提下，获得更高的经济效益。

 **碳汇金融专栏**

林业碳汇融资工具案例介绍

1. 中国农业发展银行成功发行国内首单用于森林碳汇的碳中和债券暨首次柜台债券

2021年9月23日,中国农业发展银行(简称"农发行")在中央结算公司通过公开招标方式,面向全球投资者成功发行国内首单用于森林碳汇的碳中和债券36亿元,发行期限为2年期,发行利率为2%,认购倍率为8.61倍,募集资金将全部用于支持造林及再造林等森林碳汇项目的贷款投放。此次发行同步向中国工商银行、中国农业银行、中国银行、中国建设银行、交通银行、上海浦东发展银行、江苏银行、南京银行共8家承办银行发行柜台债券,由承办银行在柜面及电子渠道向公众零售。此次发行同时得到了境内外投资者的积极认购,中信里昂、中金公司等14家境外机构通过"债券通"渠道参与投标。

农发行发行的该期债券是国内首单用于森林碳汇的碳中和债券暨农发行首次柜台债券,严格按照中国人民银行等监管部门要求的"可测度、可核查、可验证"原则,支持项目经中节能咨询有限公司认证,符合中国人民银行、发改委、证监会联合发布的《绿色债券支持项目目录(2021年版)》,且首次采用中国环境科学学会气候投融资专业委员会制定的《气候投融资支持项目分类指南》(T/CSTE 0061-2021)标准,将有力促进林业绿化面积提高,促进区域水源涵养、水土保持、土壤保育、固碳释氧、净化空气,碳汇效应显著。农发行认真贯彻《关于推动公司信用类债券市场改革开放高质量发展的指导意见》,积极参与债券市场改革创新,满足居民个人合理投资需求,充分引导社会公众共同参与生态文明建设,助推实现"3060"目标,充分发挥政策性金融支持农业绿色发展的职能作用,积极推动资金流向农业绿色低碳领域。

2. 湖北省十堰市郧阳区创新预期碳汇收益权担保制度

近年来,湖北省十堰市郧阳区大力推进"两山"理论实践创新,深入研究"碳达峰、碳中和"政策,创新"预期碳汇收益权+"担保模式,推出"碳汇贷"金融产品,释放碳汇经济效益,助力乡村振兴。主要做法如下:

一是落实交易方式,让资源变资本。与广州市国碳资产管理有限公司签订《林业碳汇资源项目开发合同》,探索开展碳汇交易;与区内林业企业和千家万户抱团发展,合作共赢。二是确定交易均价,让碳汇易测算。针对碳汇测算评估机构少、碳汇定价难的现状,中国农业银行(简称"农行")、农发行和农商行参考北京环境交易所、广州碳排放权交易所2020年碳汇交易均价47.61元/吨、37.78元/吨的测算标准,议定当地碳汇交易价格为每吨35元,按照每亩固碳量0.8吨/年~1.2吨/年测算碳汇收入,引导生态资源向生态资产转化。湖北鑫榄源科技有限公司种植油橄榄4880亩,按照每亩固碳量0.8吨/年,每年可产生碳汇收入13.6万元。三是拓宽还款来源,让企业能贷款。针对碳汇收益不足以覆盖贷款额度的问题,采取"预期碳汇收益权+"的方式丰富还款来源,其中农行以"碳汇收益+流转土地经营权"的方式,多渠道拓宽还款资金来源,满足银行放贷要求。湖北鑫榄源科技有限公司以"4880亩碳汇收益+流转土地经营权"的担保方式,在中国农业银行郧阳支行获得3000万元授信额度,已到位资金1600万元,贷款期限3年,年利率3.95%。

通过创新碳汇贷款模式,为脱贫山区乡村建设探索了新路子。一是带动了产业发展。碳汇贷贷款资金用于植树造林、森林抚育、采伐更新等各项生产活动，激活林业上下游产业，带动种植、加工、销售、研发等环节发展，拉长了产业链，提升了价值链。湖北鑫榄源科技有限公司通过流转农户土地 4880 亩种植油橄榄，辐射带动农户 800 余户；通过土地流转收租金、务工增收得佣金、返租返聘得真金、碳汇交易得利金，人均增收 6000 元以上。二是推动了乡村建设。一方面，碳汇贷贷款年利率不超过 4%，远低于市场上的其他中长期商业贷款，降低了乡村建设融资成本；另一方面，以汉江流域为单元，以碳汇林建设为抓手，通过发展森林康养、生态旅游、运动休闲等产业，实现一、二、三产业深度融合发展，系统推进了汉江流域乡村振兴示范带建设。三是改善了生态环境。湖北鑫榄源科技有限公司使用碳汇贷贷款发展林特产业，每年增加固碳量 3885 吨，广大群众"把荒山当田地种，把树木当庄稼管"，形成了良性循环，激励了更多的市场主体在汉江沿岸发展油橄榄和菇耳林产业，切实起到了保持水土、涵养水源、调节局部地区气候的作用；切实起到了改良土壤、减施化肥农药、减少农业面源污染的作用；切实起到了完善配套设施、减少生产生活污水排放、净化水质的作用。

探究与思考

1. 碳市场融资工具有哪些特点？它与传统的金融融资工具存在哪些区别？
2. 简述发行碳债券的意义和作用。
3. 什么是碳资产抵押融资？碳资产抵押融资的主要流程是什么？
4. 什么是碳资产回购？碳资产回购的主要流程是什么？
5. 除了本书提到的碳市场融资工具案例，国内外还有哪些标志性案例？
6. 什么是碳资产托管？碳资产托管实施过程中面临哪些风险？
7. 试述碳股权融资的基本内容。

【参考文献】

[1] 全国金融标准化技术委员会证券分技术委员会. 碳金融产品：JR/T 0244—2022 [S]. 北京：中国金融出版社，2022.

[2] 绿金委碳金融工作组. 中国碳金融市场研究 [R]. 北京：中国金融学会绿色金融专业委员会，2016.

[3] 杨星. 碳金融概论 [M]. 广州：华南理工大学出版社，2014.

[4] 刘慧心. 欧洲投资银行气候意识债券 [EB/OL]. (2022-02-14) [2022-06-31]. http：//www.tan-paifang.com/tanzhaiquan/202202/1482557.html.

[5] 秦诗音，王峰娟. 企业绿色债券发行范例：中广核电碳债券分析 [J]. 财务与会计，2017 (9)：28-29.

[6] 浦发银行主承销市场首单碳资产债券. 经济观察网 [EB/OL]. (2022-08-07) [2022-09-24]. http：//www.eeo.com.cn/2022/0807/547259.shtml.

[7] 国家林业和草原局办公室关于印发《林业改革发展典型案例》（第二批）的通知 [EB/OL]. (2021-11-30) [2022-09-24]. http：//www.forestry.gov.cn/main/4461/20220613/161031471807935.html.

[8] 史惠文，姜波. "双碳"目标下绿色金融赋能清洁能源发展的内蒙古实践：全国首单绿色金融创新产品案例分析 [J]. 北方金融，2022 (1)：74-76.

[9] 陈少成. 如何玩转碳资产回购交易业务以及赚钱路径揭秘 [EB/OL]. (2016-06-11) [2022-09-24].

http：//www.tanpaifang.com/tanzhibiao/201606/1153623.html.

[10] 张木早. 国内首单碳排放配额回购交易完成：融资规模达 1330 万元 [J]. 环境教育, 2015 (3)：25.

[11] 什么是【配额/CCER】境内外碳资产回购式融资？[EB/OL]. (2019-08-04)[2022-09-24] http：// www.tanpaifang.com/tanguwen/2019/0804/64990.html.

[12] 李恒, 周江波. 控排企业如何进行碳资产托管？[EB/OL]. (2016-08-30)[2022-09-24]. http：// www.tanjiaoyi.com/article-18286-1.html.

[13] 杨玲燕. 中国低碳经济下的碳资产托管业务分析 [EB/OL]. (2017-03-03)[2022-09-24]. http：// www.tanjiaoyi.com/article-20746-1.html.

[14] Global Custodian. BNY Mellon Launches Carbon Custody platform [EB/OL]. [2022-09-24] https：// www.globalcustodian.com/bny-mellon-launches-carbon-custody-platform/.

[15] 鞍钢集团成功办理首单碳排放配额回购业务 [EB/OL]. (2022-05-06)[2022-09-24]. https：//guba. sina.com.cn/?bid=895&s=thread&tid=233609.

[16] 国泰君安落地分支首笔碳资产买断式回购业务 [EB/OL]. (2022-04-23)[2022-09-24]. http：// www.tanpaifang.com/tanguwen/2022/0423/85278.html.

[17] 北京产权交易所. 践行"双碳"战略国内新能源领域最大增资项目落地：中广核风电有限公司增资 项目案例 [J]. 产权导刊, 2022 (3)：44-47.

[18] 张平, 郭青华, 许玥玥. 我国碳中和债券的实践、挑战与发展路径：基于"下一代欧盟"绿色债券 框架的比较研究 [J]. 经济纵横, 2022 (2)：104-110.

[19] 卢薇. 人民银行推出碳减排支持工具 [EB/OL]. (2021-10-08)[2022-09-24]. http://chengdu.pbc. gov.cn/chengdu/129314/4385264/index.html.

第 7 章
碳市场支持工具

碳市场支持工具是指为碳资产的开发管理和市场交易等活动提供量化服务、风险管理及产品开发等支持业务，主要包括碳指数、碳保险、碳基金等。碳市场支持工具及相关服务可以为各方了解市场趋势提供风向标，同时为管理碳资产提供风险管理工具和市场增信手段。

7.1 碳指数

7.1.1 概念及发行意义

1. 相关概念

碳指数（Carbon Index）是为反映整体碳市场或某类碳资产的供求状况、价格变动及走势而编制的统计数据，可以为投资者了解市场动态提供投资参考。碳指数可以依据一级和二级碳市场量价信息，实时公布交易量和交易价格指数。为方便理解，可将碳指数简单理解为与股票中的上证指数、创业板指数等类似的碳市场的一个指数。碳指数既是碳市场重要的观察指标，也是开发指数型碳排放权交易产品的基础。

2. 发行意义

对于碳市场的参与者，通过对碳市场进行分析，得出碳市场的走向是其开展交易的前提。影响碳市场走势的因素有很多，包括政策因素、市场规律、经济走势和投机因素等。其中，政策因素、市场规律以及经济走势都可以通过公开的资料进行分析，而投机因素带来的系统性波动则是阻碍分析的最大障碍。碳排放权可以看作是一种特殊的商品，其使用价值仅限于控排企业。对于投资者来说，碳排放权仅有交易价值而不具备使用价值，这决定了投资者的交易目标仅限于赚取差价。在价格指挥棒下，投资者的市场操作难免带有投机性。显著的投机因素会影响针对单个市场分析的准确率，而指数通过对各碳市场价格加权平均，放大了政策、经济、市场周期等系统性波动产生的影响，对投机因素产生的影响进行了有效的抑制。因此，对碳指数进行分析更能突显市场的规律性走势。

此外，碳交易市场是一个专业度较高的市场。对于普通投资者，履约期、控排、配额等均是新鲜名词，需要时间去学习和掌握，以逐步认识与把握整个碳市场的运行规律。专业知识的缺乏已成为一般投资者进入碳市场的最大壁垒。尽管如此，出于对低碳环保的期盼和对新兴市场潜在利润的渴望，普通投资者有进入碳市场的强烈意愿。投资者需要一个间接的、容易理解的衍生产品，既满足其参与碳市场的需求，又能不受专业知识匮乏的现状束缚，使其在市场中稳定地获得收益。因此，由熟悉碳市场的专业机构开发的、表现碳市场运行规律的指数，理应受到广泛的期待。

同时，由于单个碳市场体量有限，大额资金涌入单个碳市场可能会主导该市场，造成市场非正常波动，因此以指数作为投资标的，将资金分散在各个碳市场中，可以有效规避非系统性风险，保证资金稳定。通过指数化的投资，投资者可以低风险地分享低碳环保产业大发展的收益。相信在不久的未来，指数化投资将成为碳市场不可或缺的一部分，碳指数将成为推动碳金融发展的重要力量之一。

7.1.2 指数编制

目前世界上已开发出较完善的碳交易指数，例如巴克莱全球 II TR 美元指数（Barclays Global Carbon II TR USD Index）、美林全球二氧化碳排放指数（MLCX Global CO_2 Emissions Index）、置信碳指数（Zhixin Carbon Index，ZXCI）以及中碳指数（China Carbon Index，CCI）等。

1. 巴克莱全球 II TR 美元指数

巴克莱全球 II TR 美元指数前身是巴克莱资本全球碳指数（BCGCI），由巴克莱银行旗下的投资银行巴克莱资本于 2007 年发布，是世界碳市场上首个综合基准指数以及世界碳交易指数的领导者。该指数涵盖了碳交易市场的每种交易机制中最富流动性的投资工具，为资产管理、私人银行和机构投资者对快速增长的碳交易市场提供了全面性的基准比较。

BCGCI 由巴克莱资本环境市场指数委员会（BCEMIC）管理，包括对指数规则、构成和方法学进行监管和对指数质量实施监控。每年，指数发起人都会对指数涵盖的交易机制、指数权重和碳投资工具进行调整，并经由指数委员会批准。BCGCI 采用标准结算价格和最适合于国际投资者的市场日历，按日进行计算。巴克莱资本通过气候指数互联网站和包括彭博在内的其他电子商务频道为指数提供支持和分析。BCGCI 会在每个机制中选择一个碳投资工具，例如在 EU-ETS 下选择 EUA 的期货合约，在 CDM 机制下选择 CER 的期货合约等，见图 7-1。从指数发起人的角度来说，被选择的工具应该最适合于反映成交量情况并能提供精确的每日定价。当该工具可同时在远期和期货市场交易时，假定其流动性适宜、定价精确且稳定，则期货市场优先；在不同交易所，则成交量大的合约优先。而机制权重的设计反映的是碳排放额度交易的金融价值。权重值将把过去几年的场内外交易量以及期望期货交易量考虑在内。

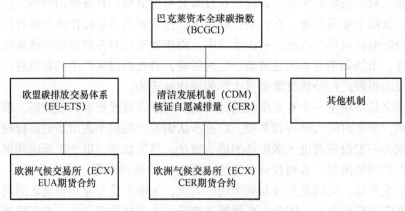

图 7-1 巴克莱资本全球碳指数架构

BCGCI 使用市场标准商品价格方法学进行计算，其复制了一个商品期货基金，这些期货会被周期性地调整回固定的百分比权重。每年的 11 月，指数会被重新设定权重。每年 10 月的最后一天为决定日，指数对每个碳投资工具的持有将被决定，指数由固定百分比权重和合约当日收盘价计算。

BCGCI 在 2017 年 10 月 27 日被巴克莱全球碳 II TR 美元指数代替。根据交易所交易票据（Exchanged-Traded Note，ETN）的条款，作为终止 ETN 的计算代理人的巴克莱银行已批准将继任者索引作为 ETN 的继任者索引，将 2017 年 10 月 27 日作为最后估值日，在该估值日将参考原始指数计算 ETN 的收盘指示价。ETN 将与后继指数的表现挂钩，并且将参考后继指数来计算 ETN 的收盘指示值和赎回值。

原始指数和后继指数的目的都是提供全球碳价格的敞口，并跟踪在美国洲际交易所（ICE）交易的碳排放信用额的期货合约的收益。

后继指数每年确定指数成分的权重，而无需使用原始指数曾用来批准原始指数的规则、组成和方法的指数委员会。确定后继指数的成分和权重的方法旨在对指数发起人确定原始指数的成分和权重的过程进行整理。

有资格作为后继指数的指数成分纳入的期货合约仅包括两种机制的碳排放信用额期货合约：EUA 和 CER（均在 ICE 上交易）。尽管原始指数的指数成分在历史上仅包括与 EUA 和 CER 两种机制相关的期货合约，但原始指数规定，指数发起人在与指数委员会协商后，可以确定原始指数能够提供敞口的其他机制。

后继指数的收盘价将由彭博社或后继者在每个交易日通过合并磁带协会的设施在股票代码"BXIIGC2T"下计算和发布。原始指数的收盘价先前已在股票代码"BXIIGCUT"下发布。与该指数挂钩的交易型开放式指数基金 iPath Series B Carbon ETN（GRN. US）已经于 2019 年 9 月 10 日成立，在 NYSE Arca 交易所交易，市值达 68684299 美元，费率为 0.75%，一年年化收益率为 47.15%。被动型及追踪指数 Barclays Global Carbon II TR USD Index 目前包含了欧盟排放交易机制（EU-ETS）和京都议定书的清洁发展机制（CDM）。自指数成立以来，与欧盟排放交易机制相关的期货合约的权重一直大于 99.9%，与清洁发展机制相关的期货合约的权重一直低于 0.1%。

2. 美林全球二氧化碳排放指数

美林全球二氧化碳排放指数由美林证券（Merrill Lynch）国际研究部于 2008 年推出。该指数旨在为快速增长的全球碳排放市场参与者提供精确的洞察市场的途径。美林全球二氧化碳排放指数主要以 EUA 与 CER 价格为基准，权重由其两者在不同时期的基本工具流动性和相关性来决定，指数推出当年美林证券国际研究部采用 71%EUA 与 29%CER 权数。同时美林证券国际研究部还推出了该指数的两个子指数，分别是美林欧盟排放配额指数（MLCX EUA Index）和美林核证减排量指数（MLCX CER Index），为参与碳交易市场的碳金融市场体系投资者进行交易、投资决策提供全面参考。随着全球碳排放市场广度和深度的加大，美林证券国际研究部不断完善该指数，增加指数的基本工具数量。

3. 置信碳指数

置信碳指数由上海置信碳资产管理有限公司开发、维护，是我国首个反映碳市场走势的统计指数。2014 年 4 月 30 日，置信碳指数在上海环境能源交易所发布。置信碳指数每日更新一次，每个交易日碳市场休市后，根据当日各个碳市场的成交均价计算置信碳指数。

我国碳交易试点分布在 7 个省市，由于各地的经济总量、产业结构差距较大，各试点间具有显著的差异性。以同处我国南方的试点区域广东省与深圳市为例，两者在地域面积、经济总量上差距巨大，因而总体碳排放量有近 100 倍的差距。如果将广东碳市场与深圳碳市场的价格置于同等地位，显然低估了广东碳市场对整个市场的整体影响。同时，7 个试点碳市场相对独立，每个市场的现有价格都与当地执行的碳市场政策密切相关。

置信碳指数建立在先进的数学模型算法基础上，以 2013 年 12 月 31 日为基期（基期值为 1000），数据采样范围涵盖全国所有碳市场，同时充分考虑了碳交易试点区域配额总量的权重特性。置信碳指数通过引入模型，对各个碳市场的价格采用计算平均和后期修正结合的方式，其走势反映了国内碳市场的总体运营（涨跌）情况。鉴于目前我国 7 个碳交易试点的经济总量、产业结构存在较大差异，置信碳指数采用了混合加权的模式，兼顾了各个碳市场的独立性，使体量较小的碳市场的波动也可以在指数上得以反映。置信碳指数算法中还设置了灵活的修正机制，以保证指数的科学性和全面性。

置信碳指数主要面向投资者、分析人士和相关利益方，他们关注的是碳市场的整体动向。置信碳指数可以准确、科学地描述和反映整体市场宏观走势。置信碳指数在设计之初就考虑到其作为交易标的的可能性，并根据交易产品特性做了优化，通过创新性的优化加权方式，避免了单个市场权重过大或过小的极端情况，因而具有良好的市场代表性，可以适应指数化投资的需求。置信碳指数综合反映了全国碳交易试点市场的整体运行状况和碳价变动情况，是未来的指数化投资和指数衍生品开发的权威参考依据。

4. 中碳指数

中碳指数由北京绿色金融协会开发推出，是综合反映国内各个试点碳市场成交价格和流动性的指标，主要包括"中碳市值指数"和"中碳流动性指数"。中碳指数就近选取样本地区碳市场的线上成交数据，对样本地区根据配额规模设置权重，基期为 2014 年度第一个交易日，即 2014 年 1 月 2 日。截至 2019 年 6 月 14 日，中碳市值指数为 857.33 点，中碳流动性指数为 17410.15 点。

（1）中碳市值指数。"中碳市值指数"以北京、天津、上海、广东、湖北和深圳共 6 个碳排放权交易试点地区的碳排放配额线上成交均价作为样本编制而成。中碳市值指数以成交均价为主要参数，衡量样本地区在一定期间内整体市值的涨跌变化情况。计算方法如下：

$$中碳市值指数=总调整市值/基期市值×1000$$
$$总调整市值=\sum(碳配额均价×配额数量)$$

（2）中碳流动性指数。"中碳流动性指数"以北京、天津、上海、广东、湖北和深圳共 6 个当时已经开市交易的碳排放权交易试点地区的碳排放配额线上成交量作为样本编制而成。中碳流动性指数以成交量为主要参数并考虑各地区权重等因素，观察样本地区一定期间内整体流动性的强弱变化情况，样本地区根据配额规模设置权重。计算方法如下：

$$中碳流动性指数=总调整换手率/基期×1000$$
$$总调整换手率=\sum(成交量/权重)/配额总量$$

中碳指数综合考虑各个试点碳市场的碳价、成交量、配额总量等因素，分析碳价和成交量的变动趋势与涨跌程度，编制能够反映碳排放权的价格、成交量等相对基期的综合相对指数，为碳市场投资者、政策制定者和研究机构了解我国碳市场的运行情况提供参考。

置信碳指数和中碳指数反映的整体走势波幅较大，显示目前国内试点碳市场还处于早期发展阶段，履约仍是其主要功能，投资功能尚在培育过程中。

7.2　碳保险

7.2.1　概念、背景及意义

1. 相关界定

2007 年，联合国以《联合国气候变化框架公约》和《京都议定书》这两个国际条约为依据，以碳排放的安排为基础对碳保险进行界定，认为碳保险是对清洁发展机制、联合履约交易、低碳项目评估及开发和碳排放信贷担保等活动提供风险保障的保险产品。我国学者在联合国对碳保险定义的基础上进一步丰富了其内涵，认为可以将碳保险界定为与碳信用、碳配额交易直接相关的金融产品，即碳保险是以《联合国气候变化框架公约》和《京都议定书》为前提、以碳排放权为基础，或是保护在非京都规则中模拟京都规则而产生的碳金融活动的保险，主要承担碳清缴风险、碳信用风险、碳融资风险、碳损失风险等。此外，2022 年 4 月中国证券监督管理委员会在发布的金融行业标准《碳金融产品》JR/T 0244—2022 中认定，碳保险是为了规避减排项目开发过程中的风险，确保项目减排量按期足额交付的担保工具。

2. 开发背景

得益于多样化的碳金融产品交易平台和健全的碳价格机制，国际碳金融市场快速发展。与此同时，随着市场主体的多元化发展，碳金融市场中各类风险逐步显现，为碳保险创造了有效的市场需求，成为保险机构提供碳保险产品的基础和业务拓展的动力。

（1）碳市场为碳保险发展孕育了现实基础。

一是碳市场规模稳定增加。据国际碳行动伙伴组织（International Carbon Action Partnership，ICAP）2021 年报告显示，截至 2021 年 1 月末，全球已建成 17 个碳排放交易体系，另外仍有 7 个碳排放交易体系处于计划实施阶段，已建成的交易体系覆盖的全球温室气体排放量由 2005 年的 5% 提高到 16%。

二是碳市场价格机制逐步健全。在市场机制方面，以欧洲气候交易所和芝加哥气候交易所为代表的多个碳交易所开展了碳金融衍生品业务，包括碳远期、碳掉期、碳期权在内的多种碳金融衍生品为稳定碳资产价格发挥了重要作用。在政府措施方面，拍卖机制成为碳配额分配的主要方式。欧盟碳市场、区域温室气体倡议和魁北克省碳市场的碳配额拍卖比例均达到 50% 以上。在拍卖机制的基础上，欧盟还设立了市场稳定储备（Market Stability Reserve，MSR）机制，将部分由碳市场累积的过剩配额转入 MSR，并在年度配额拍卖量中减去相应的数额，以此调控市场中的碳配额存量，提高交易体系对市场冲击的恢复能力，在稳定碳价的同时对参与主体释放碳价上涨的信号，维护其价格平稳运行。

（2）市场主体多元化和强化风险防控为碳保险创造了有效的市场需求。

一是碳市场交易主体持续多元化。在碳配额市场中，碳控排覆盖范围仍在进一步扩大。以欧盟碳排放权交易体系（EU-ETS）为例，目前纳入碳排放权交易体系进行碳减排管控的行业包括燃烧设施制造业、燃油、黑色金属生产加工业，水泥、石灰石生产业，陶瓷砖、玻璃、纸袋、造纸和纸板生产业，电力行业，航空业，硝酸、乙二酸制造业，制铝业等，覆盖大约11500家企业。在碳信用市场中，随着投资价值的显现，碳信用吸引了大批项目投资者。世界银行数据显示，截至2020年年末，全球碳信用注册项目数已达1.87万个。此外，由碳排放权交易衍生出的碳金融衍生品交易、碳资产管理和碳排放权投资融资活动还吸引了包括信托、基金、保险和银行等大量机构投资者。

二是碳市场风险防控机制有待完善。首先，有强制碳配额企业面临履约风险。随着各地碳减排核查与违规处罚机制的不断完善，在规范控排企业碳排放行为的同时，企业的减排压力不断加大，违规成本显著上升。例如，EU-ETS超额排放罚款已由40欧元/吨上升至100欧元/吨，控排企业必须购买和放弃等量的配额，违规运营商的名单也将被公开。其次，碳信用项目投资者面临政策风险。清洁发展机制（CDM）项目供应商在获得信用认证前必须完成核证工作，除项目建设及运营风险、商业风险，还面临核证失败风险。在CDM林业碳汇项目中，因其具有碳信用非持久性、易泄漏损毁以及碳汇市场的规则和未来走向存在不确定性的特点，政策性风险进一步增加。最后，机构投资者面临价格风险和交易风险。机构投资者在一级市场中需要克服基准线风险，在二级市场中还面临价格风险和次级碳回收风险，碳价的大幅波动和低劣的碳资产会导致交易对手方无法履行合约规定的义务，从而增加交易风险。

（3）保险机构综合运用资产端和负债端业务，探索碳保险产品供给。

一是引入非传统性风险转移方式设计碳保险产品。不同于传统保险大数法则的风险分散方式，欧美碳保险产品在设计中引入非传统性风险转移（Alternative Risk Transfer，ART），通过一系列碳金融衍生工具来分散风险，扩大碳保险可保风险范围、提高风险转移效率及赔付能力，同时为保险公司进入碳信用保险市场提供法律保障。

二是保险机构投资碳金融衍生品，实现负债端与资产端双赢。在负债端，保险机构通过远期与近期风险的对冲增加碳排放权购买方的交易稳定性，从而有效规避碳保险产品的碳价波动风险。在资产端，保险机构还可以运用保险资金投资碳金融衍生品市场获取收益，进一步增加保险机构开展碳保险业务的意愿。

3. 发展碳保险的意义

（1）发展碳保险是可持续发展的客观要求。作为一种特殊的金融机构，保险业具有很强的社会管理职能，能够正确引导经济向着低碳、环保的方向发展。一方面，通过对投保碳保险的企业进行设备更新升级，降低二氧化碳的排放量。另一方面，通过开展森林保险等，引导植树造林，增加森林蓄积量，保护绿色植被，增加二氧化碳吸收量。

（2）发展碳保险是低碳技术发展的重要保证。首先，低碳技术的发展往往需要大量的启动资金，由于保险业保费收入与支出之间存在时间差，因此保险公司聚集了大量长期稳定的资金。保险业完全有能力为低碳技术的研发项目提供充足的资金。其次，新技术的研发一般存在很大的风险，尤其是低碳技术，其前期投入大、科技含量高、研发周期长，研发成果面临很多的不确定性。因此，保险公司的介入可以有效减少研发失败给企业经营带来的负面影响，保证企业的正常运营。最后，碳保险的发展不仅可以激发低碳技术的进步，还可以推动高能耗、高污染、高排碳的企业向低碳经济发展模式转型。"三高"企业想要降低自身的碳排放量往往需要一段时间，在此期间，无论企业是选择改进生产设备还是向其他企业购买碳排放指标都需要投入大量的资金，且由于改进生产设备的成果具有不确定性。因此每年所需要投入的资金都是不确定的，这对企业的财务稳定性很不利。如果企业可以通过保险转移自己这部分的风险，就可以稳定自己的现金流，从而平稳的实现向低碳经济模式的转型。

（3）发展碳保险是保险业谋求自身发展的有效途径。经过十几年的蓬勃发展，保险业原有的险种已经遇到了瓶颈，急需找到新的增长点。碳保险的发展是顺应时代而生的。相比传统的保险，碳保险更加强调对社会、经济和环境的责任，更能体现保险业促进经济发展、稳定社会的作用。尽管我国的碳保险尚处于理论研发阶段，但随着《京都议定书》的生效，碳保险的呼声越来越高。随着碳交易市场的发展和完善，碳保险势必在其中发挥重大的作用，社会对碳保险的需求会越来越大，碳保险势必成为保险公司新的增长点。

7.2.2　碳保险分类

碳保险的分类标准众多。根据碳保险针对的不同风险，可以将碳保险产品划分为两类：一类针对交付风险，另一类针对除交付风险以外的其他风险。依据碳排放前的减碳环节、碳排放后的碳汇环节，以及打通这两个环节的碳排放权交易这三个环节对碳保险进行分类，核心是碳排放权交易，碳保险的分类具体如图 7-2 所示。

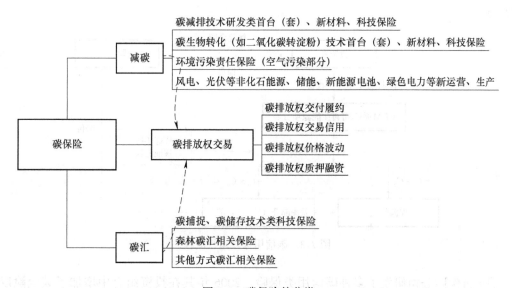

图 7-2　碳保险的分类

根据被保对象，可以将碳保险产品划分为三类：一是针对碳金融活动中交易买方所承担风险为标的的产品，主要涵盖《京都议定书》相关项目风险和碳信用价格波动；二是针对碳金融活动中交易卖方所承担风险为标的的产品，主要提供减排项目风险管理保障和企业信用担保；三是针对除上述交付风险的其他风险的产品，如碳捕获保险等，下面将对此进行详细介绍。

1. 以碳金融活动中交易买方所承担风险为标的的碳保险产品

（1）清洁发展机制（CDM）支付风险保险。CDM 支付风险保险主要管理碳信用在审批、认证和发售过程中产生的风险。当 CDM 项目的投资人因核证自愿减排量（CER）的核证或发放问题遭受损失时，保险公司会对 CDM 项目投资人给予期望的 CER 或者等值进行补偿。例如，瑞士再保险公司（Swiss Re）与总部位于纽约的私人投资公司 RNK 资本有限公司（RNK Capital LLC）合作，开发了用于管理碳信用交易中与《京都议定书》项目相关风险的碳保险产品。

（2）碳减排交易担保保险。碳减排交易担保保险主要用于降低清洁发展机制和联合履约机制下的交易风险，以及低碳项目评估和开发中产生的风险。2006 年，瑞士再保险公司的分支机构——欧洲国际保险公司针对碳信用价格提供了一种专门管理其价格波动的保险；随后，其又与澳大利亚保险公司（Garant）开展合作，根据待购买的减排协议开发碳交付保险产品。

（3）碳信用保险。碳信用保险保障的是投资者的碳信用投资风险。假设投资者对清洁发展机制、可再生能源等项目进行投资，预期获得的碳信用为 C_p。由于碳信用项目需要经过第三方机构注册、核证，存在核证失败或延误等风险，在项目运行中会面临东道国的碳信用政策变化风险，因此投资者在项目中获得的实际碳信用 C_r 可能不及预期。碳信用保险以投资者获得的碳信用不及预期作为保险触发条件，如果投资者利益因碳信用核证或发放问题而受损，保险公司将提供投资者预期获得的碳信用或等值的赔偿（见图 7-3）。

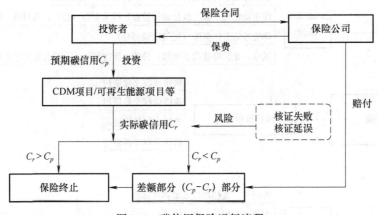

图 7-3　碳信用保险运行流程

瑞士再保险公司研发了多种碳信用类保险，2006 年其在投资组合中增加了碳全险以保护碳信用项目所有者。2008 年，为向卢森堡政府提供担保和非担保认证的减排，帮助卢森堡利用碳信用额度来实现其《京都议定书》目标，美国国际集团（AIG）于 2008 年推出了碳信用交付保险，帮助企业解决技术性能风险、信用风险、政治风险和定价风险，从而解决由符合《京都议定书》条件的项目产生的合规工具的交付风险。

2. 以碳金融活动中交易卖方所承担风险为标的的碳保险产品

（1）碳交易信用保险。碳交易信用保险以合同规定的排放权数量作为保险标的，向买卖双方就权利人因某种原因而无法履行交易时遭受的损失给予经济赔偿，具有担保性质。碳交易信用保险为买卖双方提供了一个良好的信誉平台，有助于激发碳市场的活跃性。例如，2004 年联合国环境署、全球可持续发展项目和瑞士再保险公司推出了碳交易信用保险，该保险由保险或再保险机构担任未来核证自愿减排减量的交付担保人，当根据商定的条款和条件，当事方不履行核证自愿减排量时，担保人负有担保责任。碳交易信用保险主要针对合同签订后出现各方无法控制的情况而使合同丧失了订立时的依据，进而各方得以豁免合同义务的"合同落空"情景进行投保，例如突发事件、营业中断等。

（2）碳排放信用担保保险。碳排放信用担保保险重点保障企业新能源项目运营中的风险，提供项目信用担保，促进私营公司参与碳排放抵消项目和碳排放交易。例如，美国国际集团与达信保险经纪公司于 2006 年合作推出碳排放信贷担保以及与其他新的可再生能源相关的保险产品等，通过降低企业投融资成本，促使企业积极参与碳抵消和减排活动。该产品降低了企业在新能源项目运营中的风险，提供了项目信用担保。

（3）碳损失保险。碳损失保险保障的是碳信用持有者的碳损失风险。假设碳信用持有者持有的碳信用为 C_k，实践中碳信用持有者一般持有的是森林碳汇，而意外事故会导致森林无法实现已核证减排量。因此，碳损失保险以碳信用持有者的碳信用发生损失为保险触发条件，一旦碳信用持有者的碳信用因意外事故发生损失，保险公司将为投保者赔偿等量的碳信用（见图 7-4）。澳大利亚承保机构斯蒂伍斯·艾格纽（STEEVES AGNEW）于 2009 年首次推出碳损失保险，保障因森林大火、雷击、冰雹、飞机坠毁或暴风雨导致森林无法实现已核证减排量而产生的风险。一旦森林碳汇持有者受损，保险公司将根据投保者的要求为其提供等量的经核证的减排量。德国安联保险集团（Allianz SE）在 2018 年也推出了类似的碳损失保险，覆盖澳大利亚人工林面临的由自然现象引发的火灾、冰雹和风暴以及由人类引发的火灾造成的损失，林业管理人员可以通过将碳汇价值计入人工林每公顷的价值的方式来确保碳损失风险。

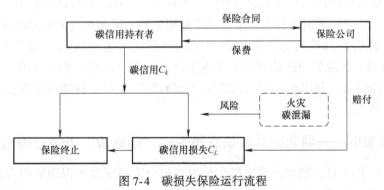

图 7-4　碳损失保险运行流程

（4）森林碳汇保险。森林碳汇保险是指以仍在生长中的各类树木以及影响森林正常碳吸收量的风险，如暴风、暴雨、泥石流、火灾、冰雹等为保险标的，对林木的整个成长过程中可能遭受的自然灾害和意外事故导致吸碳量的减少造成的损失提供经济赔偿的一种保险。森林碳汇保险不同于传统的森林保险，两者在保险标的、保险金额的确定方法、保费来源等方面存在明显的区别。例如中国人寿财产保险股份有限公司福建省分公司创新开发出林业碳汇指数保险产品，该产品将卫星遥感科技手段与碳汇理论方法学相结合，建立了林业损毁与固碳能力减弱计量的函数模型，并于 2021 年 4 月在福建省龙岩市新罗区出单。该保单年度保费为 120 万元，当一年中森林累计损失面积达到 232 亩时，视为保险事故产生，起赔金额为 100 万元，最高赔偿 2000 万元。森林碳汇保险与森林保险对比表见表 7-1。

表 7-1 森林碳汇保险与森林保险对比表

项 目	森林碳汇保险	森 林 保 险
保险标的	仍在生长中的各类树木以及影响森林正常碳吸收量的风险,如暴风、暴雨泥石流、火灾、冰雹等	各类树木(包括生长中的及砍伐后),主要承保人工林
保险金额的确定方法	保障金额的核心是碳排放量交易的价格	保障金额的核心在于林木本身的成本。具体方法:按林木蓄积量计算,保险金额 = 单位面积林木蓄积量 * 面积 * 木材价格及按营林成本计算出的单位面积费用总和来确定保险金额
保费来源	森林碳汇保险带有很强的政策性保险的特征。其保费来源由两部分组成:一部分是政府的补助,另一部分是对"三高"企业的惩罚金	保费由政府和林权所有者共同承担
受益人	政府和林业主管部门	林权所有者
功能	通过增加二氧化碳的吸收量来达到环境保护的目的	可实现林业风险的有效转移和分散,提高林农灾后恢复生产能力,稳定林业生产

3. 以交付风险以外其他风险为标的的产品

除了以上碳保险产品,在碳捕获过程中,可能会产生碳泄漏的问题并由此导致碳信用额度损失、财产损失等,同时碳排放可能会由严格限制排放区域向气候相关法规相对宽松的区域转移,并由此引发风险转嫁。为缓释利用碳捕获技术进行碳封存而带来的各类风险,2023 年 7 月 6 日,保险公司推动国家能源集团公司首单"碳资产损失保险"落地,该险种将对泰州电厂碳捕集、利用与封存项目提供"碳捕集"保障,碳捕获保险受益人为受到碳泄漏影响的自然人。

7.2.3 实践案例——湖北碳排放权交易中心"碳保险"开发战略合作协议落地

2016 年 11 月 18 日,湖北碳排放权交易中心与中国平安财产保险股份有限公司(简称"平安保险")湖北分公司签署了"碳保险"开发战略合作协议。随后,总部位于湖北的华新水泥股份有限公司(简称"华新水泥")与平安保险签署了碳保险产品的意向认购协议,由平安保险负责为华新水泥旗下位于湖北省的 13 家子公司量身定制碳保险产品设计方案。具体而言,平安保险将为华新水泥投入新设备后的减排量进行保底,一旦超过排放配额,将给予赔偿。这标志着我国首单碳保险产品在湖北正式落地。

随着国家对碳排放的管控越来越严格,企业迫切需要碳保险提供保障功能。以华新水泥为例,2014 年企业有 115 万吨的碳排放缺口,花费 2900 多万元资金才填补。2015 年上了新设备后,二氧化碳的减排量达标后还有几十万吨的结余,相当于企业可以在碳交易上节约很多资金。碳保险会让企业在投入新设备方面更有信心,因为一旦设备发生意外导致减排任务无法完成,企业能得到更多保障,从而减少损失。

"碳保险"是平安保险为碳排放权交易企业量身打造的一系列保险产品的总称,是企业风险管理及碳资产管理的一种重要手段,旨在帮助购买减排设备的企业达到预期减排目标。这是湖北绿色金融创新成果的又一样本。国际市场上的碳保险针对交付风险包括碳信用价格保险、碳交付保险、碳排放信贷担保等产品。目前国内市场碳保险业务相对单一,无法满足参与碳排放权交易企业的需求。

7.3 碳基金

7.3.1 概念、背景及意义

1. 相关概念

关于碳基金的定义,有广义和狭义之分。广义上的碳基金指的是利用公有或者私有资金,在全世界范围内通过投资减少温室气体排放项目,或者在碳排放权交易市场上购买碳信用,以促进碳市场的发展,最终获得收益的投资工具。狭义上的碳基金通常是指清洁发展机制下温室气体排放权交易的专用资金。总体而言,碳基金是指由政府、金融机构、私人企业、个人等投资设立的专门基金,其主要运作模式是通过在全球范围内购买核证减排量(或者其他碳信用)的方式,投资于碳减排项目,在项目产生收益之后,以碳信用或者现金的方式与投资者分享收益,最终达到减缓全球变暖、减少温室气体排放的目标。

2. 开发背景

气候变化已经成为全球经济社会可持续发展的重要阻滞因素。为面对环境变化带来的挑战、加强对温室气体变化的研究,《京都议定书》规定工业化国家在2008—2012年间必须减少相当于1990年排放水平5.2%的温室气体排放量。《京都议定书》还规定至2012年减少至少50亿吨的二氧化碳(CO_2)排放,其中至少25亿吨的CO_2排放目标必须来自减排权交易,这其中蕴含着巨大的商业机会。在此背景下,不少发达国家通过建立各种碳基金来支持节能减排项目的开展。发达国家强调清洁发展机制(CDM)项目合作应该完全基于市场机制,但由于CDM项目的运作过程和项目产生的交易品——"核证自愿减排量"(CER)与现有的国际贸易规则有很大不同,如果CDM项目完全基于市场机制和成本竞争将不利于保障发展中国家参与方的利益,因此发展中国家的政府有必要采用经济手段对本国实施的CDM项目进行一定的控制和干预,碳基金应运而生。2000年,世界银行最早成立了碳基金,利用发达国家的资金来购买发展中国家减排项目产生的核证减排量。随着相关机制和国际碳金融市场的完善与发展,越来越多的国家、地区、非政府组织、金融机构、私人企业甚至个人开始认识到碳基金背后的商业价值以及环境保护价值。

3. 碳基金发展的意义

资产化与证券化是碳资产与金融市场结合的主要方式,碳基金是碳金融创新工具中重要的一部分。随着碳交易市场日趋完善,吸引了不少投资人在碳基金市场上投资创立碳基金,碳基金实现了从政府引导到私募筹集的转变。不同基金创立的目的可能有所不同,但在经济市场中投资都意味着回报与风险的并存。经济投资不是做慈善,即便是政府引导资金,也不会不图回报。碳基金投资及运营方式是否成功,不仅考察投资人的眼光,也考验碳基金发展的可能行。碳基金投资具有模式好、政策多、意义大的性质,这些性质吸引了不少资金,是全球碳市场发展初期减排项目开发的重要资金来源。

碳基金的存在实际上创造了一个隐性的场外市场，这有可能带来两个极端结果：一是能够通过减少信息不对称，有效降低企业的交易成本；二是可能会产生市场操控行为，对场内交易的价格和流动性产生潜在的威胁。随着交易逐渐扩大，我国碳基金交易在做不同尝试。在国际已有成熟的碳基金交易大背景下，我国的碳基金市场有广大的发展空间。我国碳交易市场还处在发展初期，碳排放权试点地区的体系建设将为全国碳交易市场提供经验，但由于各地价格差异较大，CCER 价格受试点配额价格的影响也较大。由于碳排放权及减排量价格的波动给碳基金投资带来商机的同时也带来了风险，因此目前通过碳基金投资碳市场还需谨慎考虑。

7.3.2　碳基金分类

1. 按投资目的划分

碳基金类型丰富，成立目的各有侧重。例如，世界银行管理的 14 只碳基金的资金规模已经超过 25 亿美元。在这些碳基金中，四只特别碳基金旨在培育京都机制下碳市场的形成和发展，它们分别是原型碳基金、社区发展碳基金、生物碳基金和伞形碳基金；六只国别基金旨在帮助相关工业化国家和地区履行《京都议定书》下的减排目标，具体包括荷兰清洁发展机制基金、荷兰欧洲碳基金、意大利碳基金、丹麦碳基金、西班牙碳基金和欧洲碳基金；此外，还有旨在为 2012 年后的碳金融进行示范和探索的 4 只基金，分别是市场准备伙伴关系基金、低碳发展倡议基金、森林碳伙伴基金和碳伙伴基金。除了上述世界银行管理的碳基金，其他国际组织和主权国家也设立了一些碳基金，如亚洲开发银行设立并管理的未来碳基金、英国设立的英国碳基金等。设立碳基金的目的有完成减排约束目标、赢利以及自愿减排等，因此按碳基金的投资目的划分，碳基金主要有四种类型：一是减排承诺驱动碳基金；二是投资获利驱动碳基金；三是自愿减排驱动碳基金；四是促进可持续发展碳基金。

（1）减排承诺驱动碳基金。这部分碳基金的投资目的是获取碳信用，满足碳减排约束目标。其占碳基金数量百分比最大，为 55%，占资金百分比也最大，为 61%。这些碳基金大多是由政府设立的，目标是通过投资 CDM 项目来购买碳信用额度，减少国内潜在减排目标与《京都议定书》规定任务之间的差距。

（2）投资获利驱动碳基金。这部分碳基金的投资目的是赚取初级市场和二级市场的差价利润。其占碳基金数量百分比排第二位，为 42%，占资金百分比也排第二位，为 38%。这类碳基金既包括国际组织和企业设立的碳基金，也包括部分政府设立的碳基金，主要通过将获取的碳信用重新投向二级市场，即以比原始买入价更高的价格出售碳信用来获取收益。

（3）自愿减排驱动碳基金。这部分碳基金的投资目的是自愿减排抵消自身碳足迹，促进可持续发展。其占碳基金数量百分比较小，为 2%，占资金百分比为 1%。这类碳基金的基金管理机构由私人、社团和公司组成，其产生的碳信用可能从初级市场获得。越来越多的服务行业（如银行）通过投资自愿减排基金来为其服务活动承担减排责任。比如，绿色能源行动加拿大基金致力于购买碳信用，并将其用于加拿大希望抵消碳排放的公司。

（4）促进可持续发展碳基金。除了上述提及的基金投资目的，还存在其他一些不常见的类型。这类碳基金占碳基金数量百分比最少，为 1%。例如，设立的目的是为发展中国家 CDM/JI 项目提供资金的发展碳基金，该项目对核证减排量进行销售，并获得资助发展中国家的资金。还有联合国规划署与富通银行合作的千年目标碳基金、世界银行社区发展碳基金以及瑞典政府的 CDM/JI 碳项目等。

2. 按投资策略划分

按碳基金的投资策略划分，碳基金主要有四种类型：一是信用购买型碳基金；二是混合投资策略型碳基金；三是风险投资型碳基金；四是自愿减排型碳基金。

（1）信用购买型碳基金。这部分碳基金的投资策略集中围绕在如何从 CDM/JI 项目获取碳信用上。碳信用获取的渠道通常为初级碳市场和减排量购买协议（Emission Reductions Purchase Agreements，ERPAs）。ERPAs 是 CDM 项目中确定 CER 买卖双方权利义务的法律依据，也是整个 CDM 项目的核心内容之一。ERPAs 目前主要是世界银行和荷兰政府制定的标准版本。信用购买型的碳基金通过减排量购买协议获得来自 CDM/JI 碳减排项目产生的碳信用，这些碳信用不仅可以用于在二级碳市场出售来获取利润，还可以用于抵消强制碳减排的任务。信用购买型碳基金是最早出现的碳基金类型，如摩洛哥碳基金（The Carbon Capital Fund Morocco）是典型的信用型碳基金，其在 2008 年由摩洛哥储蓄管理金融机构（CDG）建立，基金运营由 CDG 旗下股权投资公司管理。

（2）混合投资策略型碳基金。这部分碳基金的投资策略是对多个碳市场采取广泛的投资策略。其占碳基金数量百分比排第二，为 24%，占资金百分比为 25%。这类碳基金的典型代表是艾卡碳基金（Arkx Carbon Fund），其成立于 2007 年 12 月，计划投资 20 亿澳元，50% 资金投资于上市公司的可再生能源项目，25% 直接投资于 CDM 项目，20% 用于买卖欧盟排放权配额与核证减排量，5% 用于投资澳大利亚国内各类型碳项目。

（3）风险投资型碳基金。这部分碳基金的投资策略是为减排项目提供直接投资，并介入项目全程管理进而提供专业技术和管理经验，以便更充分地开发碳减排项目。其占碳基金数量百分比为 23%，占资金百分比为 13%。这类碳基金一般由项目开发管理公司管理，能够对联合履约与清洁发展机制的减排项目发挥关键作用。

可以通过碳信用进入初级碳市场的整合度来识别信用购买型碳基金和风险投资型碳基金。近些年，风险投资型碳基金（项目型）增长迅速，主要原因包括：第一，风险投资型碳基金可以用相对较低的价格获取较高的碳信用；第二，碳信用市场价格不断上涨，碳基金向获利更高、风险更大的投资策略改变；第三，大型建材项目受信用购买型碳基金青睐；第四，碳基金开始向风险更高的减排项目投资，所需资本更多，如成立于 2008 年的德夏碳基金（Dexia Carbon Fund）计划注资 1.5 亿欧元，主要投资于 CDM/JI 和自愿减排项目，主要关注澳大利亚和新西兰等新兴碳交易市场。

（4）自愿减排型碳基金。这部分碳基金的投资策略是单一自愿减排，其占碳基金数量百分比最小，为 1%，占资金百分比非常小，可以忽略不计。

3. 按碳基金作用划分

按碳基金在碳交易市场上的不同作用划分，碳基金大致分为两种类型。

（1）作为信用基金发售。此类基金通过减排量购买协议购买减排要项目已产生的碳信用，然后将碳信用作为红利返回投资者，并将其用于履约目的或在二级市场再次销售，以此获得财务收益。清洁基金是由国家批准设立的政策性基金，按照市场化模式进行运作，是我国等发展中国家首次建立的国家层面专门应对气候变化的基金，是我国开展应对气候变化国际合作的一项重要成果。作为国家应对气候变化的创新机制，清洁基金把我国参加联合国《京都议定书》下清洁发展机制（CDM）合作对国家可持续发展的贡献以可持续的方式，从项目层面升级和放大到国家层面，充分体现了我国政府对气候变化问题的高度重视和对应对气候变化相关行业与产业发展的大力支持，对促进发达国家与发展中国家开展应对气候变化合作行动具有典型示范意义。清洁基金通过公私合作（PPP）模式，切实发挥"种子资金"作用。清洁基金已经在各地尝试通过提供损失风险分担、清洁基金贷款等方式，促进公私部门合作，带动更多市场化资金进入节能减排项目，使公共资金和市场资金各自发挥所长。例如，清洁基金与中国石油天然气集团公司旗下的北京国联能源产业投资基金合作，以有限合伙方式出资 6800 万元入股北京国联能源产业投资基金，共同投资开展西气东输二线项目，撬动社会资金近 190 亿元。清洁基金通过投资引导社会开展市场减排、产业减排和技术减排行动，帮助绿色低碳企业解决发展初期融资难问题，带动更多市场资金进入低碳产业，支持了产业转型和新兴产业发展，增加了就业，实现了政府、市场、社会三方共赢。2022 年 6 月 28 日，财政部、生态环境部等 7 部门修订并公布《中国清洁发展机制基金管理办法》，自 2022 年 8 月 1 日起施行。该办法在保留基金"支持国家应对气候变化"的规定基础上，增加"支持碳达峰碳中和、污染防治和生态保护等绿色低碳活动领域，促进经济社会高质量发展"的内容，拓宽了基金的使用范围。

（2）作为项目碳基金开发。此类基金通常由项目开发经验充足的碳资产管理公司或基金会管理投资，直接为减排项目进行融资和提供开发和管理的专业技术知识。例如国务院批准设立的我国第一家以增汇减排、应对气候变化为目的的全国性公募基金会——中国绿色碳汇基金会，其主办的"千城联动共建美丽中国"，第三届"绿化祖国、低碳行动"网上植树节，在包括温州在内的全国 13 个城市联合启动，在网络上倡导公众低碳植树，引导公众购买碳汇低碳植树，创新履行植树义务形式，传播绿色低碳理念，将网上植树节活动募集的款项汇入中国绿色碳汇基金会，再根据碳汇购买者填写的造林地转回当地，营造碳汇林。自 2010 年到 2022 年，基金会累计筹集公益资金近 10 亿元，支持林业碳汇领域的相关公益活动，推动林业碳汇项目方法学开发和标准体系建设，开展林业碳汇项目建设及开发示范，实施国内外重要会议、活动和赛事的碳中和，为企业和社会公众搭建起参与应对气候变化的有效平台。

7.3.3 碳基金运作机制

碳基金虽然是新生事物，但其运行机制与信托、证券投资基金类似，其组织结构具有发起人和份额持有人（即投资人）。如图 7-5 所示，碳基金由股份基金集中，由基金管理公司管理。如果把投资人的资金用于直接投资温室气体减排项目（一般指清洁发展机制项目与联合履约机制项目）或者购买碳信用，进而交易获取差额利润，碳基金就会以碳信用或现金的形式回报给投资者。碳基金的日常运作不仅牵涉碳指标的购买和销售，可以促进碳市场交易的达成，也对 CDM/JI 项目提供投资和咨询等业务，有利于提高项目成功率。可以说，碳基金已经成为碳金融衍生链上的重要一环，以及国际碳金融交易市场中重要的机构投资者。

1. 机构设置

如图 7-6 所示，碳基金机构分为管理权力机构与执行机构，管理权力机构的权力由出资方大会所有，由出资方大会选举产生出资方委员会进行管理。执行机构由基金托管人执行基金的相关操作，由基金托管人内部设立基金管理团队进行管理。业务管理包括融资服务、由外部技术委员会负责提供的技术支持、市场推广等。

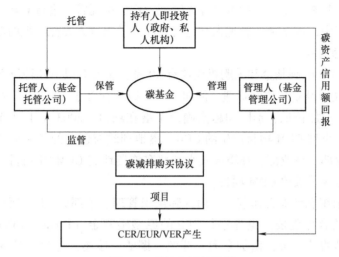

图 7-5　碳基金运行机制

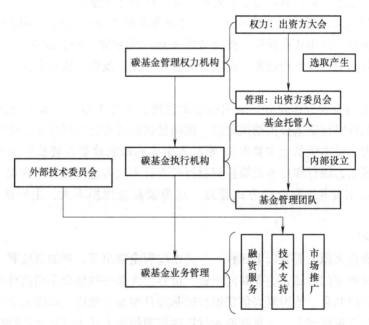

图 7-6　碳基金机构设置

2. 参与主体

作为投资基金的一种，碳基金的参与主体有三个：一是碳基金份额的持有人，即碳基金出资人，他们是碳基金资产的所有者和碳基金投资回报的受益人；二是碳基金产品的管理者，即碳基金管理人，其主要职责是负责碳基金的投资运作，在有效控制风险的基础上为出资人争取最大投资收益；三是碳基金的托付管理人，即碳基金托管人，他们是独立于碳基金管理人的基金托管人，其主要职责是对碳基金资产起到保护、清算、会计复核以及对碳基金投资运作进行监督。除了碳基金内部的三个参与者，还有一个外部参与者，即碳基金投资项目提供人。项目提供人为碳基金的运作提供项目的选择，出资人确定投入的资金，两者共同完成一个碳基金的基本设立，然后由管理人管理运作，由托管人进行监督，最终为碳基金出资人赢得回报。其中，碳基金的管理人和监管人起到了出资人委托代理的职能。

3. 设立和管理方式

国际上购买 CER 的碳基金和采购机构约有 50 家，主要有以下几种设立和管理方式：

（1）全部由政府设立和政府管理。例如芬兰政府外交部于 2000 年设立联合履约试验计划，在萨尔瓦多、尼加拉瓜、泰国和越南确定了潜在项目。2003 年 1 月芬兰开始向上述各国发出邀请，购买小型 CDM 项目产生的 CER。奥地利政府创立的奥地利地区信贷公共咨询公司为奥地利农业部、林业部、环境部及水利部实施奥地利 CDM/JI 项目，其已在印度、匈牙利和保加利亚完成了数项 CDM 项目。

（2）由国际组织和政府合作创立，由国际组织管理。这部分 CDM 项目主要由世界银行与各国政府之间的合作促成。世界银行创立的原型碳基金（Prototype Carbon Fund，PCF）是世界上创立最早的碳基金，由加拿大、芬兰、挪威、瑞典、荷兰和日本国际合作银行参与，另外还有 17 家私营公司参与。PCF 的日常工作主要由世界银行管理。与 PCF 类似的碳基金有意大利碳基金、荷兰碳基金、丹麦碳基金、西班牙碳基金等。

（3）由政府设立，采用企业模式运作。这种类型的主要代表是英国碳基金和日本碳基金。英国碳基金是一个由政府投资、按企业模式运作的独立公司，成立于 2001 年。政府并不干预碳基金公司的经营管理业务，碳基金的经费开支、投资、碳基金人员的工资奖金等由董事会决定。

（4）由政府与企业合作建立，采用商业化管理。这种类型的代表为德国和日本的碳基金。德国复兴信贷银行碳基金由德国政府、德国复兴信贷银行共同设立，由德国复兴信贷银行负责日常管理。日本碳基金主要由 31 家私人企业和两家政策性贷款机构组成，政策性贷款机构日本国际协力银行和日本政策投资银行代表日本政府进行投资与管理。

（5）由企业出资并采取企业方式管理。这类碳基金规模不大，主要从事 CER 的中间交易。

4. 融资机制

碳基金的资金来源主要有以下四种：一是由政府全额出资。例如奥地利、芬兰等国的碳基金。二是由政府部门和私人企业共同出资，世界上大部分碳基金采用这种融资机制。如世界银行所托管的碳基金、德国复兴信贷银行碳基金日本温室效应气体碳基金等。此类基金筹资速度较快，筹资规模较大。三是政府通过征收资源税等方式为碳基金进行融资，典型代表是英国碳基金。四是私人企业出资设立的碳基金，一般由私人机构设立的碳基金采用这种融资机制。此类碳基金近年来也在逐步增加。

5. 投资机制

目前大部分碳基金都是以减排项目方签订减排量购买协议的方式为项目方投入资金的。减排量购买协议是减排量的买方和卖方之间具有法律约束力的合同，规定了减排量的销售条款和条件。例如世界银行托管下的生物碳基金和森林碳伙伴基金就是采用的这种投资模式。

随着近年来碳金融市场的快速发展，私人资金大量投资于碳基金，债权、股权等直接投资方式开始兴起。目前采用直接投资的碳基金主要有气候变化基金、韩国碳基金、绿色印度基金等。

6. 收益分配机制

与传统的基金不同，碳基金的投资收益不只包括现金收益，还包括投资碳汇项目产生的碳汇收益，主要是各类碳信用。因此，在收益分配机制方面，碳基金往往会将现金收益与碳信用进行结合分配。碳基金在收益分配时可以依据出资方的要求采取不同的分配方式。世界银行管理的生物碳基金代表投资者从发展中国家实施的林地或农地项目购买碳减排量。投资者可以选择用这些减排量抵减《京都议定书》下的强制减排义务，也可以将碳减排量用于市场交易，或者将这些减排量留给项目实施方处置，使项目对实施方更有吸引力。英国碳基金的投资目标不包括购买碳信用，其投资收益表现为货币形式。由于英国碳基金属于不分红的私营担保有限公司，其基金所得收益不能向成员进行分配，因此所得收益全部用于再投资。表 7-2 是国外部分碳基金收益分配与运作情况。

表 7-2 国外部分碳基金收益分配与运作情况

基　金		筹　资	投　资	收益分配
森林碳伙伴基金	准备就绪基金	澳大利亚、加拿大、丹麦、芬兰、法国、德国、意大利、日本、挪威、西班牙、瑞士、英国、美国等国政府捐赠 2.58 亿美元	（1）以拨款方式为参与国提供 REDD+ 的技术支持和能力建设，为 REDD+ 做准备 （2）提供完成《准备就绪计划项目建议书》的工作经费（20 万美元） （3）审核《准备就绪综合报告》，合格的申请国可以获得 360 万~380 万美元，实施建议书提出的各项活动以达到准备就绪水平	不获取收益或林业碳汇产权，类似公益性行为
	碳基金	欧盟、澳大利亚、加拿大、美国等 7 国政府及 BP 科技风险投资公司、气候诊所大自然保护协会等私营部门及非政府组织捐赠 3.9 亿美元	将选择 5 个符合条件的国家，通过与之签订减排计划支付协议购买核证减排量	还未实际购买。购买后将按出资人出资比例分配，以抵消其在《京都议定书》下的强制减排义务，下设两个份额
生物碳基金		政府、公共机构及私人公司共同出资，份额一为 5380 万美元，份额二为 3810 万美元	以购买减排量的方式提供资金，向开展项目的发展中国家提供资金和技术，帮助其运行 CDM 项目及其他项目	购买在发展中国家林地或农地实施碳汇项目产生的碳信用，并按照基金份额配置给资金投资者
英国碳基金		英国的气候变化税以及国会通过的政府预算。从私人资本、慈善机构和外国投资者处寻求其他资金来源	（1）对企业及公共部门提供碳管理支持 （2）为中小企业购买节能设备提供无息贷款 （3）支持有减排潜力但存在资金障碍的应用技术开发及商业化 （4）发展低碳企业 （5）提供碳基金标准认证的碳足迹标签	不分红的私营担保公司将所有利润进行再投资
法国 CDC 森林碳基金		由法国信托银行子公司气候经济学研究所（CDC Climate）和奥利奥（Oreo）公司共同捐资设立	计划投资组合为 20~30 个项目，投资方针为地域、技术、交易对象多样化	收益分配具有灵活性，可以分配碳信用也可以分配现金

以上几只碳基金代表了碳基金运作的一些基本模式。总而言之，国际上的碳基金作为筹集资金应对气候变化的一种筹资渠道，可以采用不同的方式。有的碳基金通过出资直接或间接参与温室气体减排项目以达到应对气候变化的目的；有的碳基金通过出资购买真实合格的温室气体减排量以达到基金建立的目的；有的碳基金通过支持相关的科研工作来提高项目实施水平；有的碳基金为企业或机构提供减少排放的咨询服务来帮助其实现减排目的；有的碳基金致力于减排机制的建立和实践，以探索更好的减排模式。那些直接或间接参与温室气体减排项目，或购买温室气体减排量的碳基金可能参与林业碳汇项目，或者购买签发给林业碳汇项目的核证减排量。此外，由于林业碳汇项目在实施过程中具备良好的环境效应和社会效益，因此国际上从事公益行为的一些基金虽然不是碳基金，也会对项目进行支持。比如，全球环境基金为在我国治理土地退化项目，在内蒙古自治区建立了森林碳汇项目的试点。目前，与林业碳汇有关的碳基金主要在 REDD+机制和 CDM 机制下开展林业碳汇项目的实施和研究工作，其中世界银行管理的森林碳伙伴基金是与 REDD+机制结合得较为紧密的碳基金。

7. 风险控制机制

碳基金面临的风险主要包括 CDM 项目风险和碳价格波动风险。其中，CDM 项目风险可以通过选择经验丰富的中介机构以及指定经营实体来规避。碳价格波动风险则可以通过碳金融市场上的碳期货、碳期权等衍生品来规避。

此外碳基金的风险控制机制和碳基金的参与主体有直接联系。通过研究碳基金出资人、管理人、托管人和碳基金投资项目提供人之间的相互关系，可以间接分析出碳基金的风险控制机制的注意事项。

8. 退出机制

国际上碳基金退出的原因大致分为两类：第一类是由于外在条件影响，比如经济衰退与投资资金不能到位；第二类是由于碳基金内部变化，比如碳基金的管理团队或管理人抛弃原有碳基金，创立新的碳基金。

在国内，碳基金的退出方式也大致分为三种：

（1）国家级碳基金退出方式。根据国际金融机构和财政部的要求，碳基金的存活期为20年，股权投资以 IPO 交易出售、资产证券化等方式退出；债务和担保按到期时间结算。

（2）省级碳基金退出方式。由于省级碳基金与国家管理人较为相似，根据国际金融机构和财政部的要求，碳基金的存活期为20年，股权投资以 IPO 交易出售、资产证券化等方式退出；债务和担保按到期时间结算。

（3）地区级碳基金退出方式。地区级碳基金的退出策略包括投资子公司资金到期清算、商业股东回购、市场交易等；直接项目股权投资以贸易出售、资产证券化等方式退出；直接债务和夹层投资项目在适当的时候被清算；项目投资子公司退出策略是股权投资，通过 IPO 交易出售、资产证券化等方式退出；债务和担保按到期时间结算。

7.3.4　实践案例

1. 境外碳基金的实践

域外成熟碳市场的收入专款专用，大都被纳入单独的基金进行管理。这些碳基金的共同特征在于，尽管碳基金主要设立于政府部门之下，但其仍具有相对的独立地位。各相关政府机构在碳基金中相互协调，美国加利福尼亚州和加拿大魁北克省甚至引入民间人士参与碳基金的支出管理。相关例子如下：

（1）欧盟创新基金。该基金以独立性为基础。欧盟创新基金是世界上最大的创新低碳技术资助项目之一，欧盟将其视为实现巴黎协定承诺、2050年前达成气候中立愿景，以及实现低碳化欧洲工业市场的有力工具，其前身NER300计划被定位为一个独立的门户。欧盟创新基金延续了这一独立地位和预算管理原则。欧盟创新基金将从拍卖者处收取的碳收入置于欧盟预算之外单独管理，由其自主支付所有支出，包括自身运行的行政费用，以保证独立性。欧盟创新基金由欧盟委员会直接管理，委托其下设机构——气候、基础设施和环境执行局具体执行，向欧盟理事会、欧洲议会报告，同时让成员国和欧洲投资银行提供协助。

（2）欧盟现代化基金。该基金强调受益成员国参与。欧盟现代化基金是欧盟在第四阶段（2021~2030年）为帮助十个欠发达的中东欧成员国而成立的基金。相比欧盟创新基金，欧盟现代化基金的管理更强调各管理机构间的协作，而作为具有财政转移性质的基金，其特点在于"应在受益成员国的责任下运作"。享有权力的管理者包括受益的成员国、欧洲投资银行、欧盟委员会，以及由三者共同组成的投资委员会。在这样的治理架构中，受益成员国类似执行机构，先由其向欧洲投资银行提出投资计划，获批后向投资项目参与者付款；欧洲投资银行类似管理机构，收到成员国提议后决定各投资项目的优先性，具有优先性的项目将直接提交欧盟委员会做最终决定；投资委员会负责协调与信息报告，对非优先性的投资计划进行建议，并提供基金年度报告等；而欧盟委员会虽然负责决策和监督，但投资一旦得到欧洲投资银行的确认或投资委员会的建议，就会被毫不延迟地采用。

（3）北美区域碳市场基金。这些基金由多元主体参与管理。加拿大魁北克省与美国加利福尼亚州同属于"西部气候倡议"成员，二者对碳基金的管理具有较强的相似性。加利福尼亚州碳市场收入被纳进温室气体减排基金（Greenhouse Gas Reduction Fund，GGRF），该基金的管理机构为跨部门的战略增长委员会，除内阁级别的官员，运输、环境保护和自然资源机构等政府部门的代表参与，还吸纳了民间团体直接参与管理，其下设的空气资源委员会负责具体事务的管理和评估。在魁北克碳市场绿色基金（Green Fund）中，独立的绿色基金管理委员会负责评估治理绩效，为了让更多的民间人士参与其中，规定9人的绿色基金管理董事会中应有过半数独立成员来自民间。此外，这些北美区域碳市场基金都需要向议会负责，由议会行使资金分配的最终决策权。

2. 国内碳基金实践

下面以国内的"CCER项目投资计划"为例讲解我国的碳基金实践案例。

（1）嘉碳开元投资基金。2014年，深圳嘉碳资本管理有限公司开发的"嘉碳开元投资基金"系列产品在深圳排放权交易所举行路演，成为全国第一只私募碳基金。此次路演的产品还有"嘉碳开元平衡基金"，被认为是国内碳市场迎来的又一次金融创新。这两只私募碳基金由深圳嘉碳资本管理有限公司发行，交易标的为碳配额和CCER，其中，"嘉碳开元投资基金"的基金规模为4000万元，运行期限为三年，而"嘉碳开元平衡基金"的基金规模为1000万元，运行期限为10个月。"嘉碳开元投资基金"拟募集资金并投资于新能源及环保领域中的CCER项目，形成可供交易的标准化碳资产，通过交易获取差额利润，其认购起点为50万元，预计年化收益率为28%。而"嘉碳开元平衡基金"的交易标的主要是碳配额，该基金以深圳、广东、湖北三个市场为投资对象，认购起点为20万元，预计年化收益率为25.6%。随着这两只私募碳基金的发行，我国碳金融开启了新的篇章，而作为全国碳市场最活跃的深圳，碳金融的积极尝试将进一步增强碳市场的流动性，也将进一步促进企业发展和节能减排的环保事业。

2015 年 5 月 29 日，"嘉碳开元投资基金"和"嘉碳开元平衡基金"发起"CCER 项目投资计划"，详情如表 7-3 所示。

表 7-3 "嘉碳开元投资基金"与"嘉碳开元平衡基金"投资数据

基 金 名 称	嘉碳开元投资基金	嘉碳开元平衡基金
基金规模	4000 万元	1000 万元
期限	3 年	10 个月
认购起点	50 万元	20 万元
投资标的＆盈利模式	通过投资于新能源及环保领域中的国家核证自愿减排量（CCER）项目，形成可供交易的标准化碳资产，通过交易获取差额利润	基于当下试点省市中的广东、湖北和深圳三个试点市场配额买卖的专项私募基金，通过密切关注各试点市场的行情走势，低买高卖，进而实现盈利

（2）海通宝碳基金。2014 年 12 月 31 日，由海通新能源股权投资管理有限公司和上海宝碳新能源环保科技有限公司合作的海通宝碳基金成立。2015 年 1 月 18 日，海通宝碳基金在上海环境能源交易所交易平台正式上线启动。作为拥有两亿人民币的专项投资基金，海通宝碳基金由海通新能源股权投资管理有限公司和上海宝碳新能源环保科技有限公司作为投资人和管理者，上海环境能源交易所作为交易服务提供方，对全国范围内的 CCER 进行投资。

海通宝碳基金的设立不仅标志着碳市场与资本市场成功联通，也标志着碳排放权交易和碳金融体系建设工作又有了新的跨越。该只基金的成立不仅提升了碳资产价值，同时填补了碳金融行业空白，更将整个碳市场的地位提升至新的高度，其具有的突破性和创新性对整个碳金融行业和节能环保领域有着深远的意义和影响。

 知识拓展

复旦碳价指数

作为实现碳达峰目标与碳中和愿景不可或缺的重要抓手和有效的政策工具，我国的碳市场发展已有 10 年之久，现已成为全球最大的碳市场，但其仍表现出明显的新兴市场特征，即交易主体类型少、数量小，市场流动性较弱、价格波动性较大，信息不对称现象较为明显，碳市场管理制度与交易规则有待健全，碳市场的价格发现功能有待进一步发挥。

为进一步健全全国碳市场交易机制，完善碳价格体系，复旦大学可持续发展研究中心（简称"研究中心"）参考了国际通用定价模型，分析碳价格形成机理，充分考虑我国碳市场特征，研发推出了"复旦碳价指数（Carbon Price Index of Fudan，CPIF）"。复旦碳价指数是针对各类碳交易产品的系列价格指数，该指数致力于反映碳市场各交易品特定时期价格水平的变化方向、趋势和程度。复旦碳价指数的研发形成了相应的碳价格指数方法论，基于该方法论，结合调查获得的基于碳市场参与主体真实交易意愿的价格信息，进行加权计算、调整优化而形成了各类碳价格指数。其中碳价指数包括：

（1）全国碳排放配额（Chinese Emission Allowance，CEA）价格指数。

（2）国家核证自愿减排量（Chinese Certified Emission Reduction，CCER）价格指数。CCER包括北京和上海履约使用核证自愿减排量价格指数、广州履约使用核证自愿减排量价格指数、其他地方试点履约使用核证自愿减排量价格指数、全国核证自愿减排量价格指数。

随着碳市场的发展，复旦碳价指数未来将针对国内碳市场上的新品种以及国际主流碳市场上的交易品种研发推出对应的碳价格指数。2022年6月29日，研究中心公布了2022年7月复旦碳价指数，如表7-4所示。

表7-4　2022年7月复旦碳价指数

产品类型	中间价 （元/吨）	买入单价 （元/吨）	卖出单价 （元/吨）	买入价格指数	卖出价格指数	中间价指数
CEA202207	60.27	58.50	62.04	146.25↓	139.98↓	142.96↓
CEA202212	66.47	63.53	69.40	118.86↓	119.12↓	119.00↓
全国CCER202207	63.33	61.27	65.40	154.01↑	157.32↑	155.71↑
北上CCER202207	68.03	65.47	70.60	202.06↑	188.27↑	194.66↑
广州CCER202207	70.30	66.40	74.20	219.14↑	204.69↑	211.27↑
其余CCER202207	57.43	55.50	59.40	245.58↑	220.00↑	231.65↑

注：资料来自复旦大学可持续发展研究中心。

研究中心分析称，自第一个履约周期结束后，全国碳市场的交易量一直维持低位，2022年1—6月CEA的日均成交量仅13万吨，低于2021年7—12月的日均成交量156.7万吨。价格方面，2022年以来碳市场价格整体呈现如下特点：第一季度价格波动剧烈，价格在50.5~61.6元/吨区间内震荡；第二季度碳价波动幅度进一步收窄，仅在58.0~61.0元/吨范围内波动，日均收盘价为59.22元/吨，较上一季度整体上涨，6月末价格稳定在60元/吨左右。

 思政专栏

碳市场支持工具风险解读——金融风险意识

1. 碳保险发展中的金融风险管理

在碳保险发展过程中，可以通过以下几个方面加强对金融风险的管理。

一是完善碳价格稳定机制，为碳保险发展提供市场基础。通过改进国内碳配额分配方法、引入抵消机制、完善履约核查手段和加大违约处罚力度等方式，稳定碳交易价格；研发出台多品种的碳价指数，为监管部门调控碳市场价格提供参考，为保险机构提供碳保险产品夯实市场基础。

二是培育多元化的市场主体，形成碳保险的有效需求。扩大碳减排履约主体覆盖面，在前期电力行业的基础上，逐步将建材、有色金属、钢铁等重点排放企业纳入碳交易范畴；吸引符合条件的机构投资者等非履约主体参与碳市场投融资交易，形成多样化需求的有效市场。

三是推动碳衍生品市场发展，提升保险机构产品供给意愿。鼓励交易所碳金融期权、期货等产品研发，丰富碳衍生品交易种类，帮助市场主体有效规避市场风险；明确保险机构研发 ART 类碳保险产品的合规性，修订保险资金运用领域规范性文件，引导保险机构参与碳交易市场，提升其碳保险类产品的供给意愿。

2. 碳基金发展中的金融风险管理

碳基金的良好运行取决于两大因素：一是国际碳排放权交易市场的状况，这在很大程度上取决于国际社会气候变化问题的谈判结果及主要发达国家的温室效应气体减排政策；二是减排项目的运行情况及其风险问题，这是因为减排项目的运行状况决定了碳基金的资金投入能否正常回收，以实现其可持续发展。上述两个因素均存在一定的风险，影响当前碳基金的可持续发展。

加强对碳基金发展中金融风险管理的重点是采取有效措施控制好减排项目运行各阶段的风险，具体表现为在碳基金对减排项目进行资金支持前，建立风险分摊机制，明确划分减排项目各环节主体及有关参与方的具体职责，以防范减排项目风险，从而降低碳基金风险。

（1）及时掌握国际气候变化政策的最新进展。要及时跟踪国际气候谈判的最新进展以及主要交易国家温室效应气体排放政策的变化，紧密结合政策变化，积极完善碳基金与碳减排项目各参与方签订的合同，以有效规避气候谈判政策变化带来的政策风险，维护碳基金的利益，促进其实现可持续发展。

（2）明确碳减排项目开发阶段的风险由项目开发方承担。在碳减排项目的开发阶段，碳减排项目的开发方是信息优势方，这种优势主要表现为其最了解项目的地质情况、生产状态、市场需求以及经营活动情况，而作为碳减排项目的合作者或资助者的碳基金则是此类信息的劣势方。为防范碳减排项目开发方的道德风险行为，应该明确碳减排项目开发阶段的风险由碳减排项目的开发方承担，以强化其化解这些风险的动力。

（3）促进碳减排项目中专业化中介机构和市场的发展。由于碳减排项目的申请、审批程序复杂，专业性强，减排项目的中介机构和市场的专业化和充分发展对推动减排项目的成功开发将发挥重要作用。应当重点引导和鼓励金融机构与民间机构参与，充分发挥其在促进碳减排项目发展中的专业咨询优势、融资优势。从我国目前实际情况看，金融机构介入碳减排项目对促进其发展具有重要作用，而且发展潜力巨大，例如我国金融机构作为中介机构直接购买碳减排项目成果或与碳减排项目企业联合开发减排项目。在碳减排项目中专业化中介机构能够发挥其专业优势，增强与本国碳减排项目审批机构的沟通能力，并指导碳减排项目各参与方认真按照本国政府对碳减排项目的政策要求来准备碳减排项目的可行性论证和相关申报材料，确保能够顺利通过国内审批。同时要善于发挥碳减排项目专业化中介机构的特长，以有效控制碳减排项目运行中的风险。

（4）通过期货等金融衍生品交易规避买方需要承担的风险。按照有关规定，碳减排项目买方需要承担的风险主要有碳减排量价格波动风险和汇率风险。对于碳减排项目中的财务风险、运营风险、实施风险等传统性风险，尤其是碳减排量价格波动风险和汇率风险，可以运用信用交付保证、气候衍生品等金融产品来化解，例如，发挥期货等金融衍生品的风险对冲或保险等功能，有效化解碳基金风险。

（5）加快建立碳基金专业人才培养机制。由于碳减排项目的投融资程序复杂、环节多，在从事这些活动时需要复合型的专业人才。这就要求参与碳减排项目的碳基金要注意加强专业人才的培养和储备，除在日常工作中加强培训、提高现有人员素质，还要加大力度吸引相关的高级专业人才，更重要的是要建立健全激励机制，增强凝聚力和吸引力，留住高素质人才，建立起从事碳基金业务的专业团队。

 碳汇金融专栏 1

林业碳汇保险

1. 全国首单林业碳汇价格保险落地福建省南平市顺昌县国有林场

2021 年 5 月 25 日，中国人民财产保险股份有限公司（简称"中国人保财险"）顺昌支公司与福建省南平市顺昌县国有林场正式签订了《"碳汇保"商业性林业碳汇价格保险协议》，为顺昌县国有林场提供林业碳汇价格损失风险保障。在保险期内，当市场林业碳汇项目价格波动造成保险碳汇的实际价格低于目标价格时，中国人保财险按照合同约定进行赔偿。

顺昌县国有林场是福建省级林业碳汇项目试点林场，本次承保的林业碳汇项目面积达6.9 万亩，总减排量可达 25.7 万吨。2017 年该林场被列为福建省第一批林业碳汇交易试点单位，并成立了顺昌县宝杉林业碳汇技术服务中心，可为全县乃至闽北地区的国有和集体林地提供碳汇产品设计服务。

不同于将保险对象认定为各类树木的传统森林保险，林业碳汇保险的创新之处在于聚焦森林的碳汇功能，通过保险有效防止碳汇林种植企业受到价格极端下跌的波动，稳定林业碳汇交易收入，从而保障林业产生的富余价值、生态环保价值、碳汇恢复期间耗损、固碳能力修复成本以及碳排放权交易价值。

2. 全国首单林业碳汇指数保险落地福建省龙岩市新罗区试点

2021 年 4 月 6 日，福建省龙岩市新罗区获得 2000 万元碳汇损失风险保障，标志着全国首单林业碳汇指数保险落地。新罗区拥有林地面积 22.25 万公顷，森林总蓄积量 2181.7 万立方米，林业总固碳量超过 100 万吨/年。根据协议，本试点方案为年保费 120 万元、保额2000 万元。

福建省森林覆盖率达 66.80%，居全国首位，而新罗区森林覆盖率更是高达 79.80%。森林具有吸收并储存二氧化碳的重要固碳功能，每年吸收的二氧化碳约占整个陆地生态系统的 2/3。然而，由于气候灾害及意外，森林损毁事故多发，其中，火灾、病虫害、冻灾已成为主要风险。

为保护宝贵的森林碳汇资源，中国人寿财产保险股份有限公司福建省分公司联合林学专家，将科技监测手段与碳汇理论方法学相结合，经过三年的考察、研究与论证，建立了林业损毁与固碳能力减弱计量的函数模型，创新开发了林业碳汇指数保险产品。

林业碳汇指数保险以碳汇损失计量为补偿依据，将因火灾、冻灾、泥石流、山体滑坡等合同约定的灾害造成的森林固碳量损失指数化，当损失达到保险合同约定的标准时，视为保险事故发生，保险公司按照约定标准进行赔偿。林业碳汇指数保险是保险行业助力碳达峰、碳中和的一次积极大胆的探索，将更有利于加强森林资源培育，不断增强自然生态系统的固碳能力，促进绿色发展。

3. 存在问题

（1）保险标的不够明确，林业碳汇交易市场尚未恢复。在碳交易市场中有两类基础产品：一类是企业分配到的减排量，即配额；另一类是 CCER，即企业实施项目削减温室气体而获得的减排凭证。由于交易市场中暂时没有新的碳汇资产,这会直接导致目前开展的林业碳汇保险试点中的保险产品主要以森林林木或者碳汇储蓄量为保险标的,无法直接将碳汇作为一种资产进行投保,这阻碍了碳汇保险进行抵押贷款融资。

(2)保险费率厘定不合理。由于我国国土广阔,森林资源所在的自然环境、地理特征、人文基础、社会环境各异,面临的主要自然灾害不同,因此,不同区域的森林资源面临的风险程度不同,理应结合灾害类型、发生频率、地理特征、气候变化等因素来设置差异化的保险费率。然而,我国目前的保险费以行政区域划分为主,保险费率的厘定未能综合考虑各种因素。

(3)再保险制度发展缓慢。由于我国森林保险的有效供给和需求不足、市场规模较小、森林再保险市场参与者寥寥,因此,一旦发生森林巨灾,将会产生难以弥补的巨额损失,给保险公司、林业经营者及地方财政造成严重威胁。这种单纯依靠保险公司和政府的风险控制手段并未形成科学的风险分散机制,难以长期维系。

 碳汇金融专栏2

林业碳汇基金

1. 中国绿色碳汇基金会成立

中国绿色碳汇基金会是经国务院批准,于2010年7月19日在民政部注册成立的我国首家以增汇减排、应对气候变化为主要目标的全国性公募基金会,同时也是经民政部认定具有公开募捐资格的慈善组织。中国绿色碳汇基金会的业务主管单位国家林业和草原局,其为了扶持我国森林碳汇项目而设立了典型专项基金。国内和国外有捐助意愿的企业、个人、社会组织和团体都可以向中国绿色碳汇基金会捐款。这些资金主要用于开展造林项目,也可以用来支持森林的培育或保护。

中国绿色碳汇基金会的业务范围包括:

1)组织开展以增汇减排、应对气候变化为目的的植树造林、森林经营、荒漠化治理、湿地和草原的保护与修复、生物多样性保护。

2)支持和参与以减缓和适应气候变化为目的的林业和草原科学研究、决策咨询、标准化建设和成果推广。

3)组织开展碳汇项目开发、碳汇交易和碳汇计量监测相关的培训及业务咨询。

4)宣传林业和草原应对气候变化的作用和成效,展示社会各界支持参与应对气候变化行动的典型和经验。

5)开展林业和草原应对气候变化领域的国际合作与交流。

6)开展符合本基金会宗旨的其他业务活动。

伊春市汤旺河林业局2012年森林经营增汇减排项目(试点)是中国绿色碳汇基金会提供支持的全国第一批以增汇减排、应对气候变化为重要目标的森林经营增汇减排试点项目,也是黑龙江省首个森林经营增汇减排试点项目。该项目于2012年启动,在伊春市汤旺河林业局白桦河林场和二清河林场开展森林增汇减排项目活动,项目面积926亩,项目期30年(2012—2042年),预估项目净碳汇量6022吨二氧化碳当量。通过华东林业产权交易所的碳汇托管平台,河南勇盛万家豆制品公司按30元/吨的价格,签约认购了该项目的全部减排量，用于中和该企业生产过程造成的碳排放。该项目的实施有利于提高社会公众应对气候变化的意识与能力，具有保护生物多样性、提高森林质量、增强森林健康、改善生态环境、增加当地群众收入等多重效益。项目对增加生态产品生产能力、减缓气候变化以及建设生态文明和美丽伊春等具有重要意义。

2. 森林碳伙伴基金向莫桑比克发放世界上第一笔独立核实的辖区 REDD+ 减排款项

2021年10月，森林碳伙伴基金（Forest Carbon Partnership Facility，FCPF）向莫桑比克发放了世界上第一笔独立核实的辖区REDD+减排款项。FCPF是真正的全球伙伴关系——由政府、私营部门、民间社会、国际组织和土著人民组成，专注于减少毁林和森林退化造成的排放、森林碳储量保护、森林的可持续管理以及增加发展中国家的森林碳储量（通常称为REDD+的活动）。

FCPF与非洲、亚太地区、拉丁美洲和加勒比地区的47个发展中国家合作。该基金的支持为各国实施REDD+奠定了基础，FCPF的战略目标是通过向各国提供财政和技术援助，帮助它们建设从未来可能的REDD+积极激励制度中获益的能力，从而协助各国开展REDD+工作。

FCPF有两个独立但互补的筹资机制——准备就绪基金和碳基金，二者资金超过13亿美元。这两个机制都得到了政府和非政府实体（包括私营部门）等多方捐助，所有参与捐助的机构都至少提供了500万美元的财政捐助。准备基金的捐助者称为捐助参与者，碳基金的捐助者称为碳基金参与者。参与两个FCPF基金的发展中国家被称为REDD+国家参与者。

对莫桑比克的减排款项的发放向处于不同准备阶段的国家证明，REDD+并不是一个目标不断变化的空头承诺。对于国际碳市场而言，该交易表明大规模的REDD+计划可以产生买家需要的高质量碳信用额度。随着危地马拉于2021年9月签署减排支付协议，参与FCPF碳基金的15个国家都有望效仿莫桑比克，并获得自己的认证减排款项。到2025年，FCPF碳基金计划的减排量预计将达到1.45亿吨二氧化碳——相当于每年减少近3200万辆汽车上路产生的碳排放。

探究与思考

1. 碳市场支持工具有哪些特点？它与传统的金融支持工具存在哪些区别？
2. 列举几种主要的碳指数。
3. 简述发展碳保险的意义。
4. 什么是碳基金？碳基金的主要运作流程是什么？
5. 除了本书提到的碳市场支持工具案例，国内外还有哪些标志性案例？

【参考文献】

［1］王文举，李峰. 中国碳市场统一价格指数编制研究［J］. 学习与探索，2016（7）：132-137.

［2］金晨曦，魏晓浩. 我国首个碳市场走势的统计指数：创建置信碳指数意义初探［J］. 上海节能，2014（7）：15-17.

［3］置信碳指数其作用是反映碳交易市场总体走势的统计指数［EB/OL］.（2014-05-02）［2022-07-08］. http://www.tanpaifang.com/tanguwen/2014/0502/31757.html.

［4］徐瑶．中国碳基金发展机制研究［D］．长春：吉林大学，2017.

［5］孙硕珩．中国碳基金融资模式研究［D］．长春：吉林大学，2017.

［6］徐瑶，杜莉．绿色经济新常态下碳基金的发展［J］．兰州学刊，2015（12）：152-156.

［7］黄海沧．国际碳基金运行模式研究［J］．广西财经学院学报，2010（10）：15.

［8］王增武、袁增霆．碳金融市场中的产品创新［J］．中国金融，2009（12）：16.

［9］秦军．我国碳金融发展战略研究［J］．金融与经济，2011（2）：25.

［10］棕易．温州碳汇造林走在全国前列［J］．温州人，2010（12）：8.

［11］2013全球碳排放量数据公布 中国人均首超欧洲［J］．中国对外贸易，2014（11）：15.

［12］冯楠．国际碳金融市场运行机制研究［D］．长春：吉林大学，2016.

［13］蔡博峰．国际碳基金研究［M］．北京：化学工业出版社，2013.

［14］张云．中国碳金融交易价格机制研究［D］．长春：吉林大学，2015.

［15］席俊波．我国商业银行碳金融业务研究［J］．对外经贸，2011（1）：108-109.

［16］杨丽娜．碳金融交易原理及衍生产品研究［D］．北京：首都经济贸易大学，2011.

［17］于天飞．碳排放权交易的市场研究［D］．南京：南京林业大学，2007.

［18］CCER项目的四大核心机制［EB/OL］．（2022-04-28）［2022-07-08］．http：//finance. sina. com. cn/esg/ep/2022-04-28/doc-imcwipii6794129. shtml.

［19］杨勇，汪玥，汪丽．碳保险的发展、实践及启示［J］．金融纵横，2022（3）：71-77.

［20］王方琪．积极推进碳保险创新［N］．中国银行保险报，2021-11-30（5）.

［21］张妍．我国发展碳保险的重要性及发展方向研究［J］．时代金融，2012（33）：132-133.

［22］United Nations Environment Programme Finance Initiative. Green Financial Products and Services［R］. 2007.

［23］李媛媛．中国碳保险法律制度的构建［J］．中国人口·资源与环境，2015，25（2）：144-151.

［24］施懿宸，尹潇涵，杨晨辉．全球视角下的创新型绿色保险产品综述［R］．中央财经大学绿色金融国际研究院，2021.

［25］钱研玲，周洲．"双碳"目标下碳保险发展路径研究［R］．中央财经大学绿色金融国际研究院，2022.

［26］什么是碳保险？有哪些成功案例［EB/OL］．（2022-03-27）［2022-07-08］．http：//www. tanpaifang. com/tanjinrong/2022/0327/84047. html.

［27］徐苏江．碳信用的发展趋势［J］．中国货币市场，2021（11）：78-82.

［28］张锐．欧盟碳市场的运营绩效与经验提炼［J］．金融发展研究，2021（10）：36-41.

［29］李树成．论碳排放配额和信用的财产权属性［J］．天津大学学报（社会科学版），2018，20（1）：52-56.

［30］俞越，李雪雯．我国碳交易市场碳价影响因素分析［J］．金融纵横，2021（11）：14-20.

［31］冯爱青，岳溪柳，巢清尘，等．中国气候变化风险与碳达峰、碳中和目标下的绿色保险应对［J］．环境保护，2021，49（8）.

［32］骆嘉琪，杨鑫焱，余方平，等．基于碳清缴超额保险的企业碳交付风险管理［J］．管理评论，2021，33（6）.

［33］薛皓天．碳市场收入的使用与管理：欧美实践及其对中国的借鉴［J］．中国地质大学学报（社会科学版），2022，22（4）：77-89.

［34］杨星．碳金融概论［M］．广州：华南理工大学出版社，2014.

［35］蓝虹．论碳基金的发展和风险控制［J］．中南财经政法大学学报，2012（3）：42-47.

［36］王周伟．国际碳基金经营风险管理的经验与启示［J］．金融发展研究，2014（3）：57-62.

［37］杨勇，汪玥，汪丽．碳保险的发展、实践及启示［J］．金融纵横，2022（3）：71-77.

［38］徐瑶．中国碳基金发展机制研究［D］．长春：吉林大学，2017.

［39］秦涛，李昊，宋蕊．林业碳汇保险模式比较、制约因素和优化策略［J］．农村经济，2022（3）：60-66.

［40］邓慧芳．森林碳汇融资模式研究［D］．咸阳：西北农林科技大学，2015.

［41］易扬，罗述武，毛丽莉．金融支持广西林业碳汇发展的路径选择探析［J］．区域金融研究，2019（1）：59-62.

［42］上海环境能源交易所．碳基金［EB/OL］．（2018-06-29）［2022-07-08］．https：//www.cneeex.com/c/2018-06-29/487113.shtml.

第 3 篇　碳金融市场

第 8 章
碳金融市场体系、运行机制与效应

碳金融市场具有广义与狭义之分。如果在某个市场上排放企业仅按照相关协议或规定交易温室气体排放权指标，并且排放企业对排放权价格与减排的边际成本进行比较后做出是否进行交易的决定，那么这种市场就是狭义的碳金融市场；广义的碳金融市场除了包括狭义碳金融市场涉及的内容，还应该包括与节能减排和清洁能源项目相关的投融资市场，这些市场与碳交易市场的发展密切相关。碳金融市场是一个较为复杂的系统，其运行机制需要进一步研究设计，包括碳金融市场的覆盖范围选择原则、交易配额分配原则、履约机制、抵消机制以及定价机制等。此外，碳金融市场的效应主要包括：环境效应、经济效应、福利效应。对碳金融市场效应的分析与总结有利于发现碳金融市场的作用和意义。

8.1 碳金融市场的体系与层次划分

8.1.1 碳金融市场的体系

1. 碳金融市场体系介绍

碳金融市场体系在全球范围内正在迅速发展。1997 年，全球 100 多个国家签署《京都议定书》，该条约规定了发达国家的减排义务，同时提出三个灵活的减排机制，碳排放权交易便是其中之一。碳交易体系是碳金融市场发展的重要基础。据国际碳行动伙伴组织报告，自《京都议定书》生效后，碳交易体系发展迅速，各个国家及地区纷纷建立区域内的碳交易体系以实现碳减排承诺的目标：在 2005—2015 十年间，遍布四大洲的 17 个碳交易体系已建成；截至 2021 年，碳排放权交易覆盖的碳排放量占比较 2005 年欧盟碳交易启动时的高出了 2 倍多，约有 38 个国家级司法管辖区和 24 个州、地区或城市正在运行碳交易市场。碳交易呈现多层次的特点，已成为碳减排的核心政策工具之一。碳交易覆盖区域的 GDP 总量约占全球 GDP 总量的 54%，人口占全球总人口的 1/3 左右；当前全球范围内 24 个正在运行的碳交易体系已覆盖了 16% 的温室气体排放，还有 8 个碳交易体系即将开始运营。截至目前，全球范围内还未形成统一的碳交易市场，但不同碳市场之间开始尝试进行链接。在欧洲，欧盟碳市场已成为全球规模最大的碳市场，是碳交易体系的领跑者；在北美洲，尽管美国是排污权交易的先行者，但由于政治因素一直未形成统一的碳交易体系，当前北美洲是多个区域性质的碳交易体系并存的状态，且覆盖范围较小；在亚洲，韩国是东亚地区第一个启动全国统一碳交易市场的国家，启动后发展迅速，已成为目前世界上第二大国家级碳市场，我国也开始启动全国统一的碳交易市场；在大洋洲，作为较早尝试碳交易市场的澳大利亚已基本退出碳交易舞台，新西兰碳排放权交易体系在"放养"较长时间后已回归稳步发展。2014 年，美国加州碳交易市场与加拿大魁北克碳交易市场成功对接，随后在 2018 年又与加拿大安大略碳交易市场进行了对接；2016 年，日本东京碳交易系统成功与埼玉市的碳交易系统进行对接；2020 年，欧盟碳交易市场与瑞士碳交易市场进行了对接。

2. 国际主要碳金融市场情况

（1）欧洲：欧盟碳排放权交易体系——全球最大的碳交易市场。欧洲是应对气候变化的领导者，欧盟碳排放权交易体系领跑全球。2020 年 12 月在布鲁塞尔举行的国家首脑会议上，欧盟商定了温室气体减排新目标，即到 2030 年欧盟区域内的温室气体排放量将比 1990 年减少 55%，与前期减少 40% 的目标相比，降幅显著提高，并提出在 2050 年实现"碳中和"。欧盟应对气候变化的主要政策工具之一——欧盟碳排放交易体系（EU-ETS）起源于 2005 年，是依据欧盟法令和国家立法的碳交易机制，一直是世界上参与国最多、规模最大、最成熟的碳排放权交易市场。从市场规模上看，根据路孚特对全球碳交易量和碳价格的评估，2019 年欧盟碳排放权交易体系的碳交易额达到 1690 亿欧元左右，占全球碳市场份额的 87%。从减排效果上来看，截至 2019 年，欧盟碳排放量相对 1990 年减少了 23%。欧盟碳排放权交易市场发展已经历三个阶段，第一阶段（2005—2007 年）、第二阶段（2008—2012 年）和第三阶段（2013—2020 年），当前处于第四阶段，并随着时间发展，各项政策逐渐趋严。欧盟碳市场在第四阶段已废除抵消机制，同时开始执行减少碳配额的市场稳定储备机制，一级市场中碳配额分配方式从第一阶段的免费分配过渡到 50% 以上进行拍卖，并计划于 2027 年实现全部配额的有偿分配。由于欧盟碳排放主要来源于能源使用、工业过程及航空业，故欧盟碳市场覆盖行业主要为电力行业、能源密集型工业（包括石油化工、黑色金属生产加工、水泥、陶瓷、砖、玻璃、纸浆、造纸和纸板生产、制氨和铝业）以及航空业，温室气体覆盖范围从二氧化碳增加到二氧化碳、一氧化二氮、全氟碳化合物。

（2）亚洲：韩国排放权交易体系——"一颗冉冉升起的新星"。高度依赖进口化石能源的韩国是东亚第一个开启全国统一碳交易市场的国家，近几年韩国排放权交易体系发展势头良好。在全球范围内来看，韩国碳排放量排名靠前，2019 年韩国碳排放量居世界第七位，且整体呈波动上涨趋势。2020 年 12 月 30 日，韩国已向联合国气候变化框架公约秘书处提交了政府近期在国务会议上表决通过的"2030 年国家自主贡献"目标（即争取到 2030 年将温室气体排放量较 2017 年减少 24.4%）以及"2050 年长期温室气体低排放发展战略"（即至 2050 年实现碳中和，将以化石燃料发电为主的电力供应体制转换为以可再生能源和绿色氢能为主的能源系统）。相比韩国之前在哥本哈根气候大会上宣布的减排目标（比 2005 年的排放水平减少 4%，比不采取措施的预计排放量减少 30%），其减排目标有所加强。从排放来源上看，韩国碳排放主要来源于化石燃料燃烧，占比 87% 左右。韩国碳交易体系覆盖了 74% 左右的碳排放，同时覆盖行业范围较广，主要包括电力行业、工业、国内航空业、建筑业、废弃物行业、国内交通业、公共部门等。但从减排效果上来看，韩国碳减排效果并不明显，2019 年韩国碳排放量相比 2005 年仅增加了 28%，相比 2017 年减少了 1%。

韩国碳交易市场发展分为三个阶段，分别是阶段一（2015—2017 年）、阶段二（2018—2020 年）和阶段三（2021—2025 年）。韩国碳交易市场已走过两个发展阶段，当前处于第三阶段。韩国碳交易市场第三阶段相较前两个阶段的主要变化在于：①配额分配方式发生变化，拍卖比例从第二阶段的 3% 提高到 10%，同时标杆法的覆盖行业范围有所增加；②在第二阶段实施的做市商制度基础上，进一步允许金融机构参与抵消机制市场的碳交易，以便进一步扩大碳交易市场的流动性，同时也将期货等衍生品引入碳交易市场；③行业范围扩大到国内大型交通运输企业；④允许控排企业通过抵消机制抵扣的碳排放上限从 10%降低到 5%。

（3）北美洲：加利福尼亚州总量控制与交易计划——北美洲最大的区域性强制碳交易市场。加利福尼亚州总量控制与交易计划（California's Cap-and-Trade Program，CCTP）已成为北美洲最大的区域性强制碳交易市场。北美洲尚未形成统一碳市场，尽管区域性区域温室气体减排计划是第一个强制性的、以市场为基础的温室气体减排计划，但加利福尼亚州总量控制与交易计划后来居上，成为全球最为严格的区域性碳市场之一。加利福尼亚州最早加入了美国西部气候倡议(Western Climate Initiative，WCI)，在 2012 年使用 WCI 开发的框架独立建立了自己的总量控制与交易体系（现仍属于 WCI 重要组成部分），并于 2013 年开始实施。尽管美国在气候变化议题上态度反复，但环保意识较强的加利福尼亚州是美国环保政策的先行者。加利福尼亚州总量控制与交易计划的体系建立基于 2006 年加利福尼亚州州长签署通过的《全球气候变暖解决方案法案》(即 AB32 法案)，该法案提出 2020 年的温室气体排放量要恢复到 1990 年水平，2050 年排放量要比 1990 年减少 80%；2016 年通过的 SB32 法案提出要确保 2030 年温室气体排放量在 1990 年水平上降低 40%，2050 年温室气体排放量在 1990 年基础上减少 80%以上；2017 年通过的 AB398、AB617 法案提出将加利福尼亚州总量控制与交易计划体系延长至 2030 年；2018 年加利福尼亚州州长以行政命令（B-55-18）明确加利福尼亚州将于 2045 年实现碳中和，减排目标逐渐趋严。从总排放量上，尽管近十年一直处于下降趋势，但美国在 2019 年温室气体总排放量仅次于中国，排名世界第二。而加利福尼亚州作为美国经济综合实力最强、人口最多的州，排放量自然不低。根据加利福尼亚州空气资源委员会数据，2012 年加利福尼亚州温室气体排放总量（不含碳汇）为 4.59 亿吨二氧化碳当量，在美国各州中位居第二；同时据国际能源网数据统计，在能耗强度上，加利福尼亚州仅次于得克萨斯州，排名第二，人均能耗排名第四。从排放来源上看，加利福尼亚州碳排放主要来源于交通运输，占比 44%左右，工业过程的排放占比约 1/4，仅次于交通。加利福尼亚州碳交易体系覆盖了 75%左右的碳排放，覆盖率在当前已运营的碳市场中位于第三。同时覆盖的温室气体种类较全，几乎覆盖了《京都议定书》下的全部温室气体类型。但覆盖行业范围较窄，主要包括电力行业、工业、交通业、建筑业。减排效果上，加利福尼亚州空气资源委员会的数据显示，其减排效果从碳市场建立后排放一直处于递减趋势，同时在 2017 年温室气体排放量已略低于 1990 年水平，但这意味着之后十几年内需要再减排 40%，减排压力依旧存在。

尽管加利福尼亚州总量控制体系仅运行了 8 年多，但其在 WCI 框架下已与魁北克碳交易市场、安大略碳交易市场对接，当前已处于第四阶段。从 2021 年起，加利福尼亚州碳交易市场迎来以下变化：①对碳价设立了价格上限；②抵消机制中对核证碳信用配额的使用进行了进一步限制，比如对使用非加利福尼亚州项目的碳减排量进行抵消的比例进行了限制，规定不得超过抵消总额的 50%，同时规定抵消配额最高比例上限在 2021—2025 年内从原 8%下降为 4%；③配额递减速率进一步增加。

（4）大洋洲：新西兰碳排放权交易体系——大洋洲碳减排的"坚守者"。新西兰碳排放权交易体系历史悠久，是继澳大利亚碳税被废除、澳大利亚全国碳市场计划未按原计划运营后，大洋洲唯一的强制性碳排放权交易市场。基于《2002 年应对气候变化法》框架下的新西兰碳排放权交易体系自 2008 年开始运营，是目前为止覆盖行业范围最广的碳市场，覆盖了电力、工业、国内航空、交通、建筑、废弃物、林业、农业（当前仅需要报告排放数据，不需要履行减排义务）等行业，且纳入控排的门槛较低，总控排气体总量占温室气体总排放量的51%左右。新西兰承诺在2030年之前温室气体排放量与2005年相比将减少30%，并在2019年年底将2050年碳中和目标纳入《零碳法案》中，具体为非农领域2050年实现碳中和，农业领域（生物甲烷）到2030年温室气体排放量在2017年水平上降低10%，到2050年降低24%~47%。尽管碳市场运营较早，新西兰的减排效果并不明显。从总量上看，新西兰不属于碳排放大国，但人均排放量较大，同时温室气体排放量一直处于上升趋势，2019年温室气体排放量相比1990年增加了46%。从排放来源上看，新西兰近一半的温室气体排放来源于农业，其中35%来源于生物甲烷，主要原因在于新西兰是羊毛与乳制品出口大国。据路透社数据，新西兰乳制品出口占其出口总额的20%。新西兰人口约500万，牛和羊的存栏量分别为1000万头和2800万只，这是新西兰在减排目标中对甲烷减排进行单独讨论的原因。

新西兰碳交易市场于2019年开始进行变革，以改善其机制设计和市场运营，并更好地支撑其减排目标：第一，在碳配额总量上，新西兰碳交易市场最初对国内碳配额总量并未进行限制，2020年通过的《应对气候变化修正法案》（简称"《法案》"）首次提出碳配额总量控制（2021—2025年）。第二，在配额分配方式上，新西兰碳交易市场以往通过免费分配或固定价格卖出的方式分配初始配额，但其在2021年3月引入拍卖机制，同时政府选择在新西兰交易所以及欧洲能源交易所来开发和运营其一级市场拍卖服务。此外，《法案》制定了逐渐降低碳配额免费分配比例的时间表，将减少对工业部门免费分配碳配额的比例，具体为在2021年至2030年期间以每年1%的速度逐步降低，在2031年至2040年间将降低速率增加到2%，在2041年至2050年间增加到3%。第三，对排放大户农业而言，之前仅需报告碳排放数据，并未实际履行减排责任，但《法案》计划于2025年将农业排放纳入碳定价机制。第四，在抵消机制上，一开始新西兰碳交易市场对《京都议定书》下的碳市场的抵消比例并未设置上限，但2015年6月后禁止国际碳信用额度的抵消，未来新西兰政府将考虑在一定程度上开启抵消机制并重新规划抵消机制下的规则。

3. 我国碳金融市场

（1）碳交易试点情况总结。我国参与碳排放交易历程可划分为三个阶段：①第一阶段为2005年至2012年，主要参与国际CDM项目；②第二阶段为2013年至2020年，在北京、上海、天津、重庆、湖北、广东、深圳、福建八个省市开展碳排放权交易试点；③第三阶段从2021年开始，建立了全国碳交易市场，首先纳入电力行业。自2013年开始，我国各试点碳市场陆续开始运营，尽管在试点阶段试点数量较少，但覆盖的碳排放量仅小于欧盟碳交易体系。跨越了我国东、中、西部地区的各试点本身具备的经济结构特征、资源禀赋大不相同，为全国统一碳市场的建立提供了多层次参照和丰富经验。

（2）全国统一碳市场建设。我国统一碳市场建设在2020年下半年步入快车道。2014年，发改委发布《碳排放权交易管理暂行方法》，首次从国家层面对全国统一的碳市场总体框架进行了明确。2017年12月，发改委发布《全国碳排放权交易市场建设方案（发电行业）》，标志着全国碳市场开启建设。2020年12月25日，生态环境部正式公布《碳排放权交易管理办法（试行）》，对机构设置进行明确规定，并印发配套配额分配方案以及重点排放单位名单，仅针对电力行业，我国统一碳市场第一个履约周期正式启动，我国碳交易从试点走向全国统一。2021年3月29日，生态环境部印发《企业温室气体排放报告核查指南（试行）》和《关于加强企业温室气体排放报告管理相关工作的通知》，包括附件1《覆盖行业及代码》和附件 2《企业温室气体排放核算方法与报告指南 发电设施》，前者规范和指导地方省级生态环境主管部门组织开展重点排放单位温室气体排放报告核查工作，后者则对第一个履约周期的温室气体排放数据的上报、核查、履约等的时间节点进行规定，以及对温室气体排放核算和报告标准技术体系进行统一。2021 年 3 月 30 日，生态环境部发布《碳排放权交易管理暂行条例（草案修改稿）》，对全国统一碳市场框架进行了全面、系统的规定。

8.1.2 碳金融市场的层次划分

碳交易是市场化机制，是碳金融制度的基本构成单位，其交易机制的效率关系到碳排放权交易的顺利实施和碳金融制度的有序运行。碳金融市场是碳交易的场所，主要以《京都议定书》和《联合国气候变化框架公约》为基础框架。目前，统一的国际碳金融市场尚未形成，从事碳交易的市场比较多样，其结构可以根据不同的标准进行划分。根据与国际履约义务的相关性不同，碳金融市场可以分为京都机制下的碳金融市场和非京都机制下的碳金融市场；根据交易对象特点的不同，碳金融市场可以分为基于配额的碳金融市场和基于项目的碳金融市场；根据减排要求强制程度的不同，碳金融市场可以分为强制碳金融市场和自愿碳金融市场；根据市场交易范围和层级的不同，碳金融市场可以分为国际碳金融市场、国家碳金融市场和区域碳金融市场；根据交易层次结构的不同，碳金融市场可分为一级市场和二级市场。这些市场存在于不同国家和地区，由于各国、各地区的减排目标均不同，其针对碳金融市场采取的政策方法也有所不同，因而不同的区域碳市场之间进行直接交易有一定的障碍，国际碳金融市场处于高度分割状态（见表 8-1）。

表 8-1 全球主要的碳金融市场

	市场名称	起始时间	交易主体	市场类型
国际碳减排体系	联合履约（JI）机制	2001 年建立基本规则	《京都议定书》下附件一国家之间	京都市场，强制，项目
	清洁发展机制（CDM）	2001 年建立基本规则	《京都议定书》下附件一国家与非附件一国家之间	京都市场，强制，项目
	国际排放贸易（IET）机制	2008 年	《京都议定书》附件一国家之间	京都市场，强制，配额
区域碳交易体系	欧盟碳排放交易体系（EU-ETS）	2005 年	27 个欧盟成员国，以及挪威、冰岛和列支敦士登	京都市场，强制，项目
	西部气候倡议（WCI）	2007 年	美国西部五个州、加拿大四省及墨西哥部分州内企业	非京都市场，强制，配额
	芝加哥气候交易所（CCX）	2002—2010 年	自愿加入的企业会员	非京都市场，自愿，配额
	新南威尔士温室气体减排体系（NSW GGAS）	2003—2012 年	澳大利亚新南威尔士州电力销售商和其他参与者	非京都市场，强制，配额
	美国区域温室气体减排计划（RGGI）	2009 年	美国东北部 10 个州的电力企业	非京都市场，强制，配额

注：资料来自雷立钧. 碳金融研究——国际经验与中国实践 [M]. 北京：经济科学出版社，2012.

1. 京都机制下的碳金融市场和非京都机制下的碳金融市场

根据与国际履约义务的相关性不同，碳金融市场可以分为京都机制下的碳金融市场和非京都机制下的碳金融市场。京都机制下的碳金融市场是基于《全球气候变化框架公约》和《京都议定书》框架而形成的，各成员国为促进京都目标或自身的温室气体减排目标的实现，在京都机制下进行不同方式的碳排放权交易。京都机制下的碳金融市场主要有欧盟排放交易体系、清洁发展机制市场和联合履约机制市场等。其中，欧盟排放交易体系已经具备了完善的法律与政策基础，灵活的、具有更强针对性的交易机制和成熟的市场交易层次，始终主导着全球碳金融市场。特别地，在欧盟区域内开展的跨国排放权交易被认为是具有深远意义的根本性环境政策之一，为世界排放权交易的设计带来了借鉴和尝试。非京都机制下的碳金融市场是指按照《京都议定书》确定的三种碳排放交易机制（即清洁发展机制（CDM）、联合履约（JI）机制和国际排放贸易（IET））机制进行的碳排放权交易，它们形成了相对独立的交易模式和区域性的交易市场。非京都机制下的碳金融市场主要有以美国芝加哥气候交易所为代表的北美减排交易体系和美国区域温室气体倡议等。美国于1998年加入《京都议定书》，后来美国以减排影响本国经济发展以及中国、印度等国家在第一承诺期内没有承担强制减排责任等原因为由，于2001年宣布公开退出《京都议定书》。但美国仍然是全球气候变化科学的领导者，其国内各州以及区域性的减排合作也一直进行着积极的组织和尝试，并形成了碳金融市场。虽然非京都机制下的碳金融市场有助于减轻全球的减排压力，但是由于其在管理机制上的欠缺和提供的碳减排指标的不确定性，与京都机制下的碳金融市场相比，非京都机制下的碳金融市场交易量和交易额都比较有限。

2. 基于配额的碳金融市场和基于项目的碳金融市场

根据交易对象特点的不同，碳金融市场可以分为基于配额的碳金融市场和基于项目的碳金融市场。二者互为补充，共同发挥作用。

基于配额的碳金融市场的原理为总量控制与交易，是指在总量管制下，管理者按一定的原则对每个参与主体（相关企业或机构）的碳排放配额进行初始分配，得到配额的参与主体在碳交易市场上自由交易碳排放权，从而形成了碳配额的价格。基于配额的碳金融市场主要有欧盟碳排放交易体系（减排指标为 EUA），芝加哥气候交易所、新南威尔士温室气体减排体系以及《京都议定书》下的国际排放贸易机制（减排指标为 AAU）。配额市场中，EU-ETS 在交易量和交易额方面远远大于其他碳交易市场，且发展势头最为强劲。

基于项目的碳金融市场的原理为基准交易，是指一个具体的碳减排项目的实施能够产生可供交易的碳排放量指标（即产生了碳信用额），通过专门机构的核证，这种排放量指标就可以出售给受排放配额限制的国家或企业，以履行其碳减排目标。现在的项目交易市场的功能定位是利用发展中国家相对低廉的减排成本帮助发达国家实现减排目标，所以在制度安排上仍然局限于发展中国家向发达国家单线出售。最典型的项目市场是基于《京都议定书》的联合履约机制市场和清洁发展机制市场，它们分别产生减排单位（ERU）和核证自愿减排量（CER）。

3. 强制碳金融市场和自愿碳金融市场

根据减排要求强制程度的不同，碳金融市场可以分为强制碳金融市场和自愿碳金融市场。

　　强制碳金融市场来源于配额市场，是指《京都议定书》框架下的市场，其交易特点是"强制参与，强制减排"，即一些国家和地区针对排放企业设定强制性减排指标，强制排放企业进入减排名单，使其承担有法律约束力的减排责任。例如欧盟排放交易体系、澳大利亚的新南威尔士温室气体减排体系、新西兰排放交易体系、日本东京都总量控制与交易体系、美国的西部气候倡议、英国排放交易体系等均是强制碳金融市场。强制碳金融市场在国际上最普遍，也最具影响力，规模比自愿碳金融市场大。

　　自愿碳金融市场是指企业或个人根据其特定减排需求而自发形成的碳减排市场，其交易特点是"单方强制"，其含义是碳排放企业自愿参与减排体系并做出承诺，从而对其减排承诺承担具有法律约束力的责任。自愿碳金融市场发展的制度基础是《京都议定书》中的清洁发展机制、联合履约机制这两大灵活机制，它的起步早于强制碳金融市场。当前全球的自愿碳金融市场主要在北美，其次是亚洲和拉美等地区，如芝加哥气候交易所、韩国自愿减排项目计划等。美国在建立 RGGI 市场之前，大部分企业参与碳交易的方式只能通过自愿减排体系，这促使了芝加哥气候交易所的建立。2003 年，纽约州提出并与美国东北部十一个州合作建立了关于电力部门的碳排放总量配额交易协议，主要是二氧化碳预算交易机制。著名的自愿碳金融市场——美国的芝加哥气候交易所就是在这项联合协议基础上产生的。自愿减排市场虽然不能实现强制性的减排目标，但是可以培养企业、个人积极参与未来强制市场的能力和信心。自愿碳金融市场包括场外市场（Over-The-Counter Market，OTC），场外市场上的碳信用一般称为自愿减排量（VER）。环保组织或无法通过核证的 CDM 或者 JI 减排量是场外市场 VER 的主要提供者。

4. 国际、国家和区域碳金融市场

　　根据市场交易范围和层级的不同，碳金融市场可以分为国际碳金融市场、国家碳金融市场和区域碳金融市场。

　　国际碳金融市场是指在全球范围内，各国根据《京都议定书》规定获得相应的排放许可，再将其分配给国内的排放经济主体，拥有排放许可的经济主体可以将获得的配额拿到市场上进行交易。

　　国际排放贸易机制和欧盟碳排放交易体系（EU-ETS）属于国际碳金融市场。欧盟碳排放交易体系是世界上第一个国际性碳金融市场，也是《京都议定书》下的 IET 应用于国家和地区层面的典型，该机制是全球碳金融市场形成和发展的重要推动力量。伴随着多年的运作，EU-ETS 取得了显著的成效，其排放权交易额达到全球碳排放权交易总额的 80%，已经成为全球碳排放交易的重要市场，其成交价格对国际碳交易价格起了重要的决定作用。

　　新西兰碳排放交易机制属于国家碳金融市场，其于 2008 年开始运作，是新西兰政府为实现《京都议定书》规定的减排目标，积极承担应对气候变化问题社会责任的一项国内制度性安排，其低成本减排效果明显。目前新西兰已将林业部门、能源部门、工业加工部门等领域以及废物处理等纳入新西兰碳排放交易机制，希望能够以一种成本最低的方式确保新西兰减排目标的完成，加快资金流动，促进国内企业改进排放技术，减少碳排放，从而获得能源使用效率的提升和综合实力的增强。

　　区域碳金融市场包括州/省、城市/大都市区建立的碳排放交易市场，典型的交易市场包括澳大利亚的新南威尔士温室气体减排体系（NSW GGAS）和东京交易市场。NSW GGAS 仅仅将电力行业包括在内，对电力行业相关排放主体确定了减排标准，但是它在行业覆盖面上

比 EU-ETS 的交易体系范围要小很多。东京都碳交易市场于 2010 年 4 月正式启动，是亚洲第一个碳排放总量控制和交易体系市场，也是世界上第一个城市规模的碳排放交易体系，还是全球第一个以二氧化碳间接排放为控制和交易对象的碳排放交易体系。东京交易市场把建筑领域设定为主要的控制对象，凸显了城市在碳金融市场中的重要地位。

5. 一级市场和二级市场

《京都议定书》协议使温室气体减排有了一个规范、制度化的市场运行机制，即通过碳排放权交易来实现减排目标。在世界范围内碳排放交易在《京都议定书》框架下开始快速发展，并逐渐形成了具有规模效应的、具有金融属性的碳金融市场。这种金融市场与传统意义上的金融市场类似。根据交易层次结构的不同碳金融市场可分为一级市场和二级市场。

一级市场是发行市场。政府以拍卖或免费分配的方式使具有减排需求的企业获得配额的市场就是配额交易的一级市场。另外，企业通过直接投资减排项目并获得经核证的减排指标就是项目交易的一级市场。在一级市场的交易产品中，配额的拍卖较为常见。

二级市场是交易市场。根据流通产品的性质，二级市场可以分为二级现货市场和二级衍生品市场，前者买卖现货产品，后者买卖碳期货、碳期权、碳互换等碳金融衍生产品。二级市场上进行活动的往往都是以实现风险管理为目的，具有投机性的投资者，他们通过碳排放权交易产品的交割来实现套利，并不伴随配额或抵偿信用的实际交割。

8.2 碳金融市场的运行机制

8.2.1 碳金融市场的交易主体

碳金融市场的交易主体主要由以下四部分组成：

1. 交易双方

交易双方是指直接参与碳金融市场交易活动的买卖双方，主要包括控排企业、减排项目业主、碳资产管理公司、碳基金及金融投资机构等市场主体。在现货交易阶段，市场主体往往以控排企业为主、碳资产管理公司和金融投资机构为辅；在衍生品交易阶段，金融投资机构尤其是做市商和经纪商将成为市场流动性的主要提供方。

2. 第三方中介

第三方中介是指为市场主体提供各类辅助服务的专业机构，包括监测与核证机构、咨询公司、评估公司、会计师及律师事务所，以及为交易双方提供融资服务的机构。

3. 第四方平台

第四方平台是指为市场各方开展交易相关活动提供公共基础设施的服务机构，主要包括注册登记机构和交易所。其中，交易所除了提供交易场所、交易规则、交易系统、交易撮合、清算交付和信息服务等功能，还承担着部分市场一线交易活动的日常监管职能。

4. 监管部门

监管部门是指对碳金融市场的合规稳定运行进行管理和监督的各类主管部门，主要包括行业主管部门、金融监管部门及财税部门。

碳金融市场的主要交易主体见表 8-2。

表 8-2　碳金融市场的主要交易主体

机 构 类 型		作 用 及 影 响	主 要 动 机
交易双方	控排企业	(1) 市场交易 (2) 提高能效、降低能耗，通过实体经济中的个体带动全社会完成减排目标 (3) 通过主体间的交易实现最低成本的减排	(1) 完成减排目标（履约） (2) 低买高卖，实现利润
	减排项目业主	(1) 提供符合要求的减排量，降低履约成本 (2) 促进未被纳入交易体系的主体以及其他行业的减排工作	出售减排项目所产生的减排量以获得经济、社会效益
	碳资产管理公司	(1) 提供咨询服务 (2) 投资碳金融产品，增强市场流动性	低买高卖，实现利润
	碳基金等金融投资机构	(1) 丰富交易产品 (2) 吸引资金入场 (3) 增强市场流动性	拓展业务并从中获利
第三方中介	监测与核证机构	(1) 保证碳信用额的"三可"原则 (2) 维护市场交易的有效性	拓展业务
	其他（如咨询公司、评估公司、会计师及律师事务所）	(1) 提供咨询服务 (2) 碳资产评估 (3) 碳交易相关审计	拓展业务
第四方平台	登记注册机构	(1) 对碳配额及其他规定允许的碳信用指标进行登记注册 (2) 规范市场交易活动使其便于监管	保障市场交易的规范与安全
	交易所	(1) 交易信息的汇集发布 (2) 降低交易风险、降低交易成本 (3) 价格发现 (4) 增强市场流动性	吸引买卖双方进场交易，增强市场流动性并从中获益
监管部门	碳交易管理部门	(1) 制定有关碳减排配额交易市场的监管条例，并依法依规行使监管权利 (2) 对上市的交易品种、交易所制定的交易制度、交易规则进行监管 (3) 对市场的交易活动进行监督 (4) 监督检查市场交易的信息公开情况 (5) 对违法违规行为与相关部门相互配合进行查处，维护市场健康稳定	(1) 通过市场监管规范市场运行 (2) 维护市场机制，促进节能减排

注：资料来自绿金委碳金融工作组，《中国碳金融市场研究》，2016.

8.2.2　碳金融市场的覆盖范围选择原则

1. 相关概念

碳金融市场的覆盖范围包括碳金融市场管控的温室气体种类、控排企业类型和控排企业数量。由于各国或各地区的温室气体排放结构和产业结构不同，不同的碳金融市场的覆盖范围有差异。碳金融市场覆盖范围并非一成不变，而是随着时间和空间的改变呈动态变化。例如，欧盟碳金融市场在第一、第二阶段管理的温室气体排放仅为二氧化碳（CO_2），控排企业是发电供热、石油加工、水泥、玻璃、造纸、航空等行业；但在第三阶段将管理的温室气体类型增加了一氧化二氮（N_2O）和全氟碳化物（PFCs），控排企业增加了铝业、其他有色金属业等。尽管碳金融市场覆盖范围的内容不尽相同，但覆盖范围的基本概念已经达成共识。

碳金融市场的覆盖范围是指碳金融市场为发挥低成本，减少温室气体排放而规定的管理边界。政府主管部门按照一定标准对特定区域内的主要温室气体排放源（一般而言是指温室气体排放设施或排放企业）和温室气体种类进行适宜性评估，筛选出碳市场的管理客体，由这些管理客体组成管理边界，构成了碳市场的覆盖范围。

碳金融市场覆盖范围主要包括三部分研究内容：

（1）覆盖的温室气体种类与排放类型。

（2）覆盖的国民经济行业类型。

（3）覆盖的排放源边界（企业或设施）与标准。

2. 覆盖的温室气体种类与排放类型

碳金融市场覆盖的温室气体种类与控排企业的生产活动有关。温室气体排放主要源于化石能源消费和工业过程。不同的排放源排放的温室气体种类不同。如果碳金融市场只覆盖电力行业，排放类型只需覆盖化石能源消费所排放的温室气体；如果碳金融市场覆盖制造业在内的工业行业，排放类型一般是化石燃料排放和工业过程所排放的温室气体；如果碳金融市场覆盖农业、林业项目，排放类型还包括农业排放、废弃物处理排放等。《京都议定书》规定了需要削减的六种主要温室气体，分别是二氧化碳（CO_2）、甲烷（CH_4）、一氧化二氮（N_2O）、氢氟碳化物（HFCs）、全氟碳化物（PFCs）和六氟化硫（SF_6）。碳金融市场在确定纳入哪些温室气体时，主要基于"数量原则"和"成本原则"：①"数量原则"是指在碳金融市场所在地区的温室气体排放结构中，哪种(些)温室气体排放量所占比例较大，就将这种温室气体种类纳入碳市场覆盖范围；②"成本原则"是指对计划纳入覆盖范围的温室气体排放管理的成本与收益进行评估，将管理成本低、减排效果好的温室气体种类纳入覆盖范围。

3. 覆盖的国民经济行业类型

碳金融市场的设计目的是减少温室气体排放，因此，选择纳入碳金融市场的行业时，行业的温室气体排放量大小是一个非常重要的指标。此外，还要考虑温室气体排放数据收集的难易程度、政府的产业政策等因素。在对碳金融市场覆盖范围进行选择评估时，选择控排企业主要考虑因素见表8-3。

表8-3 选择控排企业主要考虑因素

选择要点	主要指标	指标说明
排放指标	温室气体排放量	纳入排放量高的行业有助于实现碳市场的减排功能
	行业内排放水平差异程度	如果行业内的排放源排放水平差异较大，有助于形成碳市场

（续）

选择要点	主要指标	指标说明
经济指标	行业平均排放水平	减排成本高的行业的减排技术可能有瓶颈，难以通过市场机制促进减排，不宜纳入覆盖范围
	排放数据收集成本	排放源分散的行业数据收集成本高，不宜率先纳入覆盖范围
技术指标	排放下降潜力	结合能耗强度和行业技术条件判断是否有减排空间，纳入减排潜力大的行业
	排放数据的监测、报告、核查难度	判断排放数据的可获得性及数据准确性，纳入技术管理成本小的行业
政策指标	产业发展政策	纳入政府限制发展的高碳、高污染等行业，通过碳市场促进产业调整
安全指标	资源依赖度	判断行业的可管理性，纳入资源依赖度高的行业，避免出现碳泄漏

注：资料根据王文军、傅崇辉、赵黛青，《碳交易体系之行业选择机制的经验借鉴与案例分析——以广东为例》，《生态经济》2012 年第 7 期整理。

4. 覆盖的排放源边界（企业或设施）**与标准**

国外对主要碳金融市场覆盖的排放源边界均定义为"设施"，即地理边界接近、提供同一产品的生产或服务的一系列小规模设施。这一定义与"企业"的内涵基本一致。由于碳金融市场对排放源的管理必须以法人为单位进行碳配额的发收履约，因此，碳金融市场以企业法人单位作为控排企业。

对控排企业的选择，各个碳金融市场存在较大差异，主要从纳入碳金融市场的行业中按照一定标准选择部分企业作为控排企业。表 8-4 列出了国内外主要碳金融市场对控排企业的选择标准。

表 8-4　国内外主要碳金融市场对控排企业的选择标准

碳 市 场	选 择 标 准
欧盟碳市场	容量标准：20MW 以上的燃烧设施
	产能标准：钢铁行业中每小时产量 25 吨以上的企业；水泥行业中熟料为原料每天产量 500 吨以上的企业；玻璃行业中每天产量 20 吨以上的企业，等
新西兰碳市场	排放量标准：温室气体年排放量超过 4000 吨的企业
	产能门槛：每年开采 2000 吨标煤以上的企业
	能耗标准：燃烧 1500 吨废油或发电或制热的企业，及每年购买 25 万吨标煤或 2000 万亿焦耳天然气以上的能源企业
京都碳市场	年能耗超过 1500 公升原油当量的企业
北京碳市场试点	二氧化碳年排放量 5000(含)吨以上的企业
上海碳市场试点	二氧化碳年排放量 1 万吨以上的工业企业和非工业企业；二氧化碳年排放量 10 万吨以上的水运企业
天津碳市场试点	2009 年以来任一年度重点排放行业和民用建筑领域中二氧化碳排放 2 万吨以上的企业

（续）

碳 市 场	选 择 标 准
重庆碳市场试点	温室气体年排放量达到 1.3 万吨二氧化碳当量（综合能源消费量约 5000 吨标准煤）及以上的工业企业
深圳碳市场试点	基准碳排放筛查年份期间内任一年度碳排放量达到 3000 吨二氧化碳当量以上的碳排放单位
广东碳市场试点	2022 年度的二氧化碳年排放量达 1 万吨（或年综合能源消费量达 5000 吨标准煤）及以上的企业及新建项目
湖北碳市场试点	2017—2019 年任一年度综合能耗达 1 万吨标准煤及以上的工业企业

8.2.3 碳金融市场的交易配额分配原则

1. 基本概念及内涵

碳配额分配是指政府碳排放管理部门对碳排放空间的资源进行配置的过程，即政府通过设定分配规则，按照一定的分配方法将碳配额分配给控排企业。通过碳配额分配，做出不同减排努力的控排企业分别成为碳配额出售方或购买方，因此，碳配额分配实质上是发展权的配置。公平与效率是碳配额分配的核心。碳配额分配机制的内容主要包括：分配对象、分配方法和分配周期。

碳配额分配的理论来源于著名的"科斯定理"，即将具有负外部效应的行为确定为一种所有权并将该所有权明晰化，通过市场的方式和作用实现资源的有效配置，减少负外部性带来的损害。根据科斯定理，在交易成本为零的情况下，法定权利的初始分配无关紧要。但在实际交易成本不为零的市场条件下，产权的初始分配与资源的有效配置紧密相连。要想将碳配额分配理论应用到具体的碳排放权交易制度中，政策设计者应当解决这样一个问题，即如何通过对碳排放权利的初始分配（碳配额初始分配）实现资源配置的有效性（减排目标），从而以最小的社会成本实现减排目标。

碳配额分配机制是指将碳配额总量分配给控排企业的各种规则集合，包括碳配额分配方法、分配周期和分配管理等内容。在排放上限的制约下，控排企业的排放空间成为稀缺资源。通过碳配额分配影响控排企业的发展空间和发展成本，是政府鼓励或限制某些产业发展的政策手段。在免费分配碳配额的前提下，获得碳配额的控排企业可以不用支付或少量支付排放费用。

根据分配层级，碳配额分配对象分为排放设施、单位法人、集团公司甚至地区。确定碳配额分配对象主要依赖基础排放数据的层级，以便与碳排放的监测、报告与核查工作衔接。碳配额分配方法主要分为免费分配、有偿分配以及二者的组合。碳配额分配周期主要有按年度分配和按几年一个周期分配两种。

2. 碳配额总量设定

碳配额总量的设定以精准的碳核算为基础，而精准的碳核算建立在已界定的行业范围之上，但并不是系统内的所有行业和企业均被纳入碳配额体系，如我国统一的碳市场目前仅包括电力行业。因此，在分析碳配额总量之前，有必要对碳市场交易体系覆盖的行业加以了解，如表 8-5 所示。由表 8-5 可知，各交易体系覆盖的行业不尽相同，虽然部分交易体系仅覆盖一到两个行业，但现有碳市场控制的碳排放总量很大。随着现有碳市场的不断成熟，其覆盖的行业范围不断扩大，再加上新兴碳市场的逐步建立，全球碳市场覆盖的碳排放量势必不断增大。考虑到企业参与碳交易的能力和政府的管理成本，不同的碳市场在企业层面设定了不同的门槛，例如我国碳市场将年能耗一万吨标准煤（二氧化碳年排放量为 2.6 万吨左右）作为碳交易体系的企业门槛。在确定了行业覆盖范围和门槛后，碳交易体系才进入碳核算环节，通过核查每年的行业报告或企业报告数据，进行碳配额的总量设定。

表 8-5 现有碳市场交易体系覆盖的行业

碳市场交易体系	电力	工业	建筑	交通	航空	废弃物	林业
欧盟碳排放交易体系	√	√			√		
瑞士碳交易市场		√					
美国加利福尼亚州总量控制与交易计划	√	√	√	√			
加拿大安大略碳交易市场	√	√	√	√			
加拿大魁北克碳交易市场	√	√	√	√			
美国马萨诸塞州碳交易市场	√						
美国区域温室气体倡议	√						
新西兰碳交易市场	√	√	√	√	√	√	√
韩国碳交易市场	√	√	√	√	√	√	
中国北京碳交易市场	√	√	√	√			
中国深圳碳交易市场	√	√	√	√			
中国上海碳交易市场	√	√			√		
中国广东碳交易市场	√	√					
中国福建碳交易市场	√	√			√		
中国重庆碳交易市场	√	√					
中国湖北碳交易市场	√	√					
中国天津碳交易市场	√	√					
哈萨克斯坦碳交易市场	√	√					
日本琦玉碳交易市场		√	√				
日本东京碳交易市场		√	√				

碳配额总量设定有以下三个特点。

（1）碳配额总量设定遵循"适度从紧、循序渐进"的原则。碳配额总量设定是一份极具科学性和挑战性的工作，既要秉承国家承诺完成碳减排的目标，又要考虑行业或企业的承受范围，还要对经济增长和行业发展有前瞻性的预判，只有综合考虑多方面因素，才能制定一个合理的总量设定方案。国际上已建成的碳交易市场经历的失败大都和碳配额总量设定有关，例如欧盟碳交易体系第一、二阶段由于总量设定过于宽松，导致碳排放权过剩、碳价极低。纵观国际碳交易市场和我国碳交易试点的发展经验，碳配额总量设定应遵循"适度从紧、循序渐进"的原则。

（2）碳配额总量设定主要有"自下而上"和"自上而下"两种方式。目前国际上碳配额总量设定的方式主要有两种：一是"自下而上"的设定方式，即充分考虑企业的实际承受能力，将企业、行业的碳排放量需求汇总到碳交易体系主管部门，由其确定碳配额总量；二是"自上而下"的设定方式，即碳交易体系主管部门在考虑碳减排宏观需求的前提下，确定碳配额总量，然后将其分配到各行业企业。研究表明，第二种设定方式优于第一种，这种方式既避免了因各行业企业虚报碳排放量导致总量设定过于宽松的问题，又能充分协调各主体间的碳配额分配结构，使碳交易市场更具效率、更趋成熟。

（3）碳配额总量控制存在多样化的发展趋势。由于不同的交易体系在应对气候变化时所承担的减排责任不同，因此制定的减排目标也各不相同，但大都通过年度线性减量因子来调节配额总量上限，例如欧盟碳排放交易体系按照较 2005 年排放量减少 43% 的目标，在 2021 年至 2030 年将实施 2.2% 的年度线性减量因子；区域温室气体协议在 2021 年至 2030 年将实施 3% 的年度线性减量因子，使 2030 年的配额总量上限较 2020 年的水平下降 30%。四个相对成熟的碳交易体系总量设定状况如表 8-6 所示。

表 8-6　四个相对成熟的碳交易体系总量设定状况　　　　　　　　　（%）

参　　数	碳排放交易体系			
	欧盟碳排放交易体系	美国区域温室气体倡议	美国西部气候倡议	韩国碳排放交易体系
体系所覆盖司法管辖的排放百分比	45	20	85	68
2018 年较 2017 年的总量下降率	1.79	3.38	3.52	2.27

注：资料来自国际碳行动伙伴组织. 全球碳市场进展：2018 年度报告. 2018.

3. 碳配额分配方式

碳配额总量确定以后，政府主管部门就要对纳入体系的控排企业进行碳配额分配。通过总结国内外碳交易市场实践及学术界研究成果，整理碳配额分配方式如图 8-1 所示。

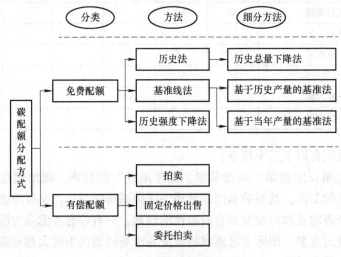

图 8-1　碳配额分配方式

（1）碳配额分配主要有免费配额和有偿配额两种方式。由图 8-1 可知，现有碳配额分配方式主要有两种：免费配额和有偿配额。其中免费配额包括历史法、基准线法和历史强度下降法。有偿配额包括拍卖、固定价格出售和委托拍卖。实际上，各交易体系在实际运行过程中，并不仅仅采用某一种分配方式，而是根据实际需求和碳交易市场发展状况，将多种分配方式结合使用。

（2）碳交易体系建设初期大多采用免费配额方式。一般而言，碳交易体系在建设初期会选择免费配额方式，欧盟碳交易市场的发展实践可以证明该结论。欧盟碳交易市场在第一、第二阶段均采用免费配额的方式，具体方法为历史法，即通过核算排放单位过去 3～5 年的历史碳排放数据，对未来的碳配额进行分配。历史总量下降法是指依据历史平均碳排放量与年度下降系数的乘积确定企业碳配额。欧盟碳市场在第三阶段采用基于历史产量的基准线法分配方式，它以碳排放主体历史年度碳排放效率最高的 10% 的单位产品作为基准线来确定排放主体的基准排放量，从而按照产量与基准排放量的乘积分配碳配额。但是由于有些控排单位的产量变化很大，利用以上两种方法进行配额分配时容易出现公平性问题，特别是对于能效高、市场占有率大的企业，可能会出现"鞭打快牛"的现象。我国在总结碳交易市场试点经验过程中，发展形成了符合国情的历史强度下降法和基于当年产量的基准法。历史强度下降法是一种基于当年实际产量的分配方法，即根据控排单位的历史排放数据和排放强度，结合产品产量、历史强度值、减排系数等进行配额分配。基于当年产量的行业基准法与基于历史产量的基准法的区别是，前者在配额核算时是基于当年的实际产量。由于我国采用的两种方法均是基于当年的实际产量，因此在实践中通常先按照上一年度产量计算和发放预配额，然后根据核查核定的本年度实际产量计算及发放最终核定配额，通过与预配额进行比较，采取多退少补的形式实施配额分配。以上两种方法比较好地克服了分配方法的欠公平问题，并且通过行业碳排放基准的选择为工业部门的转型升级和结构调整创造新的激励，助力国家供给侧结构性改革。

（3）有偿配额方式应用比例逐步扩大。随着碳市场的不断发展，碳交易体系不断完善，免费配额方式在各行业的应用更具针对性，有偿配额方式得到广泛应用。在实践中，美国碳交易体系实行免费配额与拍卖相结合的分配方式，欧盟在第三阶段对电力行业则采取全部拍卖的分配方式。与免费配额方式相比，拍卖法的缺点是会显著提高控排单位的运营成本，影响行业企业的国际竞争力，还可能会导致一定程度的碳泄露。但拍卖法的优点同样显著：简单易行，不必过分权衡效率和公平性问题；配额配置效率高，更有助于维持碳交易体系的市场化运行。因此，拍卖法受到越来越多交易体系的青睐。但是，对于那些对贸易敏感的工业部门，例如钢铁、化工行业等，应慎重使用拍卖法，因为运营成本的升高可能会使这些部门将生产环节转移到国外，从而影响本国产业竞争力或产生碳泄露问题。固定价格销售是一种向市场交易价格过渡的配额形式，当市场机制尚不完善时，可由政府主管部门以固定价格的形式向碳配额需求单位售卖配额。这种方法对市场碳价的反馈作用较小，通常适用于碳交易市场构建的初级阶段。在国际碳交易市场中，新西兰碳交易市场、澳大利亚碳交易市场在第一阶段采用免费配额和固定价格销售相结合的方法。除了固定价格销售方法，美国加利福尼亚州开发了一种同样适用于碳交易市场构建初期的碳配额委托拍卖方法。该方法的特别之处在于仅适用于加利福尼亚州由"投资者拥有的"配电公司，具体操作步骤如下：将配额免费发放给企业；政府代表企业来拍卖配额；将拍卖配额的收入分给企业。该过程看似烦琐，但对我国构建全国性碳交易市场存在可借鉴之处：一是可以推动拍卖分配方法的成熟运用，与基于产出的分配法一起使用可以成为实现价格限定的最佳途径；二是可以扩大"纯粹"拍卖的配额比例，价格信号更加明显，拍卖效果得到改善；三是可以让配额价值发挥更好的作用，因为它使决策者在免费配额和拍卖法之外又多了一种选择。

8.2.4 碳金融市场的履约机制

1. 相关概念

碳金融市场的履约机制是指碳交易管理部门为检查控排企业是否完成排放管理目标而制订的一系列规则的集合。广义的履约机制包括对控排企业碳排放量的监测、报告与核查，碳排放量的注销、储存与借贷、奖励与惩罚制度。狭义的履约机制仅仅是指碳排放量的核销流程，即控排企业在规定的时间内通过某种方式（一般是电子系统）存入足额的履约产品（碳配额及一定比例的核证减排量），以完成碳排放约束目标的行为规范集合，包括履约主体、履约周期、履约产品和履约率。履约标志着碳市场上一个管理周期运行的结束。

（1）履约主体。碳市场的履约主体是指接受温室气体排放总量控制的排放主体，一般是指控排企业或碳市场纳入企业。

（2）履约周期。履约周期是指从碳配额分配到控排企业向管理部门上交履约产品、申请排放量注销的时间区间。控排企业通常在交易周期内履约，一年履约一次或在交易周期内一次性履约。

（3）履约产品。履约产品主要由碳配额、核证自愿减排量（CER）组成。在不同的碳市场中，对用于履约的 CER 数量、来源有一定的限定，目的是降低控排企业的履约成本，同时鼓励碳市场外的碳排放主体通过自愿减排参与到碳市场中，有利于提高全社会节能减碳的意识。

（4）履约率。履约率是指在碳市场中的一个履约周期内完成履约的控排企业数量与接受配额总量管理的控排企业数量之比。它是碳市场有效性的一个衡量指标。

$$R = N_1 \div N \times 100\% \tag{8-1}$$

式中，R 是履约率；N_1 是实际履约企业数量，单位为"家"或"个"；N 是纳入该碳市场中的所有控排企业数量，单位为"家"或"个"。

例如：某个碳市场 2017 年纳入控排的企业数量为 368 家，2017 年履约期内实际完成履约的控排企业为 367 家，求 2017 年该碳市场的履约率。

由式（8-1）可计算得到该碳市场 2017 年的履约率如下：

$$R = 367 \div 368 \times 100\% = 99.7\%$$

2. 碳排放量的监测、报告与核查

对控排企业的碳排放量进行监测、报告与核查（Monitoring，Reporting Verification，MRV）是履约机制正常运行的重要数据支撑。其中，监测是指为了精确计算控排企业的碳排放量而采取的一系列技术和管理措施，主要是通过物理手段对控排企业在生产全过程中产生的温室气体排放数据进行测量、获取、分析、记录等。报告是指控排企业将温室气体排放相关监测数据进行处理、整合、计算，并按照规范的形式和途径（如标准化的报告模板）以电子表格或纸质文件的方式将最终监测事实和监测数据报送给主管部门。核查是指具有资质的第三方独立的核查机构通过文件审核和现场走访等方式对控排企业提交的温室气体排放信息报告进行审查核实，出具温室气体排放核查报告，确保控排企业提交的排放报告中的数据真实可靠。

碳市场管理部门根据经第三方核查机构审核通过的排放报告进行温室气体排放量的核销

工作。

3. 储存和预借规则

碳配额跨期储存和预借机制是指在时间维度上调节碳配额的短期供需不平衡，增加履约的灵活性。

碳配额跨期储存和预借规则对控排企业履约和碳市场的活跃程度有直接影响。碳配额储存是指在某一时期储备碳配额，以便以后使用。根据 Catherine Kling 和 Jonathan Rubin 的定义，"储存"表示在某一时期储备排放配额以便以后使用，"预借"表示在某一时期使用多于当前标准允许的排放配额，并且在将来偿还这些配额。碳配额储存和预借是一种灵活的碳配额交易履约机制，在允许储存和预借的碳市场中，控排企业可以更加灵活地跨期调节生产，从而激励企业在生产周期平稳运行的基础上最大限度地减排温室气体，调节配额供求关系，降低履约成本。

4. 奖惩制度

奖惩制度是履约机制的核心内容之一，是奖励制度与惩戒制度的合称。奖惩制度对不遵守碳排放管控制度、碳配额管控制度、MRV 制度等碳市场相关制度的行为进行处罚，对认真履行减碳责任、积极参与碳市场的参与者进行奖励。奖惩制度是双向工作评价体系，从正反两个方面保证履约机制的良性运行，是提高碳市场参与度、碳市场公平性和经济性的重要手段，是碳市场制度建设的重要内容，是碳市场得以正常运转和环境目标得以实现的重要保障之一。

5. 国内外碳金融市场履约机制

（1）欧盟碳市场（EU-ETS）履约机制。欧盟碳市场已经历三个阶段，第一阶段是2005—2007 年，第二阶段是 2008—2012 年，第三阶段是 2013—2020 年。控排企业在每年3 月底前报告其上一年度经核查的二氧化碳排放量，在 4 月底前向所属成员国清缴与其二氧化碳排放等量的碳配额。第一阶段不允许碳配额跨阶段储存和预借；第二阶段允许碳配额跨期储存，不允许跨期预借；第三阶段允许碳配额在阶段内跨期储存和预借。具体如表 8-7 所示。

表 8-7　欧盟碳市场履约机制简介

履约产品	履约期限	惩罚制度	储存与预借	抵消机制
可用于履约的产品有欧盟配额（European Union Allowances，EUA），欧盟航空配额（EU Aviation Allowances，EUAA），京都信用（CER/ERU）	交易周期内每年履约。在交易期末注销碳配额，下一交易周期重新发放碳配额	对未完成履约的控排单位，要求其缴纳罚金，补交碳配额并完成履约	第一阶段不允许跨阶段储存和预借；第二阶段允许跨期储存，不允许跨期预借；第三阶段允许跨阶段储存和预借	允许使用 UNFCCC 认证的可抵消信用产品

注：欧盟碳市场第一阶段的交易周期为 3 年，第二阶段的交易周期为 5 年，第三阶段的交易周期为 8 年，第四阶段的交易周期为 10 年。

（2）韩国碳市场（K-ETS）履约机制。韩国于 2015 年 1 月启动全国性碳市场。韩国碳市场分为三个阶段，第一阶段是 2015—2017 年，第二阶段是 2018—2020 年，第三阶段是2021—2025 年。履约时间为每年 6 月，在履约年结束后 6 个月内，控排企业上交碳配额进行履约。韩国碳市场允许碳配额跨期储存和预借，多余的碳配额可以储存至任何交易期，不受限制，但碳配额的预借不能跨期，且受比例限制。在第一阶段，2015年的预借比例上限为10%，2016年和2017年的预借比例上限升至20%。在第二阶段，2018年的预借比例上限为15%，从2019年起，将综合企业前期实际使用的预借比例来决定上限。韩国碳市场允许用碳抵消项目来完成履约，且自第二阶段开始接受来自国际的减排项目（减排项目必须由韩国企业参与投资）产生的自愿减排量。

根据韩国《温室气体排放配额分配与交易法》的要求，企业如果未在规定时间内足额履约，将按照当前市场价格的3倍以上缴纳罚款，罚款上限为10万韩元/吨（约合620元/吨）。政府可以采取相关措施来稳定配额价格，包括：①动用预留配额（不高于总量的25%）；②设定配额最低（70%）和最高持有量（150%）；③限制配额跨期储存量；④限制核证减排量可抵消比例；⑤设置配额价格上涨上限或下跌下限。

（3）美国的区域温室气体倡议（RGGI）履约机制。RGGI中用来履约的是"二氧化碳配额"。各州还可以使用（有效的）来自参与州项目的二氧化碳排放抵消项目，抵消其履约义务的3.3%。抵消项目必须是控排企业以外的减排或固碳活动（包括非二氧化碳的温室气体）。RGGI要求以3年为一个周期进行履约。2012年RGGI修订增加了临时履约条款，即要求在每个履约期的头两年保持50%的配额。RGGI允许无限制的储存业务，但在下个履约期内，将从配额总量中减去储存备抵，从而减少未来几年的拍卖配额总量。这限制了过度供应（以及由此产生的低碳价格）的风险，同时允许参与者尽早采取行动，以保持配额价值。在RGGI体系中，配额可以储存但不能预借。

（4）美国加州总量控制与交易计划履约机制。加利福尼亚州-魁北克碳交易系统接受碳配额和抵消信用作为履约产品。可用的碳抵消比例上限是控排企业履约总量的8%，且仅限来源于美国（或魁北克）6个领域的减排项目：林业、城市林业、牲畜甲烷管理、破坏臭氧消耗物质、甲烷捕获和水稻种植。从2021年开始，加利福尼亚州要求任何主体所使用减排量中不为本州提供直接环境效益的抵消项目（Direct Environmental Benefits in the State，DEBS）减排量比例应低于50%，位于加利福尼亚州的项目自动满足该条件要求。2021年至2025年，控排企业可用于履约的抵消比例将减少至4%，此后将保持在6%。

控排企业履约以3年为一个周期，在3年期结束后的1年内提交配额。在加利福尼亚州，控排企业每年必须交回一部分配额（通常是去年排放量的30%左右）。加利福尼亚州颁布的管理规则令中规定了储存规则，其规定"加利福尼亚州履约工具不会到期"。该机制允许跨阶段进行储存配额，但规定持有量不得超过总的"持有限额"规定。例如，在2018年，每个注册机构或多个注册实体的直接公司协会可以持有大约2018年及之前年份总计不超过0.12亿吨的配额，用于履约的配额不计入持有限额。

（5）我国试点碳市场履约机制。我国碳市场试点地区规定控排企业必须在限期内向碳市场主管部门上缴与履约周期内排放总量相等的碳配额（或一定比例的核证减排量，各试点地区政策规定不同）。试点地区均以一个自然年度作为碳排放履约周期，每年对上一年度的碳排放量进行履约抵消。碳配额或核证减排量须在注册登记系统中提交注销。按照各试点的碳排放权交易管理暂行办法，履约期集中在每年的5月、6月，但由于各试点碳排放核查和碳配额分配进度可能会延迟、个别控排企业在履约过程中可能出现各种问题，履约往往无法按规定期限进行，从而出现延后履约。

8.2.5 碳金融市场的抵消机制

1. 基本概念

碳市场抵消机制是指允许碳金融市场履约主体使用一定比例的，经相关机构审定的减排率来抵消其部分碳减排履约义务，是一种更灵活的履约机制。源于《京都议定书》的三种灵活减排机制之一的清洁发展机制（CDM），其主要功能是降低控排企业的履约成本，与配额交易互为补充。基于减排成本最小化的原则，CDM 鼓励《京都议定书》附件一中有减排承诺的发达国家与发展中国家以项目合作形式联合开展温室气体减排项目，项目产生的减排量经过 CDM 执行委员会核准后即成为可在国际碳市场上交易的产品——核证自愿减排量（CER）。由于 CER 的供给来自控排企业外的自愿减排主体，这些自愿减排主体没有履约义务，减排成本较低，因此 CER 的价格普遍低于碳配额价格。控排企业可以用 CER 履约，以抵消碳排放量；同时 CER 的供给方——发展中国家获得减排交易收益。因此，清洁发展机制实质上是国际碳市场的抵消机制。用核证自愿减排量抵消控排企业实际碳排放是国际碳交易市场上的通行做法。我国碳市场也包括抵消机制。

2. 碳抵消机制的构成

碳抵消机制与碳市场碳配额交易互补，且独立于碳市场配额交易之外，有一套完整的组织机制。碳抵消机制的主要要素包括信用产品类型、项目类型、抵消比例、来源地、时效性。

（1）信用产品类型。在碳市场外产生的自愿减排量来源于多种减排项目。根据减排信用所属的项目类型，可分为可再生能源和新能源项目、林业碳汇项目、节能项目等；根据减排量的核证机构不同，可分为国际机构核证减排量（如 CER）、国家核证减排量（如 CCER）、部门或城市核证减排量（如 PCER）。在不同碳市场中，对碳抵消信用产品的类型、来源地、签发机构有不同规定。例如，加利福尼亚州-魁北克碳市场规定合格的碳抵消信用产品仅限于美国(或魁北克)6 个领域的减排项目：林业、城市林业、牲畜甲烷管理、破坏臭氧消耗物质、甲烷捕获和水稻种植。

下面介绍几种主要的碳抵消信用产品。

1）核证减排量。核证减排量是清洁发展机制产生的减排产品，由 CDM 执行委员会核准后即可成为可在国际碳市场上交易的产品——核证自愿减排量（CER）。联合国气候变化框架公约（UNFCCC）附件一国家可以购买一定比例的 CER 用于履行京都减排承诺。CER 的减排信用具有较高的认可度，在许多国家的碳市场中，CER 都可以用于履约主体抵消碳排放量。例如，中国核证减排量包括中国自愿减排项目产生的 CER。

2）国家核证自愿减排量。我国政府为了提高全社会节能减排意识，降低控排企业的履约成本，鼓励更多的非控排主体参与碳市场并与国际碳市场接轨，采取了类似清洁发展机制产品签发流程，对来自我国的自愿减排量进行审核，审核通过后签发的核证自愿减排量即为中国核证自愿减排量。国内控排企业根据其所在碳市场的规则，购买中国核证自愿减排量履约。

3）城市/部门核证减排量。城市/部门核证减排量按照地方/部门相关规定进行申报，由第三方核查机构出具项目减量报告，经地方政府主管部门备案后，可作为本地碳市场的碳抵消信用产品用于履约。例如：在北京碳市场试点中，森林经营碳汇项目在取得市园林绿化局初审同意后，向北京市发展和改革委员会申报、备案。

4）个人自愿减排量项目。个人自愿参与的二氧化碳减排行为经过主管部门核定后可以成为可交易的碳减排量。例如，广东省碳交易碳普惠核证减排项目。该项目的碳普惠是指为小微企业、社区家庭和个人的节能减碳行为进行具体量化和赋予一定价值，并建立起以商业激励、政策鼓励和核证减排量交易相结合的正向引导机制。

表8-8对我国8个试点碳市场截至2018年的碳抵消信用产品来源项目进行了详细介绍。

表8-8 我国8个试点碳市场抵消产品类型

试点地区	信用产品	来源项目
北京	CCER	①非来自减排氢氟碳化物、全氟化碳、一氧化二氮、六氟化硫气体的项目；②非来自水电项目
	节能项目碳减排量	①必须是实际产生了碳减排量的节能项目，包括但不限于锅炉（窑炉）改造、余热余压利用、电机系统节能、能量系统优化、绿色照明改造、建筑节能改造等；②暂不考虑外购热力相关的节能项目
	林业碳汇	①碳汇造林项目；②森林经营碳汇项目
深圳	CCER	①可再生能源和新能源项目中的风力发电、太阳能发电、垃圾焚烧发电、农村户用沼气和生物质发电项目；②清洁交通减排项目；③海洋固碳减排项目；④林业碳汇项目；⑤农业减排项目
上海		无特别限制
天津		①仅来自二氧化碳气体项目；②不包括来自水电项目
重庆		①节约能源和提高能效项目；②清洁能源和非水可再生能源项目；③碳汇项目；④能源活动、工业生产过程、农业、废弃物处理等领域减排项目
广东		①主要来自二氧化碳、甲烷减排项目，即这两种温室气体的减排量应占该项目所有温室气体减排量的50%以上；②非来自水电项目；③非来自使用煤、油和天然气（不含煤层气）等化石能源的发电、供热和余能利用项目
湖北		①国家发展和改革委员会备案项目，其中，已备案减排量100%可用于抵消；未备案减排量按不高于项目有效计入期内减排量60%的比例用于抵消；②非大、中型水电类项目；③鼓励优先使用农、林类项目
福建		①非水电项目产生的减排量；②仅来自二氧化碳、甲烷气体的项目减排量

注：资料来自李峰，王文举，闫甜．中国试点碳市场抵消机制［J］．经济与管理研究，2018，39（12）：94-103.

（2）项目类型。从抵消产品所属的项目类型来看，可以分为以下几种：

1）可再生能源类项目。该类项目包括新建的太阳能、风电、小水电等可再生能源类型的发电项目。由于该类项目几乎为零排放，其产生的碳减排量相比传统的火电来说较高，减排效果较明显，但其投资成本相对传统火电要高。因此，在比较注重社会责任的企业看来，该类项目产生的减排信用出价相对较高。

2）节能类项目。工业、交通、建筑领域的节能改造活动一般也会产生减排量，表现为提供同等的活动量所需消耗的能源、电力较少，可以产生间接减排效果。

3）碳汇项目。碳汇项目通常是指通过植树造林、森林管理、植被恢复等措施，利用植物光合作用吸收大气中的二氧化碳，并将其固定在植被和土壤中，从而减少温室气体在大气中浓度的过程和活动。

（3）抵消比例。碳抵消信用产品与碳配额产品是替代品，两者具有竞争性，因此，为了保护碳市场的供给不受到过度的外部冲击，不同碳市场对履约主体（控排企业）可以使用的减排信用数量有严格规定，一般碳抵消比例为履约主体碳配额量的 5%～10%。加利福尼亚州-魁北克碳市场规定，2020 年之前，履约主体可以将碳配额量 8% 的减排信用产品用于抵消；2021—2025 年，抵消比例将为 4%；2025 年以后，抵消比例保持在 6%。RGGI 碳市场规定的碳抵消比例为 3.3%。在我国试点碳市场中，截至 2023 年 8 月，深圳、广东、天津、湖北、重庆碳市场规定的碳抵消比例均为 10%，上海、北京碳市场规定的碳抵消比例为 5%。

（4）来源地。碳市场设计者在制定碳抵消规则时，出于促进本地减排行动、活跃地方经济的考虑，优先消纳本地项目产生的自愿减排量。同时，也会考虑与其他区域的减排政策协同联盟，采取碳抵消信用产品互认等方式加强区域间联系。对碳抵消信用产品来源地的限制实际上是一种地方保护主义，通过行政干预形成了自愿减排量垄断市场，降低了社会总体福利水平。随着本地自愿减排行动的深入，单位减排成本逐渐上升，碳抵消信用产品的地域限制逐渐取消。

在我国，以广东、深圳为代表的试点碳市场对碳抵消信用产品来源地有严格的限制。例如，深圳碳市场对来自农村户用沼气、生物质发电项目、清洁交通减排项目、海洋固碳减排项目的区域限制最为严格，要求必须在本市行政辖区内。在京津冀地区组成的"首都经济圈"内，三地的自愿减排量优先使用。

（5）时效性。对碳抵消信用产品的时效性进行规定，旨在避免大量积累碳抵消信用产品而产生供给过剩，从而对信用产品的价格造成冲击。例如北京试点碳市场规定可抵消的林业碳汇项目碳减排量需来自 2005 年 2 月 16 日以来的无林地碳汇造林项目和 2005 年 2 月 16 日之后开始实施的森林经营碳汇项目；福建省碳市场规定可抵消的林业碳汇项目碳减排量需来自 2005 年 2 月 16 日之后开工建设的项目；广东试点碳市场规定可抵消的国家核证自愿减排量不能来自在联合国清洁发展机制执行理事会注册前就已经产生减排量的清洁发展机制项目；重庆试点碳市场规定可抵消的国家核证自愿减排量需来自 2010 年 12 月 31 日以后的减排项目。

8.2.6　碳金融市场的定价机制

1. 相关概念

碳定价机制是指对每吨二氧化碳排放设置明确的价格，通过价格信号的作用来减缓经济主体的二氧化碳排放，引导社会朝低碳方向转型，从而实现协调可持续发展。

碳定价机制主要包括两种形式——碳排放权交易和碳税。碳排放权交易是指为排放者设定相应的碳排放限额，允许其通过交易碳排放配额的方式进行履约。碳排放权交易具有减排量确定、价格机制完善以及跨境减排协调等优势，但由于设计难度较大、运行成本较高，需对其进行持续监测、评估并做出相应的调整。碳税则是指对生产、生活中排放的二氧化碳征税，具有见效快、实施成本低、税率稳定以及可实现收入再分配等优势，但其在实施过程中存在开征阻力大、税率设定难度高等问题。因此，这两种机制各有优劣，不同国家应根据国情采取不同的碳定价机制。据世界银行统计，截至 2021 年 4 月，全球有 64 项碳定价机制正在实施，有 3 项计划实施，其中包括 32 项碳排放权交易和 35 项碳税。已实施的碳定价机制覆盖十亿吨二氧化碳当量，占全球温室气体排放量的 21.5%。

2. 2020—2021 年碳定价机制发展特征分析

根据世界银行最新发布的《2021 年碳定价现况和趋势》报告，以及随着我国全国碳排放权交易市场第一个履约期的结束，2020—2021 年全球碳定价及我国碳市场发展状况具有以下特征。

（1）全球碳市场特点。

1）主要国家、地区和企业的减碳承诺。截至 2020 年 12 月，共有 127 个国家、823 个城市、101 个地区和 1541 家公司做出承诺，将在 21 世纪中叶前减少活动过程的碳排放。

2）碳定价机制带来的碳收益提高。2020 年，全球碳定价机制创造了 530 亿美元的收入，比 2019 年增加约 80 亿美元，这主要得益于欧盟配额价格上涨。

3）碳定价水平的减碳效率尚不明显，未能有效推动气候目标的实现。根据《巴黎协定》2℃的温控目标而设定的碳价水平为每吨碳 40~80 美元，但世界银行报告显示：全球仅有覆盖 3.76% 碳排放总量的碳价进入此范围，大部分地区的碳价仍远低于该值。因此，如果要实现 1.5℃的温控目标，碳价水平还需要提高。

4）碳定价机制覆盖范围进一步扩大。2020 年，全球共有 64 项正在实施的碳定价机制，主要包括碳交易和碳税；另有 3 项计划实施。其中，实施中的碳定价机制比 2019 年增加 6 项，覆盖的碳排放量占全球的 21.5%，显著高于 2019 年的 15.1%。

（2）我国碳市场特点。自 2013 年起，我国陆续在北京市、天津市、上海市、重庆市、深圳市、广东省、湖北省、福建省 8 个省市开展碳排放权交易试点，并于 2021 年 7 月 16 日启动全国碳排放权交易市场，顺利完成了第一个履约期（2021 年 7 月 16 日至 2021 年 12 月 31 日）。我国碳市场在履约周期内共纳入发电行业重点排放单位 2162 家，年覆盖温室气体排放量约 45 亿吨二氧化碳，约占全国排放量的 30%。表 8-9 总结回顾了 2021 年我国全国碳市场建设历程。我国碳市场运行有以下特点：

1）市场规模大。2021 年全国碳市场共运行 114 个交易日，碳排放配额累计成交量 1.79 亿吨，累计成交额 76.61 亿元。今后，我国碳市场有望发展成为全球规模最大的碳市场。

2）履约完成率高。按履约量计，2021 年我国碳市场履约完成率为 99.5%，0.5% 核定应履约量未完成履约。

3）市场运行健康有序，交易价格呈现稳中有升的趋势。2021 年 12 月 31 日收盘价为 54.22 元/吨，较 7 月 16 日首日开盘价（48 元/吨）上涨 12.96%。稳定的碳市场对促进企业减排温室气体和加快绿色低碳转型的作用初步显现。

4）碳市场有效性有待进一步提升。相比国际上运行时间较长的碳交易市场，当前我国的全国及区域碳市场存在有效性不足的现象，主要表现为区域碳市场的"潮汐现象"比较明显。例如，成交日期大多集中于履约期前后，导致市场碳价波动较大，不利于发挥市场提效作用。要解决这一问题，应采取多种措施，包括完善各项交易制度（如丰富碳市场交易工具种类、扩大参与交易者范围等）、合理运用多种碳配额分配机制、提高市场信息透明度等。2021 年我国全国碳排放权交易市场建设大事记见表 8-9。

表 8-9　2021 年我国全国碳排放权交易市场建设大事记

时　间	主要事件	发布单位/地点
2021. 2. 1	《碳排放权交易管理办法（试行）》施行	生态环境部
2021. 3. 29	《企业温室气体排放报告核查指南（试行）》	生态环境部
2021. 4. 22	习近平主席明确将启动全国碳市场上线交易	出席全球气候峰会视频会议
2021. 7. 16	国务院副总理韩正宣布全国碳市场上线交易正式启动	全国碳市场上线交易启动仪式
2021. 8. 30	强调"十四五"时期，我国生态文明建设进入以降碳为重点战略方向、推动减污降碳协同增效、促进经济社会发展全面绿色转型、实现生态环境质量改善由量变到质变的关键时期	中央全面深化改革委员会第二十一次会议
2021. 9. 22	发布《中共中央　国务院关于完整准确全面贯彻新发展理念做好碳达峰碳中和工作的意见》	中共中央　国务院
2021. 10. 26	发布《关于做好全国碳排放权交易市场第一个履约周期碳排放配额清缴工作的通知》	生态环境部
2021. 12. 15	全国碳市场成交量在第 102 个交易日累计突破一亿吨大关	全国碳排放权交易市场
2021. 12. 16-18	国家主席习近平强调"要正确认识和把握碳达峰碳中和"	中央经济工作会议

（3）世界其他地区碳市场建设。乌克兰计划在 2025 年前启动全国碳市场，以满足欧盟拟设碳边境调节机制的要求，并助力实现其 2030 年减碳目标和 2070 年碳中和目标。乌克兰碳市场目前正处于设计阶段，预计将借鉴欧盟碳市场的经验。

美国东北部和中大西洋地区的 12 个州及华盛顿特区联合提出"交通和气候倡议"，于 2021 年 3 月发布了碳排放交易体系规则草案，并计划于 2023 年启动，该体系覆盖运输燃料的供应商和分销商。康涅狄格州、马萨诸塞州、罗得岛州和华盛顿特区已宣布将参与该方案的实施。印度尼西亚于 2021 年 3 月至 8 月开展碳市场的试运行工作，该市场覆盖 80 个燃煤电厂，约占发电行业的四分之三。印度尼西亚虽然尚未宣布全国碳市场的启动日期，但预计将以总统令方式颁布碳定价机制的一般规则。此外，哥伦比亚政府计划在 2024 年前启动碳交易试点；土耳其于 2020 年底完成了电力和工业部门碳交易试点相关制度的制定；泰国计划在东部三省开展碳交易试点，但未宣布启动试点的具体日期；俄罗斯在 2020 年 12 月通过了在萨哈林州建立碳交易试点的路线图。

8.3　碳金融市场效应

8.3.1　环境效应概述

碳金融市场的环境效应可以分为三大类：温室气体直接减排效应；温室气体转移效应；环境污染物的协同减排效应。

1. 温室气体直接减排效应

碳市场的温室气体直接减排效应是指在碳市场覆盖范围内，通过碳配额的分配和交易机制实现二氧化碳排放的直接减少。这是碳市场设计的最初目标，也是碳市场最直接的环境效应。

2. 温室气体转移效应

温室气体转移效应又称为"碳泄漏"，是指由于排放密集型生产从排放约束强度高的地区或国家转移到排放约束强度低的地区或国家，从而导致碳排放从排放约束强度高的地区或国家转移到排放约束强度低的地区或国家。

3. 环境污染物的协同减排效应

（1）IPCC对环境协同效益的定义。IPCC在2001年的第三次评估报告中正式提出协同效益（Co-benefits）这一概念，将其定义为基于多重目标实施相关政策而获得的包括温室气体减排在内的各种效益，强调温室气体减排政策通常旨在实现经济发展、环境可持续等与减排同等重要的目标。与之相区别的是辅助效益（Ancillary Benefits），IPCC在第三次评估报告中将辅助效益定义为气候变化减缓政策产生的辅助或附带效益，即温室气体减排政策通过对社会经济系统的作用而产生的减少温室气体排放以外的社会经济效益。然而，自从2007年的IPCC第四次评估报告开始，不再区分协同效益与辅助效益，两者可以交换使用，均指减缓温室气体排放政策产生的非气候效应。为了强调气候政策所产生的负面作用，2014年IPCC在第五次评估报告中提出与协同效益相对应的不良副作用（Adverse Side-effects），即一项旨在实现某个目标的政策或措施对其他目标产生的消极影响（不考虑社会福利效应）。根据IPCC第五次评估报告的定义，协同效益和不良副作用专指非货币化的政策效应，不考虑政策措施对总体社会福利的影响。

（2）其他国家或机构对环境协同效应的定义。随着气候问题关注度的提升，一些国家和国际组织也开始对协同效益进行研究，它们均采用Co-benefits作为协同效益对应的英文词汇。表8-10列举了美国环境保护局、欧洲环境局、日本地球环境战略研究所、亚洲城市清洁行动、中国环境保护部与经济政策研究中心等机构对协同效益赋予的不同内涵。美国环境保护局、亚洲城市清洁行动特别强调了环境和气候政策的货币化收益。日本地球环境战略研究所则是从发展中国家地域性收益的角度定义协同效应。中国环境保护部与经济政策研究中心则是从物质化角度来定义协同效益，并关注温室气体与大气污染物的协同控制。

表 8-10 协同效益定义

机　　构	来　　源	协同效益的定义	特　　征
美国环境保护局	综合环境战略手册，2004年12月	通过一项或一套措施产生两个或者更多协同效益，包括因减少局部大气污染物而产生的健康及经济效益；减少污染物排放引起的温室气体减排	强调货币化收益
欧洲环境局	—	同IPCC，强调协同控制战略中的资源有效利用	强调货币化收益

（续）

机 构	来 源	协同效益的定义	特 征
日本地球环境战略研究所	日本地球环境战略研究所白皮书，2008 年	在地方层面通过适当的可持续发展政策产生的额外效益，如空气质量和水质的改善、能源安全保障的强化、交通秩序的改善	侧重地域问题
亚洲城市清洁行动	—	针对空气污染、能源供给、气候变化制定的综合方案，以及同时产生的一些其他非指定效益，如交通和城市规划的改善、人体健康和农业的改善、经济发展的改善、政策实施成本的降低等	强调货币化收益
中国环境保护部与经济政策研究中心	2003 年	在控制温室气体排放的过程中减少其他局域污染物排放；在控制局域污染物排放及生态建设过程中减少或者吸收及其他温室气体排放	强调物质化收益

8.3.2 经济效应

碳市场的建设可能导致高排放企业排放成本上升、激励低碳投资、并推动产业结构向低碳方向发展。从生产层面看，在碳市场约束下，控排企业通过调整产量、能源结构、生产技术等来实现成本最小化；从投资流向看，节能减碳技术与创新、新能源行业、低碳行业预计将成为新的投资热点；从产业结构看，碳市场通过管理碳配额目标有利于促进高排放行业逐渐退出，实现产业结构的调整。如果控排企业不能将碳市场带来的成本传导出去，可能会导致它们为了降低碳排放水平而减少产量，减缓发展速度，对面临国际竞争的企业而言，还可能削弱这些企业在国际市场上的竞争力。因此，碳市场将对企业的创新、生产选择、产业结构、经济增长等多方面产生影响。

1. 创新效应

碳市场是一项旨在控制企业生产过程中二氧化碳的排放的政策。碳市场的创新效应激发企业在面临更高排放成本的预期下进行运营调整和创新投资，以减少单位产出的排放强度。早期的环境政策以命令控制型为主，如技术标准等政策，而碳市场是基于市场的激励型政策，其目的在于从源头上减少二氧化碳的排放。从公司层面来看，碳市场或者碳税等政策的创新效用明显优于强制技术标准的政策。

基于市场的碳减排政策可分为价格政策与数量政策，价格政策以碳税为主，而数量政策以碳市场为主。在完全确定的市场条件下，价格政策与数量政策在社会福利方面的效果是完全一致的。然而，在实际情况中，排放主体的边际减排成本（MAC）与减排的边际收益（MB）之间存在信息不对称及不确定性，此时 MAC 曲线与 MB 曲线的斜率将会影响两种政策的效率。

在碳市场的约束下，特别是当碳配额以拍卖的形式发放时，碳市场覆盖的企业不仅面临着数量约束，还需承担一定的排放成本。一方面，较高的排放成本有助于激励企业进行创新投资，促进技术进步；另一方面，技术创新有助于降低企业的减排成本，平滑边际成本曲线，减少数量控制对社会福利的影响。

2. 对金融市场影响

（1）对企业财务影响。在市场竞争中，可持续发展被认为是影响企业竞争力和财务绩效的重要因素，对此，学者们普遍认为，可持续发展正逐渐成为企业及总体经济发展的核心，且可持续性问题与财务风险有着较强的相关性。虽然碳资产并不会自动带来更好的财务绩效，但与传统资产相比，它们并没有明显的劣势。总体而言，碳市场的建设对于企业的财务的影响是较为复杂的。

1）正向影响。在碳市场中，金融机构起了重要的媒介作用，为各方提供代理服务。投资者利用金融机构开发的碳市场金融衍生工具如碳期权、碳期货等，为碳排放权交易提供更加灵活的交易选择与避险工具。此外，作为现代经济交易信息融通的载体，金融凭借广泛的客户基础与交易平台，为排放权交易提供高效的信息，形成公开透明的交易价格，为交易的顺利进行创造了必要条件。金融机构为碳市场提供了大量资金。金融机构利用自身独特的资金优势，为交易双方提供融资服务，增加交易者的杠杆能力，活跃了金融交易，扩大了碳市场的容量。

2）负向影响。与低碳发展相关的风险也在影响银行、保险公司等机构和私人投资者。例如，由于公司业绩的负面影响，与气候变化相关的风险已经对金融市场产生了影响。此观点已被证实：2002年，日本政府宣布正在考虑征收煤炭税，该税将于2003年10月生效。此后，向日本出口煤炭的大型企业斯特拉塔（Xstrata）的股价下跌了近10%。

碳市场作为促进可持续发展的一种政策工具，对企业的财务业绩和金融市场都会产生影响。在碳市场的运行初期，企业需要在市场购买碳配额以满足自己的排放需求，若未能履行碳配额清缴义务，企业将受到惩罚。如果企业无法将成本转嫁给最终用户，这些成本就会影响自由现金流、股东价值等经济指标。针对碳市场对企业的影响，标准普尔在2003年8月指出：欧盟碳市场的运行将增加欧盟电力行业的生产成本，而几乎所有行业都会受到电力行业成本上升的冲击，最终，这些成本可能会对公司的业务和财务状况产生影响，进而导致它们信用评级发生变化。标准普尔等评级公司在意识到碳市场可能对企业产生的潜在影响之后，及时对企业的信用评级进行了调整：2003年3月，由于资本化不足，标准普尔将慕尼黑保险公司的信用评级从AA+下调至AA−。因此，慕尼黑保险公司决定进行现金筹集活动，随后其股票下跌了5%。

碳市场通过将企业的排放成本货币化，揭示了某些行业、部门和单个公司存在环境相关风险。对于企业而言，碳市场带来的货币成本只是一个次要的考虑因素，因为从财务角度来看，利益相关方对政策的反应带来的影响更大。由于碳市场的运行需要信息公开透明，即保证公众获得有关碳配额分配和排放监测结果的信息的权利，因此，利益相关方需要了解企业排放战略等决定性信息。基于这些信息，利益相关方可以选择是否支持企业做出的生产决策。如果企业做出的生产及排放战略没有达到相关方的期望，其对声誉和经济绩效的间接影响可能超过排放交易或处罚带来的直接成本。

由此可见，碳市场的运行对企业产生了显著影响。除了排放密集型行业，碳市场对金融服务、运输、半导体、电信、电子设备、食品、农业和旅游业公司的财务影响也是切实可见的。环境责任经济联盟（Coalition for Environmentally Responsible Economics，CERES）指出

"在欧洲运营的重要企业要率先应对排放问题，但碳市场的影响终将波及所有企业"。

（2）金融市场的新商机。金融市场参与者的主要任务之一是分析和评估客户的机会和风险，一般而言，及早认识到机会和风险因素有助于调整投资策略，以实现更高的收益风险比。碳市场对公司的业绩的重要影响，也将波及贷款、项目融资、投资银行、保险业务以及资产管理等相关领域。为了降低碳市场对公司的负面影响，金融服务公司可以通过开发特殊的排放交易产品、投资机会或创新量化和评估各种投资组合中的排放交易风险的新方法来积极应对。

1）管理创新。如前所述，碳市场对公司和金融市场产生影响。在碳市场的影响下，如何扩展和改进现有的量化、评估风险和机遇的方法是管理层面临的新挑战。值得注意的是，调整后的量化、评估方法必须预测两个因素：需要采取的预防措施；由此产生的收益的变化。此外，金融机构应将包括对潜在风险的初步分析及持续评估的风险控制调查纳入其常规系统和客户政策，从而对碳市场的风险（如贷款协议或保险费）进行全面定价。随着碳市场交易频率的上升，碳市场对经纪人和交易员的需求也将增加，从而扩大了金融市场的就业机会。

2）产品创新。在碳市场的影响下，企业在融资和贷款活动中将重点评估其对公司产生的影响，识别由此带来的机遇和威胁。例如，这可能包括对减排技术的必要投资成本，或由于未履行碳市场法规而产生的意外成本。对于银行来说，可以借此机会扩展产品组合为节能项目提供贷款，以及为低排放交易风险的客户制定特殊合同条件。同样，保险公司和再保险公司需要将新产品与新风险因素相结合。例如，清洁发展机制等项目对生产能力方面的保险需求尤为突出。如果公司未能遵守碳市场法规或因违规受罚，可能会面临诉讼，因此，保险公司可以开发针对责任风险的特殊保险产品。期货、期权产品在资本市场中很常见，碳排放权交易同样需要对冲以应对排放量、排放交易和相关项目的不确定性。因此，金融机构可以开发新的衍生品，即提供对冲产品。

3）服务创新。由于在碳市场建立的初期，交易体系不够完善，投资策略尚不成熟，金融衍生品有待开发，市场难以高效率运行，而碳市场相关的金融领域的管理技术与专业知识差异显著。因此，通过建立省际、国际联盟和网络，碳市场服务创新能够强化信息获取，提高资源利用效率，并提升提升金融公司及研究团队的专业水平，有效解决公司客户面临的碳市场成本风险与投资风险，优化投资策略，提升客户利益。

3. 结构调整效应

现代市场经济中，产业结构与经济增长之间的互动日益显著，合理、协调的产业结构可以极大促进经济增长，不合理的产业结构则会阻碍经济增长，产业结构的优化升级是现代经济运行的一个重要特点。现代经济增长理论认为，产业结构既决定着经济发展水平，又受经济发展程度的制约，合理的产业结构可以推动经济增长，增强经济实力。一个地区的产业结构水平直接体现了该地区的经济发展速度和水平，研究地区产业结构与经济增长的关系对于指导产业政策制定、促进地区经济发展意义重大。碳市场结构调整效应表现为高排放企业在碳排放约束下排放成本上升，在市场中的竞争力下降，企业生产结构及政策实施地区的产业结构将因此而发生变化。

在碳市场的建设初期，政府依据各地区的发展需求，为不同行业制定碳配额分配方案。这将影响企业的成本，并向市场发出信号，引导企业采取相应措施。由此看来，不同的排放上限、碳配额分配方法以及政策灵活度将产生不同的影响。

（1）碳配额总量因素。碳市场是由碳配额总量管理与排放权交易共同构成的。碳配额总量上限规定了碳市场涵盖行业在一定时期内的总排放量，上限越高，碳市场对控排企业的减排压力越弱，上限越低，企业减排压力越强。在较强的机制约束之下，企业面临更严格的减排要求和更高的排放成本。在竞争性的市场中，低效率的企业将因难以承担高昂的减排成本而退出市场，而高效率的企业将积极寻求技术创新以降低减排成本。因此，碳排放机制促进了产业结构的优化，但同时可能会给短期经济带来负面影响。

（2）碳配额分配因素。碳市场不仅要控制二氧化碳的排放，还肩负着淘汰落后产能、促进产业结构调整的重要任务，但碳市场往往只包含特定行业。例如，纳入北京市碳市场试点的行业有电力、热力生产和供应业；制造业、采矿业；服务业。由此可见，碳市场的建立对选定行业的生产进行了约束。对于这些行业而言，碳配额的分配方法是影响其行业结构的重要因素。政府在制定碳配额分配方案时会综合考虑减排目标及产业结构双重目标。目前，各国碳市场采取三种碳配额分配方法：基准线法、历史强度法和历史法。基准线法使技术落后、排放强度大的企业面临更大的减排压力，因此，基准线法有助于优化行业结构，鼓励先进产能替代落后产能。为了实现减排目标，若不进行技术革新，企业通常会选择购买碳配额、减少生产、增加节能设备等方法，甚至直接延长企业生产链，将生产资料集中在能耗更低、附加值更高的生产环节。这个过程在一定程度上促进了企业的产业升级和产业结构调整。

（3）政策导向因素。通过研究碳市场释放的政策信号，企业可以理解政府对行业发展的态度和政策趋势，从而开展有利于企业和行业未来发展的生产经营活动。碳市场政策的实施过程反映了国家调整产业结构的思路和方向。对于产能过剩、工艺落后的行业，国家会采取更为严格的分配方案，释放相应政策信号，警示企业从自身入手，提升管理效能，加速产能升级；反之，对于政策鼓励和支持的行业，国家对碳配额的分配相对宽松，或者采取市场补充机制等方式，进一步释放政策信号以促进产业调整。

4. 对宏观经济的影响

建设碳市场的初衷是以市场化的手段实现二氧化碳的减排，降低减排成本，实现资源配置的最优化。但碳市场对经济增长究竟有着怎样的影响，至今未有定论。学者将碳市场与经济增长之间关系的观点大致分为三类：促进关系、抑制关系和正"U"形关系（呈现先下降、后上升的趋势）。

（1）碳市场促进经济增长。碳市场通过技术创新促进经济增长等，例如，碳排放权交易激励企业进行技术创新，进而通过影响生产函数的技术因素促进经济增长。理论上，由于碳市场对技术创新及产业结构优化有促进作用，从长期来看，经济是可以实现可持续发展的，这一观点得到了学者的支持。实际上，美国碳市场的发展与人均国民收入的变化之间的关系表明，碳市场的建设与运行对提高国民收入存在促进作用。

（2）碳市场抑制经济增长。碳市场抑制经济增长的主要原因是企业生产成本的增加。在企业层面，排放成本的增加将导致其利润受损，在短期内生产技术难以改变的情况下，企业将有动机通过降低产量来减少成本、避免利润受到较大冲击。在国家层面，企业成本上升可能导致销售价格调整，影响其国际竞争力，进而导致该国出口量下降、经济受到损失。自

2013 年起我国七大碳市场试点陆续正式运营，通过对我国低碳试点省份的经济增长与碳排放之间的关系进行模拟研究，发现两者之间存在显著的正相关关系，此结果表明对碳排放进行约束不利于经济增长。

（3）碳市场与经济增长的"U"形关系。碳市场设立与经济增长之间可能存在另一种联系，表现为"U"形关系，即在经济发展水平较低的情况下，经济发展模式以粗犷型为主，此时抑制碳排放将导致经济下降；而在经济发展水平较高时，生产技术较为先进，能源使用率提高，此时随着碳市场的发展，经济将得到更好的发展。这与环境库兹涅茨曲线的原理类似：当经济发展水平较低时，随着人均收入的增加，环境污染也会增加；而当经济发展水平越过一个门槛之后，人均收入的增长反而会带来环境污染的减少。这一观点得到了学术界的广泛支持，有学者构建了碳排放内生条件下的经济增长模型，分析了能源结构调整对经济增长稳态的影响，研究结果显示随着能源结构的调整，经济增长稳态均衡呈现"U"形。考虑到碳排放减排目标与能源结构调整有着较强的联系，可以推测碳排放约束与经济增长也有可能存在"U"形关系。

8.3.3　福利效应

1. 个体福利效应

（1）个体福利效应基本含义。个体层面的福利效应是指碳市场对消费者效用水平的影响。在不考虑不确定性的情况下，消费者的效用（U）是关于商品消费量（X）的函数，消费数量越高，则效用越高。但特定商品供的边际效用随消费量增加而递减。在商品价格 P 和收入水平 I 形成的预算约束下，消费者选择最大化其效用水平的消费集合，公式如下：

$$\max U = U(X)$$

$$约束条件：PX < I \tag{8-2}$$

式中，X 是 n 种商品或服务构成的消费量；P 是相对应的价格。

通过求解上述最优化问题，可以得到 n 维的马歇尔需求函数。该函数描述了消费者在不同价格和收入水平下的最优消费选择。

$$X_i^* = x_i(P, I), i = 1, \cdots, n \tag{8-3}$$

式中，X_i^* 是最大化选择；x_i 是第 i 种商品或服务。

将马歇尔需求函数代入效用函数，可以得到消费者的向接效用函数。间接效用是指在一定的收入水平和商品价格下，消费者通过最优选择所获得的效用水平。

$$U = V(P, I) \tag{8-4}$$

对于一般的消费品而言，间接效用函数具有两个性质；

第一，给定收入水平，价格上升会减少消费者的消费量，从而降低效用。

第二，给定商品价格，收入水平下降会减少消费者的消费量，从而降低效用。

（2）碳市场的福利效应。

1）碳减排的个体福利效应。碳减排的个体福利效应是指由于碳排放权被赋予了清晰的产权界定，碳排放从外部成本进入企业生产的内部决策过程，从而影响其他生产投入要素回报和产业链各环节商品价格。同时碳排放权作为一种资源，其配置方式会改变社会现有的财富结构，进而对经济主体福利水平产生影响。

考虑一种更加直观的表示方法：消费者个人效用随消费水平提升而增加，但增加一单位商品所能带来的边际效用递减，因此商品价格上升会导致消费者购买力下降，减少消费量，从而降低效用。相反，消费者收入增加会提高购买力，增加消费量，提升效用。

$$\text{Welfare}_p = U(C') - U(C) \quad \text{Welfare}_p \quad C' \tag{8-5}$$

用数学语言描述减排的个体福利效应，可以简化为如下形式：

$$\text{Welfare}_p = U(C') - U(C) \tag{8-6}$$

式中，Welfare_p 是个体福利效应；C' 是施加减排约束后的个体消费水平；C 是施加减排约束前的个体消费水平。

消费水平受商品价格和消费者收入影响，碳减排政策对消费者福利的直接影响主要通过价格和收入两个渠道体现。

2) 碳市场对消费者福利的影响。

① 碳配额对其他生产要素的替代作用。在制度健全的经济环境中，购买碳配额对生产企业而言是一种生产成本。当碳配额相对稀缺时，碳配额会成为新的生产要素，对其他生产要素产生替代作用。在钢铁、水泥等高耗能行业中，碳配额直接限制了企业产量。产量限制影响资本、劳动力的投入，对产出效率位于边际水平的小型生产厂商、设备提供商和产业工人的冲击会更加明显。不仅如此，由于高耗能、高排放产业大多位于产业链上游，其产量限制引发的供给收缩效应会通过成本增加影响整个产业链。上述因素会同时影响商品价格和消费者收入，减少消费者福利。

② 碳配额分配与福利效应。消费者是否面临福利损失还取决于特定主体所在部门分配到的碳配额是否充足。对于那些依据历史法获得较多初始碳配额并且具有较高减排潜力（边际减排成本较低）的行业或企业而言，主动增强减排措施并通过碳市场出售碳配额是更有利的选择。这将为相关行业或企业的劳动力及产品消费者带来当期福利的增加。碳配额对经济活动施加了新的约束，迫使人们更多地替子孙后代考虑，尽管这可能意味着社会总体消费水平最多"和碳市场形成之前一样好"，或有所下降。在这一基础上，碳市场是尽可能降低碳减排对当代人造成的福利损失的一种机制。市场通过整合信息确定碳配额的真实价格，并优化配置，使减排效率高的企业承担更多任务，同时获得经济收益，提高政策效率。

③ 代际公平。由于并非每个人都会关心代际公平和可持续发展问题，碳市场很可能面临特定群体的持续反对。代际公平是指当代人和后代人在资源利用和满足需求方面应享有平等权利。有三种潜在的机制可能减轻碳市场对当期消费者福利的负面影响。

第一，碳市场效应。碳市场通过允许企业之间重新配置碳排放权，使得减排任务主要由减排成本最低的企业完成。长期来看，降低排放不仅能带来额外收益，还会激励企业增加对节能减排技术的投资和创新。

第二，道德满足感。随着时间的推移，代际公平和可持续发展理念在未来将被更多民众认同，消费者可以在自我约束中获得道德层面的满足感，正如柏拉图所强调的节制的美德。

第三，环境与健康效应。精心设计的碳减排政策可以带来"协同减排"效应，即在二氧化碳排放量下降的同时，化石燃料燃烧导致的环境污染问题将得到缓解，这会改善环境体验和健康状况，为居民带来正的福利效应。

2. 社会总福利效应

(1) 社会福利函数。碳市场的社会总福利效应是指碳市场的建立会对整个社会追求的发展目标产生的影响。社会总福利用社会福利函数表示。社会福利函数是描述社会发展目标，衡量社会发展程度的一种方式，其函数形式取决于特定的伦理道德观点。比如，效用主义的社会福利函数表现为个体效用之和，而罗尔斯主义的社会福利函数则采用里昂惕夫函数形式。

1）效用主义的社会福利函数。如图 8-2 所示为效用主义的社会福利函数 $W(U_1, U_2)$。其中，U_1、U_2 分别为个体 1 和个体 2 的效用水平，社会福利函数 W 为两个体效用之和，因此不同个体的效用之间具有完全替代性。即使在极端不公平的分配下，比如 U_1 等于 0 而 U_2 极大，社会福利也可以达到较高水平。

2）罗尔斯主义的社会福利函数。与效用主义不同，罗尔斯主义认为仅通过效用的绝对加总无法准确反映社会的发展目标。罗尔斯认为社会应寻求建立公正原则，而效用主义对资源配置的观点可能导致一些值得保护的自由和权利遭受损害。经济学家试图用直观的形式表述罗尔斯的主张，并将其表述为里昂惕夫函数形式。在这种形式下，社会福利由社会中效用最低的个体决定，即 U_1、U_2 中水平较低者。而效用更高的个体对社会福利的边际贡献是零，如图 8-3 所示。

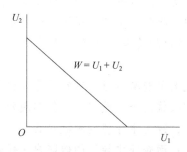

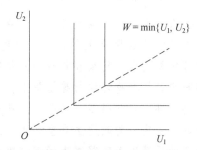

图 8-2　效用主义社会福利函数　　　　图 8-3　罗尔斯主义社会福利函数

（2）碳市场对社会总福利的影响。碳市场对社会总福利的影响依赖社会福利函数形式隐含的规范研究假设。规范研究是与实证研究相对应的概念，解决经济关系中"应该是什么样"的问题，对经济的目标、决策、制度和现象等方面做出"好"或"不好"的价值判断。而实证研究旨在解决经济"是什么样"的问题，强调对经济现象和规律进行客观描述。

1）基于效用主义的影响。假如我们采取效用主义观点，社会福利函数将个体效用视为可完全替代，则社会总福利和"消费者剩余"在概念上有相似之处。但注意两者是不同范畴的问题。消费者剩余是指消费者支付意愿与实际支付价格之间的差额，衡量消费者在市场交易中获得的主观额外利益。社会总福利与消费者剩余的区别在于，前者是对整个社会的经济活动的全面评价，反映社会全体成员的总体发展程度；而消费者剩余是衡量特定商品行业中消费者获益程度的经济概念。对于某个产业而言，产业的社会福利应等于消费者剩余加生产者剩余之和。社会总福利和消费者剩余两者层次的差异可以结合一般均衡和局部均衡的关系来理解。

效用主义下的社会总福利是个体福利的总和。因此，减排相比于不减排的当期福利有所下降；相比直接减排，由于碳市场可以自动汇总信息，优化排放权的配置，可能提升当期福利，因为福利下降的程度减轻了。

2）基于罗尔斯主义的影响。对罗尔斯主义的社会福利函数而言，减排相比不减排的当期福利既可能上升，也可能下降，这是因为减排政策对特定企业或居民的具体影响既可能为负，也可能为正。同理，碳市场对个体层面的影响也是不确定的。因此，在公平角度下，考虑碳减排和碳市场的影响应当取决于实际的数据表现。

📖 知识拓展1

个人碳账户

2022 年 8 月 8 日，阿里巴巴（中国）有限公司（简称"阿里巴巴"）正式发布"88 碳账户"，这是国内首个多场景，覆盖超过 10 亿人的消费者碳账户体系。"88 碳账户"使用"1+N"母子账户形式，已接入菜鸟、闲鱼、饿了么、天猫等 APP 的碳积分，涵盖用户吃、穿、用等生活场景。

碳账户是碳金融的具体实践，是以碳征信为核心，引导商业银行或相关企业围绕制度、流程、产品三个关键环节进行优化升级，实现资源优化配置的一项金融制度安排。碳账户应用场景分为个人与企业，可涵盖工业、农业、能源、建筑、交通和居民生活等不同领域。根据不同场景下碳排放数据收集与核算，通过碳交易市场将其转化为货币价值、形成市场价格，进而发挥价格的成本约束和收益激励作用。

个人碳账户是指在吃喝住行等场景下，将个人的节能减排行为进行量化和记录，是碳普惠体系的重要一环。目前很多省市以及企业都在积极推出个人碳账户，但其激励效果参差不齐。个人碳账户主要分为政府主导型和企业主导型，政府主导型的碳账户具有一定的政策支持优势，对企业后续进入碳普惠市场起到重要作用；而企业主导型的碳账户一般会有具体的使用场景和覆盖用户。

例如阿里巴巴的 88 碳账户、蚂蚁森林的绿色能量、高德地图的绿色出行积分，都是企业碳普惠的积极尝试。国内部分城市对个人碳账户的发展提供了一定的政策支持和激励。个人碳账户的减碳量不仅可以换取奖励，未来也有可能获得金融产品或服务的优惠政策。

2022 年 8 月 10 日，北京首个绿色生活碳普惠活动平台"绿色生活季"小程序正式上线，为每个市民建立了个人碳账本。小程序共分为绿享生活、绿碳积分、绿畅出行等八个板块。市民践行的绿色行为，比如骑单车、驾驶新能源汽车、不使用一次性餐具、购买绿色家电等，将通过数字化的手段被量化、记录，从而形成个人碳账本，获得绿色积分，兑换多种多样的奖励，未来个人凭借碳账本还将获得公益及商业激励，政策鼓励，或成为个人绿色信用的基础。

然而，碳普惠平台过于分散、碳减排量标准不统一等问题，仍是制约碳普惠机制发挥作用的瓶颈。建立碳普惠交易市场机制最重要的是要有统一的标准，以便进行碳减排量的流通和兑换。如果不解决数据壁垒以及标准不统一的问题，就无法建立一个真正的碳普惠市场。想要让个人碳账户"行稳致远"，需要多方发力。

金融管理部门应适时制定银行个人碳账户相关制度，尝试推出银行个人碳账户全国团体标准，为银行业发展个人碳账户提供支持和参考。商业银行应进一步丰富个人碳账户相关应用，将用户衣食住行用等多种场景纳入，并匹配尽量多样的金融服务权益，让碳账户"既叫好又叫座"。此外，还要加大宣传推广力度，持续向全社会普及个人碳账户的作用和权益，吸引和鼓励更多公众参与，形成规模效应和口碑效应。

作为碳普惠金融创新的重要组成部分，个人碳账户无疑是金融领域一项积极尝试，未来将会有更多企业、银行以及地方政府探索开设个人碳账户。要想建立完备的个人碳账户体系，仍然任重道远。

📖 知识拓展 2

碳市场有效性及其评价指标体系——基于有效市场假说

1. 市场有效性与有效市场假说

"有效市场假说"认为如果在一个市场中，价格完全反映所有可获得的信息，那么就称为有效市场，并根据可获得的信息集合定义了三类有效市场：弱式、半强式和强式。在弱式有效市场，商品价格能充分反映历史交易价格和交易量所隐含的信息，市场的历史事件序列信息都包括在当前的价格中，过去、现在和未来的价格是相互独立的；在半强式有效市场，当前价格不仅充分反映了所有历史价格信息，而且充分反映了所有公开信息，价格会对各种公开市场信息的发布做出及时调整，所以依靠公开市场因素的变化来取得超额的利润是不可能的；在强式有效市场，商品价格能充分反映所有公开渠道的各种信息，市场价格充分反映了其内在价值，同样，投资者无法利用这些信息获得超额投资利润。冯晓莹通过研究欧洲气候交易所的碳配额现货价格数据，发现碳交易市场的弱式有效性具有阶段性的特征，第一阶段和第三阶段的碳配额现货市场为非有效市场，第二阶段的碳配额现货市场则为弱式有效市场。碳交易市场的有效性不仅跟市场机制本身的完善性有关，还与政策的稳定性有密切关系。

行为金融学认为，由于交易者非完全理性、交易行为的非随机性，并且套利行为并非完全有效，有效市场假说的理论前提是不可靠的，因此只能检验市场非有效性，而不能证明其已经达到有效。市场有效性检验存在以下问题：①用于检验市场有效性的信息界定不明确；②市场有效性的定义模糊；③用于检验市场有效性的模式并非完全可靠。尽管如此，基于"有效市场假说"建立的碳市场效率评价指标体系依然是有益的。以我国碳排放交易试点为例，碳市场交易虽然在一定程度上加快了我国高污染企业技术升级的速度，但仍存在有效性不足的问题。例如，碳市场尚未形成公允的价格，各试点地区碳交易价格悬殊、波动幅度较大。

2. 我国碳交易市场效率及其评价指标体系

根据我国碳交易网公布的数据，以 2016 年上半年北京、天津、上海、广东、湖北、深圳和重庆七个试点碳市场排放权交易的日收盘价作为样本，比较分析国内碳排放权交易量、交易额和交易价格的波动特征。

首先，比较各试点省市从碳交易市场成立至 2016 年 5 月碳交易量的变化趋势。从碳交易量看，湖北碳交易总量达到 3009.4 万吨，占全国的 41.1%，湖北省虽然进行试点时间较晚，但交易量较大，在整个国内碳市场交易中占有重要地位；深圳碳交易总量达到 1553.6 万吨，占比 21.2%，并同时拥有 SZA-2013、SZA-2014、SZA-2015 三个交易品牌，是七个试点中较为特殊的交易模式；广东碳交易总量达到 1355.2 万吨，占比 18.5%，其碳交易价格与数量在七个试点省市位置居中；上海碳交易总量达到 751 万吨，占比 10.3%；北京碳交易总量 461.7 万吨，占比 6.3%，尽管北京碳交易价格居全国首位，但北京碳交易量偏低；天津碳交易总量达到 165.2 万吨，占比 2.3%；重庆碳交易市场不太活跃，整体交易量较低，占比仅为 0.4%。

其次，从各试点碳市场交易额的变化情况看，碳交易市场成立至 2016 年 5 月底，湖北碳交易总额为 64733.6 万元，占比 35.7%，尽管交易价格居中，但其交易量较大，对国内碳交易试点做出了重大贡献；深圳的碳交易价格、碳交易量均居于中间位置，整体交易额为 53746.3 万元，占比 29.7%；北京虽然碳交易量较低，但碳交易价格较高，整体交易额为 23404.1 万元，占比 12.9%；广东碳交易额为 22574.8 万元，占比 12.5%；上海碳交易额为 12987.6 万元，占比 7.2%；天津碳交易额为 2948.7 万元，占比 1.6%；重庆碳交易额与碳交易量在全国的占比相同。

最后，比较各试点碳交易市场的价格波动及变化趋势。北京碳交易价格波动较大，并一路震荡走高，2016 年前 5 个月交易量共 101.67 万吨，交易额总计 4674 万元；上海碳交易价格较为平缓，整体呈下降趋势，2016 年前 5 个月交易总量为 157.1 万吨，交易额为 785 万元；广东碳交易价格较低，但碳交易量较大，并且价格一直处于波动状态，2016 年前 5 个月碳交易价格波动区间为 10.51~18.45 元，交易总量为 448 万吨，交易额为 457 万元；天津碳交易价格较为稳定，波动较小，这与天津碳交易体量较小有关，交易总量为 0.4 万吨，交易额为 9 万元；深圳碳交易价格较为稳定，2016 年前 5 个月共成交 466.5 万吨，交易额为 1.23 亿元；重庆碳交易价格 2016 年上半年走势较弱、交易量较少；湖北碳交易价格在震荡中下行，2016 年前 5 个月碳交易价格波动区间为 14.2~23.7 元，交易总量为 677 万吨，交易额为 677 万元，虽然湖北碳交易市场的推出时间比较靠后，但其交易活跃程度、交易量均不断刷新。

3. 构建有效碳市场

碳市场的成熟发育具有渐进性，一般会经历一个从低级到高级、从低效到高效的成长历程。根据有效市场假说和碳市场交易的特点，可以将碳市场有效性的评价指标体系分解为"目标层——准则层——指标层"三个层级。提升市场运行效率，构建有效性碳市场的具体内容包括：

第一，优化管理模式，完善交易规则，提升市场交易治理机制及其有效性；降低碳市场交易成本，减少交易摩擦，提高市场自我管理能力和精细化管理水平；减少人为干预、市场垄断和价格操纵，保持市场均衡运行；根据碳排放权交易的特点和要求，制定碳市场规范化的交易标准，实现交易手段的智能化，提高交易速度、降低交易成本，保持市场高效率运行。

第二，碳市场的本质是金融市场，资本运作需要符合金融市场的运行规律。从市场流动性和定价的角度，碳排放配额的跨省分配和交易是建立全国性碳市场的关键环节，这一环节逐渐让金融市场，特别是期货市场，成为碳价格形成的重要平台。碳排放配额总量应与整体减排目标保持一致。确定碳排放配额总量的水平和类型，需要充分考虑减排目标与成本的平衡，评估排放源的历史排放与减排潜力；考虑碳排放配额覆盖的地区、行业和企业；考虑碳排放配额总量覆盖的时间长度是否提供了一个长期的配额总量设置路径；根据金融机构的相关规定，在配额储备、抵消信用、市场连接和定期审查等方面提供灵活性和开放性，使碳排放配额总量存在适当调整的空间。

第三，完善信息公开制度，提高碳市场透明度。具体内容包括：拓宽碳排放企业和社会公众对碳市场信息的获取渠道，以增进潜在参与者进入市场的可能性；减少市场波动的不确定性，约束参与者不正当的市场行为，保持市场稳定有序运行；建立碳市场长期信用评价体系，提升碳市场的制度约束力，通过与商业信用机构共享碳市场违规信息，影响碳市场违规企业的商业信用评价；同时，保证碳交易市场的监管体系和核查体系具有明确清晰的管理授权，使其能够及时应对市场运行过程中出现的各类问题。

第四，实施分权式治理模式与地区差异化策略。发展改革部门作为碳交易体系的管理机构，只负责该体系日常运营和排放总量目标的制定，而将排放权的分配交易及其监督管理等职责下放给各地区。实施地区差异化策略，即在国内经济较发达区域直接采取总量控制原则建设碳市场，而在发展相对滞后的区域短期内采取碳排放强度指标，长期内转向实施总量控制指标。一方面，要充分考虑各地区的差异性，有效平衡各排放设施的利益与成本；另一方面，要给予地方政府和排污企业充分的自主权来确定减排量、交易排放权，以最终实现更有效的减排效果。

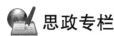 **思政专栏**

习近平总书记谈发展碳金融市场助力碳达峰碳中和

2019 年 2 月 22 日，习近平总书记在中共中央政治局就完善金融服务、防范金融风险举行第十三次集体学习时指出，要建设一个规范、透明、开放、有活力、有韧性的资本市场，完善资本市场基础性制度，把好市场入口和市场出口两道关，加强对交易的全程监管。要围绕建设现代化经济的产业体系、市场体系、区域发展体系、绿色发展体系等提供精准金融服务，构建风险投资、银行信贷、债券市场、股票市场等全方位、多层次金融支持服务体系。要适应发展更多依靠创新、创造、创意的大趋势，推动金融服务结构和质量来一个转变。要更加注意尊重市场规律、坚持精准支持，选择那些符合国家产业发展方向、主业相对集中于实体经济、技术先进、产品有市场、暂时遇到困难的民营企业重点支持。

2020 年 9 月 22 日，习近平主席在第七十五届联合国大会一般性辩论上发表重要讲话时提出，"中国将提高国家自主贡献力度，采取更加有力的政策和措施，二氧化碳排放力争于2030 年前达到峰值，努力争取 2060 年前实现碳中和"。

1. 碳达峰、碳中和目标体现了大国责任

把碳达峰、碳中和纳入生态文明建设整体布局，如期实现 2030 年前碳达峰、2060 年前碳中和的目标，这是保护人类安全的担当之举。生态环境没有替代品，用之不觉、失之难存。近年多发的自然灾害表明气候变化已经成为人类面临的最严峻的生存危机之一。我国主动宣示碳达峰、碳中和时间表，有力提振了全球应对气候变化的信心与决心，这是实现高质量发展的必由之路。绿水青山就是金山银山，保护生态环境就是保护生产力，改善生态环境就是发展生产力。只有处理好人与自然、经济发展与生态环境保护的关系，促进绿色低碳发展、人与自然和谐共生，才能实现更高质量、更有效率、更加公平、更可持续、更为安全的发展，这是实现美好生活的重要标准。党的十九大报告提出"既要创造更多物质财富和精神财富以满足人民日益增长的美好生活需要，也要提供更多优质生态产品以满足人民日益增长的优美生态环境需要"。碳达峰、碳中和目标生动体现了以人民为中心的发展思想，有利于进一步提高人民群众获得感、幸福感、安全感。

2. 碳达峰、碳中和是一项系统性工程

碳达峰、碳中和与能源结构、产业结构、生活方式、碳移除等密不可分，是一场广泛而深刻的经济社会系统性变革，必须坚持系统观念，统筹兼顾，整体推进，久久为功，发挥各方合力。实现碳达峰、碳中和需要改变我国能源结构。首先，必须大幅降低传统化石能源的使用，大力发展新能源，加大技术投资，克服新能源在研发生产、存储运输和消费使用等领域的难题，加快推广运用。其次，需要调整我国产业结构。钢铁、有色、石化等传统"三高"行业，以及交通运输业是碳排放的集中领域，面临较大转型压力。必须加快制造业的转型升级，推动高端化、智能化、绿色化，降低碳排放水平，解决充电桩、氢能"制储输用"等瓶颈，加快推广新能源交通工具。最后，需要变革人们生活方式。必须加大低碳建筑、可再生材料和垃圾循环利用体系研发力度，从源头降低消耗；同时，大力普及简约适度、绿色低碳生活观念，多措并举构建资源节约型社会。实现碳达峰、碳中和还需要发展碳移除技术。必须坚持绿水青山就是金山银山的理念，坚定不移地推进国土绿化行动，加大植树造林投入，推动退耕还林还草，遏制沙漠化石漠化，开发碳捕捉利用与封存技术（CCUS）。

3. 金融机构在落实碳达峰、碳中和中大有可为

初步测算表明，我国未来达成碳中和目标需要的投资将达百万亿元级别，在支持碳达峰、碳中和方面，金融机构大有可为。一方面，金融机构是实体经济碳达峰、碳中和的重要推动者。金融是实体经济的血脉，在我国碳达峰、碳中和中发挥着重要的助推器作用。金融机构要通过间接融资工具和直接融资工具，为实体经济低碳循环发展提供资金支持；要发挥资金价格的"指挥棒"作用，引导更多资本、土地等生产要素流向绿色产业，引领人们低碳生活绿色出行；要通过将风险配置到不同风险偏好的投资者，使信息对称性低、初始投资额大、回报周期长的绿色项目不因资金匮乏而发展受阻。另一方面，金融机构本身是我国碳达峰、碳中和的必要组成部分。我国金融机构体量庞大、营业网点遍布全球、员工数量众多，其自身低碳运营既是对碳达峰、碳中和的重要贡献，也可以对全社会低碳绿色发展起到示范作用。目前，良好的环境、社会和公司治理（ESG）已经成为国际社会公认的企业行为准则，发达国家主要金融机构大多已经发布了碳达峰、碳中和时间表。国内金融机构，尤其是大型机构要尽早制订计划，加速推进，争取早日实现自身运营的碳达峰、碳中和。

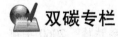 **双碳专栏**

我国构建多层次碳交易市场

1997年12月，《联合国气候变化框架公约》（UNFCCC）下的《京都议定书》首次以国际性法规形式对发达国家温室气体排放做出明确规定：引入市场机制作为减少温室气体排放的新路径，其催生出的碳排放权交易市场明确了温室气体减排的三种交易方式：一是国际排放贸易（IET）机制，即发达国家间采取的额度买卖的排放权交易；二是清洁发展机制（CDM），即发达国家与发展中国家间的绿色开发机制；三是联合履约机制（JI），即以集团方式整体计算减排，如欧盟。

目前我国借鉴国际通行做法，逐步构建碳减排的四大交易市场：

一是全国碳减排交易市场。这类市场也称为控排企业碳排放交易市场，目前重点针对电力（行业分类 4411、4420）、石化（2511、2614）、化工（2619、2621）、建材（3011、3041）、钢铁（3120）、有色（3216、3211）、造纸（2211、2212、2221）、航空（5611、5612、5631）八大行业及 18 个相关子行业，同时满足 2013—2019 年中任意一年综合能源消费总量达到 1 万吨标煤（折碳排放 2.6 万吨）的企业法人。2021 年 6 月底全国 2225 家电力领域强控排企业将首批上线交易，约占全国碳排放总量的 40% 以上。

二是核证自愿减排量（CCER）交易市场。经国家发改委核准的 CCER 项目是企业碳资产变现的重要途径，也是企业碳排放权交易购买的重要补充渠道。2021 年 5 月 28 日，生态环境部等八部门印发《关于加强自由贸易试验区生态环境保护推动高质量发展的指导意见》，其中明确鼓励北京自贸区设立全国自愿减排碳交易中心，进一步明确了 CCER 全国性市场的建设安排。

三是碳期货市场。2021 年初，广州期货交易所正式挂牌，监管部门认为，我国应继续推动期货市场新品种上市，研究推出碳排放权期货。在上海碳排放交易现货市场发展成熟的基础上，碳期货将有望推向市场。

四是地方存量碳交易市场。这主要指原有七个省市的地方试点交易市场在未来的发展方向很可能是围绕当地碳排放规模低于 2.6 万吨/年的长尾市场服务，打造区域性碳普惠平台。所谓碳普惠平台是针对非控排企业、中小微企业、家庭和个人碳减排的一种制度设计，通过信用积分等方式实行低碳减排的公益市场。

除上述四个层次市场，在运作模式上，全国碳排放市场还施行"双中心制"，即将碳排放登记、结算等功能放在武汉的碳市场结算登记中心；将碳交易依托于上海环境能源交易所，从而建立全国碳排放权交易中心。

探究与思考

1. 试述碳金融市场的体系。
2. 碳金融市场的层次结构有哪几种？请举例说明。
3. 简述碳市场覆盖范围在碳市场中的重要性。
4. 碳配额方式有哪几种？分别采用何种分配方法？
5. 控排企业履约方式有哪几种？分析其优缺点。
6. 比较分析我国七个碳市场试点抵消机制规定的异同及其政策动机。
7. 简述碳定价机制的概念及发展特征。
8. 碳金融市场效应分为哪几种？请简要论述。

【参考文献】

[1] 王文举，赵艳. 全球碳市场研究及对中国碳市场建设的启示 [J]. 东北亚论坛，2019，28（2）：97-112，128.

[2] 冯楠. 国际碳金融市场运行机制研究 [D]. 长春：吉林大学，2016.

[3] 蒋金荷. 碳定价机制最新进展及对中国碳市场发展建议 [J]. 价格理论与实践，2022（2）：26-30，90.

［4］潘家华. 碳市场经济学［M］. 北京：中国社会科学出版社，2021.

［5］刘婵婵，邹雪，毛丽莉. 亚洲地区碳定价机制发展的国际经验及对我国的启示［J］. 武汉金融，2022（2）：8-15.

［6］王晓菁. 世界银行 2021 年《碳定价机制发展现状及未来趋势》报告简介［EB/OL］.（2021-06-01）［2022-12-28］. https：//www.cdmfund.org/28813.html.

［7］阿里巴巴等多家平台推出"个人碳账户"碳普惠机制仍有待激活［EB/OL］.（2022-08-09）［2022-12-28］. https：//m.jiemian.com/article/7879740.html.

［8］王光玉，李怒云，米锋. 全球碳市场进展热点与对策［M］. 北京：中国林业出版社，2018.

［9］束兰根. 构建多层次碳交易市场全方位推进碳达峰碳中和［EB/OL］.（2021-06-09）［2022-12-28］. https：//www.sohu.com/a/471240746_120261666.

［10］刘婵婵，邹雪，毛丽莉. 亚洲地区碳定价机制发展的国际经验及对我国的启示［J］. 武汉金融，2022（2）：8-15.

［11］唐人虎，陈志斌. 通过构建多层次碳市场推动生态文明建设［J］. 环境经济研究，2018，3（2）：149-156.

［12］刘帆，杨晴. 碳中和目标下加快我国碳金融市场发展的思考与建议［J］. 金融发展研究，2022（4）：90-92.

［13］齐新宇，严金强. 碳排放约束与经济增长理论及实证研究［J］. 学术月刊，2010，42（7）：73-77.

［14］Azomahou T, Laisney F, Van P N. Economic development and CO_2 emissions：A nonparametric panel approach［J］. Journal of Public Economics，2006，90（6-7）：1347-1363.

［15］刘竹，耿涌，薛冰，等. 中国低碳试点省份经济增长与碳排放关系研究［J］. 资源科学，2011，33（4）：620-625.

［16］姚从容，曾云敏. 碳市场有效性及其评价指标体系：基于有效市场假说的视角［J］. 兰州学刊，2019（12）：114-122.

［17］Kling C, Rubin J. Bankable permits for the control of environmental pollution［J］. Journal of Public Economics，1997，64（1）：101-115.

第 9 章
国际碳金融市场发展

随着国际碳金融市场的不断发展，碳金融市场的格局已经基本形成，并且整体上呈现出良好的发展态势，这为推动全球低碳经济的发展做出了突出贡献。

本章介绍了国际上主要的碳金融市场，包括美国碳金融市场、欧盟碳金融市场、英国碳金融市场。本章从交易产品、交易平台、市场结构、政策法规及监管框架等角度，详细阐述了国际主要碳金融市场的发展现状。

9.1 美国碳金融市场

9.1.1 美国碳金融市场的结构

2001 年，美国以"承担《京都议定书》对美国经济成本过高"为由拒绝签署《京都议定书》。但美国各州政府并未停止在州政府权限范围内寻求气候变化问题的解决方案。鉴于二氧化硫排放交易机制在美国成功实施，美国州政府、商界、环保组织、学术界与咨询专家均将碳排放交易机制作为应对气候变化的重要措施加以关注、研究和推进，由此形成及正在形成数个区域性、州际性的碳排放交易体系。

目前美国的碳排放交易主要包括区域温室气体减排计划、美国加利福尼亚州等区域性碳排放交易体系。

1. 美国区域温室气体减排计划（RGGI）

2009 年，美国东北部 10 个州共同签署应对气候变化协议，建成美国首个强制性碳排放权交易体系。其减排目标是 2018 年电力行业碳排放量比 2009 年减少 10%，2020 年比 2005 年削减 50%，2030 年比 2020 年削减 30%。配额初始分配以拍卖为主，占配额总量的 90% 以上，拍卖收入主要用于能源效率提升、可再生能源技术、消费者补贴、减排和适应项目等。根据国际碳行动伙伴组织《全球碳市场进展：2021 年度报告执行摘要》统计，2020 年 RGGI 拍卖底价为 2.32 美元/短吨，全年拍卖总量为 6498 万短吨，成交均价为 6.4 美元/短吨。

2. 美国加利福尼亚州碳交易体系

2013 年 1 月，美国加利福亚尼州（简称"加州"）碳交易体系启动，并于 2014 年与加拿大魁北克碳市场连接。加州碳交易体系主要分为三个履约期：2013—2014 年为第一期，覆盖了发电、工业排放源，年度上限约 1.6 亿吨二氧化碳当量，占排放总量的 35% 左右；2015—2017 年为第二期，增加了交通燃料、天然气销售业等部门，排放上限增加至 3.95 亿

㊀ 1 短吨 = 907.185kg

吨二氧化碳当量，占比上升至80%左右；2018—2020年为第三期，各年度排放上限分别为3.58亿、3.46亿和3.34亿吨二氧化碳当量，覆盖了约80%的温室气体排放和500多个企业。根据国际碳行动伙伴组织《全球碳市场进展：2021年度报告执行摘要》统计，2020年加州配额拍卖底价为16.68美元/吨，年度拍卖总达2.15亿吨，成交均价为17.14美元/吨。

美国碳排放交易体系具体情况如表9-1所示。

表9-1　美国碳排放交易体系具体情况

地　　区	覆盖范围或行业	排放上限	目　　标	碳配额均价
美国东北部地区	CO_2，火电部门	6498万短吨	2030年相对于2020年削减30%	6.4美元/短吨
美国加州	CO_2等6种温室气体，占比80%~85%；电力、工业、交通、建筑等500家实体	3.34亿吨	2020年将温室气体排放降低到1990年的水平，2030年降低到1990年水平的40%，2050年降低到1990年水平的80%以上	17.14美元/吨

注：资料来自世界银行，State and Trends of the Carbon Market，2022。

9.1.2　美国碳金融市场的参与主体

1. 交易平台

（1）芝加哥气候交易所（CCX）。CCX制定了两个为期四年的减排周期（2003—2006年、2007—2010年），在每个周期设定排放上限标准，在这个供参照的排放上限标准基础上每年排放量递减，在第二个履约减排周期进一步加大减排力度。CCX采用限额交易制度，推出了专属交易品"碳金融工具"（Carbon Financial Instrument，CFI）以100吨二氧化碳当量为一个交易单位。CCX根据减排计划和会员的年排放情况分配排放配额，会员根据自身减排进展和对排放配额的需求在交易所进行CFI的买卖交易。另外，未能完成减排任务的会员可通过购买项目中的核证减排量或碳汇来实现减排指标。

（2）芝加哥气候期货交易所（CCFE）。CCFE为八种环境产品提供了标准化期权、期货合约，其中包括美国环境保护局交易项目在全国强制发行的SO_2排放份额。通过CCFE电子交易平台，参与者能够获得价格公道、标准化的期货、期权合约。CCFE的运营增加了参与主体的市场流动性，使参与者不必为市面价格波动而浪费资本。CCFE起到了架起交易渠道以及价格发现的平台作用。

2. 金融机构

（1）碳基金公司。由于美国未签订《京都议定书》，联邦政府也没有正式的法案限制温室气体排放，同时缺乏联邦政府层面的温室气体排放权交易制度，因此美国没有成立政府碳基金来进行减排投资。但美国私人机构和非官方组织在发起碳基金方面比较积极活跃，主要包括：城堡投资集团（Citadel Investments）、任务点资本伙伴公司（MissionPoint Capital Partners）、都铎投资资本公司（Tudor Investment Corporation）。

（2）商业银行。美国的银行业十分发达，虽然美国在国家层面没有给予碳交易市场足够的政策支持，但银行从业者已预见到环境问题与金融活动相挂钩的趋势。碳金融领域是银行开拓新业务的重要机会，也是企业履行社会环保责任的重要过程。因此，美国许多银行已经参与到碳交易市场之中。

（3）保险公司。由于在碳交易市场中存在着多种风险，如预先支付风险、碳权价格波动风险、碳信用交付风险或第三方核证的减排量准确性风险等，因此，一些保险公司有针对性地开发了保险产品来帮助投资者规避风险。例如美国国际集团和达信保险公司推出了涉及传统风险以及《京都议定书》框架下相关减排项目风险的保险产品。

9.1.3　美国碳金融市场的政策法规

美国在联邦政府层面并未给予强制碳减排交易市场立法支持。在过去数年提交给美国国会的气候法案中，有许多提到了应用限额交易制度对美国温室气体排放量做上限限制，并通过市场交易再分配多余的排放权，但这样的法案未能通过。相比于美国联邦政府，美国各州政府在温室气体减排方面表现更加积极。美国现有多达 40 个州在推行涉及温室气体减排的法律，许多州联合起来建立了温室气体减排交易体系，并制定了相关法规，使碳交易有法可依。如表 9-2 所示为美国地方政府推动碳交易体系建立的政策法规。

表 9-2　美国地方政府推动碳交易体系建立的政策法规

政　　策	政策覆盖范围	政策大致内容
AB32 限额-贸易	加利福尼亚州	温室气体限额-贸易计划实施方案
AB32 再生电力标准	加利福尼亚州	规定到 2020 年，再生能源使用率达到 33%
可再生能源组合原则	美国各个州	电力供应商在规定日期前，使发电所用能源中的再生能源使用率达到一定标准
中西部温室气体减排协议	美国 6 个中西部州和加拿大 1 个省	注重提高能源利用率，如再生能源发电、煤炭捕获技术、生物能源
地区性温室气体倡议	美国十个东北部州和亚特兰大州	目标为在 2018 年，利用限额-贸易方式将化石能源消耗部门的 CO_2 排放量降低 18%
西部气候倡议	美国中西部州和加拿大的部分省	加利福尼亚州等几个州在 2012 年开始地区内排放权交易

注：资料来自世界银行，State and Trends of the Carbon Market，2022。

9.1.4　美国碳金融市场的成功案例

1. 特斯拉通过出售碳排放额度盈利

特斯拉 2020 年度财报显示，公司首次实现全年盈利，但其实现盈利不是因为汽车销售，而是向其他汽车制造商出售了大量的碳排放额度。仅在 2020 年，特斯拉通过出售碳排放额度就获利 16 亿美元，远超其 7.21 亿美元的净利润。换言之，如果不是因为出售碳排放额度，特斯拉 2020 年可能会出现净亏损。

特斯拉之所以能够通过出售碳排放额度获利，是因为美国多个州政府要求汽车制造商在 2025 年前销售一定比例的零排放汽车（Zero-emissions Vehicle，ZEV）并推出相应的积分管理制度。如果汽车制造商积分不够，就要向特斯拉这样的积分富余的企业购买，否则将面临更高额度的罚款。这项政策通过积分转让的方式，用市场机制补贴扶植新能源车企，以支持交通运输业的清洁化转型。

既然电动汽车企业能够通过出售碳排放额度盈利，那么未来森林、草地、湿地等生态系统碳汇或许也将具有巨大的盈利空间。具体而言，碳汇公司通过植树造林、植被恢复等措施获得一定的碳排放指标，而高耗能、高排放企业可以从碳汇公司购买碳排放指标来降低减排压力。

2. 摩根大通推进可持续金融活动

摩根大通于 2020 年 10 月率先发布了遵守《巴黎协定》的融资承诺，承诺与客户合作，立即采取行动，为到 2050 年实现零排放铺平道路。作为该承诺的一部分，摩根大通创建了碳转型中心，与客户就可持续性融资、研究和咨询解决方案展开合作。摩根大通的商业银行业务建立了一支绿色经济的专家团队，以支持可再生能源、能效技术，可持续金融以及农业和食品技术领域公司的发展。为帮助客户获得创新所需的资金，摩根大通在 2021 年 4 月宣布 10 年内提供和撬动逾 2.5 万亿美元融资的目标（其中的 1 万亿美元用于绿色相关项目），以此推进应对气候变化和促进可持续发展的长期解决方案。

2022 年 4 月 19 日，摩根大通公布了 2021 年 ESG 报告，指出其 2021 年的可持续金融活动投资总计 2850 亿美元，同比增长约 30%。其中 1060 亿美元用于"绿色"倡议，其中超过 350 亿美元用于可持续交通、可再生能源和能源效率，包括为企业和主权发行人提供承销绿色债券、筹资和咨询服务，为电动汽车公司提供贷款，向新兴的可再生能源公司提供贷款；有 1170 亿美元用于发展融资活动、为可持续发展项目筹集资金，包括扩大发展中国家的教育、金融服务、医疗保健和电信服务。

9.2　欧盟碳金融市场

9.2.1　欧盟碳金融市场的发展阶段

作为全球应对气候变化领域的主要倡导者，欧盟在 2000 年制定了《第一个欧盟气候变化方案》（ECCP Ⅰ），在 2005 年启动《第二个欧盟气候变化方案》（ECCP Ⅱ），并制定了安全运用碳捕获与封存技术的法律框架。为履行《京都议定书》的减排任务，2007 年 3 月欧盟颁布了《2020 气候与能源一揽子计划》，明确提出到 2020 年实现"三个 20%"的目标，即可再生能源占比提高到 20%、能效提高 20%、温室气体排放量相比 1990 年减少 20%。2014 年 1 月，欧盟委员会能源、交通和气候变化三个总司联合发布《2050 年欧盟能源、交通及温室气体排放趋势》报告，提出为确保 2050 年全球平均气温比工业革命前上升不超过 2℃，欧盟需在 1990 年基础上减排 80%~95%，其中 2030 年前减排 40%，2040 年前减排 60%。2014 年 10 月，欧盟领导人批准通过"欧盟 2030 年气候与能源政策框架，为 2030 年设立了三个主要目标：与 1990 年相比温室气体至少减排 40%，可再生能源占比至少 27%，能效至少提高 27%。

EU-ETS 于 2005 年 1 月 1 日正式开始运作，可分为四个阶段：第一阶段（2005—2007 年）用于测试碳市场的价格形成，并建立监测、报告和核查排放量的必要基础设施。第二阶段（2008—2012 年）与《京都议定书》的第一个承诺期相同，目标是 2012 年相较 1990 年减排 8%。相比第一阶段，第二阶段 EU-ETS 的市场交易量快速增长，在全球碳排放交易中的比重由 2005 年的 45% 增加至 2011 年的 76%，覆盖范围也进一步扩大。第三阶段

（2013—2020 年）在总结前两个阶段发展问题的基础上进行了改革：一是将以国家分配方案为核心的自上而下配额分配模式改为由欧盟统一制定排放配额并分配给各成员国的自上而下分配模式；二是由原有的免费分配方式向拍卖形式逐步过渡；三是严格限制信用抵消机制；四是建立市场稳定储备机制。第四阶段（2021—2030 年）实施更加严格的碳排放控制、更有针对性的碳泄漏规则。在这一阶段，欧盟要求每年配额总量减少 2.2%，且不能再使用碳信用抵消。对于碳泄漏风险较小的行业，预计 2026 年后将逐步取消免费分配，同时，将为密集型工业部门和电力部门建立低碳融资基金。EU-ETS 四个阶段管控范围见表 9-3。

表 9-3　EU-ETS 四个阶段管控范围

阶　　段	管　制　国　家	管　制　行　业	温室效应气体类型
第一阶段： 2005—2007 年	27 个成员国	电力、石化、钢铁、建材（玻璃、水泥、石灰）、造纸等	CO_2
第二阶段： 2008—2012 年	27 个成员国，新增冰岛、挪威、列支敦士登	2012 年新增航空业	CO_2
第三阶段： 2013—2020 年	2014 年新增克罗地亚	新增化工和电解铝，推出 NER300 计划	新增电解铝行业 PFCs 和化工行业 N_2O
第四阶段： 2021—2030 年	同第三阶段	同第三阶段	CO_2、N_2O、PFCs

注：资料来自叶斌. EU-ETS 三阶段配额分配机制演进机理 [J]. 开放导报，2013。

9.2.2　欧盟碳金融市场的交易产品

1. 碳现货交易产品

现货是碳市场的基础交易产品，包括 ETS 机制下的减排指标和项目减排量两种。其中，EU-ETS 的减排指标为欧盟碳配额（EUA）及欧盟航空配额（EUAA），项目减排量则包括发达国家和发展中国家之间 CDM 机制下的核证减排量（CER），以及发达国家和发达国家之间 JI 机制下的减排量（ERU）。欧盟碳市场交易的主要碳现货产品包括 EUA、EUAA、CER 和 ERU，其中 CER 和 ERU 两种项目减排量可以被控排主体用于抵消其一定比例的 EUA。

2. 碳衍生交易产品

得益于欧洲发达的金融市场，EU-ETS 在建立伊始就直接引入了碳金融衍生品，主要包括碳远期、碳期货、碳期权和碳互换产品，其中碳期货的交易规模最大。

（1）碳远期。CDM 项目产生的 CER 通常采用远期的形式进行交易，交易双方在 CDM 项目开发初始签署合同，约定在未来特定时间，以特定价格购买特定数量的 CER。

（2）碳期货。实践来看，欧盟碳现货和碳期货通常是同期推出，EUA 及 CER 通常采用期货方式进行交易。据统计，碳期货交易额已占碳金融交易量的 90% 以上，极大地提高了欧盟碳市场的流动性。以 EU-ETS 的 EUA 期货为例，自 2005 年 4 月推出以来，EUA 碳期货买卖量和交易额始终保持快速增长势头，已成为欧盟碳市场上的主流产品。截至 EU-ETS 第二阶段，在全部 EUA 的交易中，碳期货交易量占比超过 85%，而在场内交易中其交易量更是达到总交易量的 91.2%。2015 年 EU-ETS 期货交易量达到现货的 30 倍以上，2018 年 EUA 期货成交量达到 77.6 亿吨，成交额从 2017 年同期的约 50 亿美元大幅跃升至 2018 年一季度的约 250 亿美元，市场前景广阔。

不仅如此，碳期货曾在历史上发挥过重要作用。2007 年，由于供过于求，欧盟碳市场的现货价格锐减，但是碳期货始终保持稳定状态，并带动现货价格逐渐趋稳，在一定程度上支撑了市场渡过了难关。目前碳期货已成为欧盟碳市场的主流产品。美国洲际交易所（ICE）等推出的"每日期货"，实际上与现货的功能相差无几。

（3）碳期权。EU-ETS 于 2005 年通过欧洲气候交易所（ECX）推出了基于碳期货的 EUA 碳期权，是全世界首个碳期权产品，满足了全球金融市场的动荡带来的避险需求，吸引工业企业、能源交易公司以及基金等经济实体参与，使得碳期权产品及市场功能愈加多元化、复杂化。美国洲际交易所采取的是欧式期权，只能在到期日执行。

（4）碳互换。目前欧盟碳市场上有 EUA 和 CER 的碳互换工具。碳排放权互换主要基于两个原因产生：一是因为目标碳减排信用难以获得；二是因为发挥碳减排信用的抵减作用。由此产生了两种形式的碳排放权互换制度安排，而 EU-ETS 运行的背景恰好符合这两个原因。为了增强与《京都议定书》的协调性，欧盟允许 EU-ETS 下的排放实体使用清洁能源机制（CDM）和联合履约（JI）机制中获得的减排信用履行减排义务，即欧盟成员国可以利用 CDM 项目从发展中国家或未参与强制减排的国家购买减排信用来达成减排任务，此举增强了成员国减排方式的可选择性。碳排放权互换连接了不同区域、不同类型的碳实践，为减缓气候变化的国际合作打下了基础，但也对 EU-ETS 的运行造成了不小的影响。

3. 碳融资工具

与欧盟碳市场相关的典型融资工具是碳债券。欧盟大部分已发行的绿色债券或资金都用于低碳减排或与绿色资产相关。

截至 2020 年年底，欧盟 27 国已累计发行 1252 只，合计 4296 亿美元的绿色债券，绿色债券存量达 1148 只、4224 亿美元。2020 年，欧洲共发行 1560 亿美元绿色债券，占全球发行量 48%。在发行人类型方面，60% 的债券由公共部门发行，前三大发行人分别为政府支持实体、非金融企业和金融企业。在发行币种和规模方面，约 40% 的绿色债券以欧元发行，其中超过 85% 的绿色债券发行规模大于 5 亿美元。此外，欧盟已有 10 个成员国发行了绿色主权债券，丹麦和西班牙也承诺将发行绿色主权债。

4. 碳支持工具

碳支持工具主要包括碳指数、碳保险、碳基金等产品。

（1）碳指数。欧盟碳市场相关的碳指数包括巴克莱全球碳 II TR 美元指数（Barclays Global Carbon II TR USD Index）、美林全球二氧化碳排放指数（MLCX Global CO_2 Emissions Index）和 IHS Markit Carbon EUA 指数、EEX 现货市场的 ECarbix 碳指数等。碳指数可以反映碳市场的供求状况和价格波动，为投资者了解市场动态提供投资参考。EEX 在 2012 年 11 月发布的现货市场 ECarbix 二氧化碳指数，就是依据一级和二级现货市场的加权交易量权重，在每日及每月底分别公布交易量和交易价格。

（2）碳保险。2006 年，瑞士再保险公司的子公司——欧洲国际保险公司推出了专门针对碳信用价格波动的保险产品；之后，其又与澳大利亚保险公司 Garant 开展合作，根据待购买的减排协议开发碳交付保险产品。此外，苏黎世保险公司（Zurich）也推出了 CDM 项目保险业务，可以同时为 CER 的买方和卖方提供保险，交易双方通过该保险能够将项目过程中的风险转移给 Zurich。如果买方在合同到期时未能获得协议规定数量的 CER，Zurich 将按照约定予以赔偿；如果 CDM 项目未能达到预期收益，Zurich 也会进行赔偿。

（3）碳基金。自世界银行 2000 年创设首只碳基金以来，碳基金在欧洲得到了快速发展，包括德国复兴信贷银行碳基金、意大利碳基金、丹麦碳基金、荷兰欧洲碳基金、西班牙碳基金等，以及在欧盟碳市场下的第一个非政府型碳基金——欧洲碳基金。欧洲主要碳基金见表 9-4。

表 9-4　欧洲主要碳基金

碳 基 金	成 立 时 间	规　　　模	发 起 与 管 理	目　　　的
世界银行欧洲碳基金	2007 年	5000 万欧元	由爱尔兰、卢森堡、葡萄牙三国与比利时佛拉芒大区及挪威一家公司出资设立，由世界银行和欧洲投资银行管理	帮助欧洲国家履行《京都议定书》和欧盟《排放额交易计划》的承诺
荷兰欧洲碳基金	2004 年	18000 万美元	由世界银行和国际货币基金组织发起，由世界银行管理	主要在乌克兰、俄罗斯和波兰共同实施减排项目
意大利碳基金	2004 年	8000 万美元	由世界银行和意大利政府发起，由世界银行管理	支持有成本效益的减排项目和清洁技术转让，例如水电和垃圾管理
丹麦碳基金	2005 年	7000 万美元	由丹麦政府和私人部门发起，由世界银行管理	支持风能、热电联产、水电、生物质能源、垃圾掩埋等项目
西班牙碳基金	2005 年	17000 万欧元	由西班牙政府发起，由世界银行管理	支持东亚-太平洋及拉美-加勒比地区的 HFC-23、垃圾管理、风电、水电、运输等项目
德国复兴借贷银行碳基金	2005 年	6000 万欧元	德国复兴银行与德国政府共同出资	为德国和欧洲有意购买交易证书的企业提供服务工具

注：资料来自 Climate Bonds Initiative，2016。

5. 我国与欧盟碳金融产品比较

尽管我国和欧盟的碳市场运行都是服务于地区温室气体控排目标，但考虑到欧盟和我国金融业的基础设施、发展成熟度不同，实体产业的发展现状也有较大差异，因而在碳市场交易机制上也存在一定的差异。欧盟在碳期货、碳期权、碳互换和碳远期等衍生品方面已经有了一套较完整的交易机制，我国则在碳现货的交易机制上较完善，但在碳金融衍生品交易方面比较欠缺。

在碳现货的交易方面，欧盟要求在交易达成后的两个工作日内完成交割结算，而我国则一般要求在次日完成；在碳远期的交易方面，欧盟的碳远期合约一般在场外交易市场完成，而我国的碳远期多在场内交易市场完成。我国与欧盟碳交易产品的交易机制比较见表 9-5。

表 9-5　我国与欧盟碳交易产品的交易机制比较

区　　域	交 易 品 种	交 易 机 制
欧盟	EUA 现货	达成交易后的两个工作日内完成交割
	EUA 期货	标准合约，交易双方在达成交易后完成交割结算；此类合约的交易在期货交易所完成，期货交易所充当了双方的交易中介

（续）

区　域	交易品种	交易机制
欧盟	EUA 远期	合约条款在交易当天确定，但交割和结算在后续完成，一般是非标准化合约，在场外交易完成
	EUA 互换	当减排目标不能通过本国减排能力达成的时候，可以通过 CDM 项目获取 CER 或通过 JI 项目获取 ERU，借助 EUA 和 CER/ERU 对应比例的互换协议达成互换
	EUA 期权	交易日连续交易；欧式期权；以 0.005 欧元/吨为最小价格变动单位
中国	碳排放配额	公开交易，协议转让；交易次日完成交割结算；以 0.01 元/吨作为最小价格变动单位
	CCER	公开交易，协议转让；交易次日完成交割结算；以 0.01 元/吨作为最小价格变动单位
	上海碳配额远期	100 吨/手，以 0.01 元/吨为最小价格波幅；可实物交割，也可现金交割；每日结算价格以上海清算所所发布的远期价格为准
	湖北碳配额远期	100 吨/手，以 0.01 元/吨为最小价格波幅；最低交易保证金比例为 20%；有涨跌幅限制，每日价格最大波动不超过上一交易日结算价的 4%

9.2.3　欧盟碳金融市场的概况

欧盟碳市场可以分为一级市场（Primary market）和二级市场（Secondary market），其中一级市场包括碳配额拍卖和项目减排量签发，二级市场是指碳配额和项目减排量的流通市场。

1. 一级市场

（1）碳配额拍卖。EU-ETS 早期对大部分配额免费发放，后期逐渐变为以拍卖为主。第一阶段，将近 100% 的排放权被免费分配给控排企业。第二阶段，免费分配的比例下降到 90%，德国和英国尝试碳排放权拍卖，拍卖的市场份额大约占据 4%。从第三阶段开始，拍卖成为配额分配的主流方式，初期配额拍卖比例超过 40%。从第四阶段开始，欧盟要求每年配额总量减少 2.2%，对于碳泄露风险较小的行业，预计 2026 年后将逐步取消免费分配。

（2）项目减排量签发。除了碳配额拍卖，一级市场还包括清洁发展机制（CDM）和联合履约（JI）等项目减排量的签发，签发出的 CER 和 ERU 可用作配额抵消。减排项目类型主要包括提高能源效率、工业制造过程改良、新能源开发等。第三阶段抵消配额的 CER 数量已达到上限，大水电等减排项目已经被列入签发"黑名单"，二级市场上符合资格的 CER 数量和价格都明显下降，新的减排项目数量也逐渐减少。2014 年开始，EU-ETS 不再接受 JI 项目签发的 ERU。从第四阶段开始，欧盟碳市场将不能再使用碳信用抵消。

2. 二级市场

依据交易组织形式，二级市场分为场外交易和场内交易。

（1）场外交易。EU-ETS 的场外交易主要包括控排主体间的双边交易以及通过商业银行等中间商进行的中介交易，场外交易双方可以在较少的规则约束和监管下直接交易非标准化合约，交易总量、交付日期、合同的商用条款等都具备较高的灵活性。EU-ETS 初期约 80% 的交易量发生在场外市场，其中伦敦能源经纪商协会完成的交易活动占据了 OTC 的 54%。2008 年金融危机后，大部分二级市场交易活动逐渐转向场内交易或清算，以规避场外交易的风险。

（2）场内交易。EU-ETS 的场内交易主要包括在美国洲际交易所（ICE-ECX）和欧洲能源交易所（EEX）等进行的交易。这是由交易所将原生态的场外交易的共同点整合提取，通过标准化的规则和条件来规范交易和清算的过程。双方在交易所内进行的交易受到严格监管，杜绝了交付风险；完全标准化的产品可以大幅度提高交易效率、降低交易成本；交易所作为高度公开透明的信息发布中心，可大大降低信息获取成本。

3. 碳配额的分配

EU-ETS 的碳配额分配模式正从以免费配额为主逐步过渡到以拍卖为主，分配方法则从历史强度法向行业基准线法过渡。

在碳排放配额的分配模式上，EU-ETS 在第一阶段以免费配额为主，部分成员国采用基准线法进行配额分配，并没有安排拍卖比例；在第二阶段，97%左右的配额免费发放，也有部分国家实行有偿拍卖，如德国、英国、荷兰、奥地利、爱尔兰、匈牙利、捷克、立陶宛等，拍卖所覆盖的配额量约占配额总量的 3%；从第三阶段开始，约有 50%的配额有偿拍卖，剩余部分免费分配，免费分配部分均采取行业基准线法；在第四阶段，欧盟委员会就 EU-ETS 的部分机制改革进行了讨论，最终通过的改革方案主要有：①行业基准线将会在该阶段内进行两次改进，以适应不同部门的技术进步；②免费配额的比例应以年度为单位递减，至 2030 年该比例预计将减少至 30%；③制定更加稳健的碳信息披露规则；④制定一个包含交易密度和排放密度的混合指标，以反映碳泄漏情况。

研究认为，以免费配额为主的模式容易造成交易市场上配额供求关系的不平衡，从而造成碳价格被打压，使得碳交易市场很难达到限制排放的初衷。配额分配模式的变化反映出 EU-ETS 在运行多年后已经逐渐成熟，而且有更多的企业部门愿意且有能力去承担减排的责任。

9.2.4　欧盟碳金融市场的交易平台

1. 交易平台

EU-ETS 历史上的主要交易平台包括欧洲气候交易所（ECX）、欧洲能源交易所（EEX）、BlueNext 环境交易所、Climex 交易所、北欧电力库（Nord Pool）、奥地利能源交易所（EXAA）、意大利电力交易所（IPEX-GME）、绿色交易所（CME-GreenX）、伦敦能源经纪商协会（LEBA）等 9 家机构见表 9-6。

表 9-6　欧盟碳交易平台发展概况

交 易 所	地 点	重 大 事 件	交 易 产 品	市 场 地 位
欧洲气候交易所（ECX）	从阿姆斯特丹迁到伦敦	2004 年成立，初期以现货交易为主，2010 年被洲际交易所收购	电力、能源、农业、金属、碳排放权等产品	全球最大的碳交易市场，最大的碳期货交易平台
欧洲能源交易所（EEX）	莱比锡	2002 年成立，欧盟 25 国、德国和波兰拍卖资格，2016 年与 25 国续签 5 年	电力、能源、环境、金属、农产品现货和期货	欧洲目前最大的碳现货交易平台和拍卖平台

（续）

交 易 所	地 点	重 大 事 件	交易产品	市 场 地 位
BlueNext 环境交易所	巴黎	2007 年成立，2012 年因罚款及未获得第三阶段拍卖资格被迫关闭	碳现货合约	关闭前曾是欧洲最大的碳现货交易平台
Climex 交易所	阿姆斯特丹	2001 年成立	能源、电力及环境产品	以自愿减排量（VER）交易为主
北欧电力库（Nord Pool）	奥斯陆	1993 年成立，2010 年被纳斯达克-OMX 集团收购	电力、能源、环境衍生品	全球最大的能源衍生品交易所
奥地利能源交易所（EXAA）	维也纳	2001 年成立，2011 年8 月关闭碳交易业务	电力、能源、环境产品	以电力交易为主，新涉足碳交易
意大利电力交易所（IPEX-GME）	都灵	1999 年成立，2007 年涉足碳交易，2010 年因交易规则不规范和非法行为受到处罚终止碳业务	电力及天然气现货	
绿色交易所（CME-GreenX）	伦敦	2008 年成立，2012 年4 月被芝加哥商品交易所集团（CME）收购	碳排放权期货及期权	全球品种最齐全的碳交易平台，覆盖欧洲和北美地区
伦敦能源经纪商协会（LEBA）	伦敦	2003 年成立	天然气、煤气以及各类排放量合约	英国和欧洲最大的场外交易市场

注：资料来自各交易平台网站及年报，由北京环境交易所整理。

经过市场整合后，到 2020 年实际还有碳交易业务的欧盟碳交易平台仅剩下四家，ECX 被美国洲际交易所集团（ICE）收购后，ICE-ECX 很快跃居市场龙头地位，占据了一级与二级市场份额的 92.9%，其中大部分是期货交易；居于次席的 EEX 占据了整个市场份额的 6.5%，包括现货交易的 60%；另外两家 CME-GreenX 和 NASDAQ OMX（前身为 Nord Pool）都是位于伦敦的美资控股交易所，其市场份额已经不足 1%，几乎可以忽略不计。2020 年欧洲碳交易所市场份额见图 9-1。

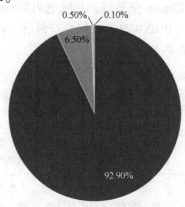

0.50%　0.10%

6.50%

92.90%

■ICE-ECX　■EEX　■CME-GreenX　■NASDAQ OMX

图 9-1 2020 年欧洲碳交易所市场份额

注：资料来自 Interplay between EU-ETS Registry and Post Trade Infrastructure，p148，European Commission，2021。

2. 市场分布

（1）一级市场。欧盟的碳配额（EUA）拍卖主要在 EEX 和 ICE-ECX 两个交易平台进行，2022 年 EEX 占整个拍卖市场的份额约为 85%，ICE 的市场份额是 15%。其中，欧盟有 25 个成员国与 EEX 签订了拍卖服务协议，英国选择 ICE-ECX 作为其拍卖平台。

（2）二级市场。场外交易的成交量主要集中在伦敦能源经纪商协会。EU-ETS 的场内交易最初分布在 ECX、EEX、BlueNext、Climex 等八家交易所，其中 BlueNext、Climex 主要交易碳现货，ECX、Nord Pool 和 CME-GreenX 则主要交易碳期货等金融衍生品，EEX 则同时交易碳现货和碳期货。目前市场份额已经集中在两个交易所：ICE-ECX 借助 ICE 成熟的电子期货交易平台，已经成为欧洲最大的碳期货交易市场；而 BlueNext 关闭后，位于德国莱比锡的 EEX 成为了欧洲最大的碳现货交易平台。从具体产品来看，现有的四家交易所分别推出了现货、每日期货、期权、期货、序列期权、拍卖、拍卖期货、价差和互换等多样化的碳金融交易产品。

9.2.5　欧盟碳金融市场的发展成效

1. 第一阶段（2005—2007 年）

第一阶段由于缺乏历史数据和分配经验，仅仅根据需求估计的免费分配的碳配额总量超过了实际排放量，市场上的供给严重大于需求，直接导致了 2006 年 EUA 期货价格从初期最高的每吨 30 欧元暴跌到 10 欧元左右。再加上第一阶段的剩余配额不能储存到第二阶段使用，导致 EUA 期货的市场价值直线下降，到 2007 年上半年，EUA 期货的价格已逼近零。在 2007 年欧盟公布"20-20-20"行动目标，展现推进减排的坚定决心后，EUA 期货价格才又开始一路走高。

2. 第二阶段（2008—2012 年）

经历了第一阶段价格的剧烈波动后，欧盟委员会在第二阶段尝试调整交易机制，EUA 期货价格开始逐渐平稳，2008 年初 EUA 期货曾回升到第一阶段的高点。但随后爆发的美国金融危机则让欧盟碳市场再次受到严重冲击，EUA 期货价格再次从每吨接近 30 欧元迅速跌至 10 欧元以下。2009 年到 2011 年期间，EUA 期货的价格逐渐趋稳，大致保持在每吨 15 欧元左右，但这种相对平稳的局面再次由于 2011 年欧债危机的全面爆发被打破。到第二阶段结束时，由于市场上配额过剩，EUA 期货价格徘徊在每吨 7 欧元左右，已不到高点时的 1/4。

3. 第三阶段（2013—2020 年）

虽然成交总量持续增长，但成交价格却持续低迷，EUA 期货价格曾一度下探至每吨 3 欧元的低点。为了提振市场和价格，欧盟委员会于 2012 年年底提出"折量拍卖"方案，即在 2016 年年底前冻结近 9 亿碳配额，直到 2019 年或 2020 年再拍卖。该方案于 2014 年 3 月正式启动，但由于未能从根本上解决配额供大于求的问题，碳价到 2014 年底并未显著提高。为了解决配额过剩问题，2015 年欧盟委员会又提出在 2021 年建立市场稳定储备机制（MSR），该机制规定当剩余配额高于 8.33 亿吨时，将把其中的 12% 放进储备中；当剩余配额低于 4 亿吨时，则从储备中调出 1 亿吨投放市场。2015 年，欧盟的碳价大致在每吨 7~9 欧元之间波动；2016 年以来，由于经济持续低迷及受英国脱欧事件影响，EUA 期货价格一度下跌到每吨 5 欧元左右。

4. 第四阶段（2021 年至今）

2021 年，欧盟碳金融市场配额总量已削减至 15.72 亿吨，相当于我国碳市场的三分之一，但交易量达到了 122 亿吨，交易金额为 6830 亿欧元，折合人民币为 5 万亿元，平均价格为 56 欧元/吨。

9.2.6 欧盟碳金融市场的政策法规与监管框架

1. 欧盟政策法规

（1）欧盟碳交易政策法规。碳交易是欧盟实现气候政策目标的主要市场工具。为了建立和完善欧盟碳排放交易体系（EU-ETS），欧盟从 2003 年起颁布了一系列指令（Directive），相继规定从 2005 年起开始正式实施 EU-ETS、将 CER 纳入 EU-ETS 中使用、从 2011 年起将航空业纳入 EU-ETS，以及第三阶段的配额管理及拍卖等。与此同时，欧盟还通过一系列条例（Regulation）和决议（Decision）等法规，围绕统一登记簿、安全标准、配额拍卖、MRV、重复计算等技术问题，对 EU-ETS 进行了不断的优化和完善（见表 9-7）。此外，2007 年 3 月欧盟颁布的《2020 气候和能源一揽子计划》还明确规定，EU-ETS 大约涵盖欧盟温室气体排放的 45%，2020 年应使控排行业的排放量比 2005 年降低 21%。

表 9-7 关于 EU-ETS 的主要法规

法 规 类 型	法 律 名 称	主题及内容
指令（Directive）	Directive 2003/87/EC	创建 EU-ETS 并从 2005 年 1 月起实施
	Directive 2004/101/EC	《京都议定书》CDM 机制下的 CER 纳入 EU-ETS 使用
	Directive 280/2004/EC Directive 2216/2004/EC	创建国家级电子登记注册系统，监管 EUA 的分配、交流、注销等环节
	Directive 2008/101/EC	确定第三阶段配额管理及拍卖等方案
	Consolidated version of Directive 2003/87/EC	包括欧盟温室气体排放配额交易方案以及修订理事会 96/61/EC 指令
条例（Regulation）	Regulation（EU）No389/2013 Regulation（EU）No601/2012 Regulation（EU）No1193/2011 Regulation（EU）No920/2010 Regulation（EC）No994/2008 Consolidated version of Commission Regulation（EC）No2216/2004	欧盟统一登记簿及安全标准
	Regulation（EU）No176/2014 Regulation（EU）No1143/2013 Regulation（EU）No1042/2012 Regulation（EU）No784/2012 Regulation（EU）No1031/2010	拍卖方案及平台
决议（Decision）	Decision2009/406/EC	成员国满足欧盟 2020 年减排目标
	Decision2006/780/EC	避免重复计算
	Decision2004/280/EC	温室气体监测机制

（2）欧盟碳金融市场法规。作为高度金融化的碳市场，欧盟碳市场除了受到碳交易方

面政策法规的管辖，还要接受相关的金融市场法规的管理，包括《欧洲金融工具市场指令》（MiFID Ⅱ）、《市场滥用行为监管条例》（MAR）、《反洗钱指令》（Anti-MLD）、《透明度指令》（TD）、资本金要求指令（CRD）和投资者补偿计划指令（ICSR）以及有关场外交易的一些规定；此外，碳市场还受能源商品监管体系的《能源市场诚信与透明度规则》（REMIT）的监管，见表 9-8。

表 9-8 适用于碳市场监管的欧盟金融市场主要法规

监 管 维 度	监 管 提 案
金融工具监管体系	欧洲金融工具市场指令（MiFID Ⅱ）
	市场滥用行为监管条例（MAR）
	市场滥用行为刑事制裁（CSMAD）
	反洗钱指令（Anti-MLD）
	透明度指令（TD）
	资本金要求指令（CRD）
	投资者补偿计划指令（ICSR）
能源商品监管体系	能源市场诚信与透明度规则（REMIT）

注：资料来自 European Commission，2016。

（3）关于场外衍生品的法规。

1）场外衍生品。2010 年 9 月 15 日，欧盟委员会关于场外衍生品交易、对手方及交易库的法规提出采用报告义务，为场外衍生品交易资格排位，减小对手方的信用风险和操作风险。

2）拍卖。欧盟委员会于 2010 年颁布的《拍卖条例》为 EU-ETS 第三阶段的碳配额拍卖建立了管制框架，该规定有效拓宽了 MAD 和 MiFID 适用于碳市场的范围，要求拍卖平台及金融机构即使在典型的二级市场之外开展活动也需要遵守大致相同的规定，还要求将一些即使不具备金融工具的特质（如一些拍卖的产品只是两天的现货合同）的排放指标也要纳入管制的范围。根据该规定，Anti-MLD 措施也适用于拍卖的参与者，要求拍卖平台发现或者怀疑存在市场滥用、洗钱、恐怖分子融资及其他犯罪活动时，有义务向监管机构报告。

3）碳配额性质。为确保安全有效的交易环境并提升市场信心，欧盟理事会和欧洲议会修订的金融监管法规将被应用到碳市场的各个层级，欧盟委员会决定在 2018 年 1 月使修订的 MiFID Ⅱ 和市场滥用条例（MAR）生效。在新的 MiFID Ⅱ 框架下，碳排放配额将被认定为金融工具，并适用于二级现货市场。鉴于 MiFID Ⅱ 对碳配额金融属性的认定，其他金融市场法规也将对此适用，MAR 将覆盖 EU-ETS 二级交易市场和一级拍卖市场，Anti-MLD 也将触发二级现货市场 MiFID 交易许可商对交易对手的尽职调查。

2. 欧盟监管框架

从欧盟之外的国际角度来看，EU-ETS 是在《联合国气候变化框架公约》（UNFCCC）尤其是《京都议定书》确立的 IET、CDM 和 JI 三种市场机制下建立起来的碳排放交易体系，对 UNFC-CC 秘书处负有排放报告及履约义务，同时在 CER 签发及使用方面接受联合国 CDM 执行理事会的安排。从欧盟内部角度来看，欧盟的碳市场监管主要包括欧盟和成员国两个层面。

（1）欧盟层面。

1）欧盟委员会气候行动总司。欧盟委员会定期向欧洲议会提交碳市场监管报告，报告碳排放权拍卖情况、交易状况、存在的交易风险等情况。2010年欧盟委员会成立气候行动总司代替之前的环境行动总司，代表欧盟委员会在欧盟和全球层面应对气候变化。气候行动总司是欧盟关于EU-ETS的总监督机构，并对各成员国减排的落实情况、配额的使用情况、碳排放量核证等进行监管。气候行动总司五大工作职责包括制定并执行气候政策和战略、在国际气候谈判方面扮演领导角色、执行欧盟碳排放交易体系、监测欧盟成员国的排放情况、完善低碳技术和适应措施。

2）欧盟独立交易系统。欧盟独立交易系统由气候行动总司管理，用于记录配额的产生、免费发放、拍卖、交易、履约以及注销，其具有底层权限，与交易系统紧密关联，自动对每笔交易进行检查，评估该交易是否存在风险。一旦系统发现违约行为，欧盟独立交易系统便调用底层权限马上终止交易并通知监管部门，以确保没有违规行为。欧盟独立交易系统定期接受专业技术公司的系统评估和更新，技术公司会根据一段期间内的市场违约情况与系统的检测准确率进行比对，更新系统算法，该系统与银行操作模式类似，但由于隐私及法律问题，该系统没有权限监测资金所有权与资金流向，在交易进行时并不能做到完全的风险监控。

3）市场活动监管。2008年金融危机后，欧盟加速金融监管改革进程，形成了宏观审慎监管和微观审慎监管的有机结合。宏观审慎监管由附设于欧洲央行下的欧洲系统性风险委员会负责，主要通过发布预警和提出建议等手段，对银行具体财务状况和金融市场上可能出现的系统性风险等进行监管。在微观审慎监管方面，建立了欧洲金融监管体系，它由三部分组成：一是指导委员会（负责银行、证券和保险三大监管局及其与各个成员国金融监管当局的沟通和信息交流）；二是欧盟监管局，包括欧盟银行业管理局、欧盟证券市场管理局和欧盟保险和职业养老金监管局，负责制订并确保监管规则的一致性；三是各个成员国的金融监管当局，负责本国日常的金融监管。在碳市场领域，欧盟证券市场管理局已联合气候行动总司发布关于MAD以及MiFID在进一步执行中的技术建议和执行管理技术标准草案。

（2）成员国层面。欧盟各成员国的监管机构通常为各国的环保和金融管制机构。欧盟委员会根据每阶段各成员国提交的"国家分配计划"分配排放权，以达成《京都议定书》的减排目标。各成员国再将排放权依照规定的分配方式或通过拍卖分配给各控排企业。成员国内各企业在受到欧盟监管的同时，也受到本国法律法规在排放登记、交易许可、限额控制等方面的监管，具体监管由各成员国负责，例如德国为排放权交易制度设立了一系列的法律，包括《温室气体排放交易许可法》《温室气体排放的国家分配法及实施条例》《温室气体排放的国家分配法》及《项目机制法》等，这些制度为碳市场的金融监管提供了依据。

9.3　英国碳金融市场

9.3.1　英国碳金融市场的发展阶段

1. UK-ETS时期

（1）UK-ETS的推出。作为全球低碳先锋，英国早在2001年就以气候变化税收成立了政府投资、企业化运营的英国碳基金，帮助企业和公共部门减少碳排放；2002年4月正式启动了英国自愿碳排放权交易体系（UK-ETS），并计划与EU-ETS接轨，使伦敦成为欧洲碳市场中心。UK-ETS是世界上第一个跨行业的ETS，涉及能源、交通以及服务业等领域，主要参与者包括直接参与者、协议参与者、项目参与者与外部参与者。

（2）UK-ETS的市场表现。UK-ETS在运行初期仅有碳配额现货交易，在2002—2004年总成交量共3010万吨。其中，2003年的成交量出现了较大波动，从2002年的1484万吨暴跌到222万吨，2004年恢复到了1304万吨。2005年欧洲气候交易所（ECX）推出英国碳配额期货（UKAs），当年的期货交易量为336万吨。2006年年底UK-ETS结束，正式并入EU-ETS。

2. EU-ETS时期

UK-ETS为2005年启动的EU-ETS积累了宝贵的行业经验。EU-ETS是基于"总量与交易"机制的全球最大碳交易市场，将欧盟25国都纳入了统一的强制减排市场体系。与UK-ETS相比，EU-ETS覆盖的地理区域、行业范围和市场主体都大大扩张了，市场参与者不再局限于控排企业，参与交易的主要目的也不再是为了奖励及税收减免，而是为了履行强制减排义务。随着各种碳金融衍生产品的推出，ECX的交易越来越活跃，伦敦逐渐发展成为欧洲碳交易中心。

9.3.2　英国碳金融市场的参与主体

英国碳金融市场的参与主体主要包括控排企业、项目业主、金融投资机构和交易平台等四大类。

1. 控排企业

控排主体既是碳配额的供给方，也是碳信用的需求方。控排企业参与碳市场的理由主要有以下几点：一是对冲，比如电力公司可以根据碳交易做出发电生产方面的安排；二是合规，每家公司每年都有合规方面内部和外部监管要求，而合规与对冲对公司的长期投资安排很重要；三是短期投机，这可以调节短期的现金流。人们对短期投机的争议一直较大，有人认为这是市场行为，也有人认为这造成了短期价格波动，混淆了价格信号。行业内小公司如何参与碳市场一直是个难题。英国化工行业的解决方案有两点：①采用整合方式集中小公司的配额，但其总体成本仍然较高；②让大公司参与欧盟碳市场，小公司参与国内范围的交易。关于交易场所选择，大公司一般会在交易所交易，因为它们同时还会进行能源等大宗商品买卖；小公司则更倾向于场外及通过经纪人交易，它们不愿冒很大风险，因此碳基金等服务提供商对小公司参与碳交易起到很大作用。

2. 项目业主

作为CER和ERU的供给方，CDM和JI等减排项目的业主理论上也是英国碳金融市场的重要参与主体。项目业主提供符合要求的项目减排量，将其用于控排企业抵消一定比例的碳配额，降低履约成本，同时获得经济收益。但是在实际操作过程中，由于人才、信息及成本等因素的制约，项目业主很少会直接参与碳市场的交易活动，绝大多数CER都是通过一些金融投资机构尤其是碳基金进入碳市场交易的。

3. 金融投资机构

金融投资机构与能源企业是英国碳金融市场的主要交易方，其中金融领域无论是参与机构数还是市场交易量都是整个市场的主要组成部分，这也是碳金融市场能够活跃的主要原因。参与碳交易的金融投资机构主要包括商业银行、投资银行和碳基金，它们作为套利者，为碳市场提供流动性和交易经纪服务。

（1）商业银行和投资银行。在 ICE-ECX 交易中最活跃的是金融投资机构，汇集了欧美最主要的商业银行和投资银行，它们从事石油、天然气、黄金、利率、金属等期货交易多年，具有丰富的专业期货交易经验。商业银行和投资银行在碳市场中可以起到两方面的推动作用：从交易角度，为市场提供流动性，帮助建立一个功能更强、范围更广、更积极的交易市场；从风险管理角度，可以帮助规模较小的公司理解执行碳交易的要求，作为风险代理人把 OTC 双方撮合到一起。

（2）碳基金。由政府及私营部门发起成立的各类碳基金通常会进行商业化或企业化运作，它们一般秉持以下原则进行投资：一是决策者信号的可信度，尤其是决策高层发出的信号是可信的；二是可预测性，即时间和政策调整方面要让人可预测和可理解；三是可见度，即资本配置的长短设置要合理；四是透明度，即信息披露要及时，这会避免价格大幅波动，当然信息披露也要规范，否则也会造成较大波动；五是一致性，价格信号要与相关政策领域协调一致，且是持续的。

4. 交易平台

交易平台的主要作用在于提供规范透明的交易场所和交易工具、汇集发布交易信息、降低交易风险、降低交易成本，吸引买卖双方进场交易，增强市场流动性并从中获益。如前所述，场内市中场，位于伦敦的 ICE-ECX 已成为欧洲最大的碳期货交易平台，同时也是英国指定的碳配额拍卖平台；场外市场中，伦敦能源经纪商协会占据了欧盟碳市场场外交易的核心地位。

9.3.3 英国碳金融市场的发展成效

作为英国的首都和经济中心，伦敦一直与纽约和东京并列为全球三大金融中心。随着 UK-ETS 及 EU-ETS 的相继推进，伦敦迅速发展成为英国和欧洲的碳金融中心。即使在英国正式脱欧以后，伦敦的碳金融中心地位在未来一段时期内也很难被取代，尽管其将面临诸多不确定性。

1. 交易规模

从场内交易规模来看，位列第一的洲际交易所（ICE-ECX）是欧洲首个进行碳配额场内交易的交易平台，加上位列第三的 CME-GreenX 和位列第四的 NASDAQ OMX，伦敦占了欧盟碳市场场内交易量的 93.5%。从场外交易规模来看，伦敦能源经纪商协会的成交量一直占欧盟碳市场场外交易的一半以上。以交易规模来看，不管在欧洲还是在全球，伦敦都是无可争议的碳金融中心。

2. 交易产品

ICE-ECX 拥有丰富的碳交易产品，尤其是碳期货等碳衍生交易产品，这是伦敦成为碳金融中心的重要因素。作为全球首屈一指的碳交易机构，ICE-ECX 的涉碳交易产品种类非常齐全，不仅包括 EUA 和 CER 现货，还涵盖了 EUA 和 CER 的期货、期权、远期等产品，以及 CER 与 EUA 之间的互换产品。此外，ICE-ECX 还可以为 LEBA 等的场外交易提供场内清算服务。

3. 参与机构

伦敦成为碳金融中心的另外一个决定性因素在于这里成功汇聚了欧洲乃至全球主要的控排企业及金融投资机构。在场内交易方面，ICE-ECX 作为最重要的交易所，其碳交易业务的会员单位超过 130 家，几乎都是能源行业与金融领域的全球性企业，既包括高盛、摩根士丹利、摩根大通、花旗、美银美林、富国银行等主要华尔街巨头，也包括汇丰银行、巴克莱银行、德意志银行、富通银行等欧洲知名银行，还涵盖了欧洲所有主要的能源集团。在场外交易方面，伦敦能源经纪商协会的会员虽然只有 10 家，却囊括了欧洲能源等大宗商品领域主要的贸易商和金融投资机构。

9.3.4　英国碳金融市场的政策法规与监管框架

1. 英国碳金融市场政策法规

（1）气候变化立法。英国是欧盟成员国中最早建立碳排放交易体系（UK-ETS）的国家，先后在能源结构、能效提升、碳排放、低碳交通和建筑等方面出台了一系列政策法规以应对气候变化和低碳转型。2007 年 3 月 13 日，英国公布了全球首部应对气候变化问题的专门性国内立法文件——《气候变化法案草案》(Draft Climate Change Bill)。2008 年 11 月 26 日该法案生效，英国成为第一个进行气候变化立法的国家。该法案制订了碳预算 5 年计划新体系和至少未来 15 年的碳预算计划，提出成立具有法律地位的气候变化委员会，引入新的排放贸易体系（EU-ETS），建立温室气体排放报告制度并对英国温室气体减排的进展情况进行监督。

（2）政策措施组合。英国政府为实现碳预算目标先后出台和采用了五类主要政策：气候变化税、温室气体排放交易制度、气候变化协议、碳减排承诺及最低碳价制度。五种政策之间相互关联、相互补充，形成了几乎覆盖所有碳排放领域和碳排放主体的规制网络。其中，气候变化税征收对象是使用化石能源的工商业企业和公共部门；气候变化协议在于减少气候变化税对高耗能企业带来的冲击，若企业与政府签订节能减碳协议并实现所承诺的目标，即可获得气候变化税减免；碳减排承诺适用于没有列入上述两者中的非能源密集型企业，企业自行申报并获得排放配额，配额可以用于交易；最低碳价制度是政府针对未进入覆盖范围的使用化石燃料的电厂制定的最低碳价，相当于对电厂征收碳税，且税率与 EU-ETS 的碳价形成联动，见表 9-9。

表 9-9　英国应对气候变化的政策法规

年　　份	政 策 法 规	年　　份	政 策 法 规
1995	《1995 年天然气法》等多部法律加入市场化行列中	2007	《应对能源挑战：能源白皮书》将欧盟与英国的节能工作目标进行了统一，并将可再生能源发展纳入长期发展战略
2000	《2000 年公用事业法》将电力和天然气产业纳入社会和环境目标	2008	《气候变化法案》明确温室气体减排目标，并设置强制性碳预算
2003	《能源白皮书：创造低碳经济》首次提出"将实现低碳经济作为能源战略的首要目标"	2009	《低碳转型计划》明确了完成 2008 年—2022 年碳预算减排周期目标的建议和政策；成立气候变化委员会；通过《消费者排放(气候变化)议案》

（续）

年　份	政 策 法 规	年　份	政 策 法 规
2010	通过《2010 可再生能源（地方计划）议案》	2017	《减少碳排放条例草案》
2013	《能源效率（用途住宅）法案》	2018	《2018 年气候变化条例》
2014	《2014 年气候变化协议（合格设施）条例》；《多用途住宅（能源性能证书和最低能源效率标准）法案》	2019	《2019 年气候变化法案》；《环境法案》
2016	《2016 年气候变化协议条例》	2020	《清洁空气法案》设立清洁空气委员会

2. 英国碳金融市场监管框架

英国的碳金融市场监管框架主要包括行业、金融和交易平台三个层面。

（1）行业层面。在 UK-ETS 阶段，英国碳市场的行业主管机构是英国环境、食品和农村事务部。在 EU-ETS 阶段，行业主管机构变更为能源与气候变化部，其依据《温室气体排放交易条例》，负责拟定碳交易的相关规章、政策并监督执行，监测和分析气候变化情况，制定与碳排放有关的国家标准，协调各类关系，并参与排放配额分配规划的制定等。2016 年 7 月，英国将能源与气候变化部和商业、创新与技能部合并，组建新的商业、能源与工业战略部，主要职责包括：制定并实施全面的工业发展战略，管理政府与商业的关系；确保国家能源供应安全，提供可靠的、可负担的及清洁的能源；确保英国在科学研究和创新方面保持前沿领先地位；应对气候变化。

（2）金融层面。碳市场由于其金融属性，在市场层面还受英格兰银行（Bank of England）、金融监管部门和财政部（HM Treasury）等机构的监管。

1）2008 年金融危机之前。《2000 年金融服务与市场法案》规定，由金融服务局（Financial Services Authority，FSA）全面行使对商业银行、投资银行、证券、期货、保险等 9 个金融行业的监管职能，碳市场中的碳现货、碳期货均在此列。作为独立的非政府组织，FSA 是英国金融市场统一的监管机构，向财政部负责。财政部可以代表政府向 FSA 提出具体要求，要求 FSA 执行一些国际义务，比如对于欧盟出台的新的金融监管规定，政府会通过财政部要求 FSA 执行。财政部有权调查 FSA 的运行效率，针对企业对 FSA 裁决提起的抗诉进行调查和调停。财政部、英格兰银行与 FSA 之间设有三方小组会谈机制，定期磋商、交换信息。

2）2008 年金融危机之后。《2009 年银行法》明确了英格兰银行作为中央银行在金融稳定中的法定职责和核心地位，并将 FSA 分拆为审慎监管局（Prudential Regulation Authority，PRA）和金融行为监管局（Financial Conduct Authority，FCA）两个机构，前者主要负责对系统重要性机构进行宏观审慎监管，后者主要负责保护消费者和提升金融市场信心。英格兰银行理事会内部设立金融政策委员会（Financial Policy Committee，FPC）负责宏观审慎监管，适时向 PRA 和 FCA 发布指令，保证宏观审慎监管的目标和执行，并向英格兰银行、财政部、FCA、PRA 或其他监管机构提出建议。PRA 是英格兰银行的下属机构，其职责是对银行、保险公司和大型投资机构进行微观审慎监管，并负责对整个金融行业的服务行为实施监管。FCA 作为一个独立机构直接对财政部和议会负责，使命是保护金融消费者、保障市场诚信度和竞争性，以保证金融市场良好运行、金融消费者获得公平待遇。PRA 和 FCA 相互协作并保持信息共享，接受 FPC 的指导。

3）碳配额拍卖市场规则。2008—2012 年，英国财政部授权债务管理办公室代表英国能源与气候变化部举行碳排放配额拍卖。2013 年后欧盟各国的碳配额拍卖必须在合规的交易所内进行，为此英国财政部在 2011 年发布了《欧盟碳排放配额拍卖规则》，适用《金融服务和市场 2000 法案》以及《反洗钱立法》的补充性规定，内容包括 MiFID 受 FSA 监管的规范市场、认可的拍卖平台、市场滥用规则的外延、2007 反洗钱规则的修订、2002 犯罪法案和 2000 恐怖法案的修订。

（3）交易平台层面。交易平台在市场一线交易活动的日常监管方面发挥着重要作用。以 ICE 为例，ICE 成立了由执行董事及独立非执行董事构成的基准管理局（ICE Benchmark Administration，IBA），IBA 最关键的部分是其监管委员会，由标准提交者、标准用户、独立非执行董事及其他相关专家构成。目前，ICE 已开发了适用于 IBA 监管对象的利益相关者冲突管理办法，IBA 在制定相关标准的过程中严格遵守英国金融行为监管局的规则。

9.4　其他国家碳金融市场

9.4.1　加拿大碳金融市场

1. 加拿大魁北克省碳交易体系

2013 年 1 月，加拿大魁北克碳交易体系正式运行，覆盖化石燃料燃烧、电力、建筑、交通和工业等多个行业的多种温室气体。与美国加州碳交易体系相似，魁北克碳交易体系也已实施三个履约期，2020 年度配额总量约 0.55 亿吨二氧化碳当量，占排放总量的 80%~85%。

2. 加拿大新斯科舍省碳交易体系

2018 年 11 月，加拿大新斯科舍省发布了该省总量控制与交易体系的"监管框架"（Regulatory Framework），并于 2019 年启动了碳市场。这一监管框架详细说明了总量控制与交易体系的最终设计方案，规定了其碳市场的纳入范围、年度总量上限、配额分配和收入使用安排。

新斯科舍省的碳市场将对电力和工业部门的 21 家公司进行监管，这些公司的排放量占该省排放总量的 80%。新斯科舍省 2019 年的排放总量上限为 1368 万吨二氧化碳当量，该数字逐年下降，其多数配额将根据基准法和"祖父法"（历史排放总量法）进行分配。

新斯科舍省的总量控制与交易体系是依照《清洁增长和气候变化泛加拿大框架》（Pan-Canadian Framework on Clean Growth and Climate Change）中概述的加拿大联邦碳定价要求而制定的，并被视为符合这些要求。根据估算，新斯科舍省的碳交易体系对消费价格的影响将大大低于被纳入联邦碳定价体系所带来的影响。

3. 加拿大安大略省碳排放权交易体系

2017 年 1 月 1 日，安大略省启动了碳排放权交易体系，成为北美第四个次国家级体系。作为西部气候倡议成员，安大略省的碳交易体系与美国加州、加拿大魁北克省的现有体系非常相似，因此 2018 年安大略省碳交易体系已与加州、魁北克省两地的碳市场进行了链接。安大略省的碳交易体系覆盖了该省的多数行业（包括电力、交通、供暖、工业等），电力和供暖部门必须从季度拍卖中购买其所需配额。配额拍卖将设底价，其与加州、魁北克省底价一致。其他行业参与碳市场的实体可申请免费分配。

9.4.2 日本碳金融市场

1997 年 7 月，在 UNFCCC 召开京都会议之前，日本经济团体联合会向日本商业界发出呼吁，组织开展"日本经济团体联合会环境自愿行动计划"。1997 年该计划第一次公布时，有 38 个行业加入，并公布了具体的环境目标。到 2007 年，有 50 个行业协会、1 个企业集团和 7 个铁路公司参与该计划。所有的参与行业在 1990 年共排放 5.05 亿吨二氧化碳，代表了工业和能源行业总排放量（6.15 亿吨）的 82%和全国温室气体排放总量（11.2 亿吨）的 45%。

2005 年 5 月，日本环境省发起了日本自愿排放交易体系（Japan Voluntary Emissions Trading Scheme，JVETS），该体系允许环境省给予参与者一定数额的补贴，支持参与者安装碳减排设备。作为交换，参与者承诺实现一定量的碳减排目标。JVETS 同样允许参与者互相交易配额来实现减排目标。JVETS 的目的是以较低成本实现二氧化碳减排，积累与国内碳排放体系相关的知识和经验。

2008 年 10 月，日本国内排放交易综合市场（Integrated Domestic Market for Emissions Trading）正式实施。该市场可交易的对象由四部分的碳信用额度组成：一是来自《京都议定书》机制的碳信用额度，如 CDM；二是来自日本国内 CDM 的碳信用额度，这是由不在日本经济团体联合会自愿环境行动计划中的中小企业的项目所产生的减排额度。正如"国内 CDM"，其将国与国之间的 CDM 机制应用在日本国内中小企业项目上；三是第三方核证的、比公司自愿承诺的减排目标更多的减排信用额度，其以自愿环境行动计划为基础，如果公司比在自愿环境行动计划中分配的配额排放得少，那么未使用的配额可以作为信用额度出售；四是由环境省执行的日本自愿排放交易体系产生的碳信用额度。日本自愿排放交易体系采用限额交易，由参与者设定自愿减排目标，并以过去三年的平均碳排放量为基准线。

2010 年 4 月，东京都限额交易体系正式启动。这是全球第三个限额交易体系，位于 EU-ETS 和 RGGI 之后。但东京都限额交易体系是全球第一个为商业行业设定减排目标的限额交易体系，也是亚洲第一个强制性限额交易体系。2008 年 6 月，东京都市长向东京都国民大会第二次例会提交了在东京都开展强制限额交易计划的议案，并获得批准。2009 年 3 月，东京都政府设定了第一个履约期（2010 年—2014 年）的目标，即在基准年的基础上减排 6%到 8%。第二履约期（2015 年—2019 年）的目标是在基准年的基础上减排 17%。东京都限额交易体系的行业覆盖范围为工业和商业领域（这两个领域约占东京都总排放量的 40%），主要针对 1400 个年消耗燃料、热和电力至少 1500 千升原油当量的大型设施，这些设施的年排放量约占工业和商业领域总排放量的 40%，占东京都总排放量的 20%，其中商业设施 1100 个，工业设施 300 个。

目前，日本参与清洁发展机制合作项目的企业主要来自电子、IT 等以提供技术为主的行业，汽车等以能源消耗为主要生产成本的行业和以能源技术为核心的能源部门，这些行业参与 CDM 项目的积极性有所不同。当前日本碳市场交易主体还没有完全多样化且主体也并不清晰，但是日本节能技术水平较高的企业较多，他们很可能成为未来 CDM 市场的交易主体，因而这一市场的发展前景很好。碳交易市场的客体主要是京都交易单位，这是一种可量化的减排信用额度。日本碳交易主要在 CDM 和 JI 机制中完成，体现为一种购买合约：一方通过现金、可转换债券、实物捐赠等多种方式付款给另一方，另一方出售碳配额或碳信用额给买方，使其达到碳减排目标。

总体来说，日本碳金融市场的发展具有以下特点：

（1）发展历程完整、形式多样。日本温室气体减排体系的发展历程十分完整，各种形式的减排体系均有所体现：既有企业主导的自愿减排，也有政府主导的自愿及强制减排；既有全国性的减排体系，也有以城市为单位的减排体系；既有覆盖行业广泛的减排体系，也有覆盖行业较少的减排体系；既有以商业及交通运输为主要对象的减排体系，也有以工业部门为主要对象的减排体系；既有以总量减排为特征的减排体系，也有以强度为目标的减排体系。

（2）目前共有三种减排体系在日本国内执行。它们包括环境自愿减排行动、JVETS、东京都限额交易体系，以及中小企业 CDM 等机制。环境自愿减排行动产生最早，历经时间最长，从 1997 年开始已历经数十年。JVETS 在 2005 年产生，从 2008 年起成为日本国内排放综合市场实验阶段的一部分。东京都限额交易体系在 2010 年起步。日本的减排交易体系比较复杂，三种减排体系存在着覆盖对象重复、减排行业重复、管理体系重复等问题，而且这些减排体系的减排效果也很难评估。但日本的减排实践仍具有一定的借鉴意义。例如东京都限额交易体系为城市强制减排，尤其为经济总量大、工业排放少的特大型城市的强制减排提供了有力的范本。对于特大型城市来讲，其呈现经济高度金融化、服务化、低碳化的特征，工业行业并非其主要的碳排放源，但特大型城市是消费型碳排放大户，要实现碳减排目标，必须考虑特大型城市的碳减排的重要作用。东京都限额交易体系的出现无疑为解决特大型城市的强制减排提供了一个借鉴的样板。

9.4.3　韩国碳金融市场

2005 年，韩国自愿减排项目计划（Korea Voluntary Emission Reduction Program，KVER）正式启动。该计划的主要目的是鼓励韩国公司积极参与开发碳信用额度（Korea Certified Emission Reductions，KCERs）并提高应对气候变化的能力。该计划在韩国由韩国知识经济部负责。

2010 年 3 月 25 日，在韩国环境部的领导下，以工厂和大型建筑物为对象的温室气体管理系统和以广域地方政府为对象的地区性温室气体排放权交易系统的示范运营系统启动。这两个排放权交易制度目的是在"温室气体排放权交易制度"正式施行之前，通过引进并运营适合于韩国国内情况的制度来提高效率，让参与者积累经验。其主要内容包括：建立按国际水平严格进行温室气体排放量的核算、检查、报告的体系，利用该体系的功能以网络实现对温室气体排放量的系统化管理；建立符合联合国气候变化框架公约国家登记簿要求的排放权的发行及保有、转移（交易）、回收等管理排放权履历的登记系统，为今后韩国国内排放权交易制度与国际碳市场接轨打好基础。

目前参与韩国环境部示范项目的有 30 家企业、3 家大型流通企业和 14 个地方政府。参与者为了达到对比基准年度（2005 年—2007 年）排放量而设定的减排目标（平均 1% 以上），在整个履行期间（2010 年—2012 年）努力减少温室气体的排放以及进行排放权的交易。参与者为了核算基准排放量，需进行年度排放量的计算和核查。排放量的核查以第三方的审核为基本原则，由韩国环境部指定的审核机构来执行。

2010 年 4 月 14 日，韩国正式实施《低碳绿色成长基本法》和《低碳绿色成长基本法实施令》。这两部法律是韩国发展低碳经济的制度性框架，应对气候变化是其中重要的组成部分。这两部法律要求韩国政府根据国际气候变化谈判的进展，制定中长期温室气体减排目标，并在韩国国内开展限额交易，以降低减排成本。

2015 年韩国碳市场（K-ETS）正式启动运行，这是仅次于我国和欧盟的第三大碳市场。截至 2022 年年底，K-ETS 纳入了航空、建筑、工业、能源及废物处理五大行业的 684 个实体，涵盖全部 7 类温室气体，覆盖了韩国约 74% 的温室气体排放量。

韩国碳市场最具特色的是政府主导的二级市场碳做市机制。韩国碳市场在建立初期不允许非履约企业参与，因此市场很快出现流动性短缺的问题。为此，韩国政府自 2019 年开始引入碳做市制度，并于 2021 年起允许 20 家金融机构进入二级市场进行碳配额交易。K-ETS 碳做市的特色在于由政府主导：与欧盟碳市场有大量金融企业参与做市不同，K-ETS 的做市商由政府指定，截至 2021 年年底仅有 5 家银行被列为做市商；此外，做市商可以向政府借贷配额储备从而为市场提供流动性，并可通过配额或资金形式偿还所借碳配额。

9.4.4 印度碳金融市场

印度在碳市场和碳融资方面有许多独特的地方，主要表现在以下方面：

1）印度本地的 CDM 项目多为单边项目，即利用自有技术和自有资金开发 CDM 项目，向联合国进行注册获得 CER 签发。此外，印度的 CER 出售价格较高，价格中含有风险溢价的成分。

2）印度已经建立了国内的碳交易市场，许多印度本地 CDM 项目产生的 CERs 在交易所场内进行交易。这是印度模式的另一个特点。

3）印度还开发出了多样化的碳金融产品并进行交易。印度多种商品交易所推出了欧盟碳配额（EUA）期货和五种核证自愿减排量（CER）期货。印度国家商品及衍生品交易所在 2008 年 4 月推出了 CER 期货。印度在碳融资政策方面较为宽松，已经形成了较为宽松优越的环境，这有力地支持了当地 CER 的产出。

9.4.5 新西兰碳金融市场

新西兰碳排放权市场自 2008 年运作至今，已将林业部门、液化化石燃料、固定能源和工业加工部门纳入其中。同时，新西兰企业按照政府的要求将气候变化的影响纳入企业的长期发展规划，参与气候变化的研究与开发，设立气候变化科研基金，积极承担企业在应对气候变化问题上的社会责任。新西兰碳排放权市场经过近几年的发展，基本实现了低成本节能减排的目标。

新西兰碳排放交易体系不仅创建了 NZU 作为新西兰国内的排放单位，将其用于国内各企业间减排量的交易，而且规范了《京都议定书》下确定的国际排放单位在新西兰的交易规则，使新西兰国内企业可进行海外交易并使用国际碳信用额度，如《京都议定书》中基于配额交易下的分配数量单位（AAU）、清洁发展机制（CDM）项目的核证自愿减排量（CER）和联合履行（JI）项目减排单位（ERU）及长期土地补偿的清除单位（RMU），以实现最低成本的温室气体减排。

9.4.6　澳大利亚碳金融市场

1. 澳大利亚碳市场机制

在碳市场机制建立层面，澳大利亚是先行者之一，其模式也颇为特殊。

自 2006 年《斯特恩报告》问世，澳大利亚碳价格机制方案几经变化。在 2011 年，澳大利亚确定了现行的碳价格机制，改变了从前一步到位引入碳交易机制的做法，即分步骤引入，先实施固定碳价机制，再引入碳交易机制。

具体而言，2012 年 7 月 1 日至 2015 年 7 月 1 日为固定价格阶段，碳价固定 3 年，起始碳价为每吨 23 澳元，每年按实价递增 2.5%。自 2015 年 7 月 1 日起为排放交易机制阶段，由交易市场决定浮动碳价，但是设有"地板价格"和"天花板价格"。碳价上限在国际期待价格上每吨加 20 澳元，并每年按实价增加 5%。碳价下限为 15 澳元，每年按实价递增 4%。

在征收高额碳税的同时，澳大利亚也有补偿机制，包括在工业上每年投资约 92 亿澳元用于就业和保护参与交易的高排放企业的竞争性，另外投资 130 亿澳元用于清洁能源项目以及保护中低收入人群免受碳税的间接影响。

2. 澳大利亚新南威尔士州温室气体减排体系

澳大利亚是世界上最早实行强制性温室气体减排计划的国家之一，早在 2003 年 1 月 1 日，就启动了新南威尔士州温室气体减排体系（The New South Wales Greenhouse Gas Abatement Scheme，NSW GGAS），这是目前世界上主要的强制性碳排放权交易市场之一，主要涵盖澳大利亚新南威尔士州、南澳大利亚州、昆士兰州等境内发电项目，大约有将近 200 个项目的 50 个参与方是其基础会员。NSW GGAS 成立于 2003 年，比欧盟排放交易体系早成立两年。

按照州立法规定，新南威尔士州内每人每年承担 7.27 吨的温室气体减排目标，并且每个售电企业和其他在新南威尔士州买卖电力的各方，必须满足各自按电力市场份额大小确定的法定基础目标。在 NSW GGAS 运行的前三年（2003—2005 年）内，其基础会员单位共同减排了大约 1675 万吨二氧化碳当量。与一般的排放贸易体系不同的是，新南威尔士州温室气体减排体系是对电力销售公司（电力零售商）而不是电力生产公司（发电企业）规定减排义务。电力销售公司可以利用 NSW GGAS 的交易平台购买排放指标，从而抵消一部分其购买的电力所排放的温室气体排放量。

新南威尔士州温室气体减排体系从根本上来说是一个基于项目的交易体系，电力销售公司由于履行承诺产生了对温室气体减排量的购买要求，形成了一个区域性的温室气体减排指标的交易市场。NSW GGAS 计划本该于 2012 年自动终止，但鉴于成效显著，新南威尔士州政府决定将该计划的运行周期延长至 2020 年。

9.5　国际碳金融市场的成就与不足

9.5.1　主要成就

国际碳金融市场自 2005 年成立以来，主要取得了以下几个成就：

1. 国际碳市场体系逐步完善

目前,以欧盟排放交易体系、美国的芝加哥气候交易所、印度碳交易所和澳大利亚气候交易所及其减排计划等为代表的国际碳金融市场体系在全球碳排放权交易中发挥了主导作用,反映碳稀缺性的碳价格机制已初步形成。此外,碳市场制度得到不断修订和强化,包括不断扩大覆盖行业范围和碳排放量、收紧排放配额或设置排放上限、提高配额拍卖比例等。这些碳交易制度涵盖了多种温室气体,覆盖了工业、电力、航空、交通、建筑等多个领域,年度配额上限从 400 万吨到 18 亿吨不等。随着国际碳金融市场体系建设的日趋完善,碳金融交易的模式也呈现出了多层次化的发展态势。

2. 参与主体更加广泛

国际碳金融市场的参与主体既包括国际组织以及国家政府部门,例如世界银行设立的碳基金以及各国的碳交易所等,还包括一些私营部门的参与者,例如金融机构、中介机构、企业以及个人等。参与主体的广泛性导致国际碳金融市场的规模加速扩大,这就为全球绿色经济的发展募集了充足的资本,进而为各国 CDM 项目发展提供了强有力的支持。

以欧盟碳金融市场为例,其参与主体不仅包括控排企业,还有众多的商业银行、投资银行等金融机构,甚至还包括政府主导的碳基金、私募股权投资基金等多种类别的投资者。在市场利益的驱动下,多方主体纷纷进入碳金融市场,它们一方面活跃了碳交易市场,另一方面则推动了碳金融产品的创新和碳金融服务的发展。例如,法国巴黎银行资产管理公司发布了欧洲气候碳抵消计划,法国兴业银行等机构共同设立了专项碳基金,荷兰银行等金融机构从事碳交易中介业务,以及金融机构提供融资担保、购碳代理、碳交易咨询等。

3. 交易规模持续增长,碳交易市场价格普遍上涨

根据路孚特统计,2020 年全球主要碳市场的成交量为 103 亿吨,交易总额达到约 2290 亿欧元,较 2019 年增长近 20%,连续四年创纪录增长。其中,欧盟、新西兰、美国 RGGI、韩国等碳市场成交量比 2019 年分别同比增加 20%、20%、16%、10%。

2020 年受新冠肺炎疫情影响,多数碳交易市场价格先出现短期大幅下跌的情况,到下半年逐步恢复增长态势。欧盟、美国 RGGI 和加州、新西兰等碳市场的价格年中已恢复至疫情前水平,其中,欧盟、美国 RGGI、新西兰等碳市场的价格年底达到年初价格的 1.4 倍左右,2021 年 5 月份欧盟碳价更是创每吨 56 欧元的历史新高。

4. 碳基金发展迅速

碳基金是以减缓温室气体排放为目的,由政府、企业、金融机构等主体投资设立的基金。碳基金的资金来源于政府独立出资、政府和企业共同出资、企业自行出资三种形式。政府出资设立的碳基金一般通过购买 CDM 项目达到帮助企业减少温室气体排放、提高能源使用效率、加强低碳处理及低碳技术研发的目标。企业出资设立的碳基金则是完全出于投资目的,从参与 CDM 项目的转卖中获取利润。碳基金的投资方式主要包括碳减排购买协议和直接融资两种。碳减排购买协议是减排量的买方和卖方之间签订的具有法律约束力的合同,规定了减排量的销售条款和条件,其最终目标是鼓励可持续使用资源,以减少碳排放。直接融资是指直接为 CDM 项目提供股权投资或信贷支持。目前,60% 以上的碳基金通过购买碳减排协议的方式参与国际碳金融市场,30% 以上的碳基金以直接融资的方式为 CDM 项目提供资金支持。

5. 金融衍生品不断增加

随着国际碳金融市场的完善和发展，以核证减排量和碳排放配额为基础的碳远期、碳期权、碳期货、碳掉期等一系列的金融衍生品开始不断出现。由于认证标准、配额管理体制或碳减排单位等因素的影响，加上价格预期和交易的时间与地点的不同，碳金融衍生品市场通常会提供跨时间、跨商品、跨市场的套利交易方式。

在欧盟交易体系中，主要的碳期货交易品种包括欧洲气候交易所推出的 EUA 期货和 CER 期货。公开数据显示，在场内交易中，碳期货合约的累计交易量达到了全部交易量的 90% 以上。从全球角度来看，现阶段各碳市场碳期货交易的品种除了 EUA 期货、CER 期货，还包括 EUAA 期货、ERU 期货以及以各区域性碳配额为标的的碳期货合约，包括欧洲气候交易所、洲际交易所、欧洲能源交易所提供的不同品种、不同期限的碳期货合约。

9.5.2　局限与不足

全球碳金融市场高速发展为经济复苏带来了机遇，但其自身发展仍存在着一些根本性问题，这些因素对未来全球碳金融市场的发展带来了诸多不确定因素。

1. 市场分立

目前，国际碳交易主要集中于欧盟、北美等发达国家，各交易平台、交易体系并不完全相同，不同市场之间不能接轨，相互之间难以形成跨市场交易。在已经存在的碳交易市场中，既有场外交易市场，也有场内交易市场；既有政府管制产生的市场，也有参加者自愿形成的市场。比如，欧盟以配额交易机制为主，向其成员国分配碳排放许可，实行强制进入、强制减排；而美国的芝加哥气候交易所由企业发起，实行自愿加入、强制减排。市场分立将导致碳交易规模被限定在一定范围内，严重影响市场的活跃度。这种状态如果长期持续下去，不仅会对国际经济发展造成较为严重的影响，也会对各个国家的经济造成一定的冲击。这些情况都不是人们愿意看到的，所以，在今后的发展中，必须将这种情况有效地控制在某个范围内，并加以解决。

2. 政策风险

虽然 2016 年 11 月 4 日签订的《巴黎协定》已经生效，并以自主贡献的方式落实各国的减排承诺，但由于各国的经济发展水平相差甚远，一味追求可持续发展理念在经济欠发达国家未必能发挥作用。因此，如何协调经济发展与生态环境保护之间的关系仍是重要议题。另外，由于 2020 年 11 月美国政府正式退出《巴黎协定》，这使得全球气候变化问题的未来发展变得更加不确定，甚至使人们对其丧失信心。

此外，减排认证的相关政策存在较大的风险。这种风险主要表现在以下方面：对于减排认证来说，其政策和规定在一定程度上是与国际碳金融交易相违背的，前者只是单纯为国家的清洁和环保考虑，后者则带有严重的功利性色彩，当两种方式找不到一个兼容点的时候，其矛盾就会演变成较大的隐患。

3. 交易成本巨大

在国际碳金融市场中，交易成本高主要体现在基于项目的市场。首先，基于项目的市场要求必须由指定的经营实体（Designated Operation Entity，DOE）对项目进行审定和减排量核证，且往往项目交易都是跨国申请的审核，因此要支付高昂的交易费用。其次，由于碳市场体系并不健全，因此交易双方的信息不对称会产生道德风险。此外，由于市场对 DOE 监管缺失，使得有些 DOE 在材料准备和核查过程中存在提供虚假信息等不诚信问题，这无形中加大了市场的交易成本。这些因素都会给市场带来不利影响，阻碍市场的发展。

4. 碳金融创新能力不足

国际碳金融创新能力上的不足严重阻碍了碳金融市场的发展。出现创新能力不足的原因主要有：碳金融专业人才严重缺乏；各国碳金融市场独立发展，没有完全与国际碳金融市场接轨；部分国家尚未完全开发建设碳金融市场，对待碳金融产品的开发和创新比较谨慎。

知识拓展

国际碳交易市场的发展现状

自 2005 年欧盟建立全球第一个碳排放权交易市场至今，全球共有 38 个国家级辖区、31 个次国家级辖区的 32 个碳市场正在运行，覆盖约 10 亿吨二氧化碳当量（$GtCO_2e$）的温室气体排放量，占全球温室气体排放量的 17.0%。从区域来看，经济发达地区的碳市场发展更早。

1. 基本设置

从覆盖范围来看，全球各碳市场因减排目标的不同而设置了不同的覆盖气体与行业范围，因此造成各碳市场覆盖碳排放量规模的不同。

从覆盖气体来看，各碳市场根据减排目标的不同覆盖了常见温室气体中的一种或几种。

从覆盖行业来看，大多数碳市场覆盖行业主要为电力、工业、航空、交通运输及建筑，部分碳市场覆盖行业还拓展到了其他领域，例如，哈萨克斯坦碳市场包括石油、天然气领域，新西兰碳市场加入了废物处理、林业、农业三个行业。

从覆盖排放量来看，我国的全国碳市场以 $45GtCO_2e$ 左右的规模位居全球首位；欧盟碳市场作为超国家级碳市场，覆盖排放量为 $17.5GtCO_2e$，位居全球第二；其他国家级碳市场覆盖排放量规模普遍在数亿吨量级，而地方碳市场的规模则更低。

从参与主体来看，除履约机构外，当前全球多数碳市场已广泛开放了非履约机构及个人参与碳市场的渠道，仅新斯科舍、马萨诸塞州、俄勒冈州、埼玉县的碳市场将参与主体限定为履约企业。

2. 一级市场：总量设定与配额分配

全球碳市场在总量设定上普遍采用了基于数量的方式，同时，通常每个周期的碳配额数量呈现线性递减的趋势，如欧盟碳市场的碳配额数量以每年 2.2% 的比例逐年减少。目前，仅我国碳市场广泛采用了基于强度的总量设定方式，虽然减排效果不稳定，但能更好地兼顾经济发展需求。

多数碳市场的配额分配通常经历了从免费到以有偿为主的转变。大部分碳市场在初期采用免费分配以顺利推广，此后则逐渐增加有偿分配的比例（最常见的方式为拍卖）以提升减排效果。当前，除哈萨克斯坦、俄勒冈州、墨西哥、东京、埼玉县及我国碳市场仍完全采用免费分配，其他碳市场均开始通过不同比例的拍卖实施有偿分配。

3. 二级市场：交易品种与碳价波动

发达经济体的碳市场金融化程度较高，衍生品更多样化。由于碳配额的获取及使用存在时滞，利用衍生品提前规划交易、规避风险是发达经济体碳市场的常规操作方式。欧盟、英国、加利福尼亚州等碳市场均开发了以碳期货为代表的碳金融衍生品，并已成为主要交易品类。

从碳价来看，各市场对外公布的碳价口径存在差异，包括固定分配价格、拍卖价格、现货价格、期货价格等。同时由于碳价口径及不同市场在制度设计、供需等方面的不同，各碳市场的价格差异悬殊。不过，各种口径的碳价在一定程度上代表了某个地区的碳排放成本，因此仍可大体上进行对比：从 2021 年的平均碳价来看，英国、欧盟、瑞士的碳价位列前三，均在 50 美元/吨以上；其次为新西兰、德国、新斯科舍、加利福尼亚州、魁北克碳市场，碳价在 20 美元/吨以上；东京、马萨诸塞州、RGGI 等市场的碳价则较低。

 思政专栏

芝加哥气候交易所的兴衰给我们的启示

2003 年 6 月，美国在芝加哥建立了全球首个也是北美地区唯一的碳排放交易平台——芝加哥气候交易所（Chicago Climate Exchange，CCX）。与清洁发展机制不同，CCX 是首个将温室气体排放权设计为期货来进行交易、基于市场机制的温室气体交易体系，其环境经济水平处于世界领先的地位。

1. 芝加哥气候交易所的筹备-成立-兴盛

在芝加哥气候交易所成立前，芝加哥已经拥有美国最大的两家交易所——芝加哥商业交易所和芝加哥期货交易所，因此芝加哥成了气候交易所的天然故乡。

2004 年，CCX 出台《芝加哥协议》，对芝加哥气候交易所的详细信息进行了披露，其对私营部门相当于一部有效的法律。由于美国并非《京都议定书》的缔约方，因此其境内的企业无需承担任何强制性的减排义务，同时，CCX 作为全球首个自愿型碳排放权交易试点市场，在缺乏有效法律约束下，参与企业自愿承诺减少温室气体排放，因此 CCX 初期的会员招募非常困难。

经过三年多的筹备，2003 年 12 月 12 日 CCX 正式对外运营。但由于缺乏流动性，CCX 在成立初期交易并不活跃，有时甚至没有交易。随后 CCX 通过上市融资扩大规模，引进人才队伍，吸引更多的会员加入，交易所不断成长壮大。到 2005 年，碳价格快速上涨并突破 2 美元/吨，抵消项目从 2004 年注册时的 12600 吨上升到 311000 吨，交易所的会员从 43 家增长到 88 家；到 2008 年，碳价格攀升至 7.4 美元，会员数量增加至 328 家，CCX 迎来了它的历史巅峰。随后迎接 CCX 的便是无声的衰落，2008 年是它的转折点。

2. 芝加哥气候交易所的衰落

尽管 CCX 不断向政策制定者宣讲，企图让总量控制下的排放权交易立法纳入美国国会的考虑范围，但是事与愿违。2009 年，美国白宫发布 2009 年预算，政府部门或将配额拍卖所得款项纳入 6700 亿美元的收入预算范围，这意味着总量控制下的排放交易将彻底从"酸雨计划"中分离出来，而基于减排目标免费分配的配额数量将不断减少。2009 年 11 月，黑客窃取东英吉利大学电子邮件服务器，将科学家的数据和电子邮件内容在互联网上发布，爆发了著名的"气候门事件"，科学家的正义性遭到了质疑，对总量控制下的排放交易的反对之声甚嚣尘上。2009 年年底，奥巴马参加了"哥本哈根协议"的谈判，但无疾而终。此时，CCX 的碳价格猛跌至 0.01 美元/吨，其结果不言而喻。

美国气候变化立法的"难产"不仅对排放交易造成了巨大打击，对芝加哥气候交易所来说同样如此。虽然区域性的排放交易仍在激增，但没有法制体系为其保驾护航，反而"命令与控制"手段（如碳税和补贴等）成了主流，所以气候交易所变得可有可无了。

3. 经验启示

美国减排温室气体的根本目的主要考虑的是本国的经济发展战略，而非联邦层面上的二氧化碳减排以及全球层面上的应对气候变化。美国奥巴马政府推出的绿色政策表面上是为应对气候变化与碳减排的相关议案，使气候变化问题与产业结构转型升级，将能源合理使用和清洁生产技术创新等战略相关联，核心内容却更多指向通过将排放权纳入市场机制推动本国经济发展，同时树立良好国际形象，以巩固美国在全球的优势地位。

由于温室气体排放权交易的本质是一种市场经济，因此其必须保证构建流动性较强、交易量较高的交易市场，否则将失去市场活性，难以达到将排放权真正纳入交易的根本目的。仅仅通过市场手段进行自我调节，容易出现碳金融工具价格失衡、企业单方面购入过多或产生垄断、排放总量难以保证等问题。如果缺少法律手段对温室气体排放总量进行强有力控制，就难以对企业进行温室气体排放配额指标的分配，碳信用缺少稀缺性，碳市场就失去了存在的根基。因此，通过法律手段强制性限制温室气体排放总量是必不可缺的。芝加哥气候交易所的崛起和兴衰说明缺少强制力的会员自愿承诺排放机制是不可行的，必须以立法为基础建立强制性温室气体减排机制，否则终将失去其市场意义和交易价值。

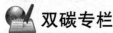 **双碳专栏**

"双碳"目标下国外商业银行碳金融业务发展实践

国外商业银行依托较为成熟的金融市场和金融产品体系，开展了较多有益的创新实践。

一是参与碳交易业务。国外商业银行在碳交易体系中担任做市商角色，通过建立交易平台，在碳排放权配额买卖中赚取差价。例如荷兰银行凭借广泛的全球客户基础开展自营碳排放交易，成为排名前列的碳交易做市商；又如巴克莱银行现已发展成为碳信用市场上最大的交易平台。

二是提供碳资产管理服务。商业银行作为中介方，为客户提供开户、清算、代理、咨询、托管等服务。例如三井住友银行通过提供碳资产托管服务，为客户提供专业化碳资产管理，提高银行资产收益。

三是提供碳资产融资服务。围绕碳资产，国外商业银行能够提供基于碳排放权、CER质押融资及减碳项目的或有资产融资。例如巴黎银行在减排项目完成 CDM 或 JI 登记后，可以将项目的未来减排量卖出收益进行质押并提供质押贷款，在项目实现减排后，可以继续提供碳排放权、CER 质押贷款；又如荷兰银行集团旗下专门为荷兰"绿色项目"提供贷款的两家分行共同管理的项目资金已达 10 亿欧元。

四是开发碳金融衍生品。在国外碳金融市场中，除现货交易，碳期权、碳期货、碳远期、碳掉期等衍生产品体系较为完善。在欧盟碳交易市场（EU-ETS）中，期货交易在总交易量中占比已达 90%。

五是设立碳基金。国外商业银行设立的碳基金包括两种类型：一类为碳减排项目提供资金支持，如德意志银行推出的"德银 DWS 环球气候变化基金"，投向绿色产业项目；另一类投资于碳排放权二级市场，如法国兴业银行、汇丰银行、瑞士信托银行共同合作设立的碳排放交易基金。

六是开展多场景产品创新。国外商业银行积极在贷款、存款、理财、信用卡等多场景中融入低碳创新理念。

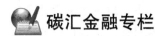 碳汇金融专栏

澳大利亚土壤碳汇案例

1. 案例背景

为激励企业、家庭和土地所有者主动减少碳排放和增加碳储量，澳大利亚联邦政府提出要从广泛的来源购买最低成本的碳汇产品。同时，澳大利亚的气候变化战略明确了通过投资新技术、帮助土地和农业部门来减少温室气体排放等 8 个方面的减排举措。为推动上述措施落地，根据 2011 年出台的《2011 碳信用（碳农业倡议）法案》，澳大利亚于 2015 年专门成立了减排基金（Emissions Reduction Fund，ERF），之后在此基础上又成立了气候解决方案基金（Climate Solutions Fund，CSF），用于支持土地所有者、社区和企业开展的各类减排项目，推动政府实现"到 2030 年排放量比 2005 年减少 26%~28%"的目标。

2. 主要做法

市场主体可以通过运行土壤碳项目获取碳信用额度，并将其出售给澳大利亚政府、公司或其他私人买家，以实现土壤碳汇价值。

（1）土壤碳项目管理。澳大利亚工业、科学、能源与资源部是气候解决方案基金的主管部门，负责制定政策、技术规则、相关立法及进行监督。清洁能源监管机构负责基金的实际运行、技术规则（方法）的具体起草，并代表政府进行碳减排采购（碳信用额购买）。

（2）项目规划。在项目规划阶段，申请者需要参加由清洁能源监管机构组织的资格审查，审查内容包括：①参与项目的土地在过去 10 年（基线期）必须是牧场、耕地（如种植作物、水果或蔬菜）；②申请者拥有土地相关合法权益；③获得自然资源管理部门等监管部门的批准，以及土地合法权益方的同意；④确保项目是全新的，项目涉及的土地未参与过其他类似项目。

（3）项目注册。在项目开始前，申请人需要在清洁能源监管机构网站上进行项目注册，包括提交各类资格证明材料、项目土地管理策略、项目区地图和预估减排量，并可以选择 25 年或 100 年的项目持续期。

（4）项目运行。项目注册完成后，就可以按照计划的碳汇活动运行项目，以获取碳信用。首先开展基线取样，即在项目注册完成后、第一次报告前进行基线采样，以测量初始土壤碳水平。基线取样完成后，就可以按照土地管理策略开展新的、合格的土地管理活动，并按计划进行采样分析。

（5）报告与碳信用获取。在项目运行后，项目方可以通过测量土壤碳的变化并提供抵消报告，通过阐述变化结果来获得碳信用。抵消报告周期为 1~5 年，内容包括土地管理策略副本及土地管理活动开展情况、采样轮次及采样结果、报告期内土壤碳水平变化量、报告期内项目区排放量、报告期内净减排量等内容。

项目发起人可以在清洁能源监管机构的门户网站提交抵消报告，并注册一个澳大利亚国

家排放单位登记处账户，用于获取碳信用额（Australian Carbon Credit Units，ACCU），单位数量的碳信用额相当于 1 吨二氧化碳。清洁能源监管机构将在 90 天内评估抵消报告，若报告有效，相应的碳信用将会发送至项目发起人的账户。

（6）运行及交易机制。正式的交易一般由清洁能源监管机构组织反向拍卖，从项目中购买碳信用额度。项目发起人可以向清洁能源监管机构提交申请，经审核通过后进行拍卖注册并获得拍卖资格。每个参与者在拍卖窗口期间提出单一的、保密的出价，价格最低的出价最有可能胜出，并与代表澳大利亚政府的清洁能源监管机构签订碳减排合同，该价格将代表政府收购碳汇的最佳价格。拍卖由独立的诚信顾问负责监督，以评估业务流程、角色和责任的分离、拍卖投标和减排量等信息的机密性。此外，项目发起人还可以在二级市场上将碳信用额度出售给其他与清洁能源监管机构签订合同的主体，或出售给希望抵消其排放量的私人公司。

3. 主要成效

澳大利亚土壤碳汇是对生态系统碳汇价值实现机制的有益探索，既利用耕地生态系统拓展了碳汇新类型，又实现了对耕地资源的有效保护，形成耕地保护的经济链条和良性循环。

一是有利于耕地资源保护。作为土壤碳汇形成的重要方式，各类保护性耕作有利于增加土壤中的碳含量。澳大利亚土壤碳汇项目对此进行了详细的规定，严格约束了耕地管理活动，促进了土壤有机碳的形成及其他养分的增加，有效提升了耕地质量。

二是有利于建立土壤碳汇体系。澳大利亚通过财政支持建立气候解决方案基金，制定土壤碳汇测定方法、信用产生办法、交易办法等措施，形成了政府购买土壤碳汇的补偿机制，提高了各方参与土壤碳汇项目的积极性，同时带动了土壤碳汇信用的生产及其在市场交易中的活跃度，有利于建立完整的生态系统碳汇体系，助力碳中和。

三是通过经济手段促进了生态价值实现。澳大利亚政府为每个 ACCU 付出的补偿资金由 2019 年 6 月的约 10 美元，增长至 2021 年 6 月的 14.5 美元，有利于促进土壤碳汇产品的价值实现和形成耕地保护的良性循环。

探究与思考

1. 简要介绍美国碳金融市场的金融机构。
2. 简要阐述美国碳金融市场的发展现状。
3. 欧盟碳金融市场有哪些交易产品？
4. 简要介绍英国碳金融市场发展历程和发展现状。
5. 英国碳金融市场有哪些参与主体？
6. 阐述国际碳金融市场的成就与不足。

【参考文献】

[1] 陈洁民. 新西兰碳排放交易体系的特点及启示 [J]. 经济纵横, 2013 (1)：113-117.

[2] 陈骁, 张明. 碳排放权交易市场：国际经验、中国特色与政策建议 [J]. 上海金融, 2022 (9)：22-33.

[3] 符冠云, 郁聪. 英国节能和应对气候变化政府监管体系与模式对我国的启示 [J]. 中国能源,

2014（10）：13-16.

[4] 李达，陈颖. 欧盟和德国金融监管改革的实践及启示 [J]. 金融发展评论，2015（4）：54-69.

[5] 李凤雨，翁敏. 英国金融监管体制改革立法及对我国的借鉴 [J]. 西南金融，2014（11）：51-54.

[6] 李涛. 北美地区碳排放交易机制经验与启示 [J]. 海南金融，2021（6）：83-87.

[7] 骆华，费方域. 国际碳金融市场的发展特征及其对我国的启示 [J]. 中国科技论坛，2010（12）：142-147.

[8] 绿金委碳金融工作组. 中国碳金融市场研究 [R]. 北京：中国金融学会绿色金融专业委员会，2016.

[9] 马玉荣. 碳金融与碳市场 [M]. 北京：红旗出版社，2016.

[10] 孙振. 国际碳金融市场的问题与对策研究 [J]. 发展研究，2018（5）：33-36.

[11] 蔡博峰，姚波，刘晓曼，等. 国际碳基金研究 [M]. 北京：化学工业出版社，2013.

[12] 王然. 国内外绿色债券市场发展的实践与启示 [J]. 新金融，2021（12）：53-58.

[13] 王苏生，常凯. 碳金融产品与机制创新 [M]. 深圳：海天出版社，2014.

[14] 杨洁. 国际碳交易市场发展现状对我国的启示 [J]. 中国经贸导刊，2021（24）：24-26.

[15] 杨晴. 碳金融：国际发展与中国创新 [M]. 北京：中国金融出版社，2020.

[16] 杨姝影，蔡博峰，肖翠翠，等. 国际碳金融市场体系现状及发展前景研究 [J]. 环境与可持续发展，2013，38（2）：27-29.

[17] 杨星. 碳金融概论 [M]. 广州：华南理工大学出版社，2014.

[18] 杨星. 碳金融市场 [M]. 广州：华南理工大学出版社，2015.

[19] 尹志芳、张斌亮、李敏. 欧洲碳交易中间商参与碳交易市场的经验分析 [J]. 工程研究，2012，4（3）：277-286.

[20] 郑爽. 全国七省市碳交易试点调查与研究 [M]. 北京：中国经济出版社，2014.

[21] 郑爽. 2020 年国际碳市场评述与 2021 展望 [J]. 中国能源，2021，43（3）：49-51.

[22] 中国期货业协会. 期货市场教程 [M]. 北京：中国财政经济出版社，2011.

第 10 章

我国碳金融市场发展

根据《联合国气候变化框架公约》(UNFCCC)"共同但有区别"原则，我国在最初并没有被《京都议定书》纳入强制减排的范围。近年来随着我国经济的高速发展，我国已经成了世界第二大经济体，同时也是世界第一大碳排放国家。为了应对温室气体排放造成的气候变化，2020 年，习近平总书记在联合国大会中宣布了我国力争于 2030 年实现碳达峰，2060 年前实现碳中和的自主贡献目标（以下简称"双碳目标"）。我国的碳市场采取从"区域化试点"到"全国性纳入"的独特路径。借鉴欧盟经验，我国碳金融市场的建设分为三个主要阶段：第一阶段是从 2002 年至 2011 年，主要通过参与国际 CDM 项目进行减排；第二阶段是试点交易阶段，从 2012 年至 2020 年，通过建设交易试点为统一碳市场建设积累经验和数据；第三阶段是从 2021 年开启了统一碳市场阶段，我国启动全国统一碳交易市场，并开始多元化快速发展。

当前我国正处于稳步推进生态文明建设的重要关口，碳金融市场建设是实现我国"30·60"双碳目标的重要举措，也是我国实现绿色低碳发展与高质量转型发展的重要金融路径。本章主要介绍我国碳金融市场发展的政策演变、阶段进程、交易产品与监管框架等，以期加深对我国碳金融市场的了解。

10.1 我国碳金融市场的发展历程

10.1.1 我国碳排放约束目标的制定

1. 40-45 目标

2009 年 11 月，为推动哥本哈根气候大会达成协议，我国政府向国际社会郑重承诺：到 2020 年，我国单位 GDP 二氧化碳排放强度将比 2005 年下降 40%~45%并将此目标作为约束性指标纳入国民经济和社会发展中长期规划，同时建立全国统一的统计、监测和考核体系。

2. 碳排放峰值目标

2014 年 11 月，在历史性的《中美气候变化联合声明》中，我国政府承诺，二氧化碳排放 2030 年左右达到峰值并争取尽早达峰，非化石能源占一次能源消费比重达到 20%左右。

3. 《巴黎协定》

2015 年 12 月，包括我国在内的近 200 个国家在《巴黎协定》中一致同意，将全球平均气温升幅控制在工业化前水平以上低于 2℃之内，并努力将气温升幅控制在工业化前水平以上 1.5℃之内，且争取在 21 世纪下半叶实现近零排放。

4. 60-65 目标

2015 年 9 月，我国政府在《中美元首气候变化联合声明》中承诺，到 2030 年单位二氧化碳排放比 2005 年下降 60% 至 65%。

5. 30·60 目标

2020 年 9 月 22 日，国家主席习近平在第七十五届联合国大会一般性辩论上宣布，"中国将提高国家自主贡献力度，采取更加有力的政策和措施，二氧化碳排放力争于 2030 年前达到峰值，努力争取 2060 年前实现碳中和"。

6. 气候雄心峰会

2020 年 12 月 12 日，国家主席习近平在气候雄心峰会上宣布我国国家自主贡献一系列新举措，"到 2030 年，中国单位国内生产总值二氧化碳排放将比 2005 年下降 65% 以上"。

10.1.2　我国碳金融市场的制度演进

1. "十二五"期间

"十二五"规划即《中华人民共和国国民经济和社会发展第十二个五年规划纲要》提出，积极主动参与全球气候治理，控制温室气体排放，逐步建立碳排放权交易体系，推进低碳试点示范。"十二五"期间，我国积极开展碳排放权交易试点，初步建立健全碳排放权初始分配制度见图 10-1。

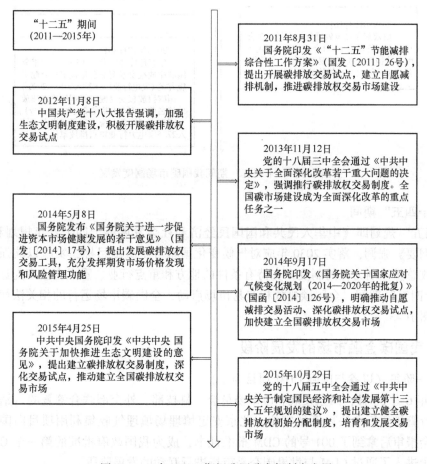

图 10-1　"十二五"期间我国碳市场制度发展

2. "十三五"期间

"十三五"规划即《中华人民共和国国民经济和社会发展第十三个五年规划纲要》明确，坚持减缓与适应并重，主动控制碳排放，落实减排承诺，推动建设全国统一的碳排放交易市场。"十三五"期间，我国明确碳排放权首批纳入行业，完善碳排放权交易配额总量与分配等相关方案，初步建立了全国碳排放权交易市场保障体系，见图10-2。

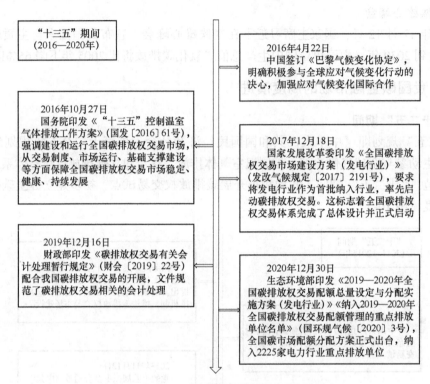

图 10-2 "十三五"期间我国碳市场制度发展

3. "十四五"期间

"十四五"规划即《中华人民共和国国民经济和社会发展第十四个五年规划和2035年远景目标纲要》强调，落实2030年应对气候变化国家自主贡献目标，实施以碳强度控制为主、碳排放总量控制为辅的制度，支持有条件的地方和重点行业、重点企业率先达到碳排放峰值。"十四五"期间，全国碳排放权交易市场启动，全国碳市场运行的相关法律法规不断完善，见图10-3。

10.1.3 我国碳金融市场的发展阶段

1. 第一阶段（以参与国际CDM项目为主）

2004年6月30日，国家发展和改革委员会、科技部、外交部联合签署的《清洁发展机制项目运行管理暂行办法》开始实施，北京安定填埋场填埋气收集利用项目向国家发展和改革委员会报审后拿到了001号的CDM批准证书，成为我国政府批准的第一个CDM项目，标志着我国进入了通过CDM与世界碳交易市场进行互动的发展阶段。

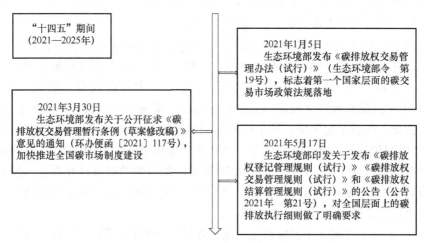

图 10-3　"十四五"期间我国碳市场制度发展

截至 CDM 项目市场关停前，我国共批准了 5074 个 CDM 项目。2011 年前后，由于全球经济萧条、市场与环境成本矛盾突出、后京都时代减排责任未能落实，以及各国内部政策加强等多种原因，CDM 市场持续萎缩，目前已几乎停滞。在此背景下，我国开始在碳交易上另辟蹊径。

2. 第二阶段（开展碳排放权交易试点）

2011 年 10 月，国家发展和改革委员会发布《国家发展改革委办公厅关于开展碳排放权交易试点工作的通知》，批准北京市、天津市、上海市、重庆市、广东省、湖北省、深圳市开展碳交易的试点工作。2013—2014 年，上述 7 个省市的碳市场陆续启动，建立并尝试不同的碳市场交易制度；2016 年，新增四川与福建两个试点碳市场，其中四川联合环境交易所不进行配额交易，只进行 CCER 交易，而福建的海峡股权交易中心同时进行配额交易和 CCER 交易，主要涉及省内的林业碳汇项目。

碳交易试点市场由碳排放配额交易试点市场与国家核证自愿减排量（CCER）市场组成。CCER 是指由发改委审定，并在国家注册登记系统中登记的温室气体减排量，主要是通过清洁能源代替化石燃料产生的碳排量，或是林业碳汇、甲烷利用等项目，可与排放配额等量兑换以抵消超排部分，抵消比率一般不高于年度配额或排放量的 5% 或 10%。

2012 年，为进一步探索全国统一碳市场的建设，国家发展改革委出台了《温室气体自愿减排交易管理暂行办法》，形成了规范的碳市场管理机制。

3. 第三阶段（建立全国统一的碳市场）

2014 年，国家发展和改革委员会发布《碳排放权交易管理暂行办法》，首次明确全国统一的碳市场总体框架。2017 年年底，国家发展和改革委员会印发《全国碳排放权交易市场建设方案（发电行业）》（发改气候规定〔2017〕2191 号），其中明确全国碳市场启动后，区域碳交易试点地区将符合条件的重点排放单位逐步纳入全国碳市场，实行统一管理；区域碳交易试点地区继续发挥现有作用，在条件成熟后逐步向全国碳市场过渡。这标志着全国碳排放交易体系完成了总体设计并正式启动。电力行业特别是发电企业具有碳排放量大、产品相对单一、计量设备比较完备、管理比较规范等特点，因此电力行业成了碳市场的首选行业和突破口。我国碳市场是迄今为止全球最大的碳市场，也是继美国区域温室气体减排行动（RGGI）之后，第二个只有电力行业参与的碳市场。

2018 年 3 月，国家发展和改革委员会将应对气候变化和减排职责划转至新组建的生态环境部。生态环境部成为我国碳排放权交易工作新的主管部门，继续稳步推进全国碳市场基础支撑工作。2020 年 12 月，生态环境部连续发布了《碳排放权交易管理办法（试行）》《2019-2020 年全国碳排放权交易配额总量设定与分配实施方案（发电行业）》以及配额分配方案和首批重点排放单位名单，其中规定：对已参加地方碳市场 2019 年度配额分配但未参加 2020 年度配额分配的重点排放单位，暂不要求参加全国碳市场 2019 年度的配额分配和清缴；对已参加地方碳市场 2019 年度和 2020 年度配额分配的重点排放单位，暂不要求其参加全国碳市场 2019 年度和 2020 年度的配额分配和清缴；地方碳市场不再向纳入全国碳市场的重点排放单位发放配额。

自 2021 年 1 月 1 日起，全国碳市场发电行业第一个履约周期正式启动，涉及 2225 家发电行业重点排放单位，总排放规模预计超过 40 亿吨二氧化碳，约占全国碳排放总量的 40%。这标志着全国碳排放交易体系正式投入运行，政府将在碳排放配额、企业参与范围、产品定价机制等方面做出系统性的安排。

2021 年 2 月，生态环境部主要领导在湖北碳排放权交易中心和上海环境能源交易所调研期间，要求全国碳市场建设尽早实现系统运行，确保在 2021 年 6 月底前全面启动全国碳交易市场，并采用了创新型的"双城模式"（见图 10-4），即上海环境能源交易所负责交易系统建设，湖北碳排放权交易中心负责登记结算系统建设，交易标的主要由碳排放配额（CEA）和 CCER 组成。

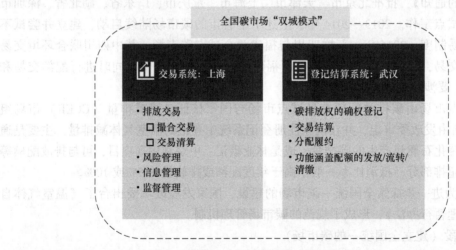

图 10-4　全国碳市场"双城模式"

2021 年 3 月 15 日，中央财经委员会第九次会议指出，要完善绿色低碳政策和市场体系，完善能源"双控"制度，完善有利于绿色低碳发展的财税、价格、金融、土地、政府采购等政策，加快推进碳排放权交易，积极发展绿色金融。

2021 年 5 月，生态环境部印发关于发布《碳排放权登记管理规则（试行）》《碳排放权交易管理规则（试行）》和《碳排放权结算管理规则（试行）》的公告（公告 2021 年第 21 号），进一步落实全国碳交易市场的管理规则体系。

2021 年 6 月 22 日，上海环境能源交易所正式发布《关于全国碳排放权交易相关事项的公告》，指出全国碳排放权交易机构负责组织开展全国碳排放权集中统一交易。其中，CEA 交易应当通过交易系统进行，可以采取协议转让、单向竞价或者其他符合规定的方式，协议转让包括挂牌协议交易和大宗协议交易。

2021 年 7 月 7 日，国务院常务会议明确提出，在试点基础上于 2021 年 7 月择时启动发电行业全国碳排放权交易市场上线交易。下一步还将稳步扩大行业覆盖范围，以市场机制控制和减少温室气体排放。国务院常务会议还明确要求，推动绿色低碳发展，设立支持碳减排货币政策工具，以稳步有序、精准直达方式，支持清洁能源、节能环保、碳减排技术的发展，并撬动更多社会资金促进碳减排。

2021 年 7 月 8 日，生态环境部应对气候变化司司长李高表示，生态环境部正在加快推进全国碳市场建设，将在发电行业全国碳排放权交易市场上线交易平稳运行的基础上，逐步扩大行业覆盖范围，丰富交易品种和交易方式，实现全国碳市场的平稳有效运行和健康发展，有效发挥碳排放权交易市场在控制温室气体排放、实现碳达峰碳中和目标中的重要作用。下一步，生态环境部将逐步扩大碳市场覆盖行业范围，有序纳入水泥、有色、钢铁、石化和化工等高排放行业。

2021 年 7 月 16 日，全国碳排放权交易市场鸣锣开市，纳入发电行业重点排放单位 2162 家[⊖]，覆盖约 45 亿吨二氧化碳排放量，是全球规模最大的碳市场。

10.2　我国碳金融市场体系

10.2.1　我国区域碳市场的制度体系

1. 上海碳市场制度体系

（1）建设历程。2012 年党的十八大报告提出积极开展碳市场交易试点后，上海同年出台《上海市人民政府关于本市开展碳排放交易试点工作的实施意见》（沪府发〔2012〕64 号），以贯彻落实国家"十二五"规划中关于逐步建立国内碳排放交易市场的要求。在推进碳交易试点工作中，上海坚持制度先行。2013 年，上海市人民政府制定出台的《上海市碳排放管理试行办法》（沪府令 10 号），明确建立了总量与配额分配制度、企业监测报告与第三方核查制度、碳排放配额交易制度、履约管理制度等碳排放交易市场的核心管理制度和相应的法律责任。同年，上海市市级碳交易主管部门制定出台的《配额分配方案》《企业碳排放核算方法》及《核查工作规则》等文件，明确了碳交易市场中配额分配、碳排放核算、第三方核查等制度的具体技术方法和执行规则。上海通过交易所制定发布《上海环境能源交易所碳排放交易规则》和会员管理、风险防范、信息发布等配套细则，明确了交易开展的具体规则和要求。2012 年以来，上海已逐步建设形成了一整套包括市政府、主管部门和交易所三个制定层级的管理制度。

⊖　首批参与交易的发电企业为 2162 家，比原来申报的 2225 家少了 63 家。

（2）碳排放权覆盖范围。在上海市碳排放交易试点阶段，系统设计和主体选取应与现有能耗统计体系的对接，以利于快速建立碳排放交易试点体系的。在明确的行业范围基础上，覆盖主体应具备以下基本条件：应是可独立承担民事责任的法人单位；应达到一定的年度排放规模，以利于全市节能减排目标的达成；应具有完善的历史数据记录，以利于配额分配与交易的实施。

在 2013—2015 年试点期，上海碳市场将钢铁、石化、化工、有色、电力、建材、纺织、造纸、橡胶、化纤等工业行业在 2010 年、2011 年中任何一年二氧化碳排放量达到两万吨及以上的重点排放企业，以及航空、港口、机场、铁路、宾馆、金融等非工业行业在 2010 年、2011 年中任何一年二氧化碳排放量达到一万吨及以上的重点排放企业纳入配额分配范围。首批公布的试点企业一共有 197 家。

2016 年，上海碳市场政策进行了相应调整，不但降低了工业企业纳入门槛（由 2 万吨二氧化碳排放量降为 1 万吨二氧化碳排放量），还扩大了行业覆盖范围（新增水运行业），成为率先纳入航空业且唯一纳入水运行业的碳交易试点。

根据上海市生态环境局印发的《上海市纳入 2022 年度全国碳排放权交易市场配额管理的重点排放单位名录》，来自工业、建筑、交通、数据中心等领域的 357 家企业被纳入 2022 年度碳排放配额管理，较 2021 年度增加了 34 家。值得关注的是，新增企业名单中有 19 家数据中心领域相关企业，这是自 2013 年 11 月开市以来，上海碳交易试点首次将数据中心纳入管控。

（3）配额管理。上海的配额构成为"初始分配配额+新增预留配额"。配额发放形式为"直接发放配额+有偿发放配额（不定期竞价）"。

1）直接发放配额。依据《上海市纳入 2022 年度全国碳排放权交易市场配额管理的重点排放单位名录》中公布的配额发放原则，上海市生态环境局根据企业 2021 年因含碳能源（天然气除外）消耗导致的直接排放占其总排放量的比例确定其 2022 年度的碳排放直接发放配额数量，通过上海市配额登记注册系统免费向纳管企业发放。

对于采用历史排放法分配配额的纳管企业，2022 年度将直接发放配额一次性免费发放至其配额账户。对于采用行业基准线法或历史强度法分配配额的纳管企业，先按照 2021 年产量、业务量等生产经营数据的 80%确定 2022 年度直接发放的预配额并免费发放，在年度清缴期前根据 2022 年度实际经营数据对配额进行调整，对预配额和调整后配额的差额部分予以收回或补足。

2）有偿发放配额。2022 年度有偿发放配额采用不定期竞价发放的形式。上海市生态环境局将根据碳市场运行情况，对 2022 年度配额总量中的部分储备配额组织开展有偿竞买。

纳管企业应通过配额登记注册系统提交与其经上海市生态环境局审定的 2022 年度碳排放量相当的配额来履行清缴义务。配额不足的，应通过上海市碳交易平台购买补足；配额有结余的，可以在后续年度使用，也可以用于配额交易。此外，纳管企业可使用符合要求的国家核证自愿减排量（CCER）或上海市碳普惠减排量（SHCER）进行配额清缴，每吨 CCER 或 SHCER 相当于 1 吨碳排放配额。CCER 所属的自愿减排项目应是非水电类项目，且其所有核证减排量均应产生于 2013 年 1 月 1 日以后。CCER 和 SHCER 使用的总比例不得超过企业经上海市生态环境局审定的 2022 年度碳排放量的 5%。

（4）碳排放数据监测、报告与核查。借鉴欧盟、美国等国外碳排放交易体系的经验，上海市碳排放监测、报告与核查主要分为碳排放监测、碳排放报告、第三方机构核查、政府主管部门审定四个环节。

1）碳排放监测。试点企业应当于每年 12 月 31 日前制订下一年度碳排放监测计划，明确监测范围、监测方式、监测频次、责任人员等内容，并报主管部门。试点企业应当加强能源计量管理，严格依据监测计划实施监测。监测计划发生重大变更的，应当及时向主管部门报告。

2）碳排放报告。纳管企业以及年度碳排放量在 1 万吨以上但尚未纳入试点范围的排放企业应当在每年 3 月 31 日前，编制本企业上一年度碳排放报告，并报主管部门。提交碳排放报告的企业应当对所报数据和信息的真实性、完整性负责。

3）第三方机构核查。每年 4 月 30 日前，第三方核查机构应对企业编制的碳排放报告进行核查，并向主管部门提交核查意见。核查机构应当对核查报告的规范性、真实性和准确性负责，并对被核查单位的商业秘密和碳排放数据负有保密义务。主管部门应对碳排放核查第三方机构实行备案管理，建立向社区公开的第三方机构名录，并对第三方机构及其碳排放核查工作进行监督管理。

4）政府主管部门审定。自收到第三方机构出具的核查报告之日起 30 日内，主管部门将依据核查报告、碳排放报告，对试点企业年度碳排放量进行审定，并将审定结果通知试点企业。

（5）碳交易模式制度设计。2013 年 11 月，在上海碳市场交易正式上线运行前，上海环境能源交易所公布了交易规则和各项细则，形成了"1+6"的规则体系，并且随着碳市场的发展对相关规则进行了修订。

《上海环境能源交易所碳排放交易规则》明确了交易参与方的条件、交易参与方的权利义务、交易程序、交易费用、异常情况处理以及纠纷处理等事项。在配套的 6 个相关业务细则中，《上海环境能源交易所碳排放交易会员管理办法（试行）》确定了交易所实施会员制度，规定了会员资格以及会员权利义务。《上海环境能源交易所碳排放交易违规违约处理办法（试行）》规定了交易所针对交易过程中出现的违反交易规则和合同约定的处理办法。《上海环境能源交易所碳排放交易信息管理办法（试行）》规定交易所应适时公开发布交易市场中包括成交价格和成交量在内的各类相关信息。《上海环境能源交易所碳排放交易结算细则（试行）》规定了交易资金和碳排放配额的结算程序和结算风险管理。《上海环境能源交易所碳排放交易风险控制管理办法（试行）》针对市场可能存在的风险制定了各种控制制度。《上海环境能源交易所碳排放交易机构投资者适当性制度实施办法（试行）》明确了申请参与碳排放配额交易的机构投资者应当符合的条件，以及机构投资者进入上海碳市场交易的申请流程。

1）碳交易平台。上海环境能源交易所是经上海市人民政府批准设立的全国首家环境能源类交易平台，于 2008 年 8 月 5 日正式揭牌成立。上海环境能源交易所是上海市碳交易试点的指定实施平台、经国家发展和改革委员会备案的国家核证自愿减排量交易平台。上海环境能源交易所是生态环境部指定的全国碳排放权交易系统建设和运营机构，现已成为全国规模和业务量最大的环境交易所之一。

上海环境能源交易所作为全国碳排放权交易市场和上海碳排放权交易市场的执行主体，承担全国和上海碳排放权交易系统账户开立和运行维护等具体工作，提供全国碳排放配额交易、上海碳排放配额交易、国家核证自愿减排量交易、上海碳配额远期交易等的开户、交易、结算等服务。此外，还开展市场机制设计、绿色发展咨询、低碳技术推广等绿色低碳咨询服务和绿色金融产品开发、绿色项目投融资等绿色金融服务。

2）会员类型与结构。从国内相关交易市场的会员结构来看，证券、期货类交易均构造了"金字塔"式的多级会员制度与结算制度。由于市场上参与者规模较大、实力较悬殊，为了避免个别违约风险直接传递到交易所，使局部风险演变成整个市场的系统性风险，交易所往往根据会员实力对会员类型加以区分，并分层结算，从而形成了多层次的风险管理体系，保护交易所及整个市场的平稳运行。同时，不同类型的会员为了保住其享有的内部优惠待遇或争取成为上一级会员，就会强化经营管理、规范经营行为、提高经营效率，从而促进整个行业的良性发展。这从一定程度上维护了市场的稳定，增强了投资者的信心。

上海环境能源交易所采用两级会员制度，即交易所管理会员、会员管理客户。上海市碳排放交易试点在运营初期，以自营类会员参与交易为主。为了保证体系的良好运行，交易所已经对市场的主体范围进行了细致的筛选，主要为达到一定规模的中大型企业，主体之间的区别并不如证券、期货类市场上的区别大。在这样的市场结构下，试点企业以及规模较大的机构投资者可以成为交易所的自营类会员从而参与市场交易。交易所直接实现对自营类会员的管理，监督其交易行为。考虑到未来市场的拓展，交易所将会引入更多的机构以及个人参与。交易所会将综合类会员作为市场推广的主体，使其接受交易所的监管并且负责管理规模相对较小的机构投资者以及个人投资者。

在会员类型上，上海与成熟市场通常采用的会员体系保持一致，即设置综合类会员和自营类会员，自营类会员可以进行自营业务，综合类会员可以进行自营业务和代理业务。上海环境能源交易所鼓励银行等金融机构成为交易所会员，参与碳排放交易。会员可以直接进行交易，客户应委托综合类会员代理其参与交易。除试点企业，其他符合投资者适当性制度要求的企业或组织申请成为自营类会员，应当为注册资本不低于100万元且在中华人民共和国境内登记注册的企业法人或者其他经济组织；综合类会员应满足净资产不低于1亿元以及其他交易所规定的专业能力及技术条件。

3）交易方式与时间。在交易模式上，设置了针对小额交易的挂牌交易模式和针对大宗交易的协议转让模式。

① 挂牌交易模式。国内外成熟的交易市场均采用电子竞价的交易模式，在订单设计、定价方式、成交方式等方面各有特色。竞价方式保证了投资者公平交易的原则，保障了投资者的利益，提高了交易效率。

在上海环境能源交易所中，挂牌交易是指在规定的时间内，会员或客户通过交易系统进行买卖申报，交易系统对买卖申报进行单向逐笔配对的公开竞价交易方式。在交易过程中，会员或客户在交易所申报的卖出配额数量不得超过其交易账户内可交易配额余额。交易所不实行保证金交易，会员或客户申报买入的配额金额不得超过交易账户内可用资金余额。当买入申报价格高于或等于卖出申报价格时，配对成交。成交价为买入申报价格、卖出申报价格和前一成交价三者中居中的价格。由于采用挂牌交易，买卖双方能够根据自身的心理预期进行报价，按照一定的原则进行排序并且实现成交，保证交易的公平与效率。挂牌交易模式适用于单笔额度较小的交易，通过即时的成交满足买卖双方的需求，更有利于市场的价格发现。

② 协议转让模式。为满足大型企业的交易需求，避免大宗交易对市场价格造成的剧烈波动，上海环境能源交易所专门针对大宗交易设置协议转让方式。协议转让是指交易双方通过交易所电子交易系统进行报价、询价，达成一致意见并确认成交的交易方式。单笔买卖申报超过 10 万吨时，交易双方应当通过协议转让方式达成交易，也就是点对点的交易方式。协议转让与挂牌交易的区别在于，协议转让中交易的一方可以选择成交的对手方，只要双方达成一致价格即可成交，不需要满足挂牌交易中价格优先、时间优先的排序原则以及买方报价不低于卖方报价的成交原则。在协议转让中，成交价格由交易双方在"当日收盘价±30%"之间协商确定，单笔买卖申报超过 50 万吨（含 50 万吨）的交易成交价格由交易双方自行协商确定。协议转让中的交易双方应当拥有与买卖申报相对应的配额或资金。

协议转让具有一系列优势：大宗交易的前提建立在事先约定的基础上，因而协议转让的实施可以降低交易主体大批量交易时的参与成本，并且帮助参与者控制相对风险；对于购买者来说，协议转让将有效降低购买成本，使购买行为更为便利和确定，减少控排企业的履约风险。从某种程度上说，协议转让有利于监管机构对市场大宗交易的监管，减少二级市场不必要的价格波动。

协议转让必须注意规范进行，其中重要的一点是公开透明的交易信息，比如交易的数量、交易的价格等。在协议转让模式下，成交价格不纳入交易所即时行情，成交量在交易结束后计入当日配额成交总量。

③ 有偿竞价。上海碳市场有偿竞价包括履约拍卖（仅针对纳管企业）和非履约拍卖（向纳管企业和机构投资者共同开放）。历次履约拍卖底价通常为历史加权均价的 1.1～1.2 倍，拍卖价格上浮的方式可以激励企业尽早通过市场交易完成履约，强化了市场预期，履约需求的增加给配额交易价格预留了上涨空间。非履约拍卖的底价与历史加权均价保持一致，同时对企业和投资机构均限制了最大竞买数量，可以有效发挥拍卖机制的市场调节功能，一定程度上缓解了配额供给短缺的压力。

4）清算交割。上海环境能源交易所遵循现代化结算制度，由交易所作为交易的中央对手方，承担交易双方的履约担保风险。交易所的结算方式与交易模式、交易品种和会员结构紧密相关。为了保证资金安全，交易资金实行银行存管制度，会员应当在指定结算银行开设碳排放交易专用资金账户，交易所与会员之间碳排放业务的资金往来应通过交易所指定的结算银行开设的专用账户办理。

上海环境能源交易所的结算方式与交易所的两级会员结构保持一致，即交易所对会员统一进行交易资金清算和划付，综合类会员负责对其代理的客户进行资金清算和划付。为了提高结算的效率，上海碳排放交易实行净额结算制度，即每日交易结束后对买卖的成交差额与交易所进行结算。会员和客户的配额交割均由交易所统一组织进行。登记管理机构负责配额的存管，并根据相关规定和交易所的清算结果完成配额过户。碳排放交易实行货银对付制度，配额登记注册系统根据交易所结算完成的提示，在投资者碳排放产品账户间进行产品的划拨，交收完成后不可撤销。结算银行根据交易所提供的交易流水单负责直接划转投资者的资金，并及时将资金划转凭证和相关账户变动信息反馈给交易所。

5）风险控制。在风险控制上，通过当日涨跌幅限制、配额最大持有量限制、大户报告制度、风险警示制度等一系列方式有效防范交易过程中可能出现的各种风险。从国内外经验来看，风险控制手段包括交易产品的监控、交易过程中的监控（如涨跌停板制度、市场行为监控、持仓限额制度、交易或账户的暂停或冻结停止），以及其他保障制度（如信息报告制度、保证金制度、风险警示制度）等。

① 当日涨跌幅限制。涨跌停板幅度由交易所设定。交易所根据市场风险状况调整涨跌停板幅度，可以控制价格的过度波动以稳定市场，但直接的价格上限和下限可能使价格长时间滞留在最高或最低位，这会限制市场的流动性，并且价格上下限的位置不容易确定，过低的价格限制会削弱企业减排的动力。因此，上海市碳排放配额（SHEA）的涨跌停板幅度采用较合理的百分比限额制度，为上一交易日收盘价±10%。

② 配额最大持有量限制。会员和客户的配额持有数量不得超过交易所规定的最大持有量限额，具体见表10-1。

表 10-1　配额持有数量限制

年度初始配额	同一年度最大持有量
不超过 10 万吨	+100 万吨
10 万吨以上，不超过 100 万吨	+300 万吨
100 万吨以上	+500 万吨

通过分配取得配额的会员和客户按照其年度初始配额数量适用不同的限额标准，如果因生产经营活动需要增加持有量，可以按照相关规定向交易所另行申请额度。未通过分配取得配额的会员和客户最大持有量不得超过 300 万吨。

③ 大户报告制度。会员或者客户的配额持有量达到交易所规定的持有量限额的 80% 或者交易所要求报告的，应于下一交易日收市前向交易所报告。

④ 风险警示制度。交易所认为有必要的，可以单独或者同时采取要求会员和客户报告情况、发布书面警示和风险警示公告等措施，以警示和化解风险。

⑤ 交易信息披露制度。交易信息是指有关碳排放交易的信息与数据，包括配额的交易行情，交易数据统计资料，交易所发布的与碳排放交易有关的公告、通知以及重大政策信息等。交易所实行交易信息披露制度。交易所在每个交易日发布即时行情，内容包括配额代码、前收盘价格、最新成交价格、当日最高成交价格、当日最低成交价格、当日累计成交数量、当日累计成交金额、涨跌幅、实时最高 3 个买入申报价格和数量、实时最低 3 个卖出申报价格和数量。此外，交易所及时编制反映市场成交情况的周报表、月报表、年报表，发布一定周期内的最高成交价格、最低成交价格、累计成交数量、累计成交金额以及其他可能影响市场波动的信息。

6）碳交易所监管制度。上海环境能源交易所作为碳排放交易市场的自律监管机构，具有自愿、专业、灵活等优势。《上海市碳排放管理试行办法》明确，交易所应当制订碳排放交易规则，报经市发展改革部门批准后由交易所公布。交易所应根据碳排放交易规则，制订相关业务细则，提交市发展改革部门备案。因此，在主管部门授权下，交易所有权利也有责任制定规范，从而根据规范对交易市场实施自律监管。

① 规则规范监管。交易所根据主管部门的授权制订场内交易规则和相关流程，组织市场交易主体的场内交易行为。第一，交易所与交易双方签订交易协议或会员协议。上海环境能源交易所现货交易实行会员制，因此交易主体开展现货交易需与交易所签订自营类会员协议或综合类会员协议。在会员协议中明确会员和交易所各自的权利、义务和责任，使会员自

愿认可交易所交易规则并同意接受交易所的监管，这是会员参与现货交易的前提。因此，从本质上可以认为，交易所在组织会员交易过程中充当着居间或者中介的角色，交易所属于自律平台。交易所的规则规范一般只对签订了协议的会员具有约束力。第二，交易所制定的具体规则带有明显的技术性和操作性，并且吸收了很多其他交易平台的交易习惯、交易惯例，因此，交易规则具有较浓厚的行业自律规范性质。

② 市场准入监管。市场准入监管是指对碳交易机构进入市场、经营产品、提供服务依法进行审查和批准，将那些有可能对公共利益或碳交易市场健康运转造成危害的机构拒之门外，以此来保证碳交易的安全稳健运行。因此，市场准入监管是碳交易市场稳定的前提。

在市场准入监管方面，交易所制定《会员管理办法》以及《投资者适当性管理办法》，对各类会员的市场准入条件进行严格规定，并根据上述规定来吸纳会员。上述办法对会员的资本、设施、风控制度、专业人员等都有明确要求，以保证会员有参与碳排放权交易相应的知识、资源、能力以及风险认知等。上海环境能源交易所实行二级代理制度。投资者需委托会员开展交易，这也是考虑到风险监管的要求。为了规范市场准入监管，上海环境能源交易所采取渐进式吸纳会员模式，试点期间只允许境内机构参与，等市场发展到一定程度，才考虑引入境外机构投资者。另外，为了控制风险，目前只允许机构会员加入，未纳入个人会员。

市场准入监管包括建立交易主体资格审核制度和建立交易主体分级管理制度两个方面。

建立交易主体资格审核制度。市场主体的交易资格可以从实质条件和程序条件两方面来理解。从实质条件来理解，碳排放交易主体首先需要满足一般交易主体的条件，即具有法律规定的一般民事权利能力和行为能力；其次需要满足从事碳排放交易所需要的特殊资格条件，一般由各交易平台的交易规则规定，如基本的碳交易操作能力和风险承受能力。机构组织需要满足一定的资本要求、信誉要求，个人主体需要通过交易风险评估等。

建立交易主体分级管理制度。在满足一般交易主体资格条件后，交易所还可以根据需要进行交易主体分级管理。例如建立会员制度，根据不同的资质设置不同等级，对不同等级授予不同的会员权限，这样做有利于活跃交易市场，丰富市场主体层次；有利于发挥会员优势，分摊交易平台风险；也有利于对不同类型的交易主体（如做市商、控排企业、投资机构等）进行类型化的规范管理，便于提供专业服务。

③ 交易行为监管。交易所通过控制交易系统实施每日盯市操作。交易所可以对交易实施及时、全面的动态监督和管理，可以监督、检查会员或碳客户的财务、资信、内部管理情况等，另外还可以监督、检查结算银行相关规则和与交易有关的业务活动。一旦发现违规操作行为，交易所将根据相关规则采取相应措施，严格执行监管制度。例如根据《交易规则》的规定，对会员、客户、结算银行等交易参与者违反本规则规定的，交易所责令改正，并可采取警告、通报批评、暂停或限制账户交易、暂停或限制相关业务直至取消会员资格等各种不同程度的监管措施。

任何自由市场都可能存在内幕交易、市场操纵等市场滥用行为。这些行为不利于正常市场的价格发现，破坏市场自由竞争关系，损害投资者利益，因此，对交易行为的监管是维护碳交易市场稳定的重中之重。上海环境能源交易所现货交易在反复试错、纠错的过程中开始了内部风险控制体系的建设。上海环境能源交易所搭建了自己的风控组织架构、形成了自己的风控团队、制定出台了一系列风控制度和操作手册，包括《业务手册管理办法》《业务异常报告管理办法》等，形成了每月一报的现货交易业务内控报告制度，从而实现了交易所在内部操作层面上对现货交易的事前、事中、事后的风险防范和监管。

首先，交易所的交易规则中应配置合理的风险监控措施，即事前控制。例如设置配额最大持有量限制制度和大户报告制度，避免某些市场主体拥有过多配额，进而影响甚至支配碳交易市场发展，防止滥用市场支配地位的违法行为发生。其次，交易所应采取有效措施监控交易行为，及时发现违规交易行为并进行处置，即事中控制。例如设置严格的风险警示机制，包括系统自动预警和风控人员盯市制度，以便及时发现异常情况。再次，交易所应定期进行交易风险能力评估和改进，即事后监管。例如交易所应配置风控和合规岗位，制定风控制度，定期进行交易风险定性定量评估，以便发现交易相关问题并及时改进。

④ 信息披露监管。规范、及时、充分、准确的交易信息披露制度是碳排放权交易市场监管制度的重要内容。一方面，完善的信息披露可以减少信息不对称，促进交易公开、公平、公正进行，保障市场主体做出科学的交易决策；另一方面，信息披露有利于主管部门及时掌握市场交易信息，为其科学决策提供有效依据；同时，社会公众可以通过披露的交易信息了解交易情况，促进公众参与和社会监督。

信息披露的范围、频率、程度、载体等要素都应在监管规则中予以明确。确定信息披露范围时，要注意信息披露与保护交易主体商业秘密和个体交易数据的界限，要平衡市场知情权和个体保密信息的选取。披露的交易信息一般限于碳排放交易的交易总量、平均价格、最低价格、最高价格等基本信息，而交易主体的某个具体交易信息不应当作为公开信息进行披露，并且机构交易者的商业秘密也不应进行披露。

（6）碳金融制度的发展。随着碳交易市场的逐步发展，上海环境能源交易所对现货交易规则进行了多次修改，颁布了多个规则修订通知。这些规则涉及涨跌停幅度的调整、最小价格变动单位的调整、协议转让交易方式根据不同交易量设置价格涨跌幅限制等内容。

在现货交易之外，上海环境能源交易所开始探索各种碳衍生品种以活跃碳交易市场，并提供更多的价格发现和风险转移路径，使交易市场形成反映真实供求关系和商品价值的合理价格体系，最终为节能减排、减少温室气体排放和应对全球气候变化服务。上海环境能源交易所为配合碳衍生品以及围绕配额和 CCER 的金融产品开发制定了配套的规则体系，包括《上海碳排放配额质押登记业务规则》《上海碳配额远期交易业务规则》《上海环境能源交易所协助办理 CCER 质押业务规则》《上海环境能源交易所借碳交易业务细则（试行）》等。

2. 北京碳市场制度体系

（1）建设历程。2011 年 10 月，国家发展改革委确定北京为全国首批碳排放权交易试点城市。2012 年 10 月，北京市试点实施方案率先获得国家发展改革委批复。针对碳交易体系建设的系统性、复杂性和艰巨性，北京市注重顶层设计，制定了"1+1+N"的政策法规体系，即一个地方法规、一个部门规章和若干配套实施细则。2013 年 12 月，北京市人大出台《北京市人民代表大会常务委员会关于北京市在严格控制碳排放总量前提下开展碳排放权交易试点工作的决定》，在地方层面确立了碳交易制度的法律地位和效力，北京是在 7 个试点中唯一提出"严格控制碳排放总量"的地区。北京市人大的这项决定明确了北京市实施总量控制、配额管理和交易、报告和核查三项基本制度及相关处罚规定，使碳交易制度对所有参与方形成强力的法律约束。依据地方上位法，政府出台了部门规章《北京市碳排放权交易管理办法》，规定了碳交易制度的各项实施要素以及各类参与方的权利、责任和义务，随后又制定了配额核定、温室气体排放核算报告与核查、交易规则、抵消管理等多项配套政策和技术文件，构建了完善的碳交易政策法规体系，保障了碳交易政策的实施和有效运行。

截至 2020 年 12 月月底，北京市碳配额累计成交量 4143 万吨，成交额 17.4 亿元，线上成交均价为 62 元/吨，在 7 个试点省市碳市场中排首位。北京市通过建立碳排放总量控制下的碳排放权交易市场，促使重点排放单位提高了减碳意识，增强了低碳和协同减排大气污染物的主动性，拓宽了企业履行减碳责任的途径。

（2）碳排放权覆盖范围。在 2013—2015 年试点期间，北京碳交易市场覆盖的行业包括热力生产和供应、火电、水泥、石化以及服务业中的多个子行业，如批发和零售、交通运输、信息传输、信息技术服务业、金融业、教育、卫生、文化、体育和娱乐业、公共管理等，纳入重点排放单位的标准从年排放 1 万吨二氧化碳逐步降至 5000 吨。随着试点工作推进，北京碳市场逐步扩大覆盖范围，增加参与主体，2016—2017 年度新增城市轨道及交通、公共电汽车客运。截至 2021 年，北京作为首批碳市场试点省市，重点碳排放单位覆盖了电力、热力、水泥、石化、工业、服务业、交通运输等 7 个行业，纳入重点排放单位的门槛为年排放二氧化碳 5000 吨，纳入碳市场管理的重点碳排放单位 900 余家，占全市碳排放总量的 40%~45%，市场总体运行平稳，交易日趋活跃。

（3）配额分配与登记。北京市根据年度碳排放强度和总量控制目标确定碳排放权交易市场配额总量，将不超过年度配额总量的 5% 作为价格调节储备配额。重点碳排放单位配额按照本市碳排放控制目标和行业特点确定。配额分配以免费分配为主，适时引入有偿分配。价格调节储备配额和重点碳排放单位有偿分配的配额可以采用竞价或固定价格的方式出售。北京碳市场将逐步探索新改扩建设项目碳排放评价与配额管理相衔接。

（4）碳排放数据报告与核查。碳排放单位应当按规定于每年 4 月 30 日前向北京市生态环境局报送年度碳排放报告。重点碳排放单位应当同时提交符合条件的核查机构的核查报告。碳排放单位对排放报告的真实性、准确性和完整性负责，保存碳排放报告所涉数据的原始记录和管理台账等材料不少于 5 年。碳排放单位应建立健全有效的内部数据质量管理制度，包括制订并实施监测计划，指定专门人员负责核算和报告工作，实施数据的内部审核、验证以及归档管理等，确保排放报告符合规定要求。重点排放单位委托核查机构开展核查工作时，应当对受委托核查机构是否符合条件进行核实，并监督受委托核查机构按要求开展核查工作。核查机构应当于每年 12 月底前向北京市生态环境局提交核查机构年度工作报告，并且核查机构不得与被核查单位存在提供咨询或管理服务等直接或间接利害关系。

北京市生态环境局及其授权单位应对重点碳排放单位的排放报告和核查报告进行检查，可通过专家评审、抽查等方式实施。北京市生态环境局应会同市场监管局加强对碳排放单位碳排放情况以及核查机构的监督检查。区生态环境主管部门对一般报告单位的排放报告进行检查，可通过政府购买服务的方式实施。

（5）履约。北京市重点碳排放单位应于每年 9 月 30 日前清缴同上年度排放总量相等的配额，履行年度碳排放控制责任。上一年度的配额可以结转至后续年度使用。重点碳排放单位可使用中国核证自愿减排量和北京核证自愿减排量抵消其部分碳排放量，使用比例不得高于当年履约排放量的 5%。其中，北京核证自愿减排量包括低碳出行减排量、机动车油改电减排量、节能项目碳减排量、林业碳汇项目碳减排量以及其他碳普惠产品等。重点碳排放单位在北京市碳排放量履约边界范围内产生的碳减排量不得用于抵消。

（6）碳交易模式制度设计。

1）碳交易平台。北京绿色交易所有限公司（简称"北京绿色交易所"）原名为北京环境交易所有限公司，成立于 2008 年 8 月，是经北京市人民政府批准设立的综合性环境权益交易机构。2020 年，根据北京市委市政府关于绿色金融的工作部署，北京环境交易所有限公司更名为北京绿色交易所有限公司。

北京绿色交易所是国家主管部门备案的首批中国自愿减排交易机构、北京市政府指定的北京市碳排放权交易试点交易平台，是全国最具影响力的综合性环境权益交易市场之一。北京绿色交易所在环境权益交易、绿色双碳服务、绿色公共服务和绿色金融服务等方面开展了卓有成效的市场创新，发起制定我国首个自愿减排标准"熊猫标准"，参与起草中国人民银行《环境权益融资工具》等绿色金融行业标准，为 2022 年冬奥会和冬残奥会碳中和方案提供碳核算及咨询服务，各类碳资产交易在国内碳市场居于前列。

2）会员类型与结构。北京绿色交易所会员是指经北京绿色交易所批准，在交易所获取信息、从事环境权益交易及相关业务的法人机构及其他组织。北京绿色交易所主要通过会员开展业务，所有通过北京绿色交易所平台联合为客户提供服务或产品的机构、组织都需成为北京绿色交易所会员。北京绿色交易所会员分为战略会员、服务会员和交易会员。战略会员是指拥有相关资源，并愿意与北京绿色交易所进行深度合作，在确保北京绿色交易所工作有序、顺利进行以及业务范围不断扩大等方面起着积极推动作用的法人或其他经济组织；服务会员是指具备相关专业资质，在北京绿色交易所为环境权益交易活动提供低碳、节能等服务以及环境投融资、拍卖、招投标、节能（低碳）审计、节能评估、法律咨询、财务咨询等中介服务的法人或其他经济组织；交易会员是指取得北京绿色交易所会员资格，在北京绿色交易所从事各项环境权益交易的法人或其他经济组织。

3）交易参与人及交易形式。交易参与人包括履约机构交易参与人、非履约机构交易参与人和自然人交易参与人。

北京碳市场的交易形式包括公开交易、协议转让以及经北京市生态环境局或北京市地方金融管理局批准的其他交易形式。其中，公开交易下的相关规则如下：交易参与人通过交易所交易系统向交易所交易主机发送申报/报价指令，并按规则达成交易，交易记录由交易所发送至交易参与人。交易参与人应当按有关规定妥善保管申报、报价记录。交易参与人买入的碳排放权，在交收前不得卖出。交易参与人不允许以自身为对手方进行交易。

① 申报与报价。交易参与人通过互联网自助方式发出交易指令。交易所应当记录交易参与人发出交易指令的 IP 地址等信息。提出申报的交易参与人称为申报方，回应申报并提出报价的交易参与人称为应价方。交易参与人在发送申报/报价指令前，必须保证其交易账户中持有满足成交条件的碳排放权或资金。申报包括买入申报和卖出申报。申报方提出买入碳排放权的申报称为买入申报，申报方提出卖出碳排放权的申报称为卖出申报。

申报的交易方式分为整体竞价交易（简称"整体交易"）、部分竞价交易（简称"部分交易"）和定价交易三种方式。整体交易方式下，只能由一个应价方与申报方达成交易，每笔申报数量须一次性全部成交，如不能全部成交，交易不能达成；部分交易方式下，可以由一个或一个以上应价方与申报方达成交易，允许部分成交；定价交易方式下，可以由一个或一个以上应价方与申报方以申报方的申报价格达成交易，允许部分成交。除交易所另有规定，申报方的申报指令应当包括交易账户号、交易的碳排放权品种代码、买卖方向、申报数量、交易方式与申报价格等。

② 竞价与成交。在整体交易方式下，买入申报的竞价采用降价的方式进行，各应价方每次有效报价为当前报价减去价格最小变动单位的整数倍。初次有效报价应等于或低于申报方的申报价格。卖出申报的竞价采用加价的方式进行，各应价方每次有效报价为当前报价加上价格最小变动单位的整数倍。初次有效报价应等于或高于申报方的申报价格。在自由报价期，各应价方的每次有效报价即为当前报价。在限时报价期的每个限时报价周期内，如出现新的有效报价，则立即进入新的限时报价周期；在一个限时报价周期内如未出现新的有效报价，则限时报价结束，该次竞价活动结束。竞价活动结束后，最后给出有效报价的应价方与申报方达成交易。

在部分交易方式下，买入申报的竞价活动中不高于申报价格的报价为有效报价。卖出申报的竞价活动中不低于申报价格的报价为有效报价。应价方的报价数量可以等于或低于申报方的申报数量。竞价活动结束，对所有的有效报价按价格优先⊖、数量优先⊖和时间优先⊖原则匹配成交，未实现匹配的数量在竞价活动结束后自动撤销。

在定价交易方式下，买入/卖出申报的交易活动中等于申报价格的报价为有效报价。应价方的报价数量可以等于或低于申报方的申报数量中的未成交部分。交易活动中，按时间优先的原则匹配成交，未实现匹配的数量在交易活动结束后自动撤销。时间优先的原则是指按照北京绿色交易所交易主机接收的报价的时间，先报价者优先于后报价者。买卖双方必须承认交易结果，履行清算交收义务，并向北京绿色交易所交纳交易经手费。

4）风险控制。北京绿色交易所通过诚信保证金制度、涨跌幅限制制度、最大持仓量限制制度、风险警示制度等进行风险控制。

诚信保证金制度是指非履约机构交易参与人参与交易须按规定交纳诚信保证金，诚信保证金收取标准为 2 万元。非履约机构交易参与人发生违规违约行为，给其他交易方或本所造成损失的，交易所有权在做出处理决定的同时扣除部分或全部诚信保证金。保证金金额不足以弥补因违规违约造成的损失的，交易所有权要求交易参与人赔偿全部损失。

涨跌幅限制制度是指公开交易方式的涨跌幅为当日基准价的±20%。基准价为上一交易日所有通过公开交易方式成交的交易量的加权平均价，计算结果按照四舍五入原则取至价格最小变动单位。上一交易日无成交的，以上一交易日的基准价为当日基准价。

最大持仓量限制制度中的最大持仓量是指交易所规定交易参与人可以持有的碳排放配额的最大数额。交易参与人的碳排放配额持有量原则上不得超过交易所规定的最大持仓量限额。履约机构交易参与人碳排放配额最大持仓量不得超过本年度市主管部门核发的配额量与100 万吨之和。各履约机构交易参与人持有的年度配额总量为既有设施配额、新增设施配额、配额调整量之和。非履约机构交易参与人碳排放配额最大持仓量不得超过 100 万吨。机构交易参与人开展碳排放配额抵押融资、回购式融资、托管等碳金融创新业务，需要调整最大持仓量限额的可向交易所提出申请，并提交抵押、回购、托管合同等相关证明材料，由北

京市生态环境局研究决定是否适当上调持仓量。自然人交易参与人碳排放配额最大持仓量不得超过 5 万吨。

风险警示制度由北京绿色交易所实行，通过交易参与人报告交易情况、谈话提醒、书面警示等措施化解风险。出现下列情形之一的，交易所可要求交易参与人报告相关情况，情节严重的，可采取谈话提醒、书面警示等措施：交易所碳交易市场价格出现异常波动；交易参与人的交易量、交易资金或配额持有量异常；交易所认定的其他情况。

5）碳交所监管制度。北京绿色交易所对交易参与人执行有关规定和交易规则的情况进行监督检查，对交易参与人交易业务及相关系统使用安全等情况进行监管。交易参与人在从事相关业务过程中，出现下列情形之一的，交易所有权采取约谈、书面警示、暂停或取消交易参与人资格等处理方式。情节严重的，交易所有权在做出处理决定的同时扣除部分或全部诚信保证金。保证金金额不足以弥补因违规违约造成的损失的，交易所有权要求交易参与人赔偿全部损失：①应向北京绿色交易所备案或办理变更登记而未办理的；②未及时足额交纳交易所规定的各项费用，经交易所书面通知后 10 个工作日仍未交纳的；③提供虚假交易文件或凭证的，散布违规信息，违反约定泄露保密信息的；④其他违反交易所相关交易规则的行为。

交易参与人应在收到扣除诚信保证金通知后 10 个工作日内，补足诚信保证金。逾期未补足的，其交易资格自动暂停，直至诚信保证金补足之日。交易参与人因出现上述情形被取消资格的，已交纳的费用不予退还。

另外，北京绿色交易所对采用公开交易方式的下列交易行为，会予以重点监控：在可能对交易价格产生重大影响的信息披露前，大量或持续买入或卖出相关碳排放权的行为；单个或两个以上固定的或涉嫌关联的交易账户之间，大量或频繁进行反向交易的行为；单个或两个以上固定的或涉嫌关联的交易账户，大笔申报、连续申报、密集申报或申报价格明显偏离碳排放权行情揭示的最新成交价的行为；频繁申报和撤销申报，或大额申报后撤销申报，影响交易价格或误导其他投资者的行为；在一段时期内进行大量的交易；大量或者频繁进行高买低卖交易；在交易平台进行虚假或其他扰乱市场秩序的申报；需要重点监控的其他异常交易行为。

对所列重点监控事项中情节严重的行为，北京绿色交易所可以口头或书面警示、约见谈话、要求提交书面承诺、限制相关账户交易、上报北京市生态环境局和北京市金融工作局。其中，限制相关账户交易措施包括：限制买入指定交易品种或全部交易品种（但允许卖出）；限制卖出指定交易品种或全部交易品种（但允许买入）；限制买入和卖出指定交易品种或全部交易品种。

3. 天津碳市场制度体系

（1）建设历程。2011 年，国家发展和改革委员会明确在天津等 7 个省市率先开展碳交易试点。为指导和规范该项工作，天津市于 2013 年颁布实施了《管理办法》，并分别于 2016 年、2018 年进行了重新修订。碳交易是实现碳减排、应对气候变化的重要举措，天津市充分发挥碳交易市场机制作用，引导企业节能降碳，全市碳排放得到有效控制。经初步测算，2019 年天津市碳排放强度累计下降 20.58%，超额完成"十三五"进度要求。2021 年，天津市碳市场成交量达到 5074 万吨，位居全国第二。

（2）碳排放权覆盖范围。2013 年以来，天津碳市场对纳入的行业进行过两次扩展，首先将纳入碳排放权交易的企业范围由 5 个行业扩展为电力热力、钢铁、化工、石化、油气开采、建材、造纸和航空等 8 个行业，2021 年新增了有色、矿山、食品饮料、医药制造、农副食品加工、机械设备制造、电子设备制造行业。

（3）配额管理。天津市建立了碳排放总量控制下的碳排放权交易制度，逐步将年度碳排放量达到一定规模的排放单位（简称"纳入企业"）纳入配额管理。天津市生态环境局会同相关部门按照国家标准和国务院有关部门公布的企业温室气体排放核算要求，根据天津市碳排放总量控制目标和相关行业碳排放等情况，确定纳入配额管理的行业范围及排放单位的碳排放规模，报天津市人民政府批准，纳入企业名单由天津市生态环境局公布。

天津市碳市场配额分配以免费发放为主、以拍卖或固定价格出售等有偿发放为辅。拍卖或固定价格出售仅在交易市场价格出现较大波动需稳定市场时使用。企业因有偿发放配额而获得的资金，应当全额缴入市级国库，实行收支两条线管理。

天津市生态环境局通过配额登记注册系统向纳入企业发放配额。登记注册系统中的信息是配额权属的依据。配额的发放、持有、转让、变更、注销和结转等自登记日起发生效力；未经登记，不发生效力。

纳入企业应于每年 6 月 30 日前通过其在登记注册系统所开设的账户，注销至少与其上年度碳排放量等量的配额，以履行遵约义务。另外，根据国家温室气体自愿减排交易有关规定，纳入企业可使用一定比例的、依据相关规定取得的核证自愿减排量来抵消其碳排放量，且引入的至少 50%国家核证自愿减排量（CCER）来自京津冀地区温室气体自愿减排项目。1 单位核证自愿减排量抵消 1 吨二氧化碳排放。纳入企业未注销的配额可结转至后续年度继续使用。

（4）碳排放数据监测、报告与核查。

① 碳排放数据监测。纳入企业应于每年 11 月 30 日前将本企业下年度碳排放监测计划报天津市生态环境局，并严格依据监测计划实施监测。碳排放监测计划应明确排放源、监测方法、监测频次及相关责任人等内容。碳排放实际监测内容发生重大变更的，应及时向天津市生态环境局报告。

② 碳排放数据报告。天津市实施二氧化碳重点排放源报告制度。年度碳排放达到一定规模的企业（简称"报告企业"）应于每年第一季度编制本企业上年度的碳排放报告，并于 4 月 30 日前报天津市生态环境局。报告企业应当对所报数据和信息的真实性、完整性和规范性负责。报告企业排放规模标准由天津市生态环境局会同相关部门制定。

③ 第三方机构核查。天津市建立的碳排放核查制度中的第三方核查机构有权要求纳入企业提供相关资料、接受现场核查并配合其他核查工作，对纳入企业的年度排放情况进行核查并出具核查报告。纳入企业不得连续三年选择同一家第三方核查机构和相同的核查人员进行核查。纳入企业应于每年 4 月 30 日前将碳排放报告连同核查报告以书面形式一并提交天津市生态环境局。

④ 政府主管部门审定。天津市生态环境局依据第三方核查机构出具的核查报告，结合纳入企业提交的年度碳排放报告，审定纳入企业的年度碳排放量，并将审定结果通知纳入企业，将该结果作为天津市生态环境局认定纳入企业年度碳排放量的最终结论。

（5）碳交易模式制度设计。

① 碳交易平台。天津排放权交易所（简称"天排所"）于 2008 年 9 月 25 日由中国石

油天然气集团有限公司和天津产权交易中心共同出资在天津滨海新区建立，是我国首家综合性环境能源交易平台。天排所是天津试点碳排放权交易市场的指定交易平台，是国家首批温室气体自愿减排交易备案交易机构之一，承担过多个国家级绿色低碳课题研究项目，并与多家行业组织密切协作，打造了合同能源管理综合服务平台，为节能减排项目提供全产业链服务。

2018 年 1 月，天排所引入蚂蚁金融服务集团作为战略投资者。引入战略投资后的天排所将以"激发释放企业和个人的绿色动能"为使命，致力于为全社会提供以科技与金融为核心的创新型环境解决方案，成为具有国际影响力的能源环境权益交易平台和绿色创融孵化平台。

② 会员类型与结构。会员是指经天排所批准，通过天排所从事排放权交易及相业业务专业服务的法人或其他经济组织。符合天排所规定的国内外机构、企业、团体和个人均可参与天津市碳排放权交易。天排所会员可分为综合类会员、交易类会员、服务类会员和公益类会员。

综合类会员是指具备相关资质，通过天排所可自营和代理排放权交易及相关业务专业服务的法人或其他经济组织。

交易类会员是指具备相关资质，通过天排所从事排放权交易的法人或其他经济组织，但不可从事代理排放权交易业务。

服务类会员是指为排放权交易市场各参与主体提供咨询服务、金融服务、技术服务等专业服务的机构。

公益类会员是指通过天排所购买排放权类产品进行自愿注销的法人或其他经济组织。

③ 交易方式。交易方式分为拍卖交易与协议交易。交易品种包括天津碳配额产品（TJEA）与 CCER。

拍卖交易是指交易标的以整体为单位进行挂牌转让，在设定的一个交易周期内，有多个意向受让方（不少于 2 人）对同一标的物按照拍卖规则及加价幅度出价，直至交易结束，最终按照"价格优先，时间优先"原则确定最终受让方的交易方式。

协议交易是指在项目挂牌期只产生一个符合条件的意向受让方，或双方进行自主线下协议后，在天排所组织下，交易者通过协商方式确定交易内容、交易价格等条款，签订交易合同，完成交易过程的交易方式。单笔交易量超过 20 万吨时，交易者应当通过协议交易方式达成交易。协议交易价格涨跌幅限制比例为前一交易日线上交易价格的 10%。

④ 会员结算制度。天排所实行会员结算制度，为经天排所核准的会员提供结算服务，会员为其客户提供结算服务。

天排所设立结算部，负责碳排放权交易的统一结算、风险准备金管理及结算风险的防范。天排所结算部的主要职责如下：控制结算风险，保证交易结果的履行；编制会员及其客户的结算账表和其他会计账表；统计、登记和报告交易结算情况；办理交易资金、交易手续费及其他有关款项的结算业务；监督结算银行及相关机构与天排所的结算业务；妥善保管结算资料、结算报表及相关凭证账册；按规定管理交易资金、风险准备金。所有在交易系统中成交的交易必须通过结算部进行统一结算。天排所依据天排所规则对会员的结算资料、财务报表及相关的凭证和账册进行检查时，会员应当予以配合。

结算银行是指天排所指定的，协助天排所办理碳排放权交易结算业务的银行。天排所有权对结算银行的结算业务进行监督。结算银行的责任与义务包括：开设天排所专用结算账户和交易者结算账户；天排所与交易者之间业务资金的往来结算必须通过天排所专用结算账户办理；向天排所提供交易者结算账户的资金情况，协助天排所核查交易者资金的来源和去向；根据天排所提供的数据，优先划转交易者的交易资金并及时向交易者反馈交易资金划转情况；配合天排所进行数据对账；向天排所及时通报交易者在资金结算方面的不良行为和风险；在天排所出现重大风险时，协助天排所化解风险；保守天排所和交易者的商业秘密。

天排所在结算银行开设专用结算账户，用于集中存放交易资金及相关款项。天排所对交易者存入天排所专用结算账户的碳排放权交易资金实行分账管理。交易者应在结算银行开设碳排放权交易专用资金账户，用于存放碳排放交易资金和相关款项。交易者需保证其专用资金账户余额应有足够用于参与交易的资金。天排所根据交易者当日成交金额按比例收取交易手续费，收取标准由天排所另行规定。碳排放权交易结算分为交易资金和配额的清算与交收。每日交易结束后，天排所按成交价格及数量对所有成交交易清算，对应收应付的款项实行净额一次划转，相应增加或减少其交易结算账户的交易资金。配额交收均由天排所统一组织进行。登记簿管理机构根据相关规定和天排所的清算结果完成配额过户。配额交收完成后不可撤销。天排所在交易清算完成后，将结算数据发送给会员。如果特殊情况造成天排所不能按时提供结算数据，天排所将另行通知提供结算数据的时间。会员应及时核对结算数据，如对结算数据有异议，应当在不迟于下一交易日开市前 30 分钟以书面形式通知天排所。如遇特殊情况，会员可在第二天开市后两小时内以书面形式通知天排所。未在前述规定时间内对结算数据提出书面异议的，视为认可结算数据的正确性。会员应及时向客户提供结算数据。客户如对结算数据有异议，应当向会员提出，由会员在协议约定时间内予以核实确认。未在异议期内提出异议的，视为客户认可交易结果的正确性，客户应当承认交易结果，履行清算交收义务。

⑤ 风险管理。天排所实行全额交易资金制度、风险警示制度、风险准备金制度和稽查制度进行风险管理。

全额交易资金制度是指在碳排放权交易中，交易者按交易标的全额价款（含手续费）缴纳资金，用于保证交易合同的履行。

风险警示制度是指天排所认为必要的，可以分别或同时采取要求报告情况、谈话提醒、书面警示、公开谴责、发布风险警示公告等措施中的一种或多种，以警示和化解风险。

风险准备金制度是指按照月度净手续费收入总额的 3% 按月计提风险准备金，对风险准备金应当单独核算、专户管理。当风险准备金达到注册资本时，经天排所监管部门批准后可以不再提取。风险准备金的动用应当经天排所董事会批准，报天排所监管部门备案后，按规定用途和程序进行。

稽查制度是指天排所根据各项规章制度，对交易者、指定结算银行及其工作人员等的业务活动进行监督和检查。

⑥ 碳交易所监管制度。天排所对在所内从事的交易活动进行监督管理。天排所进行监督管理的主要职责包括：监督、检查有关法规、规则及规定的执行和落实情况，确保天排所依法规范有序运行；监督、检查交易者财务资信状况及交易运行情况，按照"公开、公平、公正、诚信"原则，保护市场参与各方的利益；监督、检查市场推广和交易服务情况，确保市场行为合法、合规；调解、处理有关交易纠纷，对各种违规行为进行调查处理。

发生下列情形之一的，天排所有权取消或暂停交易者交易资格：法律规定或相关政府部门要求采取限制交易；天排所认为应当采取限制交易的其他情形。交易者的以上行为导致天排所损失的，应当向天排所赔偿。

天排所对日常交易活动实施监管，天排所可以采取以下措施：要求交易者对有关问题做出解释和说明；要求交易者提交各类交易文件；约谈交易者有关人员；责令改正违规行为、消除影响；天排所认为必要的其他监管措施；天排所履行监督管理职责时，可以自行或委托专业人员调查、取证，相关交易者应全力配合。

4. 深圳碳市场制度体系

（1）建设历程。深圳市是全国 7 个碳排放权交易试点中第一个正式启动碳市场的试点城市。2012 年 10 月 30 日，深圳市通过了《深圳经济特区碳排放管理若干规定》，这是国内首部确立碳排放权交易制度的地方性法规。2013 年 6 月 18 日，深圳启动了国内首个碳交易市场。当日，深圳完成了 8 笔交易，成交量达 21112 吨排放配额。2014 年 3 月 19 日，深圳市政府发布《深圳市碳排放权交易管理暂行办法》，后于 2022 年 5 月 29 日发布《深圳市碳排放权交易管理办法》，对原办法进行了全面修订。新办法优化了管理体制，实现了与全国碳市场的对接，优化了配额分配、履约与碳核查制度，规范了交易活动，加强了监督管理。另外，深圳市发展和改革委员会等部门先后发布了《深圳市碳排放权交易市场抵消信用管理规定（暂行）》、技术指南等各项配套规则和细则，建立起包括地方性法规、政府规章制度、地方标准化指导性技术文件、交易所规则文件等在内的"1+1+N"制度体系，形成"条例+规章+文件"的比较完善的管理制度体系，深圳因此成为全国碳交易管理制度体系最完善的城市。

截至 2022 年 6 月 24 日，深圳排放权交易所碳配额累计成交量 6606 万吨，成交金额 14.76 亿元，国家核证自愿减排量累计成交量 2876 万吨，深圳在碳金融创新方面取得全国"七项第一"。

（2）碳排放权覆盖范围。2021 年，深圳市共有 750 家单位纳入碳排放管控，其中供电行业 1 家，供水行业 5 家，供气行业 1 家，公交行业 3 家，地铁行业 2 家，危险废物处理行业 2 家，污泥处理行业 1 家，污水处理行业 6 家，平板显示行业 4 家，港口码头行业 5 家，计算机、通信及电子设备制造等制造业和其他行业 720 家。

深圳市控排企业门槛如下：在基准碳排放筛查年份期间内任一年度碳排放量达到 3000 吨二氧化碳当量以上的碳排放单位；市生态环境主管部门确定的其他碳排放单位。纳入全国温室气体重点排放单位名录的单位，不再列入深圳市重点排放单位名单，按照规定参加全国碳排放权交易。

（3）配额发放。深圳的配额构成采用"重点排放单位配额+政府储备配额"（政府储备配额包括新建项目储备配额和价格平抑储备配额）的方式。配额发放形式以免费为主，适时引入有偿分配。对于管控行业，2021 年度碳排放配额总体实施 97% 无偿分配、3% 有偿分配（以拍卖方式出售），其中供电、供水、供气、公交、地铁市政服务类行业暂不开展有偿分配。

（4）碳排放核查与配额履约。重点排放单位应当根据碳排放量化与报告技术规范编制上一年度的碳排放报告，于每年 3 月 31 日前向市生态环境主管部门提交，并对年度碳排放报告的真实性、完整性、准确性负责。碳排放报告所涉数据的原始数据凭证和管理台账应当至少保存五年。深圳市生态环境主管部门组织开展对年度碳排放报告的核查，并将核查结果告知重点排放单位。核查结果作为重点排放单位碳排放配额的履约依据。同时，深圳市生态环境主管部门可以通过购买服务的方式委托具有相应能力的第三方核查机构提供核查、复核服务。

重点排放单位应当于每年 8 月 31 日前向市生态环境主管部门提交配额或者核证减排量，配额及核证减排量数量之和不低于上一年度实际碳排放量的，视为完成履约义务；逾期未提交足额配额或者核证减排量的，不足部分视同超额排放量。

对于深圳市生态环境主管部门签发的当年度实际配额不足以履约的，重点排放单位可以使用核证减排量抵消年度碳排放量。一份核证减排量等同于一份配额。最高抵消比例不超过不足以履约部分的百分之二十。可以使用的核证减排量包括中国核证自愿减排量、深圳市碳普惠核证减排量、深圳市生态环境主管部门批准的其他核证减排量。重点排放单位在深圳市碳排放量核查边界范围内产生的核证减排量不得用于深圳市配额履约义务。

（5）碳交易模式制度设计。

① 碳交易平台。深圳排放权交易所成立于 2010 年，是以市场机制促进节能减排的综合性环境权益交易机构和低碳金融服务平台。深圳排放权交易所在国内率先引进境外投资机构，碳金融创新连续七项全国第一，配额现货交易额率先突破亿元和十亿元，配额流转率连续六年位居全国首位，成为国内绿色低碳环保领域最具影响力的交易所品牌。

② 会员类型与结构。深圳排放权交易所实行会员制管理，会员是指根据有关法律、行政法规和规章的规定，经交易所批准，有权在交易所从事交易或者提供与交易相关服务的法人及非法人组织。交易所依据会员及业务相关管理规定对个人投资者进行管理，个人投资者仅可从事各类碳排放权产品交易业务。

深圳排放权交易所会员分为交易类会员、服务类会员和管控单位。其中，交易类会员是指取得交易所会员资格，可以在交易所从事以下任一业务的机构：

a. 托管业务。托管业务是指经交易所批准，可以接受管控单位委托代为持有管控单位碳排放配额、并以自身名义对托管的配额进行管理和交易的业务。

b. 经纪业务。经纪业务是指经交易所批准，可以从事企业和个人代理开户的业务。

c. 自营业务。自营业务是指经交易所批准，可以从事各类碳排放权产品交易的业务。

d. 公益业务。公益业务是指经交易所批准，只允许买入各类碳排放权产品，并用于履行社会责任进行碳中和的业务。

根据业务权限的不同，交易所将交易类会员分为托管会员、经纪会员、自营会员和公益会员：

托管会员是指具有托管业务和自营业务权限的会员。

经纪会员是指具有经纪业务和自营业务权限的会员。

自营会员是指具有自营业务权限的会员

公益会员是指具有公益业务权限的会员。

服务类会员根据业务权限的不同分为咨询服务会员和金融服务会员。服务类会员不直接参与交易，不具有交易权限。服务类会员经交易所批准可申请成为交易类会员，开展交易类业务。

咨询服务会员是指取得交易所服务类会员资格后，依托交易所平台为企业提供咨询类服务的机构。

金融服务会员是指取得交易所服务类会员资格后，依托交易所平台为企业提供金融服务的机构。

管控单位会员是国家或地方碳市场主管部门依据碳市场相关政策、法律法规纳入碳排放控制管理或自愿加入经主管部门批准纳入碳排放控制管理的碳排放单位。管控单位会员可以从事各类碳排放权产品交易的业务。

③ 交易方式。深圳碳市场交易方式包括单向竞价、协议转让和其他符合规定的方式。协议转让包括挂牌协议交易和大宗协议交易。

单向竞价是指经交易所审核批准，委托人可将其持有的碳排放权通过交易系统公开挂牌出让，也可在其资金额度内通过交易系统公开挂牌受让，一经挂牌即形成有效委托合同。交易所受理委托挂牌后发布单向竞价公告，按照委托人提出的条件公布标的信息，广泛征集意向方。经公开竞买，竞价产生的最高报价为成交价，该最高报价的报价人即为受让方；经公开竞卖，竞价产生的最低报价为成交价，该最低报价的报价人即为出让方。

挂牌协议交易是指交易参与人按其限定的价格进行挂牌申报，其他交易参与人可以对挂牌申报簿中对手方的最优价格申报单进行选择并做成交申报的交易方式。挂牌协议交易按时间优先的原则成交，即先成交申报者优先于后成交申报者。另外，挂牌申报时，最大单笔申报数量不得超过 30000 吨。

大宗协议交易是指单笔交易数量达到交易所规定要求时，交易双方可通过协商确定交易价格及数量，并在交易所交易系统确认成交的交易方式。单笔交易数量符合以下条件的，可以采用大宗协议交易方式：碳排放配额单笔交易数量达到 10000 吨以上；核证减排量单笔交易数量达到 5000 吨以上。

④ 风险管理。深圳排放权交易所实行全额资金交易制度、涨跌幅限制制度、配额持有量限制制度、大户报告制度、强行减持制度。

全额资金交易制度是指深圳排放权交易所规定在碳排放权现货交易中，交易参与人在深圳排放权交易所结算专用账户中的可用资金应当不低于其申购交易品种的全额价款的制度。

涨跌幅限制制度是指为了防止交易价格的暴涨暴跌、抑制过度投机、保护交易参与人的合法权益、有效控制交易风险，依据相关规定，挂牌协议交易方式的涨跌幅限制比例为10%，大宗协议交易方式的涨跌幅限制比例为 30%。

配额持有量限制制度是指深圳排放权交易所规定交易参与人持有配额的最大数量的制度。交易参与人的配额持有数量不得超过深圳排放权交易所规定的最大持有量。

大户报告制度是指交易参与人持有的配额达到深圳排放权交易所规定的报告标准或者按照深圳排放权交易所要求，应当向深圳排放权交易所进行报告的制度。

强行减持制度是指当交易参与人的配额持有量超过深圳排放权交易所规定的最大持有量时，应当减少其持有量直至符合深圳排放权交易所最大持有量限制的制度。

⑤ 碳交易所监管制度。

a. 大宗交易监管制度。大宗交易监管制度是指深圳排放权交易所对符合深圳排放权交易所现货交易规则中关于大宗交易的条件、交易对手互为指定对手、协商确定交易价格和数量的交易方式进行监管的制度。在深圳排放权交易所进行单一交易品种的单笔交易数量达到一万吨二氧化碳当量以上的交易，可以采用大宗交易方式。深圳排放权交易所通过市场准入设置，制定专门交易规则，对大宗交易的成交意向和成交申报、成交确认、对应资金和品种冻结、结算交收、信息披露等进行实时监控与管理，规范大宗交易用户的管理和使用，保证大宗交易的正常进行。大宗交易的成交量在交易结束后计入当日该品种成交总量，不纳入即时行情的计算。对于深圳排放权交易所认定为异常情况的大宗交易，深圳排放权交易所有权采取相应的监管和处置措施。

b. 异常情况监管制度。异常情况监管制度是指深圳排放权交易所对在交易过程中发生的异常交易事件进行监管的制度。当交易过程中出现以下情形之一的，深圳排放权交易所可以宣布进入异常情况，采取紧急措施化解风险：发生价格异常、交易异常、成交异常、资金异常、出入金异常、系统操作异常等交易过程中的异常情况；发生地震、水灾、火灾等不可抗力，战略、征用等政府行为，罢工、骚乱、恐怖威胁、恐怖活动等社会异常事件，交易系统被非法入侵等其他异常事件，导致交易无法正常进行；政府主管部门或者深圳排放权交易所规定的其他情况。出现上述异常情况时，深圳排放权交易所可以决定采取发布风险警示公告、调整开收市时间、调整涨跌幅限制、调整配额最大持有量限制、暂缓进行资金或者品种交割、限制交易、盘中休市、临时停牌、暂停交易、启动应急办公场所和系统设备等紧急措施中的一种或者多种，有效控制风险的发生。深圳排放权交易所根据异常情况造成的后果及损失程度，将异常情况分为四个级别：微风险、低风险、中风险、高风险。对于不同等级的异常情况，深圳排放权交易所根据其严重程度采取不同的处理措施和报告流程开展工作。

5. 广州碳市场制度体系

（1）建设历程。2012 年 9 月，广东省政府印发实施《广东省碳排放权交易试点工作实施方案》，并召开了省碳排放权交易试点工作启动大会，时任省长朱小丹宣布试点工作启动并为广州碳排放权交易所揭牌。2013 年 12 月，广东省政府通过了《广东省碳排放管理试行办法》，组织编制配额管理实施细则、碳排放信息报告与核查实施细则、交易规则，再联同水泥、钢铁等行业报告指南、核查规范等技术文件，形成了具有广东特色的法规制度系统，为支撑广东碳市场管理运行奠定了坚实的制度基础。同月，广东碳市场正式鸣锣开市。2015 年，广东省首创建立面向家庭及个人在日常生活中节水、节电、节气、垃圾分类、低碳出行、使用低碳节能产品、植树造林等低碳减碳行为的广东温室气体自愿减排——碳普惠制度，同时规定上述项目减排量可作为有效补充机制进入广东碳市场。截至 2022 年 7 月，有 191.96 万吨碳普惠项目减排量作为补充机制进入广东碳市场。

截至 2022 年 4 月底，广东碳交易市场配额现货累计成交 2.025 亿吨，占全国各区域碳市场总量的 38.46%，累计成交金额 48.38 亿元，占全国各区域碳市场总金额的 35.84%，均居全国各区域碳交易市场首位，取得了较为卓越的成效。

（2）碳排放权覆盖范围。2013 年，广东首先将电力、钢铁、石化、水泥四大行业纳入碳排放控制，经过三年探索与实践，初步建立起有效针对四大行业的控排机制。2016 年，广东在原有机制基础上，将航空和造纸两大行业纳入碳排放权交易试点，这六大行业控排覆盖 244 家企业，占全省碳排放量的 60% 以上。2021 年度，随着全国碳市场启动，电力行业被纳入全国碳市场。2021 年广东控排企业共 178 家企业，为在广东省行政区域内（深圳市除外）包括水泥、钢铁、石化、造纸和民航等行业年排放 2 万吨二氧化碳（或年综合能源消费量为 1 万吨标准煤）及以上的企业。2022 年度纳入碳排放管理和交易范围的行业企业分别是水泥、钢铁、石化、造纸和民航五个行业企业，纳入行业与上年保持一致，但是

2022 年度纳入企业门槛有了较大的变化。2022 年度纳入分配方案的企业门槛由上年度的"年排放 2 万吨二氧化碳（或年综合能源消费量 1 万吨标准煤）及以上的企业及新建项目"，调整为"年排放 1 万吨二氧化碳（或年综合能源消费量 5000 吨标准煤）及以上的企业及新建项目"。另外，广东省计划有序扩大碳市场覆盖范围，结合广东省分行业领域梯次达峰策略，组织开展纺织、陶瓷、数据中心、交通、建筑等行业企业碳排放核算，逐步纳入碳市场，推动碳市场成为工业、交通、建筑等领域实现碳达峰目标的重要政策工具。

（3）配额发放管理。广东省配额发放总量由广东省人民政府按照国家控制温室气体排放总体目标，结合广东省重点行业发展规划和合理控制能源消费总量目标予以确定，并定期向社会公布。配额发放总量由控排企业和单位的配额加上储备配额构成，储备配额包括新建项目企业配额和市场调节配额。控排企业和单位的配额实行部分免费发放和部分有偿发放，并逐步降低免费配额比例。参考《广东省 2022 年度碳排放配额分配方案》，2022 年度配额发放方式如下：

1）控排企业免费配额发放。按基准线法、历史强度下降法分配配额的控排企业，先按上一年度核定配额量发放预配额，再根据经核定的当年度产品产量计算最终核定配额，并与发放的预配额进行比较，多退少补；按历史排放法分配配额的企业，先按上一年度核定配额量发放预配额，再根据当年度的配额分配方法计算最终核定配额，并与发放的预配额进行比较，多退少补。控排企业可视需要购买有偿配额。

2）新建项目企业配额发放。新建项目企业在竣工验收前购足有偿配额。新建项目企业正式转为控排企业管理并购足有偿配额后，广东省生态环境厅通过配额注册登记系统向其发放免费配额。

控排企业和单位每年应当根据上年度实际碳排放量，完成配额清缴工作，并由广东省生态环境部门注销。企业年度剩余配额可以在后续年度使用，也可以用于配额交易。

广东省（深圳市除外，下同）控排企业可以使用 CCER 或 PHCER 作为清缴配额，以抵消本企业实际碳排放量。1 吨二氧化碳当量的 CCER 或 PHCER 可抵消 1 吨碳排放量。企业提交的用于抵消的 CCER 和 PHCER 的总量不得超过本企业年度实际碳排放量的 10%，且必须有 70% 以上是广东省 CCER 或 PHCER。控排企业在其排放边界范围内产生的 CCER 或 PHCER，不得用于抵消广东省企业碳排放。

（4）碳排放信息报告与核查。控排企业和单位、报告企业应当按规定编制上一年度碳排放信息报告，报省生态环境部门。控排企业和单位应当委托核查机构核查碳排放信息报告，配合核查机构活动，并承担核查费用。对企业和单位碳排放信息报告与核查报告中认定的年度碳排放量相差 10% 或者 10 万吨以上的，省生态环境部门应当进行复查。省、地级以上市生态环境部门对企业碳排放信息报告进行抽查，所需费用列入同级财政预算。

在广东省区域内承担碳排放信息核查业务的专业机构应当具有与开展核查业务相应的资质，并在广东省境内设有开展业务活动的固定场所和必要设施。从事核查专业服务的机构及其工作人员应当依法、独立、公正地开展碳排放核查业务，对所出具的核查报告的规范性、真实性和准确性负责，并依法履行保密义务，承担法律责任。

（5）碳交易模式制度设计。

1）碳交易平台。广州碳排放权交易所（简称"广碳所"）的前身为广州环境资源交易所，于 2009 年 4 月完成工商注册。广碳所由广州交易所集团独资成立，致力于搭建"立足广东、服务全国、面向世界"的第三方公共交易服务平台，为企业碳排放权交易、排污权交易提供规范的、具有信用保证的服务。广碳所由广东省政府和广州市政府合作共建，正式挂牌成立于 2012 年 9 月，是国家级碳交易试点交易所和广东省政府唯一指定的碳排放配额有偿发放及交易平台。2013 年 1 月广碳所成为国家发展改革委首批认定的 CCER 交易机构之一。

2013 年 12 月 16 日，广碳所成功完成广东省首次碳排放配额有偿发放，成为至今全国唯一一个采用碳排放配额有偿分配的试点。同月广东省碳排放权交易顺利启动，创下我国碳市场交易的五个第一，迅速引发全球关注。2015 年 3 月 9 日，广碳所完成国内第一单 CCER 线上交易，为碳排放配额履约构建多元化的补充机制。在严格遵循有关法律法规，按照省、市政府和发展改革委的管理和指导下，广碳所陆续推出碳排放权抵押融资、法人账户透支、配额回购、配额托管、远期交易等创新型碳金融业务，为企业碳资产管理提供灵活丰富的途径。2016 年 4 月，广碳所上线了全国唯一一个为绿色低碳行业提供全方位金融服务的平台——"广碳绿金"，有效整合了与绿色金融相关的信贷、债券、股权交易、基金、融资租赁和资产证券化等产品，打造出多层次绿色金融产品体系。目前，广碳所正全力建设环境能源综合交易服务平台、绿色金融综合服务平台、碳普惠制平台等多个重要平台。

2）会员类型与结构。广碳所碳排放权交易业务实行会员制管理。碳交易会员是指根据有关规定，经广碳所审核批准，有权在广碳所从事碳交易及其他相关业务的主体。会员从事广碳所规定的碳交易业务活动，应当遵守相关法律、法规、规章和规定，诚实守信，规范运作，自愿接受广碳所监督和管理。

广碳所会员分为控排企业会员、境内机构会员、自然人会员和境外机构会员。控排企业会员是指根据国家或广东省政府主管部门相关政策、法律法规纳入碳排放管理和交易的企业（含新建项目企业）。其他排放企业和单位经主管部门审核自愿纳入碳排放管理和交易的，广碳所按照控排企业会员进行管理。境内机构会员是指自愿参与碳交易及相关业务活动的境内企业法人和非法人组织。自然人会员是指自愿参与碳交易的境内自然人主体。境外机构会员是指在中华人民共和国境外设立，在广碳所从事碳交易及相关业务的法人机构或其他经济组织。中华人民共和国香港特别行政区、澳门特别行政区、台湾地区的机构投资者在广碳所从事相关业务，参照境外机构会员管理。

广碳所会员享有以下权利：从事经广碳所批准的业务；利用广碳所信息网络发布和获取相关的信息，具体信息使用按照广碳所有关规定执行；使用广碳所有关设施，以及广碳所提供的市场行情信息和有关服务；参加广碳所组织的会员培训及相关业务交流活动；在同等条件下优先参与广碳所上线的创新业务；对广碳所工作进行监督，提出意见或建议；享有广碳所规定的其他权利。广碳所会员应承担以下义务：诚实守信、勤勉尽职地开展相关业务；接受广碳所的监督和管理，遵守广碳所相关管理制度，积极配合广碳所对会员的定期及不定期检查或抽查；指定会员代表，负责办理会员与广碳所的各项业务往来；及时报告会员自身的重大信息变更；及时向广碳所反映、反馈交易相关信息，特别是可能或正在影响交易正常进行的信息；参加广碳所组织的相关会员培训；保守广碳所及涉及的各方商业秘密；按广碳所规定缴纳会员年费及其他费用；建立业务档案管理制度、严格整理并保存业务档案；履行相应业务涉及的信息披露义务；对自身资金来源的合法性负责。

3）交易方式与时间。广州碳排放权交易所碳排放配额交易包括挂牌点选、协议转让及经省生态环境厅批准的其他方式。交易参与人应当在广东省碳排放配额注册登记系统开设碳排放配额账户，并按相关要求以实名方式开设交易账户和结算银行的资金账户。交易参与人在发起委托申报前，应当确保交易账户中持有满足成交条件的碳排放配额或资金。交易完成后，交易系统自动生成电子交易凭证，具有相应的法律效力。

挂牌点选是指交易参与人提交卖出或买入挂单申报，确定标的数量和价格，意向受让方或出让方通过查看实时挂单列表，点选意向挂单，提交买入或卖出申报，完成交易的交易方式。交易参与人向交易系统提交挂牌点选交易挂单申报，征集意向受让方或意向出让方。挂单申报需提交交易标的的代码、数量、单价、买卖方向等信息。申报完成后对应的交易标的或资金会被冻结，并进入挂单队列。意向受让方或意向出让方查看实时挂单列表，点选意向挂单，提交申报完成交易。根据"价格优先、时间优先"的原则，意向受让方只可点选价格最低的卖出挂单，意向出让方只可点选价格最高的买入挂单。成交价为挂单申报报价，成交数量为卖出或买入申报数量。未成交的挂单申报可随时撤销，部分成交的挂单申报可随时撤销未成交部分，并重新提交挂单申报。

协议转让是指非个人类交易参与人通过协商达成一致并通过交易系统完成交易的交易方式。交易参与人采用协议转让的，其单笔交易数量应达到 10 万吨或以上。协议转让交易中，申报价格应不高于前一个交易日收盘价的 130%，不低于前一个交易日收盘价的 70%。交易参与人向交易系统提交协议转让交易挂单申报，挂单申报除需提交交易标的代码、数量、价格和买卖方向等信息，还应录入意向方信息，经意向方在系统中确认并由广碳所审核后成交。协议转让的成交价格不纳入广碳所即时行情，成交量在交易结算后计入当日配额成交总量。

4）碳交所监管制度。广碳所实行碳排放配额持有量限制制度。交易参与人持有的配额数量不得超过规定的限额。

广碳所实行结算风险防控制度，对会员的结算资金实施分账管理。

广碳所依据规则及相关规定，对交易参与人、结算银行及碳排放配额交易其他参与者的交易相关行为进行监督检查，并定期向省生态环境厅报告。广碳所对通过交易监督工作、投诉举报、交易主管部门等单位通告或其他途径发现交易参与人存在内幕交易、操纵市场和异常交易等违规违约行为的，应责令其改正，并可以根据情节轻重，采取谈话提醒、书面警示、通报批评、限制交易、中止或终止交易及其他相关业务资质或会员资格等处罚措施。广碳所建立交易参与人不良信用记录，对交易参与人的违法违规交易信息进行记录并予以公布。

广碳所碳排放配额交易资金结算实行第三方存管制度。任何单位和个人不得擅自挪用、占用、借用以广碳所名义存放在结算银行的交易结算资金，不得擅自将交易结算资金为他人提供担保。广碳所在当天交易结束后进行交易清算。碳排放配额由出让方交易账户转入受让方交易账户；资金通过结算银行由受让方交易账户转入出让方交易账户。出让方可于下一个交易日将结算资金从交易账户转入银行资金账户。

6. 重庆碳市场制度体系

（1）建设历程。2012 年，重庆成为全国碳排放权交易试点省市之一。2014 年 4 月，《重庆市碳排放权交易管理暂行办法》（渝府发〔2014〕17 号）施行，将重庆碳排放权交易平台挂靠市属国有重点企业——重庆联合产权交易所集团有限公司（简称"联交所"），正式启动碳排放权交易。重庆市碳排放权交易制度建立了"1+3+N"的政策体系，其中："1"为《重庆市碳排放权交易管理暂行办法》；"3"为《重庆市碳排放配额管理细则（试行）》《重庆市工业企业碳排放核算报告与核查细则（试行）》《重庆联合产权交易所碳排放交易细则（试行）》；"N"为《重庆市碳排放配额分配方案》《碳排放申报系统操作手册》等。

为支撑重庆市碳排放权交易体系顺利运行，目前已建成重庆市碳排放报告系统、重庆市碳排放申报系统、重庆市碳排放权注册登记簿系统、重庆市碳排放权交易系统四大信息平台。自 2014 年 6 月开市交易至 2023 年 6 月 30 日，重庆市累计碳交易量 4139 万吨，交易金额 8.76 亿元，推动企业自主实施 50 余个工程减排项目，减碳效益约 800 万吨/年，为重庆完成国家下达的碳减排目标、推动经济发展方式向绿色低碳转型发挥了重要作用。

（2）碳排放权覆盖范围。为将碳市场进行扩容，重庆市生态环境局对重庆碳市场纳入标准进行调整。自 2021 年起，重庆市将碳市场纳入标准调整为年度温室气体排放量达到 1.3 万吨二氧化碳当量及以上的工业企业，相当于综合能源消费量约 5000 吨标准煤。此次扩容前，重庆碳市场有 152 家企业参与。而据重庆市生态环境局对外公布的重庆碳市场扩容拟纳入控排企业名单，拟纳入重庆碳市场的工业企业则增至 308 家，包括水泥、铝、供热、化工、建材、化学、食品饮料、汽车、卫浴、玻璃、家具、硅、钢铁等多个行业企业。

（3）配额管理。重庆市生态环境局应当根据本市温室气体排放控制要求，综合考虑经济增长、产业结构调整、能源结构优化、大气污染物排放协同控制等因素，制定碳排放配额总量确定与分配方案，核定重点排放单位年度碳排放配额，并书面通知重点排放单位。

重庆市碳排放配额分配以免费分配为主，也可根据国家和本市有关规定和要求适时引入有偿分配。重庆市生态环境局可以在碳排放配额总量中预留一定数量，用于有偿分配、市场调节等。另外，重庆市生态环境局、市财政局可以根据市场情况适时组织开展碳排放配额回购工作。

（4）排放核查与配额清缴。重庆市重点排放单位应当根据规定的温室气体排放核算与报告技术规范，编制本单位上一年度的温室气体排放报告，载明排放量，并于每年 4 月 30 日前向重庆市生态环境局书面报送年度温室气体排放报告，通过温室气体排放数据报送系统提交。排放报告所涉数据的原始记录和管理台账应当至少保存 5 年。重点排放单位应当对温室气体排放报告的真实性、完整性、准确性负责。重点排放单位编制的年度温室气体排放报告应当定期公开，接受社会监督。

重庆市生态环境局应当组织开展对重点排放单位温室气体排放报告的核查，并将核查结果告知重点排放单位，同时抄送相关区县生态环境局。重庆市生态环境局可以通过政府购买服务的方式委托技术服务机构提供核查服务。接受委托的技术服务机构应当对其提交的核查结果的真实性、完整性和准确性负责。

重点排放单位应当在规定时间内，通过注册登记系统提交与重庆市生态环境局核查结果确认的年度温室气体排放量相当的碳排放配额，履行清缴义务。重点排放单位的碳排放配额不足以履行清缴义务的，可以购买碳排放配额用于清缴；碳排放配额有结余的，可以在后续年度使用或者用于交易。重点排放单位须保证其履行清缴义务前在注册登记系统中保留的碳排放配额数量不少于其免费获得的年度碳排放配额数量的 50%。

此外，重点排放单位可以使用国家核证自愿减排量、重庆市核证自愿减排量或其他符合规定的减排量完成碳排放配额清缴。重点排放单位使用的减排量比例上限为其排放量的10%，具体减排量使用比例、减排项目的使用类型等应在年度配额分配方案中明确。其中，使用产生于重庆市行政区域以外的减排量比例不得超过其减排量使用总量的50%。

（5）碳交易模式制度设计。

1）碳交易平台。重庆碳排放权交易中心实行"一个机构、两块牌子"，职能职责由重庆联合产权交易所集团承担，坚持公共服务职能定位，实行企业化管理，提升服务水平，提高公共资源配置效率和效益。重庆碳排放权交易中心为碳排放权交易提供交易系统、结算系统和行情系统等设施及必要场所。重庆碳市场交易品种为碳排放配额、国家和重庆市核证自愿减排量，市生态环境局可以根据有关规定增加其他交易品种，单位以"吨二氧化碳当量（tCO_2e）"计。

2）交易参与人。纳入重庆市配额管理范围的单位（简称"配额管理单位"）和符合相关规定的市场主体及自然人可申请成为交易参与人，从事碳排放交易活动。

从事交易活动的其他市场主体应当符合以下条件：依法设立的企业法人、合伙企业及其他组织；企业法人注册资本金不得低于100万元，合伙企业及其他组织净资产不得低于50万元；具有从事碳排放管理或交易相关知识的人员；具备一定的投资经验，较高的风险识别能力和风险承受能力；具有良好的信誉，近两年无违法行为和不良记录；交易所规定的其他条件。

从事交易活动的自然人应当符合以下条件：具有完全民事行为能力；具备一定的投资经验，较高的风险识别能力和风险承受能力；个人金融资产在10万元以上；交易所规定的其他条件。

其他市场主体和自然人应当在通过交易所组织的投资经验、风险识别能力和风险承受能力测试评价后，方可成为交易参与人。经国家发展改革委备案的审定与核证机构、市发展改革委公布的第三方核查机构及其从业人员，不得参与碳排放交易。交易所股东参与碳排放交易的，应当及时披露相关交易信息，并不得利用股东身份从事有违市场公平原则的活动。交易所不得向股东提供公开披露信息之外的市场信息。交易参与人从事碳排放交易活动应在登记簿系统开设登记簿账户，并在交易所开设交易账户。

3）交易方式。重庆碳市场交易方式分为协议交易（意向申报、成交申报、定价申报、交易所允许的其他申报类型）与交易所另行规定的符合国家和重庆市规定的其他交易方式。

意向申报指令包括交易品种代码、买卖方向、交易价格、交易数量和交易账号等内容。意向申报不承担成交义务，意向申报指令可以撤销。

成交申报指令包括交易品种代码、买卖方向、交易价格、交易数量、对手方交易账号和约定号等内容。成交申报要求明确指定价格、数量和对手方。成交申报的数量下限为10000吨。成交申报指令在交易系统确认成交前可以撤销。交易系统对交易品种代码、买卖方向、交易价格、交易数量、对手方交易账号和约定号等各项内容均匹配的成交申报进行成交确认。

定价申报指令包括交易品种代码、买卖方向、交易价格、交易数量、交易账号等内容。合意的对手方通过交易系统发出成交指令，按指定的价格与定价申报全部或部分成交，交易系统按时间优先顺序进行成交确认。定价申报未成交部分可以撤销。

交易参与人申报卖出交易产品，不得超过其交易账户的可交易权益余额。碳排放交易实行全额资金交易，交易参与人申报买入交易产品，金额不得超过其交易账户的可用资金余额。意向申报和定价申报可设定有效期，最长为 20 个交易日，成交申报则当日有效。另外，碳排放交易价格实行涨跌幅限制，定价申报涨跌幅比例为 10%，成交申报涨跌幅为 30%。

4）结算交割。交易所对交易资金实行统一结算，对交易产品实行逐笔清算交收。存管机构由交易所指定的有资质的第三方支付结算公司办理交易资金结算业务，交易所在存管机构开立交易所结算专用存管账户，对交易参与人存入的交易资金实行统一管理。交易资金不予计息。交易所应当确保交易参与人交易资金安全，不得挪作他用。交易参与人应按存管机构规定进行注册并绑定银行账户，用于与交易所结算专用存管账户之间的资金划转。交易所在当日交易结束后对交易资金进行清算。存管机构按交易所指令划付交易资金，并及时将资金划转凭证和相关信息反馈给交易所。交易系统与登记簿连接，在交易完成后及时完成交易产品权属变更登记。

5）交易信息。交易所通过交易系统和网站等渠道对外发布交易信息。交易所在每个交易日发布行情、报价和成交等信息。行情信息包括交易品种名称、交易品种代码、前日交易均价、当日最高价、当日最低价、当日累计成交数量、当日累计成交金额等；报价信息包括交易品种名称、交易品种代码、申报类型、买卖方向、买卖数量、买卖价格以及报价联系人和联系方式等；成交信息包括交易品种名称、交易品种代码、成交量、成交价。交易所定期编制反映市场成交情况的各类报表，及时予以发布。交易所可以根据市场需要，调整交易信息发布的渠道和内容。因不可抗力、意外事件、交易所系统被非法侵入等原因导致交易信息传输发生异常或者中断的，交易所不承担责任。

6）碳交所监管制度。交易所对交易中的下列事项予以重点监控：涉嫌内幕交易、操纵市场等违法违规行为；涉嫌法律、行政法规、规章和规范性文件和交易所业务规则等相关规定限制的行为；可能影响交易价格或者交易量的异常交易行为；交易所认为需要重点监控的其他事项。

交易所履行监管职责时，可以行使下列职权：查阅、复制与交易有关的信息、资料；对交易参与人进行调查、取证；要求交易参与人等被调查者报告、陈述、解释、说明有关情况；查询交易参与人交易账户和资金账户；制止、纠正、处理违规违约行为；交易所履行监管职责所必需的其他职权。

交易参与人应当配合交易所进行相关调查，及时、真实、准确、完整地提供有关文件和资料。对不如实提供资料、隐瞒事实真相、故意回避调查或者妨碍交易所工作人员行使职权的单位和个人，交易所可以按照有关规定采取必要措施进行处理。交易所定期和不定期对交易参与人等开展的交易活动进行检查，及时发现交易参与人的违法违规或异常交易行为。交易所发现交易参与人及市场其他参与人在从事交易相关业务时涉嫌违法违规，情况复杂且重大的，应当进行专项调查，必要时可以采取相应措施防止违法违规行为产生的后果扩大。对重点监控事项中情节严重的行为，交易所可以视情况采取以下措施：口头或书面警告；要求提交书面承诺；约见谈话；限制交易账户；冻结相关交易账户或资金账户。

7. 湖北碳市场制度体系

（1）建设历程。2011 年，湖北省纳入国家 7 个碳排放权交易试点区域，启动区域碳市场建设。2014 年 3 月，为加强碳市场建设，规范碳排放权管理活动，湖北省制定了《湖北省碳排放权管理和交易暂行办法》(湖北省人民政府令第371号)（简称《管理办法》）。2016年11月，为进一步激发区域碳市场活力，湖北省第一次修订了《管理办法》，将控排企业准入门槛从年排放量6万吨标准煤及以上降低至1万吨标准煤及以上。随着不断探索和实践，湖北省在碳交易试点省份一直位居前列，推动了"中碳登"落户湖北。自2014年4月2日开市至2022年年底，湖北试点碳市场累计配额成交量3.75亿吨，占全国44.3%，成交额90.72亿元。

（2）碳排放权覆盖范围。根据湖北省2018年至2021年任一年综合能耗1万吨标准煤及以上的工业企业能耗情况，排除因关停、主体整合以及全面停产等原因退出的企业后，湖北省碳市场确定339家企业被纳入2021年度碳排放配额管理范围。覆盖行业范围全部为能源行业与工业，包括电力、热力和热电联产，钢铁，水泥，石化，化工，汽车，通用设备制造，有色金属和其他金属制品，玻璃及其他建材，化纤，造纸，医药，食品饮料，陶瓷行业。

（3）配额管理。湖北碳市场制度体系在配额总量确定的基础上，遵循公平、公正、公开的原则，采用标杆法、历史强度法与历史法相结合的方法，实行事前分配与事后调节相结合的方式，建立稳定市场的调节机制，对碳排放权配额进行科学分配和规范管理。

湖北碳排放配额总量包括年度初始配额、新增预留配额和政府预留配额。年度初始配额主要用于重点排放单位既有边界排放；新增预留配额主要用于新增产能和产量变化；政府预留配额主要用于市场调控和价格发现，一般不超过碳排放配额总量的10%。价格发现采用公开竞价的方式，竞价收益用于支持重点排放单位碳减排、碳市场调控、碳交易市场建设等。

年度初始配额和新增预留配额实行无偿分配，适时引入有偿分配。

同时符合以下两个条件的国家核证自愿减排量（CCER）可用于抵消企业碳排放量：一是在湖北省行政区域内产生；二是在纳入碳排放配额管理的企业组织边界范围外产生。用于缴还时，抵消比例不超过企业年度碳排放初始配额的10%，一吨中国核证自愿减排量相当于一吨碳排放配额。

每年重点排放单位应当向湖北省生态环境主管部门缴还与上一年度实际排放量相等数量的配额或符合条件的核证自愿减排量。湖北省生态环境主管部门组织交易机构在注册登记系统将重点排放单位缴还的配额、核证自愿减排量、未经交易的剩余配额以及剩余的预留配额予以注销。

（4）碳排放数据监测、报告与核查。

1）碳排放数据监测。纳入碳排放配额管理的企业应当制订下一年度碳排放监测计划，明确监测方式、频次、责任人等，并在每年9月份最后一个工作日前提交主管部门。企业应当严格依据监测计划实施监测。监测计划发生变更的，应当及时向主管部门报告。

2）碳排放数据报告。每年2月份最后一个工作日前，纳入碳排放配额管理的企业应当向主管部门提交上一年度的碳排放报告，并对报告的真实性和完整性负责。

3）第三方机构核查。主管部门委托第三方核查机构对纳入碳排放配额管理的企业的碳排放量进行核查。第三方核查机构应当独立、客观、公正地对企业的碳排放年度报告进行核查，在每年4月份最后一个工作日前向主管部门提交核查报告，并对报告的真实性和完整性负责。第三方核查机构应当具备以下条件：①具有独立法人资格和固定经营场所；②具有至少 8 名核查专业技术人员；③具有近 3 年从事温室气体排放核查相关业务的工作经历。纳入碳排放配额管理的企业应当配合第三方核查机构核查，如实提供有关数据和资料。

4）政府主管部门审定。政府主管部门对第三方核查机构提交的核查报告采取抽查等方式进行审查，并将审查结果告知被抽查企业。纳入碳排放配额管理的企业对审查结果有异议的，可以在收到审查结果后的 5 个工作日内向主管部门提出复查申请并提供相关证明材料。主管部门应当在 20 个工作日内对复查申请进行核实，并做出复查结论。

（5）碳交易模式制度设计。

1）碳交易平台。湖北碳排放权交易中心（简称"湖北碳交"或"交易中心"）是经国家发展改革委批准试点，经湖北省政府批准设立的绿色要素交易机构。"湖北碳交"成立于 2012 年 9 月，注册资本金 3.3 亿元，属于湖北宏泰集团控股二级公司，负责管理湖北环境资源交易中心和武汉国际矿业权交易中心两个要素市场平台，拥有一支高素质专业人才队伍。

"湖北碳交"成立以来，承担了湖北试点碳配额市场、国家自愿碳减排交易平台、湖北省绿色金融综合服务平台、全国碳交易能力建设培训中心和生态环境部气候变化南南合作培训基地（湖北）的建设与运营工作。截至 2022 年 7 月月底，湖北试点碳市场系统安全运行 8 年，累计成交量 3.68 亿吨，成交额 87.55 亿元，交易规模、交易主体等市场指标保持全国领先地位；首创了碳基金、碳托管、碳质押等碳金融产品；承担了"低碳冬奥""低碳军运"等大型碳中和活动项目。

2）会员类型与结构。

① 实行会员制管理。会员分为交易类会员和合作类会员。交易类会员是指经交易中心审核批准，有权在交易中心从事碳排放权交易业务的机构或自然人。合作类会员是指在交易中心备案，参与提供相关领域碳资产管理、碳业务咨询等双碳服务的机构。

② 会员资格审核制度。湖北碳交对会员资格的取得、暂停、恢复、取消及会员信息变更等进行管理。会员作为独立的民事主体开展业务活动，应当遵守法律、行政法规、规章和交易中心业务规则，诚实守信，规范运作，独立承担责任，并接受交易中心管理和监督。会员违反法律、行政法规、规章和交易中心业务规则的规定开展活动的，由会员自行承担相应的法律责任；由此给中心或其他第三方造成损失的，会员应给予补偿。交易中心会员接受社会监督。

3）交易方式。湖北碳交采用"协商议价转让"和"定价转让"的混合交易方式。

① 协商议价转让。协商议价转让是指在交易中心规定的交易时段内，卖方将标的物通过交易系统申报卖出，买方通过交易系统申报买入，交易中心将交易申报排序后进行揭示，交易系统对买卖申报采取单向逐笔配对的协商议价交易方式。协商议价按下列方式进行：当买入价大于、等于卖出价时配对成交，成交价等于买入价、卖出价和前一成交价三者中居中的那个价格；开盘后第一笔成交的前一成交价为上一交易日的收盘价；未成交的交易申报可以撤销，撤销指令经交易系统确认后方为有效；报价被交易系统接受后即刻生效，并在该交易日内一直有效，直到该报价全部成交或被撤销。

交易中心对标的物实行日议价区间限制，议价幅度比例为 10%。超过议价区间的报价为无效报价。议价区间的最高价格为前一交易日收盘价×（1+10%），最低价格为前一交易日收盘价×（1-10%），计算结果按照四舍五入原则取至价格最小变动单位。日开盘价为标的物当日第一笔成交价格。日收盘价为交易收盘前最后 5 笔成交的加权平均价，若当日成交小于 5 笔时，收盘价为当日所有成交的加权平均价。若当日无成交，收盘价为昨日收盘价。

② 定价转让。定价转让分为公开转让和协议转让，由卖方提出申请，经交易中心同意挂牌。

公开转让是指卖方将标的物以某一固定价格在交易中心交易系统发布转让信息，在挂牌期限内，接受意向买方买入申报；挂牌期截止后，根据卖方确定的价格优先或者数量优先原则达成交易。单笔挂牌数量不得小于 10000 吨二氧化碳当量。挂牌期截止时，全部意向买方申报总量未超过卖方挂牌总量的，按申报总量成交，未成交部分由卖方撤回；意向买方申报总量超过卖方总量的部分则不予成交。挂牌期限根据卖方的要求确定，最短不少于一个交易日，最长不超过 5 个交易日。挂牌期限自挂牌之日起计算，当年度配额挂牌截止日期不得超过该年度配额注销截止日期。挂牌期限截止，无意向买方报价的终止挂牌。若由卖方申请挂牌延期，经交易中心同意后，可以延长挂牌期限。意向买方报价低于卖方定价的为无效报价。挂牌期限截止前，如选择价格优先成交原则的，意向买方报价后，可修改报价，但不得低于其上一次报价，且不能撤单或修改申报数量；如选择数量优先成交原则的，意向买方可修改申报数量，但不得低于其上一次申报数量，且不能撤单或修改申报价格。当符合条件的买方产生后，双方履行交付义务，交易中心将标的物移交给买方交易账户，将交易价款移交至卖方交易账户。

交易中心对公开转让实行价格申报区间限制，限制申报幅度为 30%，超过申报区间的报价为无效报价。价格申报区间的最高价格为签订公开转让协议前一交易日协商议价收盘价×(1+30%)，最低价格为签订公开转让协议前一交易日协商议价收盘价×(1-30%)。计算结果按照四舍五入原则取至价格最小变动单位。

协议转让是指卖方指定一个或多个买方为交易对手方，买卖双方通过场外协商确定交易品种、价格及数量，签订协议转让协议，并在交易系统内实施标的物交割的交易方式。协议转让协议自签订之日起十个工作日内有效，对于超过十个工作日的，交易中心有权拒绝挂牌。买卖双方应当向交易中心提交协议转让协议及相关材料。买卖双方提交的材料符合交易中心要求的，交易中心应当予以接受登记，并对买卖双方提交的材料进行形式审核，审核时间不应超过 5 个工作日。如审核通过，则进入交易和结算程序；如审核不通过，应书面通知买卖双方；如需买卖双方提供补充材料的，应一并告知。买卖双方应自接到书面通知后 5 个工作日内提供补充材料，未按期提供补充材料的视为放弃协议转让挂牌。买卖双方应当对其提供的所有材料的真实性、准确性、完整性和合法性负责。

协议转让协议的内容包括但不限于：转让方和受让方的名称、交易标的物类型、交易数量、交易单价和总价款、交割时间、违约责任以及纠纷解决方式。

系统成交完成后，交易双方履行交付义务，交易中心将标的物移交给买方交易账户，将交易价款移交至卖方交易账户。

交易中心对协议转让实行价格申报区间制度，申报幅度比例为 30%。超过申报区间的报价为无效报价。价格申报区间的最高价格为签订协议转让协议前一交易日协商议价转让收盘价×(1+30%)，最低价格为签订协议转让协议前一交易日协商议价转让收盘价×(1-30%)。计算结果按照四舍五入原则取至价格最小变动单位。

4) 风险管理。为了加强碳排放权现货远期交易风险管理，维护碳排放权现货远期交易各方的合法权益，保证湖北碳交碳排放权现货远期交易的正常进行，交易中心风险管理实行保证金制度、涨跌停板制度、限仓制度、大户报告制度、强行转让制度和风险警示制度。

交易中心实行保证金制度。碳排放权现货远期交易的最低交易保证金为订单价值的20%。新订立报价交易保证金按开仓价收取交易保证金，闭市后根据当日结算价进行调整。最后交易日闭市后未转让的持仓按履约结算价收取保证金。交易中心将交易时间划分为普通交易月份、履约前一月和履约月三个时间段，并根据三个时间段设置不同的最低交易保证金比例。在某一交易时间段的交易保证金标准自该交易时间段起始日前一交易日结算时起执行。最低交易保证金收取标准见表 10-2。

表 10-2　最低交易保证金收取标准

交 易 时 间	普通交易月份	履约前一月	履 约 月
保证金比例	20%	25%	30%

交易中心实行价格涨跌停板制度，由交易中心制定现货远期交易的每日最大价格波动幅度。交易中心可以根据市场情况调整涨跌停板幅度。碳排放权现货远期交易的涨跌停板幅度为上一交易日结算价的 4%。

交易中心实行限仓制度。限仓是指交易中心规定市场参与人可以持有的，按净持仓数量计算的持仓量的最大数额。控排企业、法人客户和个人客户采取不同的限仓要求，但均以绝对量方式确定。控排企业的持仓限额与普通法人客户一致；但控排企业以卖单持仓进入履约的，超过初始分配的 20% 或 20 万吨的部分不得以初始分配配额进行履约。市场参与人的持仓数量不得超过交易中心规定的持仓限额，超过持仓限额的，不得同方向订立报价。对超过限额的持仓，交易中心将于下一交易日按有关规定执行强行转让。

交易中心实行大户报告制度。当市场参与人持仓达到交易中心对其规定的持仓限额 80% 以上（含本数）时，市场参与人应向交易中心报告其资金情况、持仓情况。交易中心可根据市场风险状况，调整持仓报告水平。

为控制市场风险，交易中心实行强行转让制度。强行转让是指当市场参与人违规时，交易中心对有关持仓实行转让的一种强制措施。

当市场参与人出现下列情形之一时，交易中心有权对其持仓进行强行转让：①结算准备金余额小于交易中心规定的最低余额，并未能在规定时限内补足的；②持仓量超出限仓规定的；③因违规受到交易中心强行转让处罚的；④根据交易中心的紧急措施应予强行转让的；⑤其他应予强行转让的。

交易中心实行风险警示制度。当交易中心认为必要时，可以分别或同时采取要求报告情况、谈话提醒、发布风险提示等措施中的一种或多种，以警示和化解风险。

5）碳交易所监管制度。交易中心对以下情况可以采取暂停交易、特殊处理及特别停牌等监管措施。

① 连续 3 个交易日日收盘价均达到日议价区间最高或最低价格的，湖北碳排放权交易中心有权于第 4 个交易日 9:30—10:30 对标的物暂停交易，并发布警示公告。

② 连续 20 个交易日内累计有 6 个交易日收盘价均达到日议价区间最高价或最低价，且第 20 个交易日相比第 1 个交易日收盘价涨跌幅达到或超过 30% 的，交易中心对标的物进行特殊处理，特殊处理期为 20 个交易日。特殊处理的标的物在其名称前用 " * " 加以标注，

其议价幅度比例调整为±5%。如特殊处理期结束当日的收盘价较连续 20 个交易日的第 1 个交易日收盘价涨跌幅达到或超过 30%的，继续进行特殊处理；否则，从特殊处理之日起第 21 个交易日取消特殊处理。

③ 交易中心可以对特殊处理的标的物和价格异常波动的标的物实施特别停牌处理。

为防范市场风险，交易中心可以采取包括但不限于调整标的物日议价区间限制幅度、限制出入境等风险控制措施。

另外，湖北碳排放权交易中心有权对市场参与人的交易行为进行监督管理，市场参与人应接受交易中心的监督管理。交易中心可以对交易账户的相关情况进行监督，市场参与人在账户开立和使用过程中存在违规行为的，交易中心可以对违规市场参与人的账户采取限制使用等处置措施。因违反规则被取消交易资格的，不再享有交易权，其标的物应限期退出或转让。

8. 四川碳市场制度体系

（1）建设历程。2016 年 4 月，国家发展改革委发出《温室气体自愿减排交易机构备案通知书》，予以四川联合环境交易所温室气体自愿减排交易机构资质，四川联合环境交易所成为非碳排放权交易试点地区第一家获得备案的交易机构、全国第八家温室气体自愿减排交易机构。这标志着四川碳市场正式开始运行，四川正式跨入温室气体自愿减排交易行列。2022 年，四川碳市场合计实现国家核证自愿减排量（CCER）交易 197.17 万吨，占全国交易量的 22.91%，居全国第三位，同比上升一位。截至 2023 年 4 月 30 日，四川碳市场累计成交国家核证自愿减排量（CCER）近 3682 万吨，按可比口径在全国排名第四位。

（2）碳交易模式制度设计。

1）碳交易平台。四川联合环境交易所有限公司（简称"四川环交所"）于 2011 年 9 月成立，是四川省人民政府批准，国务院有关部际联席会议备案的交易机构，是全国非试点地区第一家经国家备案的碳交易机构，是全国碳市场能力建设（成都）中心的合署机构，是国家开展用能权交易试点的交易机构，是四川省排污权交易机构。环交所目前是全国唯一一家集碳排放权、用能权、排污权、水权交易为核心主业的环境资源交易平台，在国内交易机构中率先加入联合国负责任投资原则（PRI），在实际经营活动中践行和倡导以绿色发展为核心的责任投资原则，备受国际国内市场关注。

2）交易参与人。在四川环交所从事碳排放权交易的交易参与人主要是四川环交所碳排放权交易会员，包括经纪会员、机构会员、自然人会员和公益会员。重点排放单位直接成为机构会员。非经纪会员不得从事经纪业务。经纪会员除从事碳排放权交易经纪业务，还可以开展碳排放权交易自营业务。经纪会员应在其客户授权范围内代表客户完成交易操作业务。

3）交易方式。交易方式包括定价点选、电子竞价和大宗交易等。同一交易标的在同一时间，只能以一种方式进行交易。

① 定价点选是指一方交易参与人发起买卖交易产品，按照其限定的价格在交易系统中进行委托申报，其他交易参与人对该委托进行响应时，在交易系统中点选该委托，并在交易系统中发出成交委托申报指令，交易系统判定成交并记录交易信息的交易方式。

② 电子竞价是指一方交易参与人发起买卖交易产品，设定一定交易条件，委托四川环

交所公开挂牌买卖交易产品，四川环交所对其委托事项和公告内容经合规性形式审查通过后，在交易系统和其他信息媒介发布电子竞价公告，以征集意向方通过交易系统进行电子竞价的交易方式。采用电子竞价方式时，交易发起方为卖方的，按价格向上走高正向竞价；交易发起方为买方的，按价格向下走低逆向竞价。

③ 大宗交易是指一方交易参与人发起买卖交易产品，同一品种数量较大且达到规定的最低数量限额，通过交易系统提交意向申报，发起方和响应方达成一致后分别提交成交申报，由交易系统完成成交确认的交易方式。

4）信息披露制度。四川环交所按照《四川联合环境交易所碳排放权交易信息披露细则（暂行）》公布即时交易行情、交易数据统计信息和四川环交所公告等。即时交易行情内容包括：品种代码、品种简称、前收盘价、最新成交价、当日最高价、当日最低价、当日累计成交数量、当日累计成交金额、实时最高五个价位买入申报价和数量、实时最低五个价位卖出申报价和数量等。交易数据统计信息包括：周报表、月报表、年报表等。四川环交所公告内容包括：电子竞价公告、新产品上市、交易时间调整、价格涨跌幅限制调整、最小交易单位调整、大宗交易单笔交易的最低数量限额调整等，以及其他可能影响市场重大变动的信息。

5）风险管理制度。四川环交所碳排放权交易的风险管理实行全额资金交易制度、涨跌幅限制制度、碳排放权持有量限制制度、大户报告制度、强行减持制度、大宗交易监管制度、异常情况监管制度和风险警示制度。

9. 福建碳市场制度体系

（1）建设历程。2016 年 12 月 12 日，福建碳市场建成并启动交易，在福建海峡股权交易中心正式启动的首日，福建碳市场的交易量超过 1800 万元。福建碳市场试点相关工作虽起步较晚，但起点较高，在碳市场的核心制度、运行规则、分配方法上全面对接全国碳市场总体思路，并结合福建实际积极创新，建立起了系统完善的制度体系：2016 年市场建立时，初步构建了以《福建省碳排放权交易管理暂行办法》为核心，以《福建省碳排放权交易市场建设实施方案》为总纲，以 7 个配套管理细则为支撑的"1+1+7"政策体系；2020 年，根据应对气候变化工作的新形势、新要求，福建省及时对有关政策制度进行修订，进一步实现了交易手段市场化、交易主体多元化。

福建省依托海峡股权交易中心构建全省统一的碳交易市场，在 20 余个国有林场开展林业碳汇交易试点。至 2022 年年末，累计成交碳排放权 3988.70 万吨，成交额 10.59 亿元，其中林业碳汇成交量 391.13 万吨，成交额 5890.43 万元，成交额、成交量居全国前列；福建省碳市场累计完成碳排放权质押 25 笔，累计融资超过 4800 万元，碳资产管理规模达 1448 万吨，远期约定回购项目融资金额超过 1900 万元。

（2）碳排放权覆盖范围。福建省将电力、钢铁、石化、化工、建材、有色、造纸、航空、陶瓷等 9 大行业纳入福建省碳排放权交易市场。纳入全国碳市场的发电行业不参与福建省碳市场管理，但含自备电厂的非发电企业扣除发电部分后剩余碳排放量纳入福建省碳市场管理。福建省 2021 年度控排企业为 296 家，2020 年控排企业为 284 家。福建省将温室气体年排放量达 1.3 万吨二氧化碳当量（综合能源消费量约 5000 吨标准煤）及以上的企业纳入重点排放单位。

（3）配额管理。福建省碳排放权交易工作协调小组办公室综合考虑福建省温室气体控制总体目标，结合经济增长、产业转型升级、行业基准水平、减排潜力和重点排放单位历史排放水平等因素，制定福建省配额分配方案，报福建省人民政府批准后执行。福建省对碳排放配额实行动态管理，每年确定一次。

福建省的碳排放配额构成为"既有项目配额+新增项目配额+市场调节配额"。福建省碳排放配额初期采取免费分配方式，适时引入有偿分配机制，逐步提高有偿分配的比例。福建省人民政府碳排放权交易主管部门将通过有偿分配取得的收益缴入福建省级财政金库，实行收支两条线管理，相关工作所需支出由省级财政统筹安排，用于促进福建省减少碳排放以及相关能力的建设。

福建省人民政府碳排放权交易主管部门在省级碳排放配额总量中预留一定数量的配额，用于市场调节、改（扩）建重大建设项目等。新建重大建设项目的企业所需配额，由省人民政府碳排放权交易主管部门综合考虑设区的市人民政府碳排放权交易主管部门审核的碳排放评估结果予以核定并免费发放。碳排放配额属于无形资产，其权属通过省级注册登记系统确认。

（4）报告、核查与清缴。

1）报告。重点排放单位应当按照福建省人民政府碳排放权交易主管部门的要求，制订年度碳排放监测计划，经设区的市人民政府碳排放权交易主管部门审核后，报福建省人民政府碳排放权交易主管部门。对于重点排放单位应当依据监测计划实施监测。监测计划发生变化的，应当及时向设区的市人民政府碳排放权交易主管部门报告。

重点排放单位应当根据福建省人民政府碳排放权交易主管部门发布或者认可的标准，编制上一年度碳排放报告，并于每年2月底前经设区的市人民政府碳排放权交易主管部门审核后，报福建省人民政府碳排放权交易主管部门。不得虚报、瞒报、拒绝履行碳排放报告义务。

2）核查。福建省人民政府碳排放权交易主管部门应当利用在线监测平台开展相关工作。福建省人民政府碳排放权交易主管部门可以委托第三方核查机构对重点排放单位的碳排放报告进行第三方核查。重点排放单位应当配合第三方核查机构开展核查工作，并按照要求提供相关材料，不得拒绝、干扰或者阻挠。第三方核查机构应当按照福建省人民政府碳排放权交易主管部门的要求开展碳排放核查工作，出具核查报告，并履行保密义务。核查报告应当真实准确。福建省人民政府碳排放权交易主管部门可以对核查报告进行抽查。核查、抽查费用从省级一般公共预算中予以安排。福建省人民政府碳排放权交易主管部门应当依据碳排放报告、核查报告以及抽查结果，确认各重点排放单位上年度的碳排放量。对由于重点排放单位自身原因导致其碳排放量无法确认的，福建省人民政府碳排放权交易主管部门应当委托第三方核查机构测算其碳排放量。

3）清缴。重点排放单位应当在每年6月底前向设区的市人民政府碳排放权交易主管部门提交不少于上年度经确认的碳排放量的排放配额，履行上年度的配额足额清缴义务。福建省鼓励重点排放单位使用经国家或者福建省人民政府碳排放权交易主管部门核证的林业碳汇项目自愿减排量抵消其经确认的碳排放量，也可以使用林业碳汇外其他领域的国家核证自愿减排量抵消其部分经确认的碳排放量。其中，重点排放单位用于抵消的林业碳汇项目减排量不得超过当年经确认排放量的10%；重点排放单位用于抵消的其他类型项目减排量不得超过当年经确认排放量的5%。

（5）碳交易模式制度设计。

1）碳交易平台。海峡股权交易中心是福建省贯彻落实国务院支持海峡西岸经济区"先行先试"的"三规划两方案"，建设两岸区域性金融服务中心的重大举措。海峡股权交易中心将为服务海峡西岸经济发展做出重大贡献，在推动两岸金融合作、促进两岸经济融合起到积极作用。

海峡股权交易中心主要为省内中小微企业（包括台资企业）提供挂牌、展示、非上市公司股权集中登记托管、股权变更登记、质押登记、股权债权融资、改制辅导、财务顾问和培育孵化等服务；提供特殊资产等金融资产交易、金融企业非上市国有资产交易等服务；提供排污权、碳排放权、用能权、林权等资源环境权益流转等服务，打造行业领先、特色鲜明、功能丰富的综合金融服务平台，构建企业资本形成与流转的生态系统。福建省碳市场由于纳入配额交易，从非试点市场角度为我国构建全国碳市场贡献宝贵经验。

福建省人民政府委托从事碳排放权交易的海峡股权交易中心或其设立的机构（简称"海交中心"）作为福建省碳排放权交易的指定平台。海交中心为碳排放权交易提供交易大厅、交易系统、行情系统和通信系统等设施，以及信息发布等相关服务。

2）会员类型与结构。碳排放权交易参与方包括纳入碳排放配额管理的重点排放单位以及其他符合交易规则且自愿参与碳排放权交易的公民、法人或者其他组织。海交中心碳排放权交易业务实行会员制，会员分为交易类会员（综合会员、自营会员和公益会员）和非交易类会员（经纪会员、服务会员、战略合作会员）。

纳入福建省碳排放权交易体系的重点排放单位和新纳入项目业主（单位）直接成为自营会员；其他交易参与方参与碳排放权交易，应当取得海交中心碳排放权交易类会员资格或通过具有海交中心开户代理资格的综合会员或经纪会员开立交易账户。

3）交易方式。碳排放权交易采用挂牌点选、协议转让、单向竞价、定价转让以及碳排放权现货中远期交易等其他经批准的交易方式。

交易参与方采用挂牌点选交易方式的，应当直接通过交易系统提出申报，交易对手方通过交易系统回应申报并提出报价完成交易。提出申报的交易参与方称为申报方；回应申报并提出报价的交易参与方称为应价方。申报包括买入申报和卖出申报。申报方提出买入碳排放权产品的申报称为买入申报；申报方提出卖出碳排放权产品的申报称为卖出申报。在挂牌点选交易方式下，申报方通过交易系统提出买入申报时，价格必须低于当前价格最低的卖出申报价格；提出卖出申报时，价格必须高于当前价格最高的买入申报价格。应价方通过交易系统回应卖出申报时，只可回应当前价格最低的卖出申报；回应买入申报时，只可回应当前价格最高的买入申报。挂牌点选交易方式下，交易双方以申报方的申报价格和应价方的报价数量达成交易。应价方的报价数量应当等于或小于申报方的申报数量中的未成交部分。多个交易对手方回应同一笔申报时，按时间优先的原则配对成交。挂牌点选交易方式的交易价格有效范围为基准价的上下 10%。

交易双方采用协议转让交易方式的，应当协商一致，由一方通过交易系统提出申报，另一方通过交易系统确认后完成交易。协议转让交易方式下的申报实行当日有效制，即当日的申报，有效期至当日交易时间结束。协议转让交易方式的交易价格有效范围为基准价的上下 30%。

交易参与方采用单向竞价交易方式的，应当先向海交中心提交挂牌出让申请，海交中心审核通过后发布公告并组织竞价，在约定的时间内由符合条件的意向受让方按照规定报价，最终达成一致并成交。公告时间结束后，海交中心按照约定的时间组织竞价。竞价结束后，交易系统按照"价格优先、时间优先"的原则，取每个意向受让方的最高报价和拟受让数量，将出让标的按照价格从高到低分配给意向受让方。当出让数量全部分配完毕或全部意向受让方均成交时停止分配，各自竞买的成交价为各意向受让方的最高报价。

交易参与方采用定价转让交易方式的，应当先向海交中心提交挂牌出让申请，海交中心审核通过后发布公告并组织交易，在约定的时间内由符合条件的意向受让方提交定价申购申报，最终达成一致并成交。公告时间结束后，海交中心按照约定的时间组织交易。在约定的时间内，意向受让方通过交易系统提交申购数量。交易系统按照时间优先的原则将出让标的分配给提交申购数量的意向受让方，当出让数量全部分配完毕或交易时间截止时停止分配。

4）交易结算。办理碳排放权交易双方的碳排放权产品和资金的清算交收服务，应当遵循货银对付的原则。碳排放权交易结算实行逐笔全额非担保交收，即采用全额保证金制的逐笔全额交易价款交收方式。碳排放权产品和资金的交收日为每个交易日（简称"T日"）日终。T日日终，清算中心根据交易系统的成交数据，逐笔清算应收、应付的碳排放权产品及资金。对T日交易清算的应收、应付碳排放权产品及资金，交易系统于T日清算时办理资金记账并与注册登记系统进行交收对账。在清算交收后，交易系统将汇总的交易参与方资金结算账户变动和余额情况发送到交易参与方的资金存管银行，用于簿记交易参与方的银行结算账户和余额核对。

5）交易监督。海峡股权交易中心对碳排放权交易中的下列事项，予以重点监控：涉嫌内幕交易、操纵市场等违法违规行为；可能影响碳排放权产品交易价格或者交易量的异常交易行为；碳排放权交易价格或者交易量明显异常的情形；海交中心认为需要重点监控的其他事项。

交易中心对重点监控事项中情节严重的行为，可以视情况采取下列措施：口头或书面警示；要求交易参与方对有关问题做出解释和说明；约谈交易参与方；要求交易参与方提交书面承诺；公开谴责、通报批评；暂停相关交易参与方的全部或部分交易资格；取消相关交易参与方的全部或部分交易资格；海交中心认为必要的其他监管措施。

10.2.2　我国统一碳市场的制度体系

2021年7月，全国碳市场正式启动，我国碳交易进入发展新阶段。全国碳市场建设采用"双城"模式，即在全国碳排放权注册登记机构成立前，由湖北碳排放权交易中心有限公司承担全国碳排放权注册登记系统账户开立和运行维护等具体工作，全国碳排放权交易机构成立前，由上海环境能源交易所股份有限公司承担全国碳排放权交易系统账户开立和运行维护等具体工作，从而明确全国碳排放交易市场的建立。下面主要介绍我国统一碳市场的制度体系。

1. 碳排放权覆盖范围

全国碳排放权交易市场在第一阶段以发电行业为突破口，纳入发电行业重点排放单位共计2162家，率先实现全国碳市场的交易运行。

全国碳市场将发电行业年度排放达到2.6万吨二氧化碳当量（综合能源消费量约1万吨标准煤）及以上的企业或者其他经济组织作为重点排放单位，将年度排放达到2.6万吨二氧化碳当量及以上的其他行业自备电厂视同发电行业重点排放单位管理。在此基础上，逐步扩大重点排放单位范围。

计划到 2025 年，全国碳市场覆盖范围应该扩大到预先设定的 8 个高耗能工业行业，将涵盖石化、化工、建材、钢铁、有色、造纸、电力、航空等重点排放行业。届时碳市场管理的碳排放占全国碳排放总量的 60%左右。

2. 配额管理

发电行业配额按国务院发展改革部门会同能源部门制定的分配标准和方法进行分配。碳排放配额分配以免费分配为主，可以根据国家有关要求适时引入有偿分配。

3. 排放核查与配额清缴

（1）排放核查。重点排放单位应当根据生态环境部制定的温室气体排放核算与报告技术规范，编制该单位上一年度的温室气体排放报告，载明排放量，并于每年 3 月 31 日前报生产经营场所所在地的省级生态环境主管部门。排放报告所涉数据的原始记录和管理台账应当至少保存五年。重点排放单位对温室气体排放报告的真实性、完整性、准确性负责。重点排放单位编制的年度温室气体排放报告应当定期公开，接受社会监督，涉及国家秘密和商业秘密的除外。

省级生态环境主管部门应当组织开展对重点排放单位温室气体排放报告的核查，并将核查结果告知重点排放单位。核查结果应当作为重点排放单位碳排放配额清缴依据。省级生态环境主管部门可以通过政府购买服务的方式委托技术服务机构提供核查服务。技术服务机构应当对提交的核查结果的真实性、完整性和准确性负责。

（2）配额清缴。重点排放单位应当在生态环境部规定的时限内，向分配配额的省级生态环境主管部门清缴上年度的碳排放配额。清缴量应当大于或等于省级生态环境主管部门核查结果确认的该单位上年度温室气体实际排放量。

重点排放单位每年可以使用国家核证自愿减排量抵消碳排放配额的清缴，抵消比例不得超过应清缴碳排放配额的 5%。用于抵消的国家核证自愿减排量不得来自纳入全国碳排放权交易市场配额管理的减排项目。

4. 碳交易模式制度设计

全国碳排放权交易市场的主要交易规则具体包括：

（1）交易主体。全国碳排放权交易主体包括重点排放单位以及符合国家有关交易规则的机构和个人。

（2）交易产品。全国碳排放权交易市场的交易产品为碳排放配额，生态环境部可以根据国家有关规定适时增加其他交易产品。

（3）交易方式与时间。碳排放权交易应当通过全国碳排放权交易系统进行，可以采取协议转让、单向竞价或者其他符合规定的方式。协议转让是指交易双方协商达成一致意见并确认成交的交易方式，包括挂牌协议交易及大宗协议交易。其中，挂牌协议交易是指交易主体通过交易系统提交卖出或者买入挂牌申报，意向受让方或者出让方对挂牌申报进行协商并确认成交的交易方式。大宗协议交易是指交易双方通过交易系统进行报价、询价并确认成交的交易方式。单向竞价是指交易主体向交易机构提出卖出或买入申请，交易机构发布竞价公告，多个意向受让方或者出让方按照规定报价，在约定时间内通过交易系统成交的交易方式。

交易机构可以对不同交易方式设置不同交易时段，具体交易时段的设置和调整由交易机构公布后报生态环境部备案。交易主体参与全国碳排放权交易应当在交易机构开立实名交易账户，取得交易编码，并在注册登记机构和结算银行分别开立登记账户和资金账户。每个交易主体只能开设一个交易账户。

（4）交易单位。碳排放配额交易以"每吨二氧化碳当量价格"为计价单位，买卖申报量的最小变动计量为1吨二氧化碳当量，申报价格的最小变动计量为0.01元。交易机构应当对不同交易方式的单笔买卖最小申报数量及最大申报数量进行设定，并可以根据市场风险状况进行调整。单笔买卖申报数量的设定和调整由交易机构公布后报生态环境部备案。交易主体申报卖出交易产品的数量不得超出其交易账户内可交易数量。交易主体申报买入交易产品的相应资金不得超出其交易账户内的可用资金。

（5）交易生效时间。碳排放配额买卖的申报被交易系统接受后即刻生效，并在当日交易时间内有效，交易主体交易账户内相应的资金和交易产品即被锁定。未成交的买卖申报可以撤销，如未撤销，未成交申报在当日交易结束后自动失效。买卖申报在交易系统成交后，交易即告成立。符合交易规则达成的交易于成立时即告交易生效，买卖双方应当承认交易结果，履行清算交收义务。依照交易规则达成的交易，其成交结果以交易系统记录的成交数据为准。已买入的交易产品当日内不得再次卖出。卖出交易产品的资金可以用于交易日内的交易。

（6）风险管理。生态环境部可以根据维护全国碳排放权交易市场健康发展的需要，建立市场调节保护机制。当交易价格出现异常波动触发调节保护机制时，生态环境部可以采取公开市场操作、调节国家核证自愿减排量使用方式等措施，进行必要的市场调节。

1）涨跌幅限制制度。交易机构应当设定不同交易方式的涨跌幅比例，并根据市场风险状况对涨跌幅比例进行调整。

2）最大持仓量限制制度。交易机构对交易主体的最大持仓量进行实时监控，注册登记机构应当对交易机构实时监控提供必要支持。交易主体交易产品持仓量不得超过交易机构规定的限额。交易机构可以根据市场风险状况，对最大持仓量限额进行调整。

3）大户报告制度。交易主体的持仓量达到交易机构规定的大户报告标准的，交易主体应当向交易机构报告。交易机构实行风险警示制度。交易机构可以采取要求交易主体报告情况、发布书面警示和风险警示公告、限制交易等措施，警示和化解风险。

4）风险准备金制度。风险准备金是指由交易机构设立，用于为维护碳排放权交易市场正常运转提供财务担保和弥补不可预见风险带来的亏损的资金。风险准备金应当单独核算，专户存储。

5）异常交易监控制度。交易主体违反交易规则或者交易机构业务规则、对市场正在产生或者将产生重大影响的，交易机构可以对该交易主体采取以下临时措施：限制资金或者交易产品的划转和交易；限制相关账户使用。

10.2.3 我国碳金融市场的交易产品

目前全国碳排放权交易市场的交易产品主要限于碳排放配额（CEA），而在全国碳市场建立前后，除天津、重庆碳交易市场仅开放碳排放配额质押融资业务，其余7个试点区域碳市场均已有较为丰富的碳金融工具实践，引入了融资、衍生品、资产管理、基金、债券等金融创新产品和服务。例如上海、北京和广东在碳回购等业务上进行了探索，北京签署了碳排放权场外掉期合约，湖北和广东开展了碳排放权质押贷款业务，其中最典型的碳金融衍生品是上海试点的碳配额远期产品。表 10-3 是我国各区域碳市场金融工具运用情况（截至2022 年 10 月）。

表 10-3　我国各区域碳市场金融工具运用情况（截至 2022 年 10 月）

工具类型	工具名称	区域市场								
		北京	上海	深圳	广州	湖北	福建	四川	天津	重庆
碳市场交易工具	碳现货	√	√	√	√	√	√	√	√	√
	碳远期		√		√	√		√		
	碳期货									
	碳期权	√								
	碳掉期	√								
	碳结构性存款			√		√				
	碳借贷		√							
碳市场融资工具	碳债券			√		√		√		
	碳资产抵质押	√	√	√	√	√	√	√	√	√
	碳回购	√	√		√	√	√	√		
	碳托管			√	√	√	√	√		
碳市场支持工具	碳指数	√								
	碳保险					√				
	碳基金		√			√		√		

1. 碳市场交易工具

（1）碳现货。除四川碳排放权交易市场未进行碳排放配额交易，其余地区及全国碳排放权交易市场的交易标的包括相应地区/全国的碳排放配额及 CCER。除碳排放配额及CCER，部分地区的碳排放权交易市场还可交易相应地区自行核证的自愿减排量，如广东碳普惠核证减排量（PHCER）、福建林业碳汇项目（FFCER）、成都"碳惠天府"机制碳减排量（CDCER）、重庆"碳惠通"项目自愿减排量（CQCER）等。

我国地区及全国碳排放权交易市场可交易标的见表 10-4。

表 10-4　我国地区及全国碳排放权交易市场可交易标的

碳排放权交易市场区域	交易标的
北京	BEA、CCER、PCER、VER、BFCER
天津	TJEA、CCER、VER
上海	SHEA、CCER、SHEAF、SHCER
深圳	SZEA、CCER、深圳碳普惠核证减排量
广州	GDEA、CCER、PHCER
重庆	CQEA-1、CCER、CQCER

（续）

碳排放权交易市场区域	交易标的
湖北	HBEA、CCER
四川	CCER、CDCER
福建	FJEA、CCER、FFCER
全国	CEA、CCER

（2）碳远期。碳远期在国际市场的核证减排量交易中已十分成熟且运用广泛。我国上海、广东、湖北试点碳市场都进行了碳远期交易的尝试，其中广州碳排放权交易所提供了定制化程度高、要素设计相对自由、合约不可转让的远期交易；湖北碳排放权交易中心于2016年4月推出碳现货远期产品（产品简称HBEA1705），并将其作为在市场中有效流通并能够在当年度履约的碳排放权，同时发布了《碳排放权现货远期交易规则》《碳排放权现货远期交易风险控制管理办法》《碳排放权现货远期交易履约细则》和《碳排放权现货远期交易结算细则》等交易规则。上海碳市场提供了具有合约标准化、可转让特点的碳远期交易产品，截至2020年12月31日，上海碳市场碳远期产品累计成交协议4.3万个，累计交易量433.08万吨，累计交易额1.56亿元。然而，国内的碳远期交易仍待完善，并且由于成交量低、价格波动，广东、湖北均已暂停相关业务。

下面以上海碳配额远期为例，对其进行详细介绍：

1）上海碳配额远期介绍。上海碳配额远期是以上海碳排放配额为标的、以人民币计价和交易的，在约定的未来某一日期清算、结算的远期协议。上海环境能源交易所为上海碳配额远期提供交易平台，组织报价和交易；上海清算所为上海碳配额远期交易提供中央对手清算服务，进行合约替代并承担担保履约的责任。

2）协议要素。上海碳配额远期协议见表10-5。

表10-5　上海碳配额远期协议

项　目	内　容
产品种类	上海碳配额远期
协议名称	上海碳配额远期协议
协议简称	SHEAF
协议规模	100吨/个
报价单位	元/吨
最低价格波幅	0.01元/吨
协议数量	为交易单位的整数倍，交易单位为"个"
协议期限	当月起，未来1年的2月、5月、8月、11月月度协议
成交数据接收时间	交易日10：30至15：00（北京时间）
最后交易日	到期月倒数第5个工作日
最终结算日	最后交易日后第1个工作日

（续）

项　目	内　容
每日结算价格	上海清算所发布的远期价格
最终结算价格	最后 5 个交易日日终结算价格的算术平均值
交割方式	实物交割/现金交割
交割品种	可用于到期月协议所在碳配额清缴周期清缴的碳配额

3）持仓限额。上海碳配额远期持仓限额见表 10-6。

表 10-6　上海碳配额远期持仓限额

产品号	全　部	次到期月卖持仓限额	到期月卖持仓限额
SHEAF	3000	2250	1500

（3）碳期货。我国碳期货尚未推出，目前正在大力推进研发。虽然 2016 年《关于构建绿色金融体系的指导意见》已提出"探索研究碳排放权期货交易"，但由于我国碳市场不具备期货交易所资质，碳期货迟迟难以落地。2021 年 4 月 19 日，随着广州期货交易所揭牌，碳期货品种研发进程启动。

（4）碳期权。碳期权是指交易双方以碳排放权配额为标的物，通过签署书面合同进行期权交易。国际主要碳市场中的碳期权交易已相对成熟，而我国当前碳期权均为场外期权，并委托交易所监管权利金与合约执行。

2016 年 6 月 16 日，深圳招银国金投资有限公司、北京京能源创碳资产管理有限公司、北京绿色交易所（时北京环境交易所）正式签署了国内首笔碳配额场外期权合约，交易量为 2 万吨。2016 年 7 月 11 日，北京绿色交易所发布了《碳排放权场外期权交易合同（参考模板）》，场外碳期权成为北京碳市场的重要碳金融衍生工具。北京碳期权运行见图 10-5。

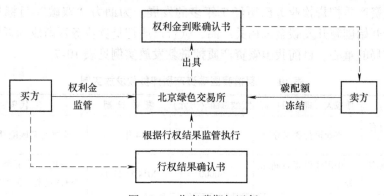

图 10-5　北京碳期权运行

（5）碳掉期。掉期常见于外汇交易中，是指交易双方约定在未来某一时期相互交换某种资产的交易形式。更准确地说，碳掉期是当事人约定在未来某一期间内相互交换他们认为具有等价经济价值的现金流的交易。碳掉期也称碳互换，是指交易双方约定在未来某一时期相互交换碳资产的交易形式。

碳配额场外掉期交易为碳市场参与人提供了一个防范价格风险、开展套期保值的手段。2015 年 6 月 15 日，中信证券股份有限公司、北京京能源创碳资产管理有限公司在北京环境交易所正式签署了国内首笔碳排放权配额场外掉期合约，交易量为 1 万吨。双方同意中信证券股份有限公司（甲方）于合约结算日（合约生效后 6 个月）以约定的固定价格向乙方（北京京能源创碳资产管理有限公司）购买标的碳排放权，乙方于合约结算日再以浮动价格向甲方购买标的碳排放权，浮动价格与交易所的现货市场交易价格挂钩，到合约结算日交易所根据固定价格和浮动价格之间的差价进行结算。若固定价格小于浮动价格，则看多方（甲方）为盈利方；若固定价格大于浮动价格，则看多方（甲方）为亏损方。交易所根据掉期合约的约定向双方收取初始保证金，并在合约期内根据现货市场价格的变化定期对保证金进行清算，根据清算结果要求浮动亏损方补充维持保证金，若未按期补足交易所有权强制平仓。

2. 碳市场融资工具

（1）碳债券。碳债券是指各类主体为投资于减排项目而发行的债券，可视为绿色债券的子类别。2014 年 5 月 12 日，中广核风电有限公司、中广核财务有限责任公司、上海浦东发展银行、国家开发银行及深圳排放权交易所在深圳共同宣布，中广核风电附加碳收益中期票据（中市协注〔2013〕MTN347 号）在银行间市场成功发行。这是我国的首只碳债券，债券收益由固定收益和浮动收益两部分构成，固定收益与基准利率挂钩，以风电项目投资收益为保障；浮动收益为碳资产收益，与已完成投资的风电项目产生的 CCER 挂钩。碳资产收益将参照兑付期的市场碳价，且对碳价设定了上下限区间，这部分 CCER 将优先在深圳碳市场出售。该笔债券为 5 年期，发行规模为 10 亿元，募集资金将用于投资新建的风电项目，利率为 5.65%，发行价格比定价中枢下移了 46 个基点，大大降低了融资成本。

需要注意的是，目前国内正式发行的碳债券数量非常少，大多数是以碳中和为名义的绿色债券，其底层资产是贷款而非碳资产。根据《2021 中国碳中和债发展报告》显示，到 2021 年 9 月月末，碳中和债券累计发行 192 只，募集规模达 1904.72 亿元。

（2）碳资产抵质押。自 2014 年 9 月兴业银行武汉分行签发了全国首笔碳资产质押贷款至今，我国碳资产质押贷款业务已历经 7 年多的发展。为助力"双碳"目标早日实现，各金融机构纷纷开始创新开发碳金融相关产品，碳资产质押贷款业务逐渐成为近年来商业银行碳金融业务布局的重心。目前我国碳资产质押贷款发放实例见表 10-7。

表 10-7　目前我国碳资产质押贷款发放实例

出质人（企业）	质权人（商业银行）	贷款总额（万元）	发放日期	代表性意义
湖北宜化集团有限责任公司	兴业银行武汉分行	4000	2014 年 9 月	全国首笔碳配额质押贷款
华能武汉发电有限责任公司	中国建设银行湖北分行	30000	2014 年 11 月	采用"碳配额/项目的未来收益+固定资产抵押"组合模式
上海宝碳新能源环保科技有限公司	上海银行	500	2014 年 12 月	国内首笔 CCER 质押贷款
湖北宜化集团有限责任公司	中国进出口银行湖北分行	10000	2015 年 8 月	国内首个政策性银行发放碳排放权质押贷款案例
重庆民丰化工有限责任公司	兴业银行重庆分行	5000	2017 年 4 月	重庆市首笔碳配额质押融资业务

（续）

出质人（企业）	质权人（商业银行）	贷款总额（万元）	发 放 日 期	代表性意义
浙江省某环保能源公司	兴业银行杭州分行	1000	2021 年 7 月	全国首例以全国碳排放配额为质押物的贷款
新加坡金鹰集团	中国建设银行广东分行	1000	2021 年 8 月	建设银行系统内首笔与外资企业开展的碳排放权质押贷款业务
中策橡胶集团有限公司	杭州银行	2000	2021 年 8 月	上市城商行首单碳排放配额质押贷款业务
山东金晶科技股份有限公司	恒丰银行	1000	2021 年 11 月	恒丰银行首笔碳排放权质押贷款
中国华电集团碳资产运营有限公司	中国工商银行镇江句容支行	5000	2021 年 12 月	全国首笔引入第三方机构代管模式的碳排放配额质押贷款

汇总并整理具有代表性意义的 10 个碳资产质押贷款发放实例（见表 10-7）可以看出，我国碳资产质押贷款发放具有下列特点：

1）参与银行种类丰富，试点工作进展顺利。伴随着全国碳交易市场的发展和壮大，碳资产的金融属性得到了更广泛的认可，商业银行贷款质押物的范围得到拓宽，这给予银行发展碳资产质押贷款业务一定程度上的支持。一方面，除了中国建设银行等国有银行、兴业银行等股份制银行，政策性银行和城商行也开始涉足碳资产质押贷款领域；另一方面，各银行的地区分行都在广泛开展碳资产质押贷款试点工作，如兴业银行武汉分行、重庆分行、杭州分行等都相继为本地区的企业发放了碳资产质押贷款。

2）贷款企业多集中于减排重点行业，且贷款利率相对较低。纵观目前已经发放的碳资产质押贷款，贷款对象集中于电力、化工、能源等行业。成功签约碳资产质押贷款的高碳企业大多把所得资金优先投入到减排项目中，缓解了资金压力，助力高碳企业向低碳绿色转型。此外，碳资产质押贷款利率通常低于同期一般质押贷款利率。以中国工商银行瑞安支行于 2021 年 9 月发放的碳资产质押贷款为例，其利率仅为 3.915%，比同期一般抵质押贷款利率低 50 个基点左右。优惠的碳资产质押贷款利率使得高碳企业拥有更强的申请意愿。

3）贷款模式逐步多元化，企业选择具有多样性。以兴业银行武汉分行发放的全国首笔碳配额质押贷款为起点，国家核证自愿减排量（CCER）质押贷款、"碳配额/项目未来收益质押+固定资产抵押"组合质押贷款等模式相继出现。2021 年 5 月，浦发银行与上海环境能源交易所联合为申能碳科技有限公司提供全国首单碳配额和 CCER 相结合的组合质押贷款，这是碳资产质押贷款模式的又一创新。多样化的碳资产质押贷款模式给了企业更多的选择权，商业银行可以根据企业的不同特点来制定不同的碳资产质押贷款方案。

4）多省市落地碳资产质押贷款，推广力度不断增强。随着"双碳"目标的提出，特别是在全国碳交易市场正式启动后，多笔碳资产质押贷款在全国各地迅速破冰落地。目前，上海、浙江、湖北、天津、重庆、江苏、山东、广东、河南、四川、江西、福建等大部分省市均已完成碳资产质押贷款的签约及发放；同时，上海、绍兴、江苏等地针对碳资产质押贷款出台了相关操作指引（表 10-8），进一步助推碳排放权质押贷款在全国范围推广。我国碳资产质押贷款政策指引见表 10-8。

表 10-8　我国碳资产质押贷款政策指引

地　区	方 案 名 称	出 台 时 间	发 起 主 体	内 容 概 况
上海	《上海市碳排放权质押贷款操作指引》	2021 年 8 月	中国人民银行上海分行、上海银保监局、上海市生态环境局	从贷款条件、碳排放权价值评估、碳排放权质押登记、质押物处置等方面提出 20 条具体意见，厘清了碳排放权质押的各环节和流程，支持金融机构在碳金融领域积极创新实践
绍兴	《绍兴市碳排放权抵押贷款业务操作指引（试行）》	2022 年 6 月	中国人民银行绍兴市中心支行、绍兴市生态环境局	明确相关市场主体的碳排放权可进行抵押贷款。该笔贷款鼓励优先用于企业节能、低碳、清洁生产和污染防治等技术提升和改造，也可用于实际生产经营，但不得用于国家禁止生产、经营的领域和用途以及通过各种形式违规流入股市、房地产等非实体经济领域
江苏	《江苏省碳资产质押融资操作指引（暂行）》	2022 年 7 月	中国人民银行南京分行、江苏银保监局、江苏省生态环境厅	在界定质押融资碳资产种类，明确融资条件、融资期限额度和贷后管理等相关要求的基础上，详细规范了质押融资程序、办理流程和工作要求，并对江苏省开展碳资产质押融资业务的金融机构实行备案管理，强化业务规范和监管评价

　　（3）碳资产回购/逆回购。碳资产回购/逆回购业务是指控排企业根据合同约定向碳资产管理公司卖出一定数量的碳配额，控排企业在获得相应配额转让资金后将资金委托金融机构进行财富管理，约定期限结束后控排企业再回购同样数量的碳配额。2014 年 12 月，北京华远意通热力科技股份有限公司和中信证券共同完成了首单碳配额回购融资业务。2016 年 3 月 14 日，在上海环境能源交易所的协助下，春秋航空股份有限公司、上海置信碳资产管理公司、兴业银行上海分行共同完成首单碳配额卖出回购业务。本单碳配额卖出回购业务由春秋航空股份有限公司与上海置信碳资产管理公司根据合同约定卖出一定数量的碳配额，在获得相应配额转让资金收入后将相应资金委托兴业银行上海分行进行财富管理。约定期限结束后，春秋航空股份有限公司再购回同样数量的碳配额并与上海置信碳资产管理公司分享出售碳配额的资金管理获得的收益，见图 10-6。

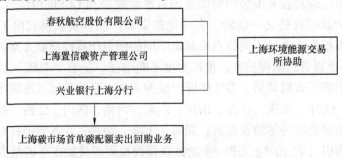

图 10-6　上海碳市场首单碳配额卖出回购业务

（4）碳资产托管。我国已落地业务的湖北省、深圳市、广州市、福建省的碳排放权交易所均已制定相应的碳资产托管业务规则。深圳排放权交易所将会员划分为交易类、服务类，交易类会员中的托管会员可开展碳资产托管业务。福建海峡股权交易中心将碳资产管理业务类型划分为碳排放配额托管、碳排放权产品委托买入和碳排放权产品委托卖出 3 类，并制定了《碳资产管理业务细则（试行）》。对于碳资产托管业务，截至 2022 年 12 月，除上海环境能源交易所未进行明确规定，其余各交易所现行规则均对托管业务准入资格、托管碳资产种类、保证金制度进行了不同程度的规定，我国各省市碳资产托管业务交易规则见表 10-9。

表 10-9　我国各省市碳资产托管业务交易规则

省/市	规则名称	准入资格	托管碳资产种类	保证金制度
湖北省	《湖北碳排放权交易中心 配额托管业务实施细则（试行)》	托管机构应申请备案，由湖北碳排放权交易中心认证资质	碳排放配额、CCER	保证金收取标准为托管配额总市值的 20%
广州市	《广东省碳排放配额托管业务指引（2017 年修订)》	应申请托管业务资质	碳排放配额	初始业务保证金应大于等于托管配额市值的 20%；经委托方同意，托管方可使用自有的等价值配额作为抵押物冲抵业务保证金
深圳市	《深圳排放权交易所托管会员管理细则》	应申请碳资产管理业务资格	碳排放配额	一次性以现金方式缴纳 300 万元风险保证金；按照托管的配额数量乘以 5 元/吨
福建省	《海峡股权交易中心碳资产管理业务细则（试行)》	应申请托管业务资质，经审核同意后签订相关协议	碳排放配额、CCER、FFCER（福建林业碳汇项目）	初始保证金按托管配额市值的 30% 计算；经委托方同意，会员可以用碳排放配额充抵保证金
上海市	《上海环境能源交易所碳排放交易会员管理办法（试行)》	应申请托管业务资质，经审核同意后签订相关协议		

3. 碳市场支持工具

（1）碳指数。我国当前已有北京绿色交易所推出的观测性指数"中碳指数体系"，以及复旦大学以第三方身份构建的预测性指数"复旦碳价指数"。此外，广州碳排放权交易中心也推出了根据纳入碳市场的上市公司表现构建的"中国碳市场 100 指数"，不过该指数并非碳价指数。

（2）碳保险。碳保险产品的开发主要是为了规避减排项目开发过程中的风险，确保项目的核证减排量按期足额交付。碳保险可以降低碳交易项目双方的投资风险或违约风险。

2016 年 11 月 18 日，湖北碳排放权交易中心与中国平安财产保险（集团）股份有限公司湖北分公司签署了碳保险开发战略合作协议。随后，总部位于湖北的华新水泥股份有限公司与中国平安保险（集团）股份有限公司签署了碳保险产品的意向认购协议，由中国平安保险（集团）股份有限公司负责为华新水泥股份有限公司旗下位于湖北省的 13 家子公司量身定制碳保险产品设计方案。具体而言，中国平安保险（集团）股份有限公司将为华新水泥股份有限公司投入新设备后的减排量进行保底，一旦超过排放配额，将给予赔偿。这标志着碳保险产品在湖北正式落地。

（3）碳基金。通过对国内现有的代表性碳基金进行分析，根据碳基金发起资金的来源以及管理方式的不同，可以把现在国内现有的代表性的碳基金大致分为四类：

1）由我国政府设立的政策性基金。2006 年成立的中国清洁发展机制基金是为了应对气候变化，通过购买不同类型 CDM 项目减排量，特别是可再生能源项目，而由国务院批准的碳基金项目。这个基金不能用于与气候变化无关的项目。

2）由政府部门出面与社会发起的全国性公募基金。我国第一家以增汇减排、应对气候变化为目的的全国性公募基金会——中国绿色碳汇基金会在 2007 年 7 月 20 日推出了我国首个绿色碳基金，这项基金针对国内不同地域推出不同专项基金。例如，全国第一个地级市绿色碳基金专项——中国绿色碳基金温州专项基金，这个专项基金创造了我国碳基金发展的很多个第一：它是国内第一个地级市绿色碳基金专项，建立了国内第一个低碳市场和第一个低碳小区；建立了国内第一个标准化造林基地；建立了国内第一个森林经营增汇项目；制定了国内第一个森林经营增汇项目的技术操作规程。中国绿色碳汇基金在广西壮族自治区、内蒙古自治区、云南省、四川省等省区启动林业碳汇试点项目，成立了中国绿色碳基金山西专项基金、北京专项基金、浙江专项基金、陵水碳汇专项基金（全国首个县级碳汇专项基金）、澄迈碳汇专项基金（全国第二个县级碳汇专项资金）等。除中国绿色碳汇基金，政府出面与社会发起的全国性公募基金还有国内第一家专门从事环境保护事业的全国性公募基金会，即 1993 年 4 月正式成立的中华环境保护基金会。此基金会是环境保护部主管、民政部登记注册的从事环境保护事业的 5A 级公募基金会。这些基金会发起的基金在社会环境发展上具有一定公益意义。

3）碳交易领域的私募基金。这些基金带动了整个碳基金市场的活跃性，其规模不可小觑。浙商诺海低碳基金于 2010 年 3 月 31 日正式挂牌，是国内第一个低碳私募股权投资基金，其首期募集资金在 2 个月内已达 2.2 亿元。

4）有外资合作背景的碳基金。新能源低碳基金是首个具有外资背景鼓励发展新能源和低碳经济的基金，此基金是由瑞士 ILB-Helios 集团和北京中清研信息技术研究院共同出资成立的。可以预见，随着碳市场逐步走向规模化和规范化，势必吸引更多基金公司深度介入碳市场。

4. 碳金融创新工具

（1）碳信用卡。碳信用卡主要通过特殊的信用卡积分机制引导零售客户进行低碳消费。我国虽有碳信用卡实践，但效果较差，主要原因在于对零售客户低碳行为的回馈力度过小。

2010 年 3 月，中国光大银行与北京绿色交易所共同发行了"绿色零碳信用卡"，持卡人可通过登录光大银行信用卡地带计算自身碳足迹；也可通过信用卡购买碳额度以赚取信用卡积分。当持卡人累计购碳达 1 吨时将建立个人"碳信用档案"，累计购碳达 5 吨时可获得北京绿色交易所颁发的认证证书。

（2）碳结构性存款。碳结构性存款属于新型理财产品，其收益分为固定收益与浮动收益两部分，其中固定收益部分与普通存款基本一致，而浮动收益部分通常与碳配额、核证减排量交易价格或碳债券等其他金融工具价格挂钩。碳价或碳金融工具价格的变动决定了浮动收益水平。

2021 年 5 月 14 日，兴业银行与上海清算所合作发行了挂钩"碳中和"债券指数的结构性存款。产品收益分为固定收益与浮动收益两部分，其中浮动收益与上海清算所"碳中和"债券指数挂钩，该指数以募集资金用途符合国内外主要绿色债券标准指南并具备碳减排效益，符合"碳中和"目标的公开募集债券为样本券。

（3）借碳交易。借碳交易可视为碳回购及逆回购的变体，是上海环境能源交易所独有的创新型碳金融工具。与常见的碳回购或逆回购需要其他非履约机构参与不同，借碳交易可以在履约机构间展开。借碳交易是符合条件的配额借入方存入一定比例的初始保证金后，向符合条件的配额借出方借入配额并在交易所进行交易，待双方约定的借碳期限届满后，由借入方向借出方返还配额并支付约定收益的行为。借碳交易流程见图 10-7。

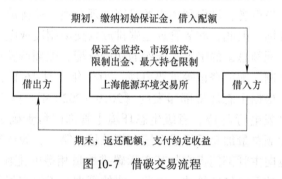

图 10-7　借碳交易流程

10.2.4　我国碳金融市场的监管框架

我国碳金融监管主体包括专门监管机构，银行、保险、证券等金融监管机构，碳排放权交易所以及碳金融服务机构。其中，专门监管机构为生态环境部应对气候变化主管部门下设的碳金融市场监督管理处。2018 年 3 月，第十三届全国人民代表大会第一次会议通过了《关于国务院机构改革方案的决定》，批准成立生态环境部。根据《关于国务院机构改革方案的决定》，生态环境部承担了国家发展和改革委员会应对气候变化和减排的职责。国务院机构改革前，全国碳排放权交易市场和碳排放权交易试点工作由国家发展和改革委员会应对气候变化司主管，主要工作包括碳排放权交易政策法规的制定、碳排放注册系统的建立和维护、碳排放配额总量的确定、碳排放配额的初始分配、碳排放核查机构和碳排放权交易机构的审批和备案等。生态环境部成立后，我国碳金融市场专门监管机构在中央层面应当为生态环境部应对气候变化主管部门下设的碳金融市场专门监管机构。另外，中央层面的协同监管机构包括银行、保险、证券等金融监管机构，即中国证券监督管理委员会和国家金融监督管理总局。中国证券监督管理委员会和国家金融监督管理总局将对碳债券、碳证券、碳保险、碳基金等金融产品交易实施监管。由此，我国碳金融市场监管主体包括生态环境主管部门下设的碳金融监管专门机构以及中国证券监督管理委员会、国家金融监督管理总局、碳排放权交易所、碳金融服务机构等协同监管机构，可以说是融政府、市场和社会于一体的多元共治体系。

由于我国尚处于碳金融的初始阶段，碳金融监管更多表现为对碳排放权交易的监管。下面将介绍我国碳排放权交易的监管体系。

根据 2021 年 2 月 1 日施行的《碳排放权交易管理办法（试行）》以及各试点的地方性立法，我国碳排放权交易采取主管与分管相结合的管理体制，由生态环境主管部门负责碳排放权交易的组织实施和统一协调。其中，生态环境主管部门的主要职责表现在以下四个方面：第一，制订碳排放权交易相关规划、政策、管理制度并组织实施。碳排放权交易是一个非常复杂的体系，从覆盖范围看，涉及工业、商业、公用事业、交通等社会经济生活的多个领域；从碳排放权交易管理活动看，涉及总量控制、配额分配、碳排放监测、报告和核查、登记、抵消、信息披露、金融监管等多方面的问题。因此，主管部门需要统筹全局、协调各方之间的关系，并通过立法明确监管部门的职责和权力以及被监管单位的权利和义务。第二，配额管理。碳排放权交易市场实际上是碳排放配额及其衍生品交易市场。政府通过设定配额总量、配额初始分配、配额供给和需求调整、配额价格干预、配额跨期使用和借贷规则等措施干预碳排放权交易市场，进而利用市场机制管理温室气体排放主体的减排活动，以实现温室气体排放控制目标。因此，配额管理是碳排放权交易制度成败的关键。配额管理主要涉及受控单位的指定、配额总量的确定、配额的初始分配、配额调整机制、配额价格干预机制、配额存储与借贷机制、配额登记等重要事项。2021 年 7 月 16 日，全国碳排放权交易市场正式启动线上交易。根据生态环境部印发的《2019—2020 年全国碳排放权交易配额总量设定与分配实施方案（发电行业）》，省级生态环境主管部门负责确定省级行政区域配额总量，各省级行政区域配额总量加总后形成全国配额总量。第三，履约管理。开展碳排放权交易的目的是让受控单位向主管部门提交与其实际碳排放量相等的配额或者自愿核证减排量，从而有效控制受控企业的温室气体排放。因此，履约管理对于温室气体减排目标的实现至关重要。履约管理主要涉及抵消机制、配额的清缴，以及未履行清缴义务的责任机制。第四，温室气体排放监测、报告和核查管理。温室气体排放监测、报告和核查是碳排放权交易管理部门获取真实、可靠的温室气体排放信息的重要手段，也是制定碳排放总量控制目标、分配碳排放配额、评价受控主体履约情况的前提。为了保证温室气体排放信息的真实性和可靠性，碳排放权交易管理部门要制定监测、报告和核查的标准和办法，并对承担监测、报告和核查工作的机构加以监督。

在法律的基础上，试点省市构建了各自的管理架构。各试点的管理架构基本相同，机构转隶后，各省市生态环境厅（局）为各自辖区内的碳排放权交易主管部门。

1. 深圳市碳金融市场的监管框架

深圳市生态环境主管部门对碳排放权交易实施统一监督管理，其派出机构负责辖区内碳排放权交易的监督管理工作，并负责建立健全碳排放权注册登记、温室气体排放信息报送等碳排放权交易管理系统。深圳市发展和改革部门配合市生态环境主管部门拟定碳排放权交易的碳排放控制目标和年度配额总量。深圳市统计部门负责制定重点排放单位生产活动产出数据核算规则并采取有效的统计监督措施。深圳市工业和信息化、财政、住房建设、交通运输、国有资产监督管理、地方金融监管等部门按照职责分工对碳排放权交易实施监督管理。供电、供气、供油等单位应当按照规定提供相关用能数据，用于碳排放权交易的管理工作。

深圳排放权交易所负责组织开展碳排放权统一交易，提供交易场所、系统设施和服务，确保交易系统安全稳定可靠运行。

2. 上海市碳金融市场的监管框架

上海市生态环境局是上海市碳排放管理工作的主管部门，负责对上海市碳排放管理工作进行综合协调、组织实施和监督保障。上海市节能监察中心履行《上海市碳排放管理试行办法》规定的行政处罚职责。上海环境能源交易所负责制定并执行碳排放权交易规则，从事组织节能减排、环境保护与能源领域中的各类技术产权、减排权益、环境保护和节能及能源利用权益等综合性交易以及履行政府批准的环境能源领域的其他交易项目和各类权益交易鉴证等。上海市经济信息化、建设交通、商务、交通港口、旅游、金融、统计、质量技监、财政、国资等部门按照各自职责，协同开展碳排放权交易相关管理工作。

3. 北京市碳金融市场的监管框架

北京市生态环境局在机构转隶后负责北京市碳排放权交易相关工作的组织实施、综合协调与监督管理。北京市发展改革、统计、金融、财政、园林绿化等行业主管部门按照职责分别负责相关监督管理工作。北京绿色交易所负责制定碳排放权交易规则及其配套细则，对交易参与方、交易信息、交易行为进行监督和管理。

4. 广东省碳金融市场的监管框架

广东省生态环境厅在机构转隶后负责全省碳排放管理的组织实施、综合协调和监督工作。广东省各地级以上市人民政府负责指导和支持本行政辖区内企业配合碳排放管理相关工作。广东省各地级以上市发展和改革部门负责组织企业碳排放信息报告与核查工作。广东省经济和信息化、财政、住房城乡建设、交通运输、统计、价格、质监、金融等部门按照各自职责负责碳排放管理相关工作。广州碳排放权交易所（中心）负责制定并执行广东省碳排放权交易规则，对交易场所、交易品种、交易方式、交易程序等具体环节进行监督管理。广东省发展和改革委根据全国碳排放权交易试点要求和本省实际情况，为保持工作连续性，从相关高校、机构抽调人员组成"广东省碳排放权管理和交易工作小组"来开展相关工作。

5. 天津市碳金融市场的监管框架

天津市生态环境局是天津市碳排放权交易管理工作的主管部门，负责对交易主体范围的确定，配额分配与发放，碳排放监测、报告与核查及市场运行等碳排放权交易工作进行综合协调、组织实施和监督管理。天津市发展和改革、工业和信息化、住房城乡建设、国资、金融、财政、统计、市场监管等部门按照各自职责做好相关工作。天津排放权交易所负责碳排放权交易相关规则的制定和执行，交易机构应规范交易活动，培育公开、公平、公正的市场环境，接受市生态环境局和相关部门的监管。交易机构应建立信息披露制度，公布碳排放权交易即时行情，按交易日制作市场行情表并予以公布，对碳排放权交易实行实时监控，按照市生态环境局要求报告异常交易情况。

6. 湖北省碳金融市场的监管框架

湖北省生态环境主管部门负责全省碳排放权交易管理的组织实施、综合协调和监督工作。市（州）人民政府负责指导辖区内重点排放单位的碳排放权管理相关工作。市（州）生态环境主管部门负责组织辖区内重点排放单位的名录审核、碳排放数据日常监管、碳排放配额缴还等监督管理工作。湖北省发展和改革、经济和信息化、财政、统计、住房和城乡建设、交通运输、国有资产监督管理、市场监督管理、地方金融监督管理等有关部门在其职权范围内履行相关职责。湖北碳排放权交易中心负责碳排放权交易规则的制定及执行，对交易标的、交易方式、市场参与人、结算、信息披露等交易环节进行监督管理。

7. 重庆市碳金融市场的监管框架

重庆市生态环境局作为重庆市应对气候变化工作的主管部门，负责碳排放权交易市场建设和运行工作的统筹协调、组织实施和监督管理。重庆市财政局负责碳排放权交易市场建设、碳排放核查、碳排放权注册登记等运行经费保障，以及政府碳排放权出让资金管理。重庆市统计局负责碳排放权交易市场有关统计数据支撑保障工作。重庆市市场监管局、市金融监管局等部门根据各自职责负责碳排放权交易监管工作。重庆市能源、工业、交通、建筑、大数据等行业主管部门负责重庆市碳排放权交易市场有关行业基础数据支撑工作。重庆碳排放权交易中心负责重庆市碳排放权交易的规则制定及执行，负责碳排放权交易活动各个环节及参与方的监督管理。

8. 四川省碳金融市场的监管框架

四川省生态环境厅按照生态环境部统一部署安排，确定重点排放单位名单、核查企业碳排放报告、开展配额分配管理，已顺利完成第一周期履约清缴工作。四川省生态环境厅将加强碳排放数据质量、配额分配、清缴履约等重点环节监督管理，引导企业开展碳资产管理，切实为四川省碳市场健康稳定运行积极做好相关工作。四川联合环境交易所按照国务院碳交易主管部门有关规定，为开展碳排放权交易活动提供符合要求的交易场所，部署符合要求的交易系统、结算系统以及其他必要的设施设备，提供咨询、开户、注册登记、交易、清算交收、查询及信息发布等服务。

9. 福建省碳金融市场的监管框架

根据《福建省碳排放权交易管理暂行办法》，省、设区的市人民政府生态环境部门是本行政区域碳排放权交易的主管部门，负责本行政区域碳排放权交易市场的监督管理。福建省人民政府金融工作机构是全省碳排放权交易场所的统筹管理部门，负责碳排放权交易场所准入管理、监督检查、风险处置等监督管理工作。省、设区的市人民政府发展和改革、工业和信息化、财政、住房和城乡建设、交通运输、林业、海洋与渔业、国有资产监督管理、统计、市场监督管理等部门按照各自职责，协同做好碳排放权交易相关的监督管理工作。根据碳排放权交易主管部门的授权或者委托，碳排放权交易的技术支撑单位负责碳排放报送系统、注册登记系统的建设和运行维护等相关工作。

表 10-10 为国内碳排放权交易试点管理架构汇总情况，不同区域的碳排放权交易立法实践表明，碳排放权交易试点作为新生事物，各地政府只能根据本地特点及相关条件采取不同的策略。

表 10-10　国内碳排放权交易试点管理架构汇总情况

区域性试点	主管部门	交易场所
深圳	深圳市生态环境局	深圳排放权交易所
上海	上海市生态环境局	上海环境能源交易所
北京	北京市生态环境局	北京绿色交易所
广东	广东省生态环境厅	广州碳排放权交易所
天津	天津市生态环境局	天津排放权交易所

（续）

区域性试点	主 管 部 门	交 易 场 所
湖北	湖北省生态环境厅	湖北碳排放权交易中心
重庆	重庆市生态环境局	重庆碳排放权交易中心
四川	四川省生态环境厅	四川联合环境交易所
福建	福建省生态环境厅	海峡股权交易中心

综上所述，我国碳排放权交易的政府监管在实践中采取由专门机构统一监管与相关部门协同监管的模式。其中，负责统一监管的专门机构为国务院和地方生态环境主管部门。各碳排放权交易试点对于协同监管机构的规定不尽一致，主要包括能源、金融、财政，以及经济和信息化等部门。一套碳排放权交易体系涉及多个规制主体，若职能配置不合理，极易造成"过度规制"或者"规制不足"等政府失灵现象，往往导致企业负担增加，从而使企业对碳排放权交易产生抵触情绪。从碳排放权交易试点的情况看，由于静态权力结构配置不合理导致的体制性障碍普遍存在，尤其是信息收集、监管执法、技术标准、第三方核查等问题亟待解决。此外，由于当前对碳排放权交易的监管主要集中于碳排放配额的分配、交易和履约管理方面，并局限于碳排放权交易体系建设本身，并没有上升到金融层面，因此目前这种点对点的分散规制难以适应防范系统性金融风险和矫正碳金融市场失灵的制度需求。

10.2.5　我国碳金融市场的运行情况

目前，国内碳排放权交易市场为地区碳排放权交易市场与全国碳排放权交易市场并行体系，由地区碳排放权交易市场（7 个试点地区及四川省、福建省两个非试点地区）与全国碳排放权交易市场组成。地区碳排放权交易市场由各地区自行设立，独立运行，部分地区采用登记机构与交易机构合并设置的方式运作，部分地区则分别设立登记机构与交易机构。全国碳排放权交易市场采用登记与交易区分管理的方式运作，全国碳排放权注册登记机构负责记录全国碳排放配额（CEA）的持有、变更、清缴、注销等信息并提供结算服务，该机构及系统记录的信息是判断 CEA 归属的最终依据；国家自愿减排交易注册登记系统负责记录国家核证自愿减排量的持有、变更、注销；全国碳排放权交易机构负责组织开展全国碳排放权集中统一交易（包括 CEA 及其他可能的交易产品）。目前，全国碳排放权注册登记机构、交易机构尚未成立，由湖北碳排放权交易中心有限公司承担全国碳排放权注册登记系统相关工作，由上海环境能源交易所股份有限公司承担全国碳排放权交易系统相关工作。

2022 年 7 月 16 日，全国碳市场距 2021 年 7 月 16 日正式上线满一年，累计交易量1.94 亿吨，累计成交额 84.92 亿元，是全球最大的碳现货二级市场。下一步碳市场将按照"成熟一个行业，纳入一个行业"的原则逐步纳入生态环境部总体规划的八大行业。随着全国碳市场的扩容，身在八大行业中的、目前在地方碳市场交易的控排企业，将会陆续进入全国市场。

从国内整体碳金融市场发展现状看，试点碳交易市场发展尚未完全成熟，相应的国内碳金融发展也在初步探索的阶段，业务模式尚不成熟。我国碳市场试点交易产品仍以现货为主，虽然进行了部分碳金融产品的尝试，但多为单笔交易，碳金融总体交易规模不大，未形成规模化和市场化。

10.3 我国碳金融市场的局限与不足

10.3.1 法律制度方面

1. 法律法规有待完善

碳金融市场的发展需要有健全的法律制度作为保障和支撑。目前，我国针对碳金融市场的相关法律法规仍不够完备，尚未颁布专门指导碳金融发展的法律规章制度。针对碳排放权效力最高且最新的规章是 2021 年 1 月起施行的《碳排放权交易管理办法（试行）》（生态环境部令　第 19 号），它明确了碳交易市场的核心内容，但未对碳金融市场做出规定。

目前已有的提及碳金融的法规，可操作性相对较弱，需要进一步细化。2016 年 8 月，中央全面深化改革领导小组第二十七次会议通过的《关于构建绿色金融体系的指导意见》中提出："要利用绿色信贷、绿色债券、绿色股票指数和相关产品、绿色发展基金、绿色保险、碳金融等金融工具和相关政策为绿色发展服务"，在绿色金融体系中首次出现了"碳金融"的概念。同时明确发展各类碳金融产品："促进建立全国统一的碳排放权交易市场和有国际影响力的碳定价中心。有序发展碳远期、碳掉期、碳期权、碳租赁、碳债券、碳资产证券化和碳基金等碳金融产品和衍生工具，探索研究碳排放权期货交易"，但具体的发展实施路径、风险规避和监管、市场信息披露的要求等方面都尚未明确，这阻碍了碳金融产品的创新和碳市场的有序发展。

其他规章制度中涉及的节能环保领域相关的金融政策，更多的是在绿色金融体系中提及碳金融，未系统性地针对碳金融提出指引。2021 年 4 月，由中国人民银行、发展改革委和证监会联合发布的《绿色债券支持项目目录（2021 年版）》、2019 年银保监会发布的《中国银保监会关于推动银行业和保险业高质量发展的指导意见》等文，提出了针对绿色金融体系、绿色债券的指引，但未对碳金融做出明确规定。

随着全国碳交易市场的逐步建立和完善，碳金融市场也将逐步激活。碳金融市场相关的交易机制、价格机制、风险管理监管机制、市场准入和税收等多方面的法律法规亟须出台，以明确碳金融管理部门的相应职责、交易规则和管理机制、买卖双方的权利和责任、碳金融产品创新、交易纠纷的解决路径等关键问题。

2. 配套政策支持有待提升

（1）缺少长效激励政策。目前，由于相关货币政策制度和各类政策工具的针对性和灵活性仍待增强，同时财政政策缺少相应的激励补贴机制，因此各类金融机构参与碳金融市场的动力和积极性仍有待进一步提升，这在一定程度上阻碍了碳金融市场的有效发展和绿色金融体系的完备性。

（2）缺乏配套支撑政策。长期以来，我国政府在扶持绿色环保节能减排行业的配套支撑政策仍显不足，方式相对单一，其以政府无偿投资为主，在节能环保领域未能形成有效吸引民间资本进入的机制，迫切需要通过税收、科技、贸易、能源等多方面政策的配套支持，营造良好的发展环境，提升投资收益，实现行业"自我造血"和可持续发展。

10.3.2 参与主体方面

总体来看，我国碳金融市场各主体参与意愿不高。一方面，"碳金融"在国内传播时间有限、范围不广，各主体对其了解不深。直至 2016 年，国内才首次出现真正意义上的"碳金融"的概念。国内各市场交易主体普遍对"碳金融"较为陌生，无论是交易企业、金融机构还是其他中介机构，都尚未对碳金融可能发挥的巨大作用和背后蕴藏的商机有深刻的理解。另一方面，目前市场参与主体较少，活跃度不高，亟须提高其参与积极性。同时，企业意识不强，虽然控排企业对碳现货市场的认知度在试点阶段有了大幅提升，但其对碳金融衍生品的了解程度还有待提高。许多减排企业对市场多持观望态度，交易意愿不高，导致多余碳配额未能及时进入市场交易，市场流动性降低，也降低了其他市场参与者的积极性。又因企业有减排履约要求，大多集中在履约期结束前 2~3 个月呈爆发式进入市场进行交易，导致市场拥堵、价格波动剧烈。

我国碳金融市场金融机构不够活跃。以银行、保险、证券和基金为代表的金融机构是碳金融市场有序发展的有力保障。目前，金融机构中参与碳金融市场较为深入的是银行，但受碳排放权流通性的影响，碳金融风险多集中于银行自身，且碳金融产品收益低于传统金融产品，使得参与市场的银行机构自发性和积极性受到影响。证券公司虽能为企业提供融资，但因现阶段研发的碳金融产品在资本市场内流通程度有限，其积极性有待进步提高。

我国碳金融市场其他中介机构参与者较少。国外具有较为完备的碳金融市场，市场各种参与主体非常广泛。会计、法律、第三方核证等诸多其他类型的机构为碳金融交易提供各类服务。随着我国碳交易的蓬勃发展，市场对于保值、增值的金融产品需求将大幅增加，配套的信用评级、法律咨询、会计审计等需求随之增加。但由于目前我国参与碳金融的中介机构数量和类型均有限，获得联合国第三方机构认证资质的机构数量有限，提供的服务种类相对单一，没有信用评级、核证减排的话语权，这在很大程度上限制了我国碳金融的发展。

10.3.3 产品服务方面

1. 金融产品类型单一

目前国内碳试点仍以碳现货为主，交易产品单一。一些碳试点虽然推出了碳基金、碳质押、碳回购、碳远期等碳金融工具，但碳市场衍生品合约种类很少，碳金融产品具有产品种类少、专业化不足等缺点。同时，相较于传统金融衍生品，碳金融衍生品的设计仍不够完善，处于风险权重较高、收益相对较低的状态。

产生碳现货交易较多而碳金融产品种类较少的现象，最主要的原因是碳现货市场与碳金融市场相对割裂。从传统金融产品来看，以期货为例，多数期货品种因期货、现货市场衔接不顺畅，长期以来存在近月合约不活跃、活跃合约不连续的问题。再加上碳金融产品相较于传统金融产品仍不够成熟，其割裂问题更为突出。

2. 产品创新不足

我国碳金融产品创新研发尚在萌芽阶段。我国试点碳市场发展到一定阶段后，为了满足多样化的市场需求，开展了一系列碳金融产品创新的探索，包括碳交易类、碳融资类、碳支持类等产品都有涉及，但是由于市场和监管的制约，试点碳金融产品的交易和使用并不活跃，往往停留在首单效应上。以上海碳金融市场为例，其主要业务有碳基金、碳排放权质押

（包含 CCER 质押和碳配额质押）、借碳、碳回购、碳信托和碳配额远期等品种，产品开发仍围绕碳排放权开展，而国际碳金融市场中已出现了跟碳足迹挂钩的贷款、债券等金融工具。相较于欧盟碳市场，我国试点碳市场的碳金融创新能力有待进一步挖掘。

碳金融产品创新一方面与我国碳金融市场的发展程度有关，另一方面也与碳金融产品的激励机制息息相关。由于碳交易市场的节能减排项目往往存在周期较长、需求资金规模巨大、技术门槛较高、风险把控较难等情况，再加上现行激励政策和手段有限，因此现有的碳金融产品收益较低，金融机构内在的创新动力受到影响。

想要在碳交易产品的创新上有所突破，必须构建丰富的碳金融衍生品及健康的交易模式。目前，我国金融机构缺少一支专业化的碳金融交易团队，缺少一整套碳金融衍生品产品设计理论、风险度量、产品设计机制、市场准入审查的专业化运营体系。

3. 金融服务体系不健全

本着降低风险的原则，我国试点碳市场建设之初并未涉及衍生品市场。除了必要的银行资金结算服务，我国对金融机构及非实需投资者的引入也较为谨慎，使得碳金融中介市场及各类服务机构发展滞后，尚未形成较完整的服务链，也未建立起对应的碳金融服务体系。

一方面，我国碳金融市场中的金融中介服务类型较少，服务能级不高，金融机构尚未充分发挥作用。在现行的碳金融市场中存在诸多对金融机构参与碳市场的限制，各地碳市场试点在第一年并不允许机构投资者进入市场。目前，尽管已有部分金融机构参与了试点碳市场，但因碳金融中介市场不够规范，金融机构对交易规则、操作方式、风险规避等不够了解，金融机构大多在原有传统业务的基础上参与碳金融交易活动，服务手段比较有限，参与方式以提供资金结算、代理开户等基础服务为主，很少直接参与市场交易，参与的层次和力度均有待提升。同时，缺乏有效的做空手段对冲市场价格波动的风险是导致金融机构止步不前的重要原因，再加上碳金融产品收益普遍低于传统金融产品，使得金融机构提供的市场自主资金相对有限，无法长期、连续地为节能减排领域提供充足"血液"。

另一方面，配套金融服务支持亟待加强，配套服务机构需要培育。目前，我国碳金融市场缺乏专业的第三方中介服务，如专门针对碳金融的技术咨询、信息服务、第三方核证、信用评级、会计审计、法律法务等诸多类型的配套服务亟待丰富，在机构培育、专业人才储备和专业服务产业链建设等方面都需要进一步加强。

10.3.4 市场监管方面

1. 缺乏有效的监管体系

目前，我国相继出台的碳领域相关政策为碳交易市场指明了金融化的发展方向。受限于目前市场发展程度，新出台的碳领域法律规范并未对碳金融做出明确的规定，同样，现行的金融领域法规也缺少碳排放权交易的相关政策，缺乏明确的金融监管，导致实践过程中碳金融产品在产品设计、交易方式、风险防范诸多方面存在漏洞，这也影响了碳金融市场的发展。

规范碳市场需要加强对其金融属性的理解，不能将碳金融市场监管简单等同于碳交易市场的监管。近期相关政策法规在对监管体系的完善方面重点关注对碳排放权的管理，对碳排放权之外的监管并未提及。例如根据《碳排放权交易管理暂行条例（草案修改稿）》第六条规定："国务院生态环境主管部门会同国务院市场监督管理部门、中国人民银行和国务院证券监督管理机构、国务院银行业监督管理机构，对全国碳排放权注册登记机构和全国碳排放权交易机构进行监督管理。"这说明金融监管部门可以共同参与碳交易市场的监管，但这些部门对碳金融市场的监管责任并未予以明确。

我国碳金融市场并未纳入金融监管范畴。碳市场的交易平台设立在专业的能源环境交易机构，归口管理部门是生态环境部而非金融市场监管部门。事实上，碳金融市场应纳入金融监管体系范畴，尤其需要加强对碳金融产品设计、市场参与主体管理等方面的监管。同时，考虑到我国传统金融行业监管遵循"分业经营、分业监管"的原则，证券、基金、银行、保险等金融行业分别由证监会、国家金融监督管理总局进行监管。但碳金融市场涵盖对象跨度大、情况复杂，无法由某个机构单独进行监管，需要打破传统，形成"合力"，这就需要明确参与监管部门的各自职责，不留盲区，以保障碳金融市场的有效运转。

我国现有交易平台颁布的自律管理规则无法满足碳金融监管需求，碳金融领域的监管制度亟须完善。各地试点已陆续推出了一些自律管理规则，对市场中可能出现的项目违约、内幕交易等金融风险进行了一定程度的规定和防范，但是无法满足碳金融市场的核心监管需求。一方面，碳交易平台并非"经国务院或国务院金融管理部门批准设立从事金融产品交易的交易场所"，其自身并未受金融监管部门管理。另一方面，碳金融产品体现出的金融特性与传统金融产品更为类似，需要与传统金融市场的法律规范紧密衔接。例如进行场内交易的碳金融产品必须依据《中华人民共和国证券法》《期货交易管理条例》等法律法规开发。同时，碳金融产品相较传统金融产品更为复杂，需要与国际接轨。目前针对国内传统金融产品的监管制度难以适应其需求，这意味着针对碳金融监管制度的空白亟须填补。

2. 风险控制体系比较薄弱

我国碳金融市场中存在风险控制体系较为薄弱的特征，具体表现如下：在政策风险方面，政策调节的不确定性和与之相关的监管的不确定性（如政策运作方式的不确定性或相关规定随后变动的不确定性）可能加剧价格波动；在市场风险方面，由于现货市场总体价格波动较大，且易受突发事件影响，导致市场体系缺乏对信用风险的规避措施等；在流动性风险方面，市场信息不对称的现象普遍存在，导致碳排放权流动乏力，造成碳金融交易成本增加或价值损失；在信用风险方面，由于国内缺乏信用评级、信息服务等机构参与，对市场准入标准、参与身份者的认证方式、信息技术层面的识别带来了困难；在操作风险方面，由于国内缺少参与碳交易的人才储备，交易平台系统的稳定性维护、交易流程的合理性排查都可能引起交易操作失误。

10.3.5 定价机制方面

碳价格是碳交易的核心，它的意义在于能够很好地反映碳配额的市场供求关系和节能减排成本，并通过价格指标直观地体现碳排放的影响。价格的信号功能有助于市场参与主体在投资决策过程中，将碳排放成本作为重要影响因素纳入投资成本中。同时，合理的碳价能够有效引导资源合理配置。因此，如何形成合理的定价机制，实现从政策到规则促进有效的价格传导，对于碳金融市场建设至关重要。

1. 国际议价能力不强

碳定价模式是国际碳金融市场重要的运行机制之一。国际碳金融市场与碳交易市场是同步建立的，得益于成熟的金融环境和完善的监管体制，结合长期的市场实践和不断的机制完善，西方国家已建立了较为完备的碳金融市场运行体系，因此在碳交易定价权方面相对掌握着主动权。

随着欧盟等发达国家的大力推动，全球碳交易呈爆发式增长。部分发达国家通过碳金融市场，将本国本区域货币与国际碳交易的计价和结算挂钩，导致目前国际碳市场定价仍以美元和欧元为主。西方国家以此掌控着国际碳交易市场的定价权，进一步削弱了我国碳金融市场的国际议价能力，一定程度上阻碍了我国碳金融的发展乃至人民币的国际化进程。

2. 国内定价模式缺失

从碳价格走势来看，各试点地区配额价格表现出在非履约期不活跃，在履约期集中进入市场的特征，以履约为目的的集中交易造成市场流动性有限，价格波动较大。我国尚未形成全国统一的碳交易价格，各试点定价机制尚不一致且亟待完善。由于各地配额松紧度、市场活跃度以及政策指导方向不同，各试点地区碳价差别较大，碳价走势及波动情况也有所不同。与欧盟等国际碳市场相比，我国各试点的碳价仍处于中等偏下水平，碳价与企业减排成本也并未完全挂钩。另外，受限于政策要求，试点碳市场大多只有现货交易，普遍缺少必要的风险管理工具，造成市场有效性不足，影响价格发现功能，意味着我国的价格机制仍需在未来进一步完善。

10.4　我国碳金融市场的发展展望

未来，我国碳市场将进一步完善市场机制，通过释放合理的价格信号来引导社会资金的流动，降低全社会的减排成本，进而实现碳减排资源的最优配置，推动生产和生活的绿色低碳转型，助力我国如期实现"二氧化碳排放在 2030 年前达到峰值，在 2060 年前实现碳中和"的目标。

1. 预计全国碳市场主体更加多元化

2021 年，生态环境部应对气候变化司先后正式委托中国建筑材料联合会、中国钢铁工业协会分别开展建材行业、钢铁行业纳入全国碳市场的配额分配和基准值测算等工作。2023 年 6 月，生态环境部相继召开钢铁行业、石化行业纳入全国碳市场专项研究工作第一次会议。预计未来重点能耗行业将逐步纳入碳市场，配额设定将适度从紧。目前，北京市已将石化、化工、建材、钢铁、民航等共八类非发电行业企业纳入全国碳市场名单，这符合生态环境部"逐步扩大全国碳市场的行业覆盖范围"的要求。预计"十四五"到"十五五"期间，石化、化工、建材、有色、造纸、航空等高排放行业都将逐步纳入地方和全国碳市场的覆盖范畴。碳市场参与主体范围将逐步扩大，同时将更多引入金融类交易主体，增加交易主体及其需求的多样性，扩大市场容量。金融机构将碳市场作为投资渠道来提供金融中介服务，有助于推动交易顺利进行，形成更加公平有效的市场价格，进一步提升碳市场的交易活跃度。

2. 预期将加大碳排放统计核算体系基础建设的资金投入

《关于加快建立统一规范的碳排放统计核算体系实施方案》从机构和人员设置、数据库建设、核算技术改进、核算方法研究和政策法规等层面明确了建立统一规范的碳排放统计核算体系。预计未来国家将加大上述层面基础建设的资金投入。碳排放统计核算体系的初步建成将为相关单位和部门提供相对统一、规范、科学、可靠的碳排放数据，加强相关数据对碳市场建设的支撑作用，进而促进"双碳"目标的实现。

3. 预期碳市场将逐步增加交易品种，丰富碳金融产品

一方面，通过金融机构的创新探索，不断增加碳市场交易产品的品类。利用金融衍生品套期保值、风险转移的功能，有效规避碳排放权价格波动带来的风险，增强碳市场的流动性并吸引投资银行、对冲基金等机构投资者进入，为碳市场的发展提供一个良性循环，促使碳市场从目前单一的履约型市场逐步发展成为具有金融属性和投资价值的复合型市场。另一方面，在充分论证可行性的基础上，适时引入竞价机制，采取自由报价、撮合成交的交易方式，按照价格优先、时间优先的原则撮合成交，并适当引入做市商机制和适当的投资人制度，以允许机构和个人参与市场，提升交易效率、促进价格发现。

4. 预期开征碳税进程将提速，与全国碳市场协同助力"双碳"目标实现

《中共中央　国务院关于完整准确全面贯彻新发展理念做好碳达峰碳中和工作的意见》中提出，要研究碳减排相关税收政策。碳税是以二氧化碳排放量为征收对象的税种，更为灵活且可以很好地覆盖小型企业甚至个人，其直接利用现有的税收体系，成本低且见效快。碳排放权交易虽然能够实现资源的最佳配置，但时间长、成本高，因此碳税是对全国碳市场的有效补充。在双碳目标的严格约束下，我国未来有望加速出台碳税相关政策，与全国碳市场协同助力"双碳"目标的实现。

5. 预期全国和地方碳市场的制度协调性进一步加强

自我国建立碳市场试点以来，由于各试点在政府配额松紧程度，是否允许投资机构进入，交易主体的覆盖范围，碳金融产品的发展速度以及企业对碳交易熟悉和重视程度方面存在差异，使得各试点地区碳价格波动率差异较大。在市场覆盖方面，全国碳市场与试点市场的行业既有交叉又有较大差异，且交易主体碳排放规模差异较大，不利于形成有效的均衡价格，因此全国和地区碳市场的衔接很重要。未来我国碳市场将在更广的范围及经济领域内有效发现统一碳价，提高减排效率，降低减排成本。"十四五"时期，地方碳市场与全国碳市场在配额分配方法、交易制度、交易流程、碳价等方面的制度性协调力度将进一步加大，从而避免市场割裂，维护市场完整性，进而推动全国碳市场成为"一盘棋"。

6. 预期我国碳市场将加深与全球碳市场的合作，开始探索国际化道路

2021 年 9 月，中国-加州碳市场联合研究项目正式启动，以共同应对气候变化挑战，早日实现碳达峰、碳中和目标为目的，促进美国加州碳市场与我国碳市场之间的合作。未来我国碳市场会进一步加强与全球各碳市场的合作，协调我国与国际碳排放权交易机制间的差异，加快我国碳市场的国际化进程。同时，我国碳市场作为全球最大碳市场，在全球性碳市场建设中有望发挥规模优势。

7. 碳金融领域学科教育进一步普及

2022 年 5 月，教育部印发《加强碳达峰碳中和高等教育人才培养体系建设工作方案》的通知强调，"加快碳金融和碳交易教学资源建设"。推动碳金融知识普及，完善碳交易市场分析的逻辑框架，培养更多碳金融相关专业的学生、碳金融相关领域的从业者，为碳市场发展输送更多人才资源是未来高校需要关注的重要方向。

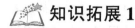 **知识拓展 1**

海南国际碳排放权交易中心

1. 海碳中心成立回顾

2022 年 2 月 7 日，经海南省政府同意，海南省金融局印发《关于设立海南国际碳排放权交易中心有限公司的批复》，同意设立海南国际碳排放权交易中心（简称"海碳中心"），海碳中心开始筹建，拟注册在三亚。

2022 年 3 月，海碳中心获批设立。

2022 年 11 月，在成都举行的由中国科学院成都文献情报中心和重庆市科学技术研究院主办的"成渝双城·双碳论坛 2022"上，"成渝双碳创新共同体"正式成立，并签订了海碳中心西部平台合作意向。

2022 年 12 月 30 日，海碳中心首单跨境碳交易成功落地。本次跨境交易产品为被全球认可的核证碳标准下的核证碳减排量（Verified Carbon Units，VCUs），交易项目来自"一带一路"沿线国家印度，交易量为 10185 吨，买卖双方分别为北京太铭基业投资咨询有限公司、BITGREEN CARBON ASSETS MANAGEMENT PTE. LTD。海碳中心为该笔交易提供了撮合及见证服务，并为交易双方颁发了交易见证书和纪念证书。

2. 社会影响

海碳中心将通过蓝碳产品的市场化交易，推动海南的蓝碳方法学成为国际公认标准，并纳入国际海洋治理体系。此外，海碳中心将为各类碳金融产品提供有力的资本市场基础支撑平台，碳金融市场的资金汇集作用将为企业转型提供大量资金支持，促进碳排放总量和能耗增量的双降，利用市场化手段推动能源结构调整，服务国家绿色低碳发展战略。

📖 知识拓展 2

全国温室气体自愿减排交易市场启动

时隔 7 年，暌违已久的全国温室气体自愿减排交易市场于 2024 年 1 月 22 日在北京重启。在市场启动的首日，市场总成交量达到 37.53 万吨，总成交额达到 2383.52 万元，发展空间巨大。CCER 作为国家核证自愿减排量，通过全国温室气体自愿减排交易市场开展交易，能够为社会各行业的市场主体践行："双碳"目标提供支持，是我国继全国碳市场和地方碳市场体系之外的又一重要减排市场机制，对于引导企业绿色转型、优化市场主体减排手段及促进绿色金融发展具有重大意义。

1. 全国温室气体自愿减排交易市场的发展

我国 CCER 体系开启于 2012 年，于 2015 年进入市场交易阶段，但因前期的碳市场不够成熟、CCER 项目不够规范、市场主体参与意愿不强且出现供大于求等问题，2017 年 3 月，国家发展和改革委暂缓申请 CCER，新的项目不再审批，存量的 CCER 可以在 7 个地方碳市场上进行交易，控排企业可购买用于履约抵消。

我国 CCER 体系是清洁发展机制（CDM）的延伸与发展。2005 年 2 月，《京都议定书》生效，依照该协定，在全球范围内应当建立一种强制性碳市场机制。CDM 作为一种碳交易机制，主要是在发达国家和发展中国家之间展开，鼓励发达国家通过为发展中国家提供资金和技术支持，在发展中国家开展节能减排项目，并将由此产生的减排量用于发达国家的履约抵消。我国是 CDM 项目开发最大的国家，也是项目数量和减排量最多的国家。在《京都议定书》生效后，为了提升企业的减排动力，我国在 2012 年参照 CDM 框架和方法学，建立了全国温室气体自愿减排交易市场。全国温室气体自愿减排交易市场作为全国碳市场的重要组成部分，是带动控排企业之外更广泛的企业、行业参与温室气体减排行动，实现社会减排成本最小化和绿色化低碳转型可持续化的有力工具。就发达国家温室气体自愿减排市场发展来看，其一定是与国家碳市场相伴建立和运行的。我国全国温室气体自愿减排交易市场本应该在地方碳市场试点过渡到全国碳市场过程中实现无缝衔接，但因种种原因暂停，这一停就是7年。

国家发展和改革委在 2017 年 3 月暂停新的 CCER 项目审批，其给出的具体理由是"在实际行动中存在自愿减排交易量小、个别项目发展不够规范等问题"。"交易量小"说明地方碳市场试点过程中可能存在配额宽松问题，即没有 CCER 也不影响控排企业履约；"个别项目发展不够规范"说明 CCER 项目申报及审批过程中存在管理缺陷。这些问题本应该在全国碳市场建立之前解决，但因部门隶属关系变化、管理体制切换，再加上优先考虑全国碳市场建立后的制度完善等原因，使得 CCER 重启被搁置。

2015 年之后，随着《巴黎协定》取代《京都议定书》，各个国家自上而下提出预期为应对气候变化所能贡献的减排目标，希望共同遏制全球气候变暖。鉴于这种变化，我国于 2020 年 9 月提出"双碳"目标，全国碳市场在 2021 年启动。在新的国内和国际背景下，重启全国温室气体自愿减排交易市场是完善碳市场建设，助力"双碳"目标实现，实现高质量减排的重要举措。

随着全国碳市场的建立并将 CCER 纳入交易范围，全国控排企业和自愿减排企业对 CCER 需求不断增加。同时，市场主体对碳市场扩容、碳配额紧缩的预期以及欧盟等发达经济体实施碳关税等因素共同推动了全国温室气体自愿减排交易市场的重启。为了更快地重启这一市场，国家相关部门在政策上也做足了各项准备。2023 年 6 月，生态环境部组织国家气候战略中心、北京绿色交易所等机构共同筹建新的 CCER 注册登记系统和交易系统。2023 年 10 月，生态环境部先后出台《温室气体自愿减排交易管理办法（试行）》（以下简称《管理办法》）、《关于全国温室气体自愿减排交易市场有关工作事项安排的通告》及首批四个 CCER 方法学。这些政策文件的出台，进一步细化了 CCER 项目审定与登记、减排量核查与登记、审定与核查机构管理等问题。同时，方法学为造林碳汇、并网光热发电、并网海上风力发电、红树林营造这四个领域提供了更加详细的开发细则，规范了 CCER 项目开发及核查过程，提升了 CCER 项目开发的科学性和针对性。2023 年 12 月，国家市场监督管理总局出台《温室气体自愿减排项目审定与减排量核查实施规则》，为全国温室气体自愿减排交易市场重启提供了减排量审定的规则支持。2024 年 1 月 19 日，国家认监委发布《国家认监委关于开展第一批温室气体自愿减排项目审定与减排量核查机构资质审批的公告》，为配合全国温室气体自愿减排交易市场重启，建立更加专业的项目审定和减排量核查机制，拟审批能源行业审定与核查机构 4 家、林业及其他碳汇类型审定与核查机构 5 家。由此，与全国温室气体自愿减排市场相关的顶层设计及规则、四个方法学、三大配套文件以及审定与核查机构审批等相关工作准备就绪，全国温室气体自愿减排市场得以重启。

2. 全国温室气体自愿减排市场重启的重大意义

随着"双碳"目标的提出，社会各界对于减排政策工具种类、作用等更加关注，对于重启全国温室气体自愿减排市场有较高的期待。生态环境部发布的《管理办法》中指出，按照"成熟一个、发布一个"的原则，逐步扩大自愿减排市场支持领域，细化项目方法学，不断强化市场功能。全国温室气体自愿减排市场重启后，将重点支持可再生能源、林业碳汇、节能增效、甲烷减排等项目的开发，为相关行业的市场主体提供更具针对性的减排行动激励。

（1）优化减排手段。现有减排市场上的产品主要有两种：一是碳配额，是政府分配给重点排放企业在规定时间内的碳排放额度，也就是碳排放权；另一种就是CCER，这是自愿减排产品，企业可以自主选择是否购买。在全国及地方碳排放权交易市场中，如果控排企业的实际碳排放量低于政府分配的配额总量，富余的部分可以对外出售，进而获得相应的经济收益；相反，如果企业实际碳排放量超过了分配的配额，就需要从市场上购买配额，履行清缴义务，否则将面临经济处罚。从履约角度看，全国温室气体自愿减排市场重启后，企业可以通过购买CCER来抵销年度碳配额的清缴，这有助于引导控排企业选择成本最低的减排手段。虽然《管理办法》中规定控排企业从全国温室气体自愿减排市场上购买用于碳配额履约抵消的比例不能超过5%，但因CCER具有价格优势，与在全国和地方碳市场上购买碳配额相比，对控排企业而言仍能在很大程度上降低排放成本。

当前碳排放权市场交易的配额以大宗协议居多，超过了总成交量的80%。因为碳排放权交易市场上的参与主体只有电力行业的控排企业，交易对手也是这些企业，市场相对封闭，活跃度有限。全国温室气体自愿减排市场重启后，将会吸纳更多的企业参与其中，包括控排企业、非控排企业、中介机构甚至是个人，这将在很大程度上提高碳市场的活跃度和开放性，为各类市场主体优化减排手段提供相应的渠道。

（2）引导企业转型。全国温室气体自愿减排市场作为一个自愿市场，参与主体包括法人、社会组织和自然人。这就意味着，全国温室气体自愿减排市场重启后，各类社会主体只要符合政策及项目方法学要求，均可以自主自愿开发CCER项目，经过审定、量化、核证和登记之后，就可以进入全国温室气体自愿减排市场进行交易。全国温室气体自愿减排市场涉及的减排项目众多，对于企业而言，只有自身开发的减排项目具有环境效益，其拥有了开发的意愿和动力。由此，这能够吸引众多的企业积极参与减排项目开发和实施，不仅能够活跃碳市场，还能够引导企业向绿色低碳转型，加大低碳生产技术及工艺的研发。"双碳"目标提出之后，国家政策明确要求扶持可再生能源产业发展，这是我国产业结构、能源结构调整的必由之路。在这样的背景下，全国温室气体自愿减排市场重启能够为企业转型提供更多的选择，也在一定程度上使得各类投资向低碳、绿色技术等领域转移，这与国家政策的要求是相吻合的。从长远看，全国温室气体自愿减排市场对于引导企业转型的作用会更加突出。

（3）促进绿色金融发展。随着全国温室气体自愿减排市场的发展，我国碳市场的规模必然会不断扩大，参与的市场主体数量及种类也会不断增加，这为绿色金融创新及发展提供了有利条件。全国温室气体自愿减排市场规模与碳市场规模有直接的关系。数据显示，到2017年，我国公示审定的CCER项目超过2800个；截至2021年年底，全国CCER累计成交量超过2.6亿吨。而2021年纳入全国碳市场的排放量约为40亿吨，按照CCER可抵消5%进行测算，CCER实际的市场需求量约为2亿吨。如果未来全国碳市场将钢铁、石化等行业纳入其中，继续按照5%的比例抵消进行测算，未来每年CCER的市场需求量将不会少于5亿吨。

同时，全国温室气体自愿减排市场重启必然会增加碳市场的交易量，在一定程度上或许会降低碳价。但是，如果只考虑到CCER抵消比例的限制，以及现有的存量将在2024年年末到期，短期内CCER项目开发会供不应求，或许在一定程度上会提高碳价。碳价的上涨或下降对碳金融市场及其创新有一定的影响。作为碳金融衍生品的良好载体，全国温室气体自愿减排市场的发展、项目的多样化、交易价格的稳定将有助于碳金融市场创新。如果全国温室气体自愿减排市场活跃、参与主体不断扩容，必然会引导更多的金融资源流向可再生能源等新兴领域，促进绿色金融市场的壮大。当前，金融机构开始瞄准全国温室气体自愿减排市场，围绕 CCER 项目的开发、审定、核证等环节开发新的碳金融产品，如兴业银行成都分行于 2023 年 10 月向四川省乐山市某森林经营和管护企业发放了一笔期限为 3 年、金额为 7000 万元的 CCER 项目挂钩贷款，用于该企业的造林育林项目。更重要的是，金融机构也可以直接参与 CCER 交易，这会激励其开发更多的绿色金融产品。

从绿色金融发展的视角而言，全国温室气体自愿减排市场重启会增加碳信用供给量，持有碳信用企业和机构的数量会增多，为绿色金融产品、发展方式创新提供了更多的机会。在市场重启的 2024 年年初，商业银行、基金公司、证券公司等金融主体都在不断关注这一市场，此后必将会围绕 CCER 推出更多的绿色金融产品，为绿色金融市场创新及壮大提供强有力的支持。

 ## 双碳专栏 1

“双碳”目标下国内商业银行碳金融业务发展实践

碳金融与碳市场的发展相辅相成。由于全国碳市场的启动时间较短，前期各商业银行的碳金融实践主要基于地方试点市场，适用范围和市场规模都较为有限。在明确“双碳”目标以及启动全国碳市场后，国内商业银行对碳金融的研究和创新热情进一步提高，开始逐步加强对碳金融的创新探索。为推动个人消费向绿色转型，2022 年国家发展改革委等七部门印发《促进绿色消费实施方案》的通知，引导银行保险机构规范发展绿色消费金融服务，提升金融服务的覆盖面和便利性。银保监会（现为“国家金融监督管理总局”）印发《银行业保险业绿色金融指引》，要求银行保险机构从战略高度推进绿色金融，加大对绿色、低碳、循环经济的支持，防范环境、社会和治理风险，提升自身的环境、社会和治理表现。具体来看，商业银行的碳金融业务实践有以下几个方面：

1. 碳交易基础服务

在地方试点碳市场中，由各商业银行提供资金结算金融服务。例如在湖北试点碳市场中，建设银行、民生银行与湖北碳排放权交易系统进行了对接。全国碳市场启动后，全国碳排放权注册登记系统向商业银行开放了对接接口，目前农业银行、民生银行已实现了系统对接，碳交易主体可以选择相应银行账户来参与全国碳市场交易。

2. 碳资产质押融资

2014 年兴业银行基于湖北试点碳市场，为湖北宜化集团发放了 4000 万元碳排放权质押贷款，为我国首单碳资产质押贷款。

3. 发行碳债券

工商银行已发行全球多币种以“碳中和”为主题的境外绿色债券，并将募集资金聚焦低碳领域，专项用于绿色交通和可再生能源等具有显著碳减排效果领域的绿色项目。2021 年 3 月，中国银行间交易商协会发布了《关于明确碳中和债相关机制的通知》，为碳中和债券的注册评议开辟了绿色通道。截至 2021 年年末，碳中和债累计发行 1807 亿元，为融资主体拓宽了融资渠道，降低了融资成本。

4. 创新推出碳账户体系

早在 2021 年 11 月，浦发银行就推出了企业和个人的碳账户体系。对企业用户而言，在浦发银行办理绿色信贷、绿色债券等业务，都可形成对应的碳积分，当积分积累到一定值将享有不同的等级权益，包括基础费用减免、快速审批通道、绿色金融资讯、绿色财务顾问等金融服务。对个人用户而言，通过个人碳账户建设可以形成绿色消费意识的正向激励，提高全民参与、践行绿色生活方式的意愿，引导社会经济向绿色低碳转型，助力"双碳"目标实现。银行推出碳账户是落实绿色金融政策的一个具体行动。在这种背景下，各大金融机构都在积极探索推动节能减排的绿色金融产品，这些金融产品分别从供给端和消费端影响企业和个人的行为向绿色低碳方向转变。

5. 创新绿色低碳融资模式

江苏银行将新能源领域作为绿色信贷的重点投资方向，每年将超过百亿元的新增贷款投向风电、光伏、储能、氢能等细分行业，清洁能源贷款年均增速超过 80%。江苏银行先后创新推出了"整县分布式光伏贷款""可再生能源补贴确权贷款"等多个特色产品，解决了新能源项目因投资回收期长、投资回报率低而融资难的问题。另外，"苏碳融"是江苏银行对货币政策工具的创新应用，该产品建立在与"碳账户"挂钩的定价和审批机制之上，可推动中小微企业加大节能减排投入。目前，"苏碳融"已累计投放 23 亿元，为 50 多家企业建立了"碳账户"体系，推动企业实现年二氧化碳减排约 54.6 万吨。

 双碳专栏2

运用碳金融工具弥补我国碳市场有效性的不足

1. 当前我国碳价稳定性较弱，不利于碳市场提效作用发挥

当前我国区域及全国碳市场碳价波动较大，实际上不利于碳市场提效作用发挥。在区域碳市场方面，"潮汐现象"严重，各区域碳市场成交日期集中于履约期前后，各年度成交量最大的两个月的成交量占全年成交量比重 50% 以上，导致区域碳价波动较大。全国碳市场在启动后也延续了这样的特征：2021 年全国碳市场交易主要集中于 3 个时间段，分别为7 月开市之初、9 月月末碳配额最终核定发放期及 11 月临近履约期。交易量波动不利于碳价稳定。开市之初市场成交热情高涨，碳价在 50 元/吨以上；8、9 月交易热情回落，碳价一度接近 40 元/吨；12 月中旬集中交易再度跌至 40 元/吨以下；12 月月末履约压力增大，碳价飙升至 50 元/吨以上。

2. 多重因素造成我国碳市场的有效性不足

我国碳市场有效性不足的现状主要受多重原因的影响，包括碳配额分配的制度设计、交易工具的运用不足、交易机制抑制流动性、交易主体参与度受限、信息披露不足等。具体来看：

（1）总量、分配机制设计特殊，配额分配及上缴存在时滞，企业倾向于在临近履约期进行交易。我国碳市场的基本设计思路是基于碳强度而非基于总量，优势在于配额总量设定能更好契合我国发展需求，劣势在于配额核算存在滞后性且配额预期不稳。由于提前交易并持有配额存在碳价波动及总量不等的风险，控排企业实际倾向于在临近履约期根据最终核定

配额进行交易。

（2）交易工具较多但规模化运用不足，价格发现及稳定作用发挥有限。我国区域碳市场曾尝试运用多种金融工具，但最终运用范围有限，其原因大致有三点：

1）对碳市场定位较低，对交易工具运用较谨慎。由于我国更多将碳金融定位为服务于碳减排的从属性市场工具，而非资本市场的组成部分，其设计初衷以现货交易为主，交易工具的使用并未受到政策的充分支持。

2）核心交易工具受政策限制未能推出。由于我国碳配额的分配及使用存在较大时滞，因此运用衍生工具进行风险规避的需求较强。但《期货交易管理条例》要求期货只能由期货交易所制定并开展交易，各碳市场缺乏权限，导致最核心的碳期货工具尚未推出。

3）区域碳市场割裂，已有的碳金融工具难以规模化运用。虽然我国各区域碳市场均曾尝试使用丰富的交易工具，但推出的产品多是非标准化产品，并且区域碳市场相对割裂导致产品规则不一，因此很多碳金融产品推出后仅可在当地碳市场使用，不少产品首发后便没有下文。

（3）交易机制抑制流动性，以不可集中交易及"T+5"机制最为典型。根据 2011、2012 年出台的《国务院关于清理整顿各类交易场所切实防范金融风险的决定》《国务院办公厅关于清理整顿各类交易场所的实施意见》，碳市场不得采取集中竞价、做市商等集中交易方式，且需要采取"T+5"的清算交付模式（全国碳市场为"T+1"），导致区域碳市场交易成本高、效率低，流动性实际受到抑制。

（4）交易主体参与度受限。在全国碳市场方面，无论是 2021 年 2 月起施行的《碳排放权交易管理办法（试行）》，还是 2021 年 5 月印发的《碳排放权登记管理规则（试行）》，均未对机构及个人投资者参与全国碳市场的资质做出明确规定，因此参与主体仍限于控排企业，流动性相对不足，加剧了企业集中交易倾向及碳价的波动。在区域碳市场方面，非履约机构及个人投资者的参与使碳市场流动性有所提升，如北京碳市场中非履约机构大量参与交易，但仍有发展空间。

（5）碳市场信息披露不足，辅助市场发展有所落后。一方面，我国各区域碳市场信息披露质量参差不齐；另一方面，部分过去信息披露较为完善的碳市场存在信息披露质量下滑的问题。信息披露不完善导致潜在参与者及辅助机构了解碳市场运行的信息成本较高，对其参与意愿有所抑制。

3. 发展碳金融是提升市场有效性的可行手段

发展碳金融是提升碳市场有效性较为可行的手段。由于"碳强度+基准线法"的总量分配机制是基于我国平衡经济发展及减排目标需要而设计的，调整空间较小，因此，发展碳金融、扩大碳市场参与主体、丰富市场交易工具是提升我国碳市场有效性较为可行的手段。我国各区域碳市场对发展碳金融进行了多种尝试，虽不能说有效平滑了碳价波动，但对增强市场流动性、提高交易匹配率、激发市场活力发挥了积极作用。

探究与思考

1. 我国碳金融市场发展经历了怎样的历程？

2. 上海与武汉两地在全国碳排放权交易体系中担当了何种角色？试分析全国碳市场为何采用"双城模式"的架构？

3. 结合国际碳金融市场的发展经验，谈谈我国碳金融市场仍有哪些需要发力之处？

4. 除了课本涉及的碳金融产品种类，结合实际谈谈我国目前还有哪些创新性碳金融工具尚待出现。

5. 结合我国实际谈谈银行业、保险业在碳金融领域的实践和探索。

【参考文献】

[1] 绿金委碳金融工作组. 中国碳金融市场研究 ［R］. 北京：中国金融学会绿色金融专业委员会，2016.

[2] 宋海良. "碳达峰、碳中和"百问百答 ［M］. 北京：中国电力出版社，2021.

[3] 上海联合产权交易所，上海环境能源交易所. 全国碳排放权交易市场建设探索和实践研究 ［M］. 上海：上海财经大学出版社有限公司，2021.

[4] 刘明明. 论中国碳金融监管体制的构建 ［J］. 中国政法大学学报，2021（5）：42-51.

[5] 人民银行研究局课题组. 推动我国碳市场加快发展 ［EB/OL］.（2021-01-11）［2022-10-22］. http：//www. pbc. gov. cn/redianzhuanti/118742/4122386/4122510/4160609/index. html.

[6] 王科，李思阳. 中国碳市场回顾与展望：2022 ［J］. 北京理工大学学报（社会科学版），2022，24（2）：33-42.

[7] 中国碳市场发展历程 ［EB/OL］.（2021-05-26）［2022-10-22］. http：//www. tanjiaoyi. com/article-33535-2. html.

[8] 虞谊，梁睿龙，张冰月. 聚焦碳交易：上 碳排放权交易市场的发展与现状 ［EB/OL］.（2022-08-03）［2023-01-10］. https：//res. cenews. com. cn/hjw/news. html？aid=995364.

[9] 江苏银行打造"绿色+"融资模式助推经济社会高质量发展 ［EB/OL］.（2022-05-24）［2023-01-10］. http：//finance. sina. com. cn/stock/relnews/cn/2022-05-24/doc-imizirau4463864. shtml.

[10] 建材行业纳入全国碳市场专项研究第一次工作会议在京召开 ［J］. 中国建材，2023（7）：41.

[11] 水泥行业碳市场建设配额分配方案研究专题研讨会召开 ［J］. 中国建材，2023（7）：41.

[12] 贾彦，刘申燕. 着眼全球碳市场竞争 做大做强碳金融市场 ［J］. 清华金融评论，2023（5）：69-72.

[13] 侯咏，余顺坤，刘阳. 全国温室气体自愿减排交易市场启动 ［J］. 生态经济，2024，40（3）：9-12.